고등학교 졸업자격 검정고시

같은 문제
다른 해설
기출문제집

최신개정판

도서
출판 국자감
www.kukjagam.co.kr

C·O·N·T·E·N·T·S

2021년도 제2회
고등학교 졸업자격 검정고시

C·O·N·T·E·N·T·S

국 어

1. 다음 대화에서 영호의 말하기에 대한 설명으로 적절한 것은?

> 선생님 : 영호야, 이번에 낸 소감문 정말 잘 썼더라.
> 영호 : 아닙니다. 아직 여러모로 부족합니다.

① 자신을 낮추어 겸손하게 말하고 있다.
② 상대방의 의견에 동의하며 말하고 있다.
③ 대화 맥락에서 벗어난 내용을 말하고 있다.
④ 상대방의 기분을 고려하여 칭찬을 하고 있다.

2. 다음 대화에서 손녀의 말하기의 문제점으로 적절한 것은?

> 손녀 : 할머니, 저 편의점 가서 혼밥* 하고 올게요.
> 할머니 : 혼밥이 뭐니?
>
> * 혼밥 : '혼자 먹는 밥'의 의미로 쓰임.

① 생소한 지역 방언을 사용하였다.
② 직접 언급하기 꺼려하는 말을 사용하였다.
③ 맥락에 맞지 않는 관용 표현을 사용하였다.
④ 상대방이 이해하기 어려운 줄임말을 사용하였다.

3. 다음 <표준 발음법> 규정에 따라 발음하지 <u>않는</u> 것은?

> ### 표준 발음법
> 【제20항】 'ㄴ'은 'ㄹ'의 앞이나 뒤에서 [ㄹ]로 발음한다.

① 경주는 <u>신라</u>의 서울이다.　　② 새로운 <u>논리</u>를 전개했다.
③ <u>설날</u> 아침에 세배를 했다.　　④ 어제 그를 <u>종로</u>에서 만났다.

4. 밑줄 친 부분이 한글 맞춤법에 맞게 쓰인 것은?

① 그 약속은 <u>반듯이</u> 지키겠다. ② 우체국에서 부모님께 편지를 <u>붙였다</u>.

③ 정답을 <u>맞힌</u> 사람에게 선물을 주겠다. ④ 김장을 하려고 배추를 소금물에 <u>저렸다</u>.

5. (가)에서 설명하는 시제가 드러나 있는 것을 (나)의 ㉠~㉣에서 고른 것은?

> (가) 사건이 일어나는 시점이 말하는 시점인 현재보다 앞서 일어난 사건의 시제
>
> (나) 어제 학교에서 책을 ㉠<u>읽었다</u>. 오늘은 가까운 도서관에 와서 책을 ㉡<u>읽는다</u>. 예전에 ㉢<u>읽은</u> 책이 눈에 띄어 다시 보고 있다. 앞으로도 책을 많이 ㉣<u>읽어야겠다</u>.

① ㉠, ㉡ ② ㉠, ㉢ ③ ㉡, ㉢ ④ ㉢, ㉣

6. ㉠~㉣에 나타난 중세 국어의 특징으로 적절하지 <u>않은</u> 것은?

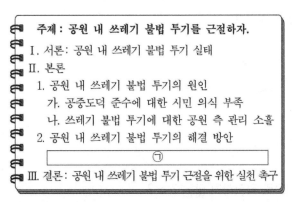

> 불·휘 기·픈 남·ᄀᆞᆫ ㉠ᄇᆞᄅᆞ·매 아·니 :뮐·ᄊᆡ
> 곶:됴·코 여·름 ㉡·하ᄂᆞ·니
> ㉢:신·미 기·픈 ㉣·므·른 ·ᄀᆞ무·래 아·니 그·츨·ᄊᆡ
> :내·히 이·러 바·ᄅᆞ·래 ·가ᄂᆞ·니
> – 「용비어천가」 제2장 –

① ㉠ : 모음 조화를 지키고 있다. ② ㉡ : '·(아래아)'를 사용하고 있다.

③ ㉢ : 주격 조사가 생략되어 있다. ④ ㉣ : 이어 적기로 표기하고 있다.

7. 다음 개요의 ㉠에 들어갈 내용으로 적절하지 <u>않은</u> 것은?

> **주제 : 공원 내 쓰레기 불법 투기를 근절하자.**
> Ⅰ. 서론: 공원 내 쓰레기 불법 투기 실태
> Ⅱ. 본론
>   1. 공원 내 쓰레기 불법 투기의 원인
>   가. 공중도덕 준수에 대한 시민 의식 부족
>   나. 쓰레기 불법 투기에 대한 공원 측 관리 소홀
>   2. 공원 내 쓰레기 불법 투기의 해결 방안
> | ㉠ |
> Ⅲ. 결론: 공원 내 쓰레기 불법 투기 근절을 위한 실천 촉구

① 공원 내 목줄 미착용 반려견 출입 제한

② 공중도덕 준수를 위한 시민 대상 캠페인 실시

③ 쓰레기 불법 투기 계도를 위한 지도 요원 배치

④ 공원 내 CCTV 증설을 통한 쓰레기 불법 투기 단속

8. ㉠~㉣에 대한 고쳐쓰기 방안으로 적절하지 <u>않은</u> 것은?

> 인터넷 게임 중독자는 일상생활에 ㉠적응하거나 불편을 겪는 경우가 많다. 왜냐하면 인터넷 게임 중독은 뇌 기능을 저하시켜 의사 결정 및 충동 조절 능력을 ㉡떨어뜨리기 때문이다. ㉢인터넷은 정보 교환을 하기 위해 연결한 통신망이다. 인터넷 게임 중독의 문제를 명확히 인식하고, 이에 대한 경각심을 가져야 ㉣할것이다.

① ㉠ : 문맥을 고려하여 '적응하지 못하거나'로 바꾼다.
② ㉡ : '왜냐하면'과 호응하도록 '떨어뜨린다'로 바꾼다.
③ ㉢ : 글의 통일성을 해치는 문장이므로 삭제한다.
④ ㉣ : 띄어쓰기가 잘못되어 있으므로 '할 것이다'로 고친다.

[9~11] 다음 글을 읽고 물음에 답하시오.

> 흔들리는 나뭇가지에 꽃 한번 피우려고
> 눈은 ㉠얼마나 많은 도전을 멈추지 않았으랴
>
> ㉡싸그락 싸그락 두드려 보았겠지
> 난분분¹⁾ 난분분 춤추었겠지
> ㉢미끄러지고 미끄러지길 수백 번,
>
> ㉣바람 한 자락 불면 휙 날아갈 사랑을 위하여
> 햇솜²⁾ 같은 마음을 다 퍼부어 준 다음에야
> 마침내 피워 낸 저 황홀 보아라
>
> 봄이면 가지는 그 한 번 덴 자리에
> 세상에서 ⓐ가장 아름다운 상처를 터뜨린다
>
>   - 고재종, 『첫사랑』 -
>
> 1) 난분분 : 눈이나 꽃잎 따위가 흩날리어 어지럽게.
> 2) 햇솜 : 당해에 새로 난 솜.

9. 윗글의 표현상 특징으로 적절하지 <u>않은</u> 것은?

① 자연 현상을 통해 시상을 전개하고 있다.
② 청유형 문장을 통해 화자의 정서를 드러내고 있다.
③ 감각적 이미지를 활용하여 대상을 구체화하고 있다.
④ 비유적 표현을 활용하여 시적 의미를 형상화하고 있다.

10. 다음과 관련하여 윗글을 감상할 때, ㉠~㉣ 중 시적 의미가 가장 이질적인 것은?

> 나뭇가지에 쌓이는 눈꽃을 피우기 위한 '눈'의 노력

① ㉠   ② ㉡   ③ ㉢   ④ ㉣

11. ⓐ의 시적 의미와 표현 방법으로 적절한 것은?

	시적 의미	표현 방법
①	성숙한 사랑의 가치	역설법
②	첫사랑에 대한 그리움	대구법
③	미래에 대한 불길한 예감	역설법
④	지나간 사랑에 대한 미련	대구법

[12~14] 다음 글을 읽고 물음에 답하시오.

[앞부분 줄거리] '나'의 집에 세 살던 권 씨는 아내의 수술비를 빌리고자 하지만 나는 거절한다. 뒤늦게 나는 권 씨 아내의 수술비를 마련해 주지만, 권 씨는 그 사실을 모른 채 그날 밤 강도로 들어온다.

　얌전히 구두까지 벗고 양말 바람으로 들어온 강도의 발을 나는 그때 비로소 볼 수 있었다. 내가 그렇게 염려를 했는데도 강도는 와들와들 떨리는 다리를 옮기다가 그만 부주의하게 동준이의 발을 밟은 모양이었다. 동준이가 갑자기 칭얼거리자 그는 질겁을 하고 엎드리더니 녀석의 어깨를 토닥거리는 것이었다. 녀석이 도로 잠들기를 기다려 그는 복면 위로 칙칙하게 땀이 밴 얼굴을 들고 일어나서 내 위치를 흘끔 확인한 다음 본격적인 작업에 들어갔다. 터지려는 웃음을 꾹 참은 채 강도의 애교스러운 행각을 시종 주목하고 있던 나는 살그머니 상체를 움직여 동준이를 잠재울 때 이부자리 위에 떨어뜨린 식칼을 집어 들었다.

　"연장을 이렇게 함부로 굴리는 걸 보니 당신 경력이 얼마나 되는지 알 만합니다."

　내가 내미는 칼을 보고 그는 기절할 만큼 놀랐다. 나는 사람 좋게 웃어 보이면서 칼을 받아 가라는 눈짓을 보였다. 그는 겁에 질려 잠시 망설이다가 내 재촉을 받고 후닥닥 달려들어 칼자루를 낚아채 가지고는 다시 내 멱을 겨누었다. 그가 고의로 사람을 찌를 만한 위인이 못 되는 줄 일찍이 간파했기 때문에 나는 칼을 되돌려준 걸 조금도 후회하지 않았다. 아니나 다를까, 그는 식칼을 옆구리 쪽 허리띠에 차더니만 몹시 자존심이 상한 표정이 되었다.

　"도둑맞을 물건 하나 제대로 없는 주제에 이죽거리긴!"

　"그래서 경험 많은 친구들은 우리 집을 거들떠도 안보고 그냥 지나치죠."

　"누군 뭐 들어오고 싶어서 들어왔나? 피치 못할 사정 땜에 어쩔 수 없이……."

나는 강도를 안심시켜 편안한 맘으로 돌아가게 만들 절호의 기회라고 판단했다.

"그 피치 못할 사정이란 게 대개 그렇습니다. 가령 식구 중의 누군가가 몹시 아프다든가 빚에 몰려서……."

그 순간 강도의 눈이 의심의 빛으로 가득 찼다. ㉠ 분개한 나머지 이가 딱딱 마주칠 정도로 떨면서 그는 대청마루를 향해 나갔다. 내 옆을 지나쳐 갈 때 그의 몸에서는 역겨울 만큼 술 냄새가 확 풍겼다. 그가 허둥지둥 끌어안고 나가는 건 틀림없이 갈기갈기 찢어진 한 줌의 자존심일 것이었다. 애당초 의도했던 바와는 달리 내 방법이 결국 그를 편안케 하긴커녕 외려 더욱더 낭패케 만들었음을 깨닫고 나는 그의 등을 향해 말했다.

- 윤흥길, 『아홉 켤레의 구두로 남은 사내』 -

12. 윗글에 대한 설명으로 적절한 것은?

① 공간의 대비를 통해 주제를 강조하고 있다.
② 과거 회상을 통해 갈등의 원인을 보여 주고 있다.
③ 작품 속 인물의 시각으로 사건을 서술하고 있다.
④ 계절적 배경을 묘사하여 인물의 심리를 암시하고 있다.

13. 윗글에 나타난 '나'의 심리로 가장 적절한 것은?

① '강도'의 행위에 대해 두려워하지 않고 있다.
② '강도'에 대해 분노와 적대감을 느끼고 있다.
③ '강도'가 자신의 집에 들어온 까닭을 궁금해하고 있다.
④ '강도'에게 한 자신의 우호적인 말에 끝까지 만족하고 있다.

14. ㉠의 이유로 가장 적절한 것은?

① 수술비를 마련해 준 것을 알게 되어서
② 주인 가족에 대한 미안한 마음이 들어서
③ 자신을 배려해 준 것에 고마운 마음이 들어서
④ 자신의 정체를 들킨 것 같아 자존심이 상해서

가시리 가시리잇고 나는
ㅂ리고 가시리잇고 나는
　　위 증즐가 대평셩디(大平盛代)

날러는 엇디 살라 ㅎ고
ㅂ리고 가시리잇고 나는
　　위 증즐가 대평셩디(大平盛代)

잡수와 두어리마ᄂᆞᆫ
선ᄒ면 아니 올셰라
　　위 증즐가 대평셩디(大平盛代)

셜온 님 보내읍노니 나는
가시ᄂ 듯도셔 오쇼셔 나는
　　위 증즐가 대평셩디(大平盛代)

－ 작자 미상, 『가시리』 －

15. 윗글에 대한 설명으로 적절한 것은?

① 후렴구의 반복을 통해 운율을 형성하고 있다.
② 선경후정을 통해 주제 의식을 강조하고 있다.
③ 자연과 인간을 대비하여 정서를 드러내고 있다.
④ 계절의 변화에 따라 대상의 속성을 드러내고 있다.

16. 윗글의 화자에 대한 설명으로 적절하지 <u>않은</u> 것은?

① 1연 : 이별의 상황을 안타까워함.
② 2연 : 임에 대한 헌신과 순종을 다짐함.
③ 3연 : 임을 붙잡고 싶어 함.
④ 4연 : 임과의 재회를 간절히 소망함.

[17~19] 다음 글을 읽고 물음에 답하시오.

> [앞부분 줄거리] 옥영과 혼인하려던 최척은 왜병의 침입을 막기 위해 의병으로 전쟁에 나가게 된다. 전쟁에서 돌아온 최척은 옥영과 혼인해 행복하게 살지만, 또 다른 전란의 발생으로 옥영과 다시 헤어진다.
>
>   최척은 홀로 선창(船窓)에 기대 자신의 신세를 생각하다가, 짐 꾸러미 안에서 퉁소를 꺼내 슬픈 곡조의 노래를 한 곡 불어 가슴속에 맺힌 슬픔과 원망을 풀어 보려 했다. 최척의 퉁소 소리에 바다와 하늘이 애처로운 빛을 띠고 구름과 안개도 수심에 잠긴 듯했다. 뱃사람들도 그 소리에 놀라 일어나 모두들 서글픈 표정을 지었다. 그때 문득 일본 배에서 염불하던 소리가 뚝 그쳤다. 잠시 후 조선말로 시를 읊는 소리가 들렸다.
>
> [A]
> 왕자교(王子喬) 퉁소 불 제 달은 나지막하고
> 바닷빛 파란 하늘엔 이슬이 자욱하네.
> 푸른 난새 함께 타고 날아가리니
> 봉래산 안개 속에서도 길 잃지 않으리.
>
>   시 읊는 소리가 그치더니 한숨 소리, 쯧쯧 혀 차는 소리가 들려왔다. 최척은 시 읊는 소리를 듣고는 깜짝 놀라 얼이 빠진 사람 같았다. 저도 모르는 새 퉁소를 땅에 떨어뜨리고 마치 죽은 사람처럼 멍하니 서 있었다. 송우가 말했다.
>   "왜 그래? 왜 그래?"
>   거듭 물어도 대답이 없었다. 세 번째 물음에 이르러서야 비로소 최척은 뭔가 말을 하려 했지만 목이 막혀 말을 하지 못하고 눈물만 하염없이 흘렸다. 최척은 잠시 후 마음을 진정시킨 뒤 이렇게 말했다.
>   "저건 내 아내가 지은 시일세. 우리 부부 말곤 아무도 알지 못하는 시야. 게다가 방금 시를 읊던 소리도 아내 목소리와 흡사해. 혹 아내가 저 배에 있는 게 아닐까? 그럴 리 없을 텐데 말야."
>   그러고는 자기 일가가 왜적에게 당했던 일의 전말을 자세히 말했다. 배 안에 있던 사람들이 모두 놀랍고 희한한 일로 여겼다.
>
> <중략>
>
>   옥영은 어젯밤 배 안에서 최척의 퉁소 소리를 들었다. 조선 가락인 데다 귀에 익은 곡조인지라, 혹시 자기 남편이 저쪽 배에 타고 있는 것이 아닐까 의심하여 시험 삼아 예전에 지었던 시를 읊어 본 것이었다. 그러던 차에 밖에서 최척이 말하는 소리를 듣고는 허둥지둥 엎어질 듯이 배에서 뛰어내려왔다.
>   최척과 옥영은 마주 보고 소리치며 얼싸안고 모래밭을 뒹굴었다. 기가 막혀 입에서 말이 나오지 않았다. 눈물이 다하자 피눈물이 나왔으며 눈에 아무것도 보이지 않았다.
>
> - 조위한, 『최척전』 -

17. 윗글에 대한 설명으로 적절한 것은?

① 동물을 의인화하여 풍자 효과를 높이고 있다.
② 꿈과 현실을 교차하여 사건을 입체적으로 나타내고 있다.
③ 자연물에 감정을 이입하여 작품의 분위기를 드러내고 있다.
④ 인물의 행위에 대한 작가의 부정적 평가가 직접적으로 제시되어 있다.

18. [A]의 기능으로 가장 적절한 것은?

① 왜적에 대한 복수를 결심하는 계기
② 전란으로 헤어졌던 인물들이 재회하는 계기
③ 부귀를 누렸던 인물이 과거를 회상하는 계기
④ 사건의 전모를 깨달은 인물이 신분을 밝히는 계기

19. 윗글의 인물에 대한 설명으로 가장 적절한 것은?

① '최척'은 자신의 처지를 떠올리며 퉁소를 불고 있다.
② '옥영'은 시를 지어서 '송우'의 물음에 화답하고 있다.
③ '옥영'은 염불 소리를 듣고 '최척'이 일본 배에 타고 있음을 확인하고 있다.
④ '최척'은 배 안의 사람들이 왜적에게 당했던 일의 전말을 듣고 망연자실하고 있다.

[20~22] 다음 글을 읽고 물음에 답하시오.

외부 효과란 누군가의 행동이 타인에게 이익이나 손실을 발생시키는 것을 말한다. 외부 효과가 타인에게 이익을 주면 긍정적 외부 효과인 외부 경제, 반대로 손실을 끼치면 부정적 외부 효과인 외부 불경제가 된다. 예컨대 꽃집에서 화사한 화분을 진열해 놓은 모습을 보면 기분이 좋아지지만, 낡은 트럭에서 내뿜는 시커먼 매연은 불편을 ㉠초래한다. 꽃집은 타인에게 외부 경제를, 매연을 내뿜는 트럭은 외부 불경제를 제공한 것이다.

누이 좋고 매부 좋은 외부 경제는 권장할 일이다. 그러나 본인에게는 좋지만 타인에게는 해를 끼치는 외부 불경제는 심각한 갈등과 비용을 ㉡유발하기에 늘 사회적 관심사가 된다. 따라서 외부 불경제를 법으로 규제하거나 부정적 외부 효과를 시정하기 위해 ㉢고안된 세금인 '피구세'를 물리기도 한다. 피구세는 첫 제안자인 영국의 경제학자 아서 피구의 이름을 딴 것으로, 외부 불경제를 유발한 당사자에게 세금을 물림으로써 외부 효과를 내부화, 즉 본인 부담이 되게끔 만드는 것이다.

한편 피구세 중에서도 국민 건강과 복지에 나쁜 영향을 끼치는 특정 품목의 소비를 억제하기 위해 물리는 세금을 죄악세라고 한다. 일부 국가에서 ⓔ논의되었던 설탕세(당 함유 제품에 부과하는 세금)가 이에 해당한다. 설탕은 본인의 건강을 해치는 것은 물론 사회적으로도 의료 수요 증가, 건강 보험 재정 악화 등의 부정적 외부 효과를 유발하므로 이를 억제하고자 세금을 부과하는 것이다.

- 오형규,『외부 효과와 죄악세』-

20. 윗글에 대한 설명으로 적절하지 <u>않은</u> 것은?

① 개념을 풀이하며 화제를 제시하고 있다.
② 전문가의 이론을 시대순으로 설명하고 있다.
③ 구체적인 사례를 활용하여 이해를 돕고 있다.
④ 속담을 활용하여 설명 대상의 특성을 제시하고 있다.

21. 윗글의 내용과 일치하는 것은?

① 외부 경제를 유발한 당사자에게는 피구세를 물린다.
② 낡은 트럭에서 내뿜는 매연은 외부 경제로 볼 수 있다.
③ 외부 불경제는 사회적 관심이 높으므로 규제하지 못한다.
④ 죄악세는 부정적 외부 효과를 억제하기 위해 물리는 세금이다.

22. ㉠~㉣의 사전적 의미로 적절하지 <u>않은</u> 것은?

① ㉠ : 일의 결과로서 어떤 현상을 생겨나게 함.
② ㉡ : 어떤 것이 다른 일을 일어나게 함.
③ ㉢ : 참고로 비교하고 대조하여 봄.
④ ㉣ : 어떤 문제에 대하여 서로 의견을 내어 토의함.

[23~25] 다음 글을 읽고 물음에 답하시오.

○○지역 신문 칼럼	20○○년○월○일

심폐 소생술을 배우자

텔레비전을 함께 보던 가족이 갑자기 의식을 잃고 쓰러졌을 때, 우리가 할 수 있는 일은 무엇일까요? 바로 심폐 소생술입니다.

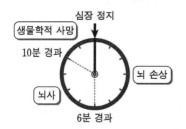

일반적으로 심장 정지 후 뇌가 손상되기 시작하고, 6분이 지나면 뇌사 상태가 됩니다. 이후 불과 10분 만에 사람은 생물학적 사망에 이르게 됩니다. 이를 통해 심정지 발생 후 초기 대응 시간이 환자의 생사를 좌우한다는 것을 알 수 있습니다. 따라서 심정지 환자를 발견하면 즉시 응급 처치를 해야 하는데, 이때 필요한 것이 심폐 소생술입니다.

하지만 많은 사람들이 심폐 소생술이 무엇인지, 이를 어떻게 해야 하는지 모를뿐더러 일부 사람들은 오히려 자신의 응급 처치가 환자에게 해를 끼칠지도 모른다고 걱정합니다. 이러한 걱정을 떨쳐 버릴 수 있는 가장 좋은 방법은 심폐 소생술을 배우는 것입니다. 실제와 유사한 상황에서 실습 위주의 심폐 소생술 교육을 받고 반복적으로 연습하면, 실제 상황이 발생했을 때 당황하지 않고 심폐 소생술을 실행할 수 있을 것입니다.

응급 상황은 예고 없이 찾아옵니다. 그럴 때 도울 방법을 몰라 응급 환자를 보고만 있을 수밖에 없다면 그 안타까움은 이루 말할 수 없을 것입니다. 소중한 생명을 ㉠지키기 위해 심폐 소생술을 배우고 익힙시다.

23. 윗글의 서술상 특징으로 가장 적절한 것은?

① 묻고 답하는 방법으로 중심 화제를 제시하고 있다.
② 다양한 관점에서 문제 해결 방법을 소개하고 있다.
③ 대립되는 의견을 절충하여 결론을 제시하고 있다.
④ 중심 화제의 한계를 제시하며 글을 마무리하고 있다.

24. 윗글에서 알 수 있는 내용으로 적절하지 <u>않은</u> 것은?

① 심정지 환자 발생 시 되도록 빨리 응급 처치를 해야 한다.
② 실습 위주의 심폐 소생술 교육은 실제 상황 발생 시 유용하다.
③ 심정지의 발생 원인을 제거하기 위해 심폐 소생술 교육을 실시하고 있다.
④ 심폐 소생술 교육은 자신의 응급 처치가 환자에게 해가 될까 우려하는 사람들에게 도움이 된다.

25. 밑줄 친 부분이 ㉠과 가장 유사한 의미로 쓰인 것은?

① 개는 집을 잘 <u>지키는</u> 동물이다.　② 경찰이 정문을 <u>지키고</u> 서 있었다.
③ 우리는 등교 시간을 꼭 <u>지켜야</u> 한다.　④ 누구든지 건강은 젊어서 <u>지켜야</u> 한다.

수 학

고졸

1. 두 다항식 $A = 2x^2 + x$, $B = x^2 - x$에 대하여 $A - B$는?

① $x^2 - 2x$　　　　② $x^2 - x$　　　　③ $x^2 + x$　　　　④ $x^2 + 2x$

2. 등식 $x^2 + 3x - 7 = x^2 + ax + b$가 x에 대한 항등식일 때, 두 상수 a, b에 대하여 $a + b$의 값은?

① -5　　　　② -4　　　　③ -3　　　　④ -2

3. 다항식 $x^3 - 2x + a$가 $x - 1$로 나누어떨어질 때, 상수 a의 값은?

① 1　　　　② 2　　　　③ 3　　　　④ 4

4. 다항식 $x^3 + 3^3$을 인수분해한 식이 $(x + 3)(x^2 - 3x + a)$일 때, 상수 a의 값은?

① 1　　　　② 3　　　　③ 6　　　　④ 9

5. $i(1 + 2i) = a + i$일 때, 실수 a의 값은? (단, $i = \sqrt{-1}$)

① -2　　　　② -1　　　　③ 1　　　　④ 2

6. 이차방정식 $x^2 - 4x - 5 = 0$의 두 근을 α, β라고 할 때, $\alpha + \beta$의 값은?

① 2　　　　② 3　　　　③ 4　　　　④ 5

7. $-1 \le x \le 2$일 때, 이차함수 $y = x^2 - 3$의 최솟값은?

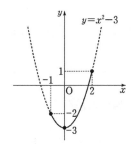

① -3

② -2

③ -1

④ 0

8. 삼차방정식 $x^3 + ax^2 - 2x - 1 = 0$의 한 근이 1일 때, 상수 a의 값은?

① 1 ② 2 ③ 3 ④ 4

9. 연립부등식 $\begin{cases} 3x < 2x + 5 \\ 4x > 3x - 1 \end{cases}$의 해가 $-1 < x < a$일 때, 상수 a의 값은?

① 5 ② 6 ③ 7 ④ 8

10. 그림은 부등식 $|x - 2| \le 2$의 해를 수직선 위에 나타낸 것이다. 상수 a의 값은?

① 4 ② 5 ③ 6 ④ 7

11. 좌표평면 위의 두 점 $A(-2, \ 1)$, $B(2, \ 4)$ 사이의 거리는?

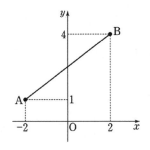

① 3

② 4

③ 5

④ 6

12. 직선 $y = 2x + 3$에 평행하고, 점 $(0, \ 6)$을 지나는 직선의 방정식은?

① $y = \dfrac{1}{2}x + 1$　　② $y = \dfrac{1}{2}x + 6$　　③ $y = 2x + 1$　　④ $y = 2x + 6$

13. 두 점 $A(-1, \ -1)$, $B(3, \ 3)$을 지름의 양 끝 점으로 하는 원의 방정식은?

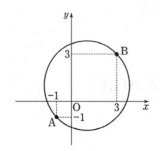

① $(x + 1)^2 + (y + 1)^2 = 8$
② $(x + 1)^2 + (y - 1)^2 = 8$
③ $(x - 1)^2 + (y + 1)^2 = 8$
④ $(x - 1)^2 + (y - 1)^2 = 8$

14. 좌표평면 위의 점 $(2, \ 5)$를 x축에 대하여 대칭이동한 점의 좌표는?

① $(-2, \ -5)$　　② $(-2, \ 5)$　　③ $(2, \ -5)$　　④ $(5, \ 2)$

15. 두 집합 $A = \{1, \ 2, \ 3, \ 6\}$, $B = \{1, \ 2, \ 4, \ 8\}$에 대하여 $n(A \cap B)$의 값은?

① 2　　② 4　　③ 6　　④ 8

16. 명제 '$x = 1$이면 $x^3 = 1$이다.'의 역은?

① $x = 1$이면 $x^3 \neq 1$이다.　　② $x \neq 1$이면 $x^3 = 1$이다.
③ $x^3 = 1$이면 $x = 1$이다.　　④ $x^3 \neq 1$이면 $x \neq 1$이다.

17. 두 함수 $f : X \rightarrow Y$가 그림과 같을 때, $(f \circ f)(2)$의 값은?

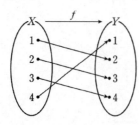

① 1
② 2
③ 3
④ 4

18. 유리함수 $y = \dfrac{1}{x-a} + 4$의 그래프의 점근선은 두 직선 $x = 3$, $y = 4$이다. 상수 a의 값은?

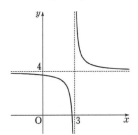

① 1
② 3
③ 5
④ 7

19. 그림은 어느 하계 올림픽 경기 종목 중 4개의 종목을 나타낸 것이다. 이 4개의 종목에서 서로 다른 2개의 종목을 택하여 일렬로 나열하는 경우의 수는?

① 12   ② 15   ③ 18   ④ 21

20. 그림과 같이 5개의 정다면체가 있다. 이 5개의 정다면체에서 서로 다른 2개의 정다면체를 선택하는 경우의 수는?

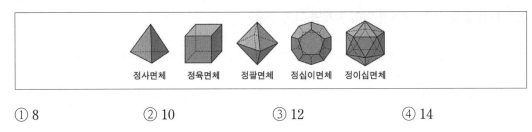

① 8   ② 10   ③ 12   ④ 14

영 어

고졸

[1~3] 다음 밑줄 친 부분의 뜻으로 가장 적절한 것을 고르시오.

1.

> Science has brought many <u>benefits</u> to the world.

① 규칙   ② 목표   ③ 의미   ④ 혜택

2.

> I will <u>get along with</u> my classmates better this year.

① 감탄하다   ② 어울리다   ③ 실망하다   ④ 경쟁하다

3.

> <u>After all</u>, the news turned out to be true.

① 결국   ② 만약에   ③ 적어도   ④ 예를 들면

4. 다음 밑줄 친 두 단어의 의미 관계와 <u>다른</u> 것은?

> When people ask me about my favorite <u>food</u>, I always answer that it is <u>pizza</u>.

① animal – horse   ② danger – safety
③ vegetable – onion   ④ emotion – happiness

5. 다음 자선 달리기 행사 안내문에서 언급되지 <u>않은</u> 것은?

CHARITY RUN

Come out and show your support for cancer patients!
○ Date : September 24th
○ Time : 9 a.m. – 4 p.m.
○ Place : Asia Stadium
   * Free T-shirts for participants

① 행사 날짜
② 행사 시간
③ 행사 장소
④ 행사 참가비

[6~8] 다음 빈칸에 공통으로 들어갈 말로 가장 적절한 것을 고르시오.

6.

> ∘ She has a big smile on her _____.
> ∘ You should learn to _____ your problem.

① face   ② heat   ③ meet   ④ walk

7.

> ∘ Tom, _____ are you planning to go?
> ∘ There is a safe place _____ we can stay.

① who   ② what   ③ where   ④ which

8.

> ∘ Please calm _____ and listen to me.
> ∘ Could you turn _____ the volume?

① down   ② for   ③ into   ④ with

9. 다음 대화에서 밑줄 친 표현의 의미로 가장 적절한 것은?

> A : I'm going to Germany next week. Any advice?
> B : Remember to cut your potato with a fork, not a knife.
> A : Why is that?
> B : That's a German dining custom. When in Rome, do as the Romans do.

① 기회가 왔을 때 잡아야 한다.
② 진정한 배움에는 지름길이 없다.
③ 사귀는 친구를 보면 그 사람을 알 수 있다.
④ 다른 나라에 가면 그 나라의 풍습을 따라야 한다.

10. 다음 대화에서 알 수 있는 B의 심정으로 가장 적절한 것은?

> A : How do you like your new job?
> B : It's a lot of work, but I like it very much.
> A : Really? That's great.
> B : Thanks. I'm very satisfied with it.

① 불안하다   ② 실망하다   ③ 만족하다   ④ 지루하다

11. 다음 대화가 이루어지는 장소로 가장 적절한 것은?

> A : I'd like to get a refund for this jacket.
> B : May I ask you what the problem is?
> A : It's too big for me.
> B : Would you like to exchange it for a smaller size?
> A : No, thank you.

① 옷 가게   ② 경찰서   ③ 은행   ④ 가구점

12. 다음 글에서 밑줄 친 it이 가리키는 것으로 가장 적절한 것은?

> One day in math class, Mary volunteered to solve a problem. When she got to the front of the class, she realized that it was very difficult. But she remained calm and began to write the answer on the blackboard.

① blackboard   ② classroom   ③ problem   ④ school

[13~14] 다음 대화의 빈칸에 들어갈 말로 가장 적절한 것을 고르시오.

13.

> A : _____?
> B : Sure, Mom. What is it?
> A : Can you pick up some eggs from the supermarket?
> B : Okay. I'll stop by on my way home.

① Why are you so upset   ② Will you teach me how
③ Can you do me a favor   ④ How far is the bus stop

14.

> A : How long have you been skating?
> B : _____.

① I went skiing last month   ② I have been skating since I was 10
③ I will learn how to skate this winter   ④ I want to go skating with my parents

15. 다음 대화의 주제로 가장 적절한 것은?

> A : What can we do to save electricity?
> B : We can switch off the lights when we leave rooms.
> A : I see. Anything else?
> B : It's also a good idea to use the stairs instead of the elevator.

① 조명의 중요성
② 전기 절약 방법
③ 대체 에너지의 종류
④ 엘리베이터 이용 수칙

16. 다음 글을 쓴 목적으로 가장 적절한 것은?

> I want to express my thanks for writing a recommendation letter for me. Thanks to you, I now have a chance to study in my dream university. I will never forget your help and kindness.

① 감사하려고   ② 거절하려고   ③ 사과하려고   ④ 추천하려고

17. 다음 수영장 이용 규칙에 대한 안내문의 내용과 일치하지 <u>않는</u> 것은?

SWIMMING POOL RULES

You must :
· take a shower before entering the pool.
· always wear a swimming cap.
· follow the instructions of the lifeguard.
　*Diving is not permitted.

① 수영 후에는 샤워를 해야 한다.
② 항상 수영모를 착용해야 한다.
③ 안전 요원의 지시를 따라야 한다.
④ 다이빙은 허용되지 않는다.

18. 다음 International Mango Festival에 대한 설명과 일치하지 <u>않는</u> 것은?

> The International Mango Festival, which started in 1987, celebrates everything about mangoes. It is held in India in summer every year. It has many events such as a mango eating competition and a quiz show. The festival provides an opportunity to taste more than 550 kinds of mangoes for free.

① 1987년에 시작되었다.
② 매년 여름 인도에서 열린다.
③ 망고 먹기 대회가 있다.
④ 망고를 맛보려면 돈을 내야 한다.

19. 다음 글의 주제로 가장 적절한 것은?

> The increasing amount of food trash is becoming a serious environmental problem. Here are some easy ways to decrease the amount of food trash. First, make a list of the food you need before shopping. Second, make sure not to prepare too much food for each meal. Third, save the food that is left for later use.

① 분리수거 시 유의 사항   ② 장보기 목록 작성 요령

③ 음식물 쓰레기를 줄이는 방법   ④ 올바른 식습관 형성의 필요성

[20~21] 빈칸에 들어갈 말로 가장 적절한 것을 고르시오.

20.

> The students at my high school have _____ backgrounds. They are from different countries such as Russia, Thailand, and Chile. I am quite happy to be in a multicultural environment with my international classmates.

① close   ② diverse   ③ negative   ④ single

21.

> Tate Modern is a museum located in London. It used to be a power station. After the station closed down in 1981, the British government decided to _____ it into a museum instead of destroying it. Now this museum holds the national collection of modern British artwork.

① balance   ② forbid   ③ prevent   ④ transform

22. 글의 흐름으로 보아 다음 문장이 들어가기에 적절한 곳은?

> What if your favorite flavor is strawberry?

> Do you love ice cream? (①) Like most people, I love ice cream very much. (②) According to a newspaper article, your favorite ice cream flavor could show what kind of person you are. (③) For example, if your favorite flavor is chocolate, it means that you are very creative and enthusiastic. (④) It means you are logical and thoughtful.

23. 다음 글의 바로 뒤에 이어질 내용으로 가장 적절한 것은?

As you know, many young people these days suffer from neck pain. This is because they spend many hours per day leaning over a desk while studying or using smartphones. But don't worry. We have some exercises that can help prevent and reduce neck pain. This is how you do them.

① 현대인들의 목 통증의 원인
② 목 통증을 유발하기 쉬운 자세
③ 목 통증을 예방하고 줄일 수 있는 운동법
④ 스마트폰 사용 시간과 목 통증의 상관관계

[24~25] 다음 글을 읽고 물음에 답하시오.

When comparing tennis with table tennis, there are some similarities and differences. First, they are both racket sports. Also, both players hit a ball back and forth across a net. _____, there are differences, too. While tennis is played on a court, table tennis is played on a table. Another difference is that a much bigger racket is used in tennis compared to table tennis.

24. 윗글의 빈칸에 들어갈 말로 가장 적절한 것은?

① Finally   ② However   ③ Therefore   ④ For example

25. 윗글의 주제로 가장 적절한 것은?

① 탁구와 테니스의 경기 방법   ② 탁구와 테니스의 운동 효과
③ 탁구와 테니스의 라켓 사용법   ④ 탁구와 테니스의 유사점과 차이점

사 회

1. ㉠에 들어갈 것은?

> ○ 모든 국민은 인간으로서의 존엄과 가치를 가지며, (㉠)을/를 추구할 권리를 가진다. …….
>
> - 헌법 제10조 -
>
> ○ 아리스토텔레스는 (㉠)을/를 인간 존재의 목적이고 이유라고 하였다.

① 복지   ② 봉사   ③ 준법   ④ 행복

2. (가)~(다)는 인권 보장과 관련된 사건이다. 발생 시기가 이른 순서대로 나열한 것은?

> (가) 영국의 권리 장전 승인
> (나) 독일의 바이마르 헌법 제정
> (다) 국제 연합[UN]의 세계 인권 선언 채택

① (가) - (나) - (다)
② (가) - (다) - (나)
③ (나) - (가) - (다)
④ (나) - (다) - (가)

3. 다음에서 설명하는 것은?

> ○ 의미 : 비슷한 상품을 생산하는 기업들끼리 생산량과 가격을 사전에 협의하여 결정하는 것
> ○ 영향 : 시장의 자유로운 경쟁 제한, 소비자의 선택권 침해

① 신용   ② 예금   ③ 담합   ④ 채권

4. ㉠에 들어갈 것은?

> 경제신문   OOOO년 O월 O일
>
> **대공황 극복의 길을 열다!**
>
> 1933년 미국의 루스벨트 대통령은 (㉠)으로 대공황 극복에 나섰다. (㉠)은 실업 구제 사업과 대규모 공공사업 등을 통해 유효 수요를 늘리려는 의도로 시작되었다.

① 뉴딜 정책
② 석유 파동
③ 시민 불복종
④ 보이지 않는 손

5. 다음에서 설명하는 것은?

> 국가가 보유한 생산 요소를 특정 상품 생산에 집중 투입하여 전문성과 생산성을 높이는 생산 방식이다.

① 화폐   ② 펀드   ③ 편익   ④ 특화

6. 다음은 권력 분립 제도와 관련된 헌법 조항이다. ㉠, ㉡에 들어갈 말을 알맞게 짝지은 것은?

> 제40조 입법권은 (㉠)에 속한다.
> 제66조 제4항 (㉡)은 대통령을 수반으로 하는 정부에 속한다.

	㉠	㉡		㉠	㉡
①	법원	사법권	②	법원	행정권
③	국회	사법권	④	국회	행정권

7. 바람직한 생애 주기별 금융 설계에 대한 설명으로 적절한 것을 <보기>에서 고른 것은?

> ───── <보기> ─────
> ㄱ. 생애 주기 전체를 고려하여 설계한다.
> ㄴ. 생애 주기별 과업을 바탕으로 재무 목표를 설정한다.
> ㄷ. 중 · 장년기에는 저축하지 않고 수입 전액을 지출한다.
> ㄹ. 미래 소득은 제외하고 현재 소득만을 고려하여 설계한다.

① ㄱ, ㄴ   ② ㄱ, ㄷ   ③ ㄴ, ㄹ   ④ ㄷ, ㄹ

8. 다음에서 설명하는 문화 변동의 양상은?

> ◦ 의미 : 한 사회 내에 기존의 문화 요소와 전파된 다른 사회의 문화 요소가 각각 나란히 존재하는 것
> ◦ 사례 : 필리핀 사람들은 미국에서 전파된 영어와 자국의 필리핀어를 공용어로 사용함.

① 문화 갈등   ② 문화 융합   ③ 문화 성찰   ④ 문화 병존

9. 퀴즈에 대한 정답으로 옳은 것은?

 자격과 능력을 갖추었음에도 불구하고 여성이라는 이유로 고위직 승진을 가로막는 조직 내의 보이지 않는 장벽을 의미하는 말은 무엇일까요?

① 가상 현실
② 유리 천장
③ 사이버 범죄
④ 소비자 주권

10. 문화 사대주의에 대한 설명으로 옳은 것은?

① 문화의 우열을 평가하지 않는다.
② 자기 문화를 가장 우수한 것으로 생각한다.
③ 자기 문화를 기준으로 다른 문화를 부정적으로 본다.
④ 다른 문화를 자기 문화보다 우월한 것으로 믿고 동경한다.

11. ㉠에 들어갈 것으로 가장 적절한 것은?

(㉠)의 사례
◦ ○○기업은 오염 물질을 배출하여 사람들에게 피해를 주지만 어떠한 보상도 해 주지 않는다.
◦ 양봉업자가 과수원 주변에 꿀벌을 쳐서 과수원 주인은 더 많은 과일을 수확할 수 있게 되었지만 양봉업자에게 그 대가를 지급하지 않는다.

① 외부 효과　　　② 공정 무역　　　③ 규모의 경제　　　④ 윤리적 소비

12. 다음에서 설명하는 것은?

여러 민족의 다양한 문화를 하나로 녹여 그 사회의 주류 문화에 동화시키고자 하는 다문화 정책이다.

① 용광로 정책　　　② 셧다운제 정책　　　③ 고용 보험 정책　　　④ 샐러드 볼 정책

13. 자유주의적 정의관에 대한 설명으로 옳은 것은?

① 개인보다 국가나 사회가 우선한다.
② 개인의 자유에 최고의 가치를 부여한다.
③ 개인의 이익 추구보다 공동선의 달성을 중시한다.
④ 인간의 삶에서 개인보다 공동체가 가지는 의미를 중시한다.

14. 다음과 같은 특징이 나타나는 기후 지역은?

> ◦ 기후 : 강수량이 적음.
> ◦ 농업 : 오아시스나 외래 하천 부근에서 관개 시설을 이용해 밀, 대추야자 등을 재배함.
> ◦ 전통 가옥 : 지붕이 평평한 흙벽돌집

① 열대 기후 지역　　② 건조 기후 지역　　③ 온대 기후 지역　　④ 한대 기후 지역

15. 다음에서 설명하는 자연재해는?

> ◦ 저위도의 열대 해상에서 발생하여 우리나라에 영향을 미치는 열대 저기압
> ◦ 강한 바람에 많은 비를 동반하여 큰 피해를 유발함.

① 가뭄　　　　　② 지진　　　　　③ 태풍　　　　　④ 폭설

16. ㉠에 들어갈 내용으로 적절하지 <u>않은</u> 것은?

> 도시에서는 인공 구조물과 아스팔트, 콘크리트 등의 포장 면적이 증가하여 (　　㉠　　).

① 녹지 면적이 감소한다　　　　　② 농경지 확보가 유리해진다
③ 도심에 열섬 현상이 나타난다　　④ 빗물이 토양에 잘 흡수되지 않는다

17. 다음에서 설명하는 에너지 자원은?

> ◦ 화석 연료이며, 연소 시 대기 오염 물질의 배출이 적음.
> ◦ 냉동 액화 기술의 발달과 수송선이 개발되면서 소비량이 증가함.

① 석유　　　　　② 석탄　　　　　③ 원자력　　　　　④ 천연가스

18. 다음에서 설명하는 것은?

> ◦ 의미 : 온라인상에서 사람과 사람을 연결해 주어 정보를 공유할 수 있는 서비스
> ◦ 영향 : 인간관계 방식의 다양화와 정치 참여 기회의 확대

① 브렉시트(Brexit)
② 누리 소통망[SNS]
③ 인플레이션(inflation)
④ 배리어 프리(barrier free)

19. 다음에서 설명하는 종교는?

> ◦ 모스크에서 예배하며, 돼지고기와 술을 금기시한다.
> ◦ 라마단 기간에 단식을 한다.

① 불교　　　　　② 힌두교　　　　　③ 이슬람교　　　　　④ 크리스트교

20. 다음에서 설명하는 문화권은?

> ◦ 역사 : 에스파냐와 포르투갈의 진출로 유럽 문화가 전파됨.
> ◦ 언어 및 종교 : 에스파냐어와 포르투갈어, 가톨릭교
> ◦ 인종(민족) : 원주민(인디오), 백인, 흑인, 혼혈인

① 북극 문화권　　　　　　　　② 동아시아 문화권
③ 오세아니아 문화권　　　　　④ 라틴 아메리카 문화권

21. 다음에서 설명하는 도시는?

> 다국적 기업의 본사, 생산자 서비스 기능, 금융 업무 기능 등이 집중되어 있고, 뉴욕, 런던, 도쿄 등이 대표적인 도시이다.

① 공업 도시　　　　② 생태 도시　　　　③ 세계 도시　　　　④ 슬로 시티

22. ㉠에 들어갈 것으로 가장 적절한 것은?

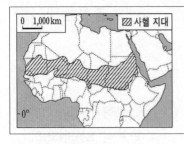

> (㉠)는 극심한 가뭄이나 인간의 과도한 농경 및 목축으로 인해 토지가 황폐화되는 현상으로, 사헬 지대에서 대표적으로 나타난다.

① 사막화　　　　　　　　② 산성비
③ 열대림 파괴　　　　　④ 폐기물 해양 투기

23. 다음에 해당하는 갈등 지역은?

> ◦ 갈등 당사국 : 중국, 필리핀, 브루나이, 말레이시아, 베트남 등
> ◦ 내용 : 원유 및 천연가스 매장지 영유권 분쟁

① 기니만   ② 카슈미르   ③ 난사 군도   ④ 쿠릴 열도

24. 다음에 해당하는 인구 문제는?

> ◦ 원인 : 결혼 및 자녀에 대한 가치관 변화와 여성의 사회진출 증가
> ◦ 영향 : 향후 노동력 부족 및 인구 감소

① 저출산   ② 성차별   ③ 인구 과잉   ④ 인종 갈등

25. 다음에서 설명하는 것은?

> ◦ 두 개 이상의 주권 국가로 구성되어 국제법상 독자적인 지위를 갖는 조직이다.
> ◦ 유럽 연합[EU], 국제 통화 기금[IMF] 등이 해당한다.

① 정당   ② 국제기구   ③ 이익 집단   ④ 비정부 기구

과 학

1. 다음 중 질량이 있는 물체 사이에서 항상 당기는 방향으로 작용하는 힘은?

   ① 중력   ② 마찰력   ③ 자기력   ④ 전기력

2. 다음 중 바람의 운동 에너지를 전기 에너지로 전환하는 발전 방식은?

   ① 수력 발전   ② 풍력 발전   ③ 화력 발전   ④ 태양광 발전

3. 다음 물체 A~D 중 운동량이 가장 큰 것은?

물체	질량(kg)	속도(m/s)
A	2	1
B	2	2
C	3	1
D	3	2

   ① A   ② B   ③ C   ④ D

4. 그림과 같이 코일에 자석을 가까이 할 때 발생하는 유도 전류의 세기를 크게 하는 방법으로 옳은 것만을 <보기>에서 모두 고른 것은?

코일

<보기>

ㄱ. 더 강한 자석을 사용한다.
ㄴ. 자석의 움직임을 더 빠르게 한다.
ㄷ. 단위 길이당 코일의 감은 수를 적게 한다.

   ① ㄱ   ② ㄷ   ③ ㄱ, ㄴ   ④ ㄴ, ㄷ

5. 그림은 변압기의 구조를 나타낸 것이다. 1차 코일과 2차 코일에 걸리는 전압 크기의 비 $V_1 : V_2$ 는? (단, 도선과 변압기에서 에너지 손실은 무시한다.)

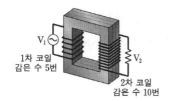

① 1:1

② 1:2

③ 2:1

④ 3:1

6. 그림은 자유 낙하 하는 물체 A의 운동을 1초 간격으로 촬영한 것이다. ㉠ 구간의 거리는? (단, 공기 저항은 무시하고, 중력 가속도는 $10m/s^2$으로 한다.)

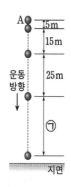

① 30m   ② 35m

③ 40m   ④ 45m

7. 그림은 탄소의 원자 모형을 나타낸 것이다. 이에 대한 설명으로 옳은 것만을 <보기>에서 모두 고른 것은?

<보기>

ㄱ. 전기적으로 중성이다.   ㄴ. 원자 번호는 6번이다.

ㄷ. 원자가 전자는 5개이다.

① ㄱ   ② ㄷ   ③ ㄱ, ㄴ   ④ ㄴ, ㄷ

8. 표는 몇 가지 원소의 가장 바깥쪽 전자 껍질에 배치되어 있는 전자 수를 나타낸 것이다. 이 중 주기율표에서 같은 족에 속하는 원소를 고른 것은?

원소	가장 바깥쪽 전자 껍질의 전자 수
He	2개
Li	1개
Na	1개
Cl	7개

① Li, Cl   ② He, Cl   ③ Li, Na   ④ He, Na

9. 다음 중 인체의 약 70 %를 차지하며, 수소 원자 2개와 산소 원자 1개가 공유 결합하여 생성된 물질은?

① 물(H_2O)   ② 암모니아(NH_3)

③ 염화 나트륨($NaCl$)   ④ 수산화 나트륨($NaOH$)

10. 다음 신소재의 공통적인 구성 원소는?

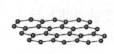   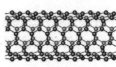

그래핀   풀러렌   탄소 나노 튜브

① 수소   ② 염소   ③ 질소   ④ 탄소

11. 다음은 몇 가지 염기의 이온화를 나타낸 것이다. 염기의 공통적 성질을 나타내는 이온은?

> ○ $KOH \rightarrow K^+ + OH^-$ ○ $NaOH \rightarrow Na^+ + OH^-$
>
> ○ $Ca(OH)_2 \rightarrow Ca^{2+} + 2OH^-$

① 칼륨 이온(K^+)   ② 칼슘 이온(Ca^{2+})

③ 나트륨 이온(Na^+)   ④ 수산화 이온(OH^-)

12. 다음 중 산과 염기의 중화 반응 사례가 <u>아닌</u> 것은?

① 속이 쓰릴 때 제산제를 먹는다.   ② 철이 공기 중의 산소와 만나 녹슨다.

③ 생선 요리에 레몬이나 식초를 뿌린다.   ④ 산성화된 토양에 석회 가루를 뿌린다.

13. 다음 설명에 해당하는 물질은?

> ○ 기본 단위체인 아미노산의 다양한 조합으로 형성된 고분자 물질이다.
>
> ○ 근육과 항체의 구성 물질이다.

① 핵산   ② 단백질   ③ 지방산   ④ 셀룰로스

14. 그림과 같이 물질을 종류에 따라 선택적으로 이동시키는 세포막의 특성은?

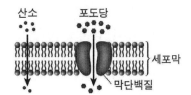

① 내성
② 주기성
③ 종 다양성
④ 선택적 투과성

15. 다음 중 생명체 내에서 물질이 분해되거나 합성되는 모든 화학 반응은?

① 물질대사   ② 부영양화   ③ 먹이 그물   ④ 유전적 다양성

16. 그림은 세포 내 유전 정보의 흐름을 나타낸 것이다. 물질 ㉠은?

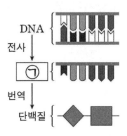

① RNA
② 인지질
③ 글리코젠
④ 중성 지방

17. 그림은 식물 세포의 구조를 나타낸 것이다. A~D 중 세포막 바깥쪽에 있는 단단한 구조물로서 세포의 형태를 유지하는 역할을 하는 것은?

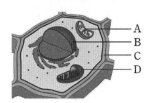

① A
② B
③ C
④ D

18. 다음 중 벼, 메뚜기, 개구리 세 개체군이 살고 있는 지역의 안정된 생태계 평형 상태를 나타낸 것은? (단, 각 영양 단계의 면적은 생물량을 나타낸다.)

①   ②   ③   ④

19. 다음 중 생태계의 비생물적 요인은?

① 세균   ② 온도   ③ 곰팡이   ④ 식물 플랑크톤

20. 그림은 태양과 비슷한 질량을 가진 어느 별의 내부 구조이다. 다음 중 이 별에서 핵융합 반응으로 만들어진 원소는?

① 납
② 철
③ 구리
④ 헬륨

21. 다음 중 밑줄 친 ㉠에서 상호 작용 하는 지구 시스템의 구성 요소는?

수온이 따뜻한 열대 해상에서 ㉠ 해수가 활발히 증발해 대기로 공급된 수증기가 응결하여 태풍이 발생한다.

① 수권과 기권
② 수권과 지권
③ 외권과 지권
④ 기권과 생물권

22. 그림은 남아메리카판과 아프리카판의 경계와 두 판의 이동 방향을 화살표로 나타낸 것이다. 다음 중 발산형 경계 A에서 나타나는 지형은?

① 해구
② 해령
③ 습곡 산맥
④ 호상 열도

23. 그림은 물의 순환을 나타낸 것이다. 다음 중 이 현상을 일으키는 지구 시스템의 주된 에너지원은?

① 전기 에너지
② 조력 에너지
③ 태양 에너지
④ 지구 내부 에너지

24. 그림은 높이에 따른 기권의 기온 분포를 나타낸 것이다. A~D 중 자외선을 흡수하는 오존층이 있으며 대류가 일어나지 <u>않는</u> 안정된 층은?

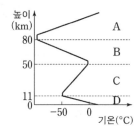

① A
② B
③ C
④ D

25. 다음 설명에 해당하는 표준 화석은?

◦ 신생대에 번성하였다.
◦ 육지에 살았던 생물이다.

① 매머드　　　② 삼엽충　　　③ 화폐석　　　④ 암모나이트

한국사

1. 다음 유물이 처음으로 제작된 시대의 생활 모습으로 옳은 것은?

<빗살무늬 토기>

① 민화가 유행하였다.

② 불교를 받아들였다.

③ 농경과 목축을 시작하였다.

④ 철제 농기구를 사용하였다.

2. 다음에서 ㉠에 들어갈 나라는?

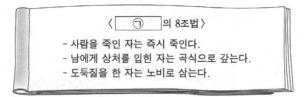

< [㉠] 의 8조법 >
- 사람을 죽인 자는 즉시 죽인다.
- 남에게 상처를 입힌 자는 곡식으로 갚는다.
- 도둑질을 한 자는 노비로 삼는다.

① 마한

② 백제

③ 신라

④ 고조선

3. 다음에서 ㉠에 들어갈 사건은?

< 고구려와 수 · 당의 전쟁 >

◦ [㉠] : 수나라의 침입을 을지문덕이 물리침.

◦ 안시성 싸움 : 당나라의 침입을 성주와 백성들이 결사적으로 저항하여 물리침.

① 기묘사화   ② 신미양요   ③ 무신 정변   ④ 살수 대첩

4. 다음 중 발해에 대한 설명으로 옳은 것을 <보기>에서 고른 것은?

<보기>

ㄱ. 고구려 계승 의식을 내세웠다.

ㄴ. 당으로부터 해동성국이라 불리었다.

ㄷ. 화랑도를 국가적 조직으로 정비하였다.

ㄹ. 이성계가 건국한 후 한양으로 천도하였다.

① ㄱ, ㄴ   ② ㄱ, ㄷ   ③ ㄴ, ㄹ   ④ ㄷ, ㄹ

5. 다음에서 설명하는 고려의 왕은?

> ◦ 쌍성총관부를 공격하여 철령 이북의 영토를 수복함.
> ◦ 신돈을 등용하여 전민변정도감을 설치함.

① 성왕　　　　　② 공민왕　　　　　③ 장수왕　　　　　④ 진흥왕

6. 다음에서 ㉠에 들어갈 내용으로 가장 적절한 것은?

> < 수행 평가 계획서 >
> 주제 : [　　㉠　　]
> ◦ 1모둠 : 전시과 제도의 정비 과정에 대해 조사하기.
> ◦ 2모둠 : 공음전, 군인전의 특징에 대해 조사하기.

① 고려의 토지 제도　　　　　② 삼국의 문물 교류
③ 조선의 대외 관계　　　　　④ 통일 신라의 신분 제도

7. 다음에서 설명하는 고려의 공예품은?

> ◦ 신라와 발해의 전통과 기술을 토대로 송의 자기 제작 기술을 받아들여 만들어짐.
> ◦ 귀족 사회의 전성기인 11세기에 만들어진 비색의 자기임.

① 청자　　　　　② 활구　　　　　③ 거중기　　　　　④ 신기전

8. 다음에서 설명하는 고려의 인물은?

> ■ 역사 인물 카드 ■
> ◦ 생몰 연도 : 1158~1210
> ◦ 주요 활동 – 수선사 결사 조직
> 　　　　　　 – 수행 방법으로 정혜쌍수, 돈오점수 제시
> 　　　　　　 – 선·교 일치의 사상 체계 정립

① 계백
② 지눌
③ 김유신
④ 김좌진

9. 다음에서 설명하는 조선의 법전은?

> ◦ 세조 때 편찬을 시작하여 성종 때 완성함.
> ◦ 조선의 기본 법전으로 이 · 호 · 예 · 병 · 형 · 공전의 6전으로 구성됨.

① 경국대전　　　　　② 농사직설　　　　　③ 목민심서　　　　　④ 삼국사기

10. 다음에서 ㉠에 들어갈 내용으로 옳은 것은?

> 〈 정조의 정책 〉
> - 규장각 운영
> - 장용영 설치
> - ㉠

① 대가야 정벌
② 훈민정음 창제
③ 수원 화성 건설
④ 노비안검법 실시

11. 다음에서 설명하는 사건은?

> - 배경 : 청의 군신 관계 요구를 조선이 거절함.
> - 전개 : 청 태종이 침략하자 인조가 남한산성으로 피신하여 항전하였으나 삼전도에서 항복함.
> - 결과 : 조선은 청과 군신 관계를 맺음.

① 방곡령   ② 병자호란   ③ 을미사변   ④ 홍경래의 난

12. 다음에서 ㉠에 들어갈 조선의 수취 제도는?

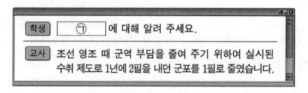

> 학생   ㉠   에 대해 알려 주세요.
> 교사   조선 영조 때 군역 부담을 줄여 주기 위하여 실시된 수취 제도로 1년에 2필을 내던 군포를 1필로 줄였습니다.

① 과전법
② 균역법
③ 진대법
④ 호패법

13. 다음에서 설명하는 사건은?

> **개화당, 새로운 세상을 꿈꾸다**
> 개화당의 김옥균, 박영효, 홍영식, 서재필 등은 우정총국 개국 축하연을 기회로 변란을 일으켜 근대 국가를 건설하고자 하였다.

① 갑신정변
② 묘청의 난
③ 삼별초 항쟁
④ 위화도 회군

14. 다음에서 설명하는 종교는?

> - 경주의 몰락 양반인 최제우가 창시함.
> - 인내천 사상을 바탕으로 인간의 평등을 강조함.
> - 1894년 전봉준, 손화중 등 교도들이 농민 운동에 참여함.

① 도교   ② 동학   ③ 대종교   ④ 원불교

15. 다음 퀴즈의 정답으로 옳은 것은?

> 〈 한국사 퀴즈 〉
> **문제 : 다음 힌트를 듣고 정답을 말해 주세요.**
> ○ 힌트 1 – 흥선 대원군이 왕실의 권위를 높이기 위해
> 실시한 정책입니다.
> ○ 힌트 2 – 필요 경비를 마련하려고 당백전을 발행
> 하였습니다.

① 경복궁 중건
② 우산국 정복
③ 삼국유사 편찬
④ 독서삼품과 실시

16. 밑줄 친 ㉠의 회원들이 벌인 활동으로 옳은 것은?

> 1907년 안창호, 양기탁 등이 설립한 ㉠ 비밀 결사 단체로 교육 진흥과 국민 계몽을 강조
> 하고 해외에 독립운동 기지를 건설하였다.

① 강동 6주 개척　　　　　　　② 대동여지도 제작
③ 남북 기본 합의서 채택　　　　④ 대성 학교와 오산 학교 설립

17. 다음에서 설명하는 자주 국권 운동을 전개한 단체는?

> **대한 사람 모두 모이시오!**
> **만민 공동회는 남녀노소 누구나 참여할 수 있습니다.**
> ○ 일자 : 1898년 ○월 ○○일
> ○ 취지 : 러시아 내정 간섭과 이권 요구 규탄
> ○ 운영 방법 : 토론회와 강연회

① 의열단
② 독립 협회
③ 북로 군정서
④ 미 · 소 공동 위원회

18. 다음에서 설명하는 것은?

> 1919년 3 · 1 운동을 계기로 상하이에서 수립되었으며, 민주 공화제를 지향하고 연통제와
> 교통국을 조직하여 활동하였다.

① 삼정이정청　　　　　　　　② 통리기무아문
③ 문맹 퇴치 운동　　　　　　　④ 대한민국 임시 정부

19. 다음에서 일제 강점기 국가 총동원법이 적용된 시기의 상황으로 옳은 것은?

① 공출 제도가 실시되었다.　　　② 만적의 난이 발생하였다.
③ 강화도 조약이 체결되었다.　　④ 전국에 척화비가 세워졌다.

20. 다음에서 설명하는 단체는?

> ○ 어려운 독립운동 상황을 극복하기 위해 김구의 주도하에 조직됨.
> ○ 대표적인 활동으로 이봉창 의거와 윤봉길 의거가 있음.

① 별기군　　　② 교정도감　　　③ 한인 애국단　　　④ 조선어 학회

21. 다음에서 ㉠에 들어갈 내용으로 가장 적절한 것은?

> 〈 다큐멘터리 기획안 〉
> ○ 제목: 일제의 역사 왜곡에 맞선 신채호
> ○ 기획 의도: 역사학자 신채호의 활동을 조명한다.
> ○ 내용: 1부 대한매일신보에 '독사신론'을 연재하다.
> 　　　　2부 [　　㉠　　]

① 동의보감을 편찬하다.
② 임오군란을 주도하다.
③ 해동 천태종을 창시하다.
④ 민족주의 사학을 연구하다.

22. 다음 정책을 실시한 정부 시기에 일어난 사건은?

> ○ 유신 헌법 제정　　　　　○ 한 · 일 협정 체결
> ○ 새마을 운동 실시　　　　○ 경제 개발 5개년 계획 추진

① 서원 철폐　　　② 자유시 참변　　　③ 베트남 파병　　　④ 금난전권 폐지

23. 다음 대화 내용에 해당하는 민족 운동은?

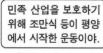

민족 산업을 보호하기 위해 조만식 등이 평양에서 시작한 운동이야.

그때 '조선 사람 조선 것'이라는 구호를 외쳤어.

① 형평 운동
② 서경 천도 운동
③ 물산 장려 운동
④ 좌 · 우 합작 운동

24. 다음에서 설명하는 사건은?

> 　1980년 5월, 비상계엄을 전국으로 확대한 신군부에 맞서 광주의 학생과 시민들은 '광주 시민 궐기문'을 발표하고 격렬하게 저항하였다. 당시의 관련 기록물은 2011년 유네스코 세계기록 유산으로 등재되었다.

① 병인박해
③ 교조 신원 운동
② YH 무역 사건
④ 5 · 18 민주화 운동

25. 다음에서 ㉠에 들어갈 내용으로 옳은 것은?

㉠

∘ 2000년에 개최된 남북 정상 회담의 결과로 발표됨.
∘ 이산가족 방문, 개성 공단 건설 등 남북 교류에 합의함.

① 홍범 14조   ② 교육입국 조서
③ 6 · 15 남북 공동 선언   ④ 조 · 청 상민 수륙 무역 장정

도 덕

고졸

1. 다음 쟁점들을 다루는 실천 윤리 분야로 가장 적절한 것은?

> ◦ 사회 참여는 시민의 의무인가?
> ◦ 사회적 가치의 공정한 분배 기준은 무엇인가?

① 생명 윤리   ② 사회 윤리   ③ 과학 윤리   ④ 환경 윤리

2. 다음에 해당하는 사랑과 성의 관계에 대한 관점은?

> ◦ 결혼을 통해 이루어지는 성적 관계만이 옳다.
> ◦ 배우자가 아닌 다른 사람과의 성적 관계는 부도덕하다.

① 자유주의   ② 중도주의   ③ 보수주의   ④ 공리주의

3. ㉠에 들어갈 내용으로 옳은 것은?

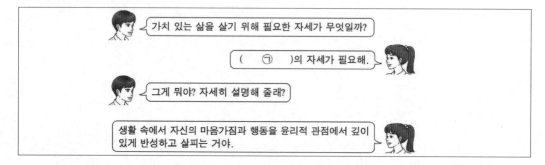

가치 있는 삶을 살기 위해 필요한 자세가 무엇일까?

(㉠)의 자세가 필요해.

그게 뭐야? 자세히 설명해 줄래?

생활 속에서 자신의 마음가짐과 행동을 윤리적 관점에서 깊이 있게 반성하고 살피는 거야.

① 가치 전도   ② 특권 의식   ③ 윤리적 성찰   ④ 이기적 실천

4. 덕 윤리의 특징으로 옳은 것을 <보기>에서 고른 것은?

> ─── <보기> ───
> ㄱ. 도덕적 실천 가능성을 강조한다.
> ㄴ. 공동체의 전통과 역사를 중시한다.
> ㄷ. 인간의 감정과 인간관계를 무시한다.
> ㄹ. 공리의 원칙에 따른 행위만을 중시한다.

① ㄱ, ㄴ   ② ㄱ, ㄷ   ③ ㄴ, ㄹ   ④ ㄷ, ㄹ

5. (가), (나)에 들어갈 내용으로 적절하지 <u>않은</u> 것은?

주제 : 동물 복제를 허용해야 하는가?

찬성 논거	반대 논거
(가)	(나)
⋮	⋮

① (가) : 희귀 동물을 보호할 수 있다.　　② (가) : 우수한 품종을 개발할 수 있다.

③ (나) : 자연의 고유한 질서에 어긋난다.　　④ (나) : 동물 종의 다양성 보존에 기여한다.

6. 다음 설명에 해당하는 처벌에 대한 관점은?

처벌의 본질을 범죄 행위에 대해 응당한 보복을 가하는 것으로 본다.

① 예방주의　　　② 공리주의　　　③ 응보주의　　　④ 실용주의

7. 다음을 주장한 사상가의 입장으로 옳은 것은?

〈 정의의 두 원칙 〉

○ 제1원칙 : 평등한 자유의 원칙

　모든 사람은 다른 사람과 유사한 자유와 양립할 수 있는 가장 광범위한 기본적 자유에 대하여 동등한 권리를 가져야 한다.

○ 제2원칙 : 공정한 기회균등의 원칙, 차등의 원칙

① 개인의 기본적 자유를 보장해야 한다.
② 사회 구성원의 기본적 자유는 평등하지 않다.
③ 사회 전체의 이익을 위한 소수의 희생은 정당하다.
④ 부유층의 기본권이 빈곤층의 기본권보다 중요하다.

8. 다음 설명에 해당하는 것은?

∘ 유교에서 말하는 기본적인 인간관계에서 지켜야 할 다섯 가지 도덕규범.
∘ 부자유친, 군신유의, 부부유별, 장유유서, 붕우유신.

① 오륜(五倫)　　② 충서(忠恕)　　③ 삼학(三學)　　④ 좌망(坐忘)

9. (가)에 들어갈 용어로 적절한 것은?

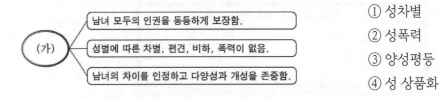

- 남녀 모두의 인권을 동등하게 보장함.
- (가) 성별에 따른 차별, 편견, 비하, 폭력이 없음.
- 남녀의 차이를 인정하고 다양성과 개성을 존중함.

① 성차별
② 성폭력
③ 양성평등
④ 성 상품화

10. 다음 중 시민 불복종의 정당화 조건으로 옳지 <u>않은</u> 것은?

① 처벌 감수　　　　　　② 공동선 추구
③ 최후의 수단　　　　　④ 폭력적 방법 사용

11. 다음 제도가 강조하는 덕목은?

- ◦ 부패 방지법
- ◦ 내부 공익 신고 제도
- ◦ 부정 청탁 및 금품 수수 금지에 관한 법률

① 배려　　　　② 관용　　　　③ 청렴　　　　④ 자선

12. 다음에서 소개하는 윤리 사상가는?

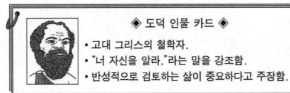

◈ 도덕 인물 카드 ◈
- 고대 그리스의 철학자.
- "너 자신을 알라."라는 말을 강조함.
- 반성적으로 검토하는 삶이 중요하다고 주장함.

① 밀
② 베이컨
③ 데카르트
④ 소크라테스

13. 다음 중 과학 기술자의 윤리적 자세로 옳지 <u>않은</u> 것은?

① 연구 과정에서 표절이나 위조를 해서는 안 된다.
② 연구 및 실험 대상을 윤리적으로 대우해야 한다.
③ 연구 과정에서 부당한 저자 표기를 해서는 안 된다.
④ 연구 결과를 자신의 이익만을 위해 공개해야 한다.

14. 다음에서 생태 중심주의 관점에만 '✔'를 표시한 학생은?

관점＼학생	A	B	C	D
• 인간은 자연보다 우월한 존재이다.	✔		✔	
• 동물은 인간을 위한 수단일 뿐이다.	✔			✔
• 자연 전체가 도덕적 고려의 대상이다.		✔		✔

① A
② B
③ C
④ D

15. 다음 설명에 해당하는 정보 사회의 윤리적 문제점은?

> 교육, 소득 수준, 성별, 지역 등의 차이로 정보에 대한 접근과 이용에 차별이 발생하고, 그 결과 사회적·경제적 불평등이 초래되는 현상.

① 정보 격차　　　② 사생활 침해　　　③ 저작권 침해　　　④ 사이버 스토킹

16. (가)에 들어갈 사상은?

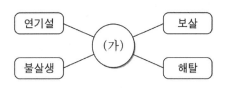

① 유교
② 불교
③ 도교
④ 기독교

17. 예술의 상업화를 반대하는 입장으로 옳은 것을 <보기>에서 고른 것은?

───── <보기> ─────

ㄱ. 예술을 일반 대중들도 누릴 수 있게 해 준다.
ㄴ. 예술가에게 예술 활동의 경제적 기반을 마련해 준다.
ㄷ. 예술의 미적 가치와 윤리적 가치를 훼손할 수 있다.
ㄹ. 예술 작품이 돈을 벌기 위한 투기 수단으로 사용된다.

① ㄱ, ㄴ　　　② ㄱ, ㄷ　　　③ ㄴ, ㄹ　　　④ ㄷ, ㄹ

18. 다음은 서술형 평가 문제와 학생 답안이다. 밑줄 친 ㉠~㉣ 중 옳지 않은 것은?

> 문제 : 뉴 미디어(new media)의 의미와 특징을 서술하시오.
>
> 〈학생 답안〉
> 　뉴 미디어는 ㉠정보 통신 기술이 발달하면서 등장한 새로운 전달 매체이다. 뉴 미디어는 ㉡송신자와 수신자 간의 쌍방향 정보 교환이 불가능하지만, ㉢수신자가 원하는 시간에 정보를 볼 수 있게 해 주고, ㉣정보를 디지털화함으로써 신속하고 정확하게 처리하는 것이 가능하다.

① ㉠
② ㉡
③ ㉢
④ ㉣

19. 다음에 해당하는 윤리 사상가는?

> - 도덕성을 판단할 때 행위의 결과보다 동기를 중시함.
> - 도덕 법칙은 정언 명령의 형식으로 제시됨을 주장함.

① 벤담   ② 칸트   ③ 플라톤   ④ 에피쿠로스

20. ㉠, ㉡에 들어갈 말이 옳게 짝지어진 것은?

(㉠) 소비	소비자가 자신의 경제력 내에서 가장 큰 효용과 만족을 주는 상품을 구매하는 것.
(㉡) 소비	소비자가 윤리적인 가치 판단의 신념에 따라 상품을 구매하는 것.

	㉠	㉡		㉠	㉡
①	윤리적	합리적	②	충동적	윤리적
③	합리적	충동적	④	합리적	윤리적

21. ㉠에 들어갈 용어로 가장 적절한 것은?

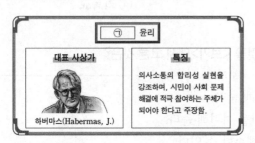

① 담론
② 배려
③ 의무
④ 책임

22. 다음에 해당하는 다문화 이론은?

> - 다른 맛을 가진 채소와 과일들이 그릇 안에서 서로 조화를 이루듯이 다양한 문화가 평등하게 조화를 이루어야 함.
> - 여러 인종, 여러 민족이 각자의 문화적 특성을 유지하며 조화를 이루어야 함.

① 샐러드 볼 이론   ② 동화주의 이론
③ 국수 대접 이론   ④ 자문화 중심주의 이론

23. 다음 설명에 해당하는 인간의 특성으로 가장 적절한 것은?

> 인간은 시간과 공간의 한계를 넘어서기를 갈망하며, 그러한 한계를 극복하기 위해 신(神)과 같은 초월적 존재와 연관을 맺고자 하는 존재이다.

① 감각적 존재　　② 종교적 존재　　③ 윤리적 존재　　④ 이기적 존재

24. ㉠에 들어갈 용어로 가장 적절한 것은?

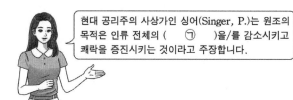

현대 공리주의 사상가인 싱어(Singer, P.)는 원조의 목적은 인류 전체의 (㉠)을/를 감소시키고 쾌락을 증진시키는 것이라고 주장합니다.

① 이익
② 행복
③ 고통
④ 복지

25. 다음 중 남북통일 실현을 위한 올바른 자세가 <u>아닌</u> 것은?

① 주변국과 긴밀히 협력한다.
② 열린 마음으로 소통하고 배려를 실천한다.
③ 북한을 동반자가 아니라 경계 대상으로만 본다.
④ 국민적 합의에 근거하여 통일의 방법을 모색한다.

C·O·N·T·E·N·T·S

국 어

1. 다음 중 '준수'의 말하기의 문제점으로 적절하지 <u>않은</u> 것은?

> 준수 : 야! 너 색연필 있지? 줘 봐!
>
> 민우 : 어쩌지? 미안하지만 지금은 나도 써야 해.
>
> 준수 : 내가 먼저 쓸 거야! 바로 줄 건데 뭘 그러냐? 색연필 빌려 주는 게 그렇게 아깝냐!

① 상대방의 상황을 무시하고 있다.

② 상대방에게 막무가내로 요구하고 있다.

③ 상대방의 기분이 상하게 표현하고 있다.

④ 상대방이 이해하지 못하는 관용 표현을 사용하고 있다.

2. 다음 중 [A]에 대한 설명으로 가장 적절한 것은?

> 은희 : 축제를 앞두고 우리 춤 동아리에서 리허설을 하려고 하는데, 앞으로 축제 때까지 무대가 있는 강당을 우리가 사용하면 안 될까?
>
> 민수 : 그건 어렵겠어. 우리 뮤지컬 동아리도 춤추는 장면이 있는데, 전체 동작이 서로 맞지 않아서 강당에서 연습을 더 해야 해.
>
> 은희 : 그런 어려움이 있구나. 그러면 춤 동작은 우리가 도와줄 테니 이번 주만이라도 강당을 우리가 쓰도록 해 주면 좋겠어. [A]
>
> 민수 : 그래, 괜찮네. 이번 주는 너희가 쓰고 다음 주는 우리가 쓸게.

① 일방적으로 자신의 입장을 강요하고 있다.

② 자신의 의도를 숨기고 상대방을 비난하고 있다.

③ 상대방의 처지에 공감하며 요구 사항을 전하고 있다.

④ 상대방의 의견을 반박하며 자신의 주장을 강조하고 있다.

3. 다음 규정에 따라 발음하지 <u>않는</u> 것은?

> **표준 발음법**
>
> **【제19항】** 받침 'ㅁ, ㅇ' 뒤에 연결되는 'ㄹ'은 [ㄴ]으로 발음한다.

① 강릉

② 담력

③ 송년

④ 항로

4. 다음의 높임법을 활용한 문장으로 볼 수 없는 것은?

> 주체 높임법은 문장의 주체를 높이는 방법이다.

① 아버지께서는 늘 음악을 들으신다.
② 어머니께서는 지금 집에서 주무신다.
③ 선배는 선생님께 공손히 인사를 드렸다.
④ 할아버지께서는 어제 죽을 드시고 계셨다.

5. 다음 중 끊어적기에 해당하지 않는 것은?

孔·공子·ㅈ·직曾중子·ㅈ드·려닐·러골ᄋ·샤·디㉠·몸·이며
㉡얼굴·이며㉢머·리털·이·며·술·ㅎ父·부母:모·끠
받ᄌ·온㉣거·시·라敢·감·히혈·워샹히·오·디아·니·홈·이
:효·도·이비·ㄹ·소미·오·몸·을셰·워道·도·를行힝·ㅎ·야
일·홈·을後:후世·셰·예·베퍼·뻐父·부母:모롤·현·더케
:홈·이·효·도·이ㅁ·ᄎ·미·이니·라

– 『소학언해』 (1587) –

① ㉠
② ㉡
③ ㉢
④ ㉣

6. 밑줄 친 부분이 '한글 맞춤법'에 맞지 않는 것은?

① 집에서 보약을 <u>다리다</u>.
② 가난으로 배를 <u>주리다</u>.
③ 그늘에서 땀을 <u>식히다</u>.
④ 아들에게 학비를 <u>부치다</u>.

7. <조건>을 모두 고려하여 만든 광고 문구로 가장 적절한 것은?

───── <조건> ─────
◦ '고운 말을 사용하자.'는 주제를 드러낼 것
◦ 비유법, 대구법을 모두 활용할 것

① 지금 바로 말하세요. 안 하면 모릅니다.
② 봄날처럼 따뜻한 말씨, 보석처럼 빛나는 세상!
③ 마음을 멍들게 하는 상처의 말은, 이제 그만!
④ 대화는 관계의 시작! 말로 마음의 문을 여실 거죠?

8. ⊙~@을 고쳐 쓴 것으로 적절하지 <u>않은</u> 것은?

> 한지는 바람이 잘 통하고 습도 조절이 잘되는 종이라서 창호지로도 많이 쓰인다. ⊙ <u>창문의</u> 달아도 한지는 바람이 잘 통하고 습기를 잘 흡수해서 습도 조절 역할까지 한다. ⓒ <u>그러나</u> 한지에 비해 양지는 바람이 잘 통하지 않고 습기를 잘 흡수하지 못한다. ⓒ <u>최근 물가 상승으로 한지의 가격이 2배 이상 올랐다.</u> 한지가 살아 숨 쉬는 @ <u>종이라도,</u> 양지는 뻣뻣하게 굳어 있는 종이라고 할 수 있다.

① ⊙ : 잘못된 조사를 사용했으므로 '창문을'로 바꾼다.

② ⓒ : 잘못된 접속어를 사용했으므로 '그러므로'로 바꾼다.

③ ⓒ : 글의 통일성을 해치는 문장이므로 삭제한다.

④ @ : 문맥을 고려하여 '종이라면'으로 바꾼다.

[9~11] 다음 글을 읽고 물음에 답하시오.

> 산모퉁이를 돌아 논가 외딴 우물을 홀로 찾아가선 가만히 들여다봅니다.
>
> 우물 속에는 달이 밝고 구름이 흐르고 하늘이 펼치고 파아란 바람이 불고 가을이 있습니다.
>
> 그리고 한 사나이가 있습니다.
> 어쩐지 ⊙ <u>그 사나이가 미워져 돌아갑니다.</u>
>
> 돌아가다 생각하니 그 사나이가 가엾어집니다.
> 도로 가 들여다보니 사나이는 그대로 있습니다.
>
> 다시 그 사나이가 미워져 돌아갑니다.
> 돌아가다 생각하니 그 사나이가 그리워집니다.
>
> 우물 속에는 달이 밝고 구름이 흐르고 하늘이 펼치고 파아란 바람이 불고 가을이 있고 추억(追憶)처럼 사나이가 있습니다.
>
> – 윤동주, 『자화상(自畫像)』 –

9. 윗글의 표현상의 특징으로 적절하지 <u>않은</u> 것은?

① 오고 가는 행위의 반복을 통해 시상을 전개하고 있다.

② '-ㅂ니다'의 반복적 사용을 통해 운율을 형성하고 있다.

③ 설의적 표현을 사용하여 비판적 인식을 드러내고 있다.

④ 시각적 심상을 사용하여 대상을 선명하게 나타내고 있다.

10. 윗글에 대한 설명으로 적절하지 <u>않은</u> 것은?

① 1연에서 우물에 비친 자신의 모습을 들여다보고 있다.

② 2연에서 우물 속 풍경을 보며 비정한 현실에 분노하고 있다.

③ 4연에서 화자는 '사나이'에게 연민을 느끼고 있다.

④ 5연에서 미움의 감정이 그리움으로 변화하고 있다.

11. 다음과 관련하여 윗글을 감상할 때, ㉠의 이유로 가장 적절한 것은?

> '자화상'은 일제 강점기를 살았던 시인의 이상적 삶의 태도가 잘 드러나 있는 작품으로, 치열한 자아 성찰의 산물인 부끄러움과 암울한 시대에 대한 극복 의지가 담겨 있다.

① 이상적 가치를 이미 실현했기 때문에

② 경제적으로 안정된 삶을 추구하기 때문에

③ 현실에 저항하지 못하는 자신이 부끄럽기 때문에

④ 삶의 고통을 극복한 자신에게 당당함을 느끼기 때문에

[12~14] 다음 글을 읽고 물음에 답하시오.

[앞부분 줄거리] 원미동에 터를 잡고 사는 강 노인은 자신의 마지막 남은 땅에 밭농사를 지으며 그 땅을 팔지 않으려 하고 있다.

　서울 것들이란. 강 노인은 끙끙거리다 토막 난 욕설을 내뱉어 놓았다. 강 노인이 괭이를 내던지고 밭 끄트머리로 걸어가는 사이 언제 나왔는지 부동산의 박 씨가 알은체를 하였다. 자그마한 체구에 검은 테 안경을 쓰고, 머리는 기름 발라 착 달라붙게 빗어 넘긴 박 씨의 면상을 보는 일이 강 노인으로서는 괴롭기 짝이 없었다. 얼굴만 마주쳤다 하면 땅을 팔아 보지 않겠느냐고 은근히 회유를 거듭하더니 지난 겨울부터는 임자가 나섰다고 숫제 집까지 찾아와서 온갖 감언이설을 다 늘어놓는 박 씨였다.

<중략>

"영감님, 유 사장이 저 심곡동 쪽으로 땅을 보러 다니나 봅디다. ㉠ <u>영감님은 물론이고 우리 동네의 발전을 위해서 그렇게 애를 썼는데⋯⋯.</u>"
박 씨가 짐짓 허탈한 표정을 지으며 말하고 있는데 뒤따라 나온 동업자 고흥댁이 뒷말을 거든다.
"참말로 이 양반이 지난겨울부터 무진 애를 썼구만요. 우리사 셋방이나 얻어 주고 소개료 받는 것으로도 얼마든지 살 수 있지라우. 그람시도 그리 애를 쓴 것이야 다 한동네 사는 정리로다가 그런 것이지요."

강 노인은 가타부타 말이 없고 이번엔 박 씨가 나섰다.

"아직도 늦은 것은 아니고, 한 번 더 생각해 보세요. 여름마다 똥 냄새 풍겨 주는 밭으로 두고 있으니 평당 백만 원 이상으로 팔아넘기기가 그리 쉬운 일입니까. 이제는 참말이지 더 이상 땅값이 오를 수가 없게 돼 있다 이 말씀입니다. 아, 모르십니까. 팔팔 올림픽 전에 북에서 쳐들어올 확률이 높다고 신문 방송에서 떠들어 쌓으니 이삼천짜리 집들도 매기¹⁾가 뚝 끊겼다 이 말입니다."

"영감님도 욕심 그만 부리고 이만한 가격으로 임자 나섰을 때 후딱 팔아 치우시오. 영감님이 아무리 기다리셔도 인자 더 이상 오르기는 어렵다는디 왜 못 알아들으실까잉. 경국이 할머니도 팔아 치우자고 저 야단인디……."

고흥댁은 이제 강 노인 마누라까지 쳐들고 나선다. 강 노인은 아무런 대꾸도 없이 일하던 자리로 돌아가 버린다. 그 등에 대고 박 씨가 마지막으로 또 한마디 던졌다.

"아직도 유 사장 마음은 이 땅에 있는 모양이니께 금액이야 영감님 마음에 맞게 잘 조정해 보기로 하고, 일단 결정해 뿌리시오!"

– 양귀자, 『마지막 땅』 –

1) 상품을 사려는 분위기. 또는 살 사람들의 인기.

12. 윗글에 대한 설명으로 가장 적절한 것은?

① 작품 속 서술자가 자신의 이야기를 들려주고 있다.
② 대화를 통해 인물 간 화해의 과정을 드러내고 있다.
③ 비현실적인 배경을 제시하여 신비로운 분위기를 보여 주고 있다.
④ 인물의 외양 묘사를 통해 인물에 대한 강 노인의 못마땅함을 보여 주고 있다.

13. 윗글을 통해 알 수 있는 내용으로 적절한 것은?

① 유 사장은 강 노인의 땅을 마음에 두고 있다.
② 고흥댁은 받지 못한 소개료 때문에 생활고를 겪고 있다.
③ 신문 방송의 영향으로 집을 사려는 분위기가 고조되고 있다.
④ 박 씨는 강 노인에게 땅을 팔라고 말한 것을 후회하고 있다.

14. ㉠에 드러난 말하기 방식으로 가장 적절한 것은?

① 상대방의 지난 잘못을 들추며 비난하고 있다.
② 땅값이 앞으로는 오르지 않을 것이라 협박하고 있다.
③ 동네 발전에 애쓴 것을 언급하며 상대방을 회유하고 있다.
④ 상대방의 침묵에 대해 불쾌감을 드러내며 질책하고 있다.

[15~16] 다음 글을 읽고 물음에 답하시오.

> 생사(生死) 길은
> 예 있으매 머뭇거리고,
> 나는 간다는 말도
> 못다 이르고 어찌 갑니까.
> 어느 가을 이른 바람에
> 이에 저에 떨어질 잎처럼,
> 한 가지에 나고
> 가는 곳 모르온저.
> 아아, ㉠ 미타찰(彌陀刹)에서 만날 나
> 도(道) 닦아 기다리겠노라.
>
> – 월명사, 『제망매가(祭亡妹歌)』 –

15. 다음을 참고하여 윗글을 탐구한 내용으로 가장 적절한 것은?

> 이 작품은 10구체 향가이다. 1~4행, 5~8행, 9~10행의 세 부분으로 나눌 수 있는데, 그중 마지막 부분이 낙구이다.

① 낙구는 감탄사로 시작되고 있군.
② 세 부분은 각각 연으로 구분되어 있군.
③ 10구체 향가는 후렴구로 마무리되고 있군.
④ 세 부분의 첫 어절은 각각 3음절로 시작되고 있군.

16. ㉠에 나타난 화자의 태도로 가장 적절한 것은?

① 대상과 재회를 염원하고 있다.　② 자신의 처지를 한탄하고 있다.
③ 대상의 업적을 예찬하고 있다.　④ 이별한 대상을 원망하고 있다.

[17~19] 다음 글을 읽고 물음에 답하시오.

심청이 들어와 눈물로 밥을 지어 아버지께 올리고, 상머리에 마주 앉아 아무쪼록 진지 많이 잡수시게 하느라고 자반도 떼어 입에 넣어 드리고 김쌈도 싸서 수저에 놓으며,
"진지를 많이 잡수셔요."
심 봉사는 철도 모르고,

"야, 오늘은 반찬이 유난히 좋구나. 뉘 집 제사 지냈느냐?"

그날 밤에 꿈 을 꾸었는데, 부자간은 천륜지간(天倫之間)이라 꿈에 미리 보여 주는 바가 있었다.

"아가 아가, 이상한 일도 있더구나. 간밤에 꿈을 꾸니, 네가 큰 수레를 타고 한없이 가 보이더구나. 수레라 하는 것이 귀한 사람이 타는 것인데 우리 집에 무슨 좋은 일이 있을란가 보다. 그렇지 않으면 장 승상 댁에서 가마 태워 갈란가 보다."

심청이는 저 죽을 꿈인 줄 짐작하고 둘러대기를,

"그 꿈 참 좋습니다."

하고 진짓상을 물려 내고 담배 태워 드린 뒤에 밥상을 앞에 놓고 먹으려 하니 간장이 썩는 눈물은 눈에서 솟아나고, 아버지 신세 생각하며 저 죽을 일 생각하니 정신이 아득하고 몸이 떨려 밥을 먹지 못하고 물렸다. 그런 뒤에 심청이 사당에 하직하려고 들어갈 제, 다시 세수하고 사당문을 가만히 열고 하직 인사를 올렸다.

"못난 여손(女孫) 심청이는 아비 눈 뜨기를 위하여 인당수 제물로 몸을 팔려 가오매, 조상 제사를 끊게 되오니 사모 하는 마음을 이기지 못하겠습니다."

울며 하직하고 사당문 닫은 뒤에 아버지 앞에 나와 두 손을 부여잡고 기절하니, 심 봉사가 깜짝 놀라,

"아가 아가, 이게 웬일이냐? 정신 차려 말하거라."

심청이 여쭙기를,

"제가 못난 딸자식으로 아버지를 속였어요. 공양미 삼백 석을 누가 저에게 주겠어요. 남경 뱃사람들에게 인당수 제물로 몸을 팔아 오늘이 떠나는 날이니 저를 마지막 보셔요."

심 봉사가 이 말을 듣고,

[A] "참말이냐, 참말이냐? 애고 애고, 이게 웬 말인고? 못 가리라, 못 가리라. 네가 날더러 묻지도 않고 네 마음대로 한단 말이냐? 네가 살고 내가 눈을 뜨면 그는 마땅히 할 일이나, 자식 죽여 눈을 뜬들 그게 차마 할 일이냐? 너의 어머니 늦게야 너를 낳고 초이레 안에 죽은 뒤에, 눈 어두운 늙은 것이 품 안에 너를 안고 이집 저집 다니면서 구차한 말 해 가면서 동냥젖 얻어 먹여 이만치 자랐는데, 내 아무리 눈 어두우나 너를 눈으로 알고, 너의 어머니 죽은 뒤에 걱정 없이 살았더니 이 말이 무슨 말이냐? 마라 마라, 못 하리라. 아내 죽고 자식 잃고 내 살아서 무엇하리? 너하고 나하고 함께 죽자. 눈을 팔아 너를 살 터에 너를 팔아 눈을 뜬들 무엇을 보려고 눈을 뜨리?"

– 작자 미상, 완판본 『심청전』 –

17. 윗글의 내용과 일치하지 <u>않는</u> 것은?

① 심청은 자신이 떠나야 하는 까닭을 아버지에게 밝혔다.

② 심청은 아버지에게 하직 인사를 하기 위해 사당으로 들어 갔다.

③ 심 봉사는 자신을 위해 제물이 되려는 심청의 결정을 만류하고 있다.

④ 심청은 자신이 떠난 후 조상의 제사를 지내지 못하는 것을 안타까워하고 있다.

18. 꿈 의 기능으로 가장 적절한 것은?

① 심청의 영웅적 능력을 드러낸다.

② 심청의 앞날에 일어날 일을 암시한다.

③ 심 봉사와 심청의 갈등 해소의 계기가 된다.

④ 심청이 겪었던 과거의 위기 상황을 보여 준다.

19. [A]에 대한 설명으로 적절한 것은?

① 설의적 표현을 통해 삶의 희망을 드러내고 있다.

② 의인화를 통해 현실을 우회적으로 비판하고 있다.

③ 해학적 표현을 통해 슬픔을 웃음으로 승화하고 있다.

④ 반복적인 표현을 통해 인물의 안타까운 심정을 드러내고 있다.

[20~22] 다음 글을 읽고 물음에 답하시오.

글을 잘 읽으려면 읽기 목적에 맞는 읽기 방법을 선택해야 한다. 읽기의 방법은 매우 다양한데, 이는 다음과 같이 몇 가지로 나누어 볼 수 있다.

첫째, 글을 읽을 때 소리를 내는지에 따라 음독(音讀)과 묵독(默讀)으로 나뉜다. 음독은 글을 소리 내어 읽는 방법이며, 묵독은 글을 소리 내지 않고 속으로 읽는 방법이다. 음독은 근대 이전에 보편적으로 사용된 읽기 방법으로, 요즘에는 개인이 혼자 글을 읽을 때 대체로 묵독을 사용한다. ⟨ ㉠ ⟩ 잘 이해되지 않는 부분의 뜻을 파악하거나 두 사람 이상이 함께 읽을 때는 음독이 사용되기도 한다.

둘째, 글을 읽는 속도에 따라 속독(速讀)과 지독(遲讀)으로 나뉜다. 속독은 중요한 내용을 중심으로 글을 빠르게 읽는 방법이며, 지독은 뜻을 새겨 가며 글을 천천히 읽는 방법이다. 속독은 주로 가벼운 내용이 담긴 글을 읽거나, 글을 읽을 시간이 부족하여 대강의 내용을 먼저 파악하고자 할 때 사용된다. 반면 깊이 있는 내용이나 전문적인 내용이 담긴 글을 읽을 때는 대체로 지독이 사용된다. 이때 전문 서적을 읽을 때처럼 글의 세부 내용을 자세하게 파악하며 읽는 것을 정독(精讀)이라고 하고, 문학 작품이나 고전을 읽을 때처럼 내용과 형식, 표현 등을 차를 우려내듯 여유롭게 음미하며 읽는 것을 미독(味讀)이라고 한다.

셋째, 글을 읽는 범위에 따라 통독(通讀)과 발췌독(拔萃讀)으로 나뉜다. 통독은 글 전체를 처음부터 끝까지 훑어 읽는 방법이며, 발췌독은 글에서 필요한 부분만 찾아 읽는 방법이다. 통독은 주로 글 전체의 내용이나 줄거리를 파악하고자 할 때 사용되며, 발췌독은 필요한 부분만 선별하여 특정 정보를 찾을 때 사용된다.

20. 윗글에 대한 설명으로 적절하지 <u>않은</u> 것은?

① 읽기 방법을 기준에 따라 제시하고 있다.
② 다양한 읽기 방법의 개념을 설명하고 있다.
③ 비유적 표현을 통해 읽기 방법을 설명하고 있다.
④ 서로 다른 읽기 방법을 절충하여 새로운 읽기 방법을 보여 주고 있다.

21. ㉠에 들어갈 말로 가장 적절한 것은?

① 그러나　　　② 따라서　　　③ 예컨대　　　④ 왜냐하면

22. ㉮와 ㉯에 들어갈 읽기 방법으로 적절한 것은?

내일이 우리 모둠 발표 순서라 주제와 관련된 책을 빌려 왔어. 그런데 시간이 부족해서 어쩌지?

시간이 없으면 대강의 내용을 먼저 빠르게 보는 (㉮)이나, 목차를 보고 필요한 부분을 찾아 읽는 (㉯)을 활용해 봐.

	㉮	㉯
①	속독	통독
②	속독	발췌독
③	지독	통독
④	지독	발췌독

[23~25] 다음 글을 읽고 물음에 답하시오.

우리 눈에 보이는 것들은 정말 '눈에 보이는 대로'만 존재할까? 신경과학 분야의 국제 학술지에 『우리 가운데 있는 고릴라』라는 제목의 논문이 ㉠게재됐다. 하버드 대학교 심리학과 연구자들은 흰옷과 검은 옷을 입은 학생들을 두 조로 나누어 같은 조끼리만 농구공을 주고받게 하고 그 장면을 동영상으로 찍었다. 연구자들은 이 영상을 사람들에게 보여주면서 검은 옷을 입은 조는 무시하고, 흰옷을 입은 조의 패스 횟수만 세어 달라고 요구하였다. 실제 이 영상에는 고릴라 의상을 입은 학생이 가슴을 치고 퇴장하는 장면이 있는데, 그들의 절반은 이것을 전혀 인지하지 못했다. ㉮ 도대체 이들은 왜 고릴라를 보지 못했을까? 이것은 '무주의 맹시' 때문이다. 이는 시각이 ㉡ 손상되어 물체를 보지 못하는 것과 달리 물체를 보면서도 주의를 기울이지 않아서 인지하지 못하는 경우를 말한다.

인간은 눈을 통해 빛을 감지하고 사물을 보지만 눈 자체로 세상을 ⓒ 인식하는 것은 아니다. 눈으로 들어온 빛이 망막의 시각 세포에 의해 전기적 신호로 변환되고 이 신호가 시신경을 통해 뇌의 시각 피질로 들어올 때 세상을 본다고 느끼는 것이다. 시각 피질은 약 30개의 영역으로 구성된 복합적인 영역으로, 물체의 기본적인 이미지를 구분하는 영역, 형태를 구성하는 영역, 색을 담당하는 영역, 운동을 ② 감지하는 영역 등 다양한 영역이 조합되어 종합적으로 사물을 인지한다. 예를 들어 시각 피질의 영역이 제 기능을 하지 못하면 세상이 흑백으로 보이며, 운동을 감지하는 영역이 손상되면 질주하는 자동차도 느리게 움직이는 것처럼 보인다.

이처럼 감각 기관으로 들어오는 정보를 고스란히 받아 들이지 않고 제 입맛에 맞는 부분만 편식하는 것은 뇌의 보편적인 특성이다. 뇌의 많은 영역이 시각이라는 감각에 배정되어 있음에도 눈으로 받아들이는 모든 정보를 보이는 그대로 뇌가 빠짐없이 처리하기는 어렵다. 우리의 뇌는 선택과 집중, 적당한 무시의 과정을 거쳐 세상을 보기 때문에 있어도 보지 못하거나 잘못 보는 경우도 많은 것이다.

- 이은희,『고릴라를 못 본 이유』-

23. 윗글에 대한 설명으로 적절한 것을 <보기>에서 고른 것은?

<보기>

ㄱ. 사례를 통해 내용을 설명하고 있다.
ㄴ. 질문을 통해 독자의 호기심을 유발하고 있다.
ㄷ. 시대에 따라 변화하는 통념을 보여 주고 있다.
ㄹ. 서로 다른 실험 결과를 대비하여 가설을 증명하고 있다.

① ㄱ, ㄴ   ② ㄱ, ㄷ   ③ ㄴ, ㄷ   ④ ㄷ, ㄹ

24. ㉮의 이유로 가장 적절한 것은?

① 망막의 시각 세포는 흰색에만 반응하기 때문에
② 시신경이 손상되어 물체를 보지 못했기 때문에
③ 눈으로 들어오는 빛은 전기적 신호로 변환되지 못하기 때문에
④ 눈으로 들어오는 모든 정보를 처리하기 어려운 뇌의 특성 때문에

25. ㉠~②의 사전적 의미로 적절하지 않은 것은?

① ㉠ : 글이나 그림 따위를 신문이나 잡지 따위에 실음.
② ㉡ : 자기도 모르는 사이에 물건 따위를 잃어버림.
③ ㉢ : 사물을 분별하고 판단하여 앎.
④ ② : 느끼어 앎.

수 학

1. 두 다항식 $A = x^2 + 2x$, $B = 2x^2 - 1$에 대하여 $A + B$는?

   ① $x - 1$ ② $x^2 + 2$
   ③ $x^2 + x - 3$ ④ $3x^2 + 2x - 1$

2. 등식 $(x + 1)(x - 1) = x^2 + a$가 x에 대한 항등식일 때, 상수 a의 값은?

   ① -2 ② -1 ③ 0 ④ 1

3. 다음은 조립제법을 이용하여 다항식 $x^3 - 2x^2 - x + 5$를 일차식 $x - 1$로 나누어 몫과 나머지를 구하는 과정이다. 이때, 몫은?

	1	-2	-1	5
1		1	-1	-2
	1	-1	-2	3

   ① $x + 2$ ② $2x + 1$
   ③ $x^2 - x - 2$ ④ $2x^2 + x + 1$

4. 다항식 $x^3 - 9x^2 + 27x - 27$을 인수분해한 식이 $(x - a)^3$일 때, 상수 a의 값은?

   ① 1 ② 2 ③ 3 ④ 4

5. $2 - i + i^2 = a - i$일 때, 실수 a의 값은? (단, $i = \sqrt{-1}$)

   ① -2 ② -1 ③ 0 ④ 1

6. 이차방정식 $x^2 + 3x - 4 = 0$의 두 근을 α, β라고 할 때, $\alpha + \beta$의 값은?

① -3 ② -1 ③ 1 ④ 3

7. $0 \le x \le 2$일 때, 이차함수 $y = x^2 + 2x - 3$의 최댓값은?

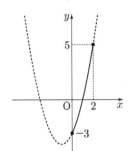

① 1

② 3

③ 5

④ 7

8. 삼차방정식 $x^3 - 2x + a = 0$의 한 근이 2일 때, 상수 a의 값은?

① -4 ② -3 ③ -2 ④ -1

9. 연립방정식 $\begin{cases} x + y = 3 \\ x^2 - y^2 = a \end{cases}$ 의 해가 $x = 2$, $y = b$일 때, 두 상수 a, b에 대하여 $a + b$의 값은?

① 2 ② 4 ③ 6 ④ 8

10. 이차부등식 $(x + 3)(x - 1) \le 0$의 해는?

① $x \le -3$ ② $x \ge 1$

③ $-3 \le x \le 1$ ④ $x \le -3$ 또는 $x \ge 1$

11. 좌표평면 위의 두 점 $A(1, 2)$, $B(3, -4)$에 대하여 선분 AB의 중점의 좌표는?

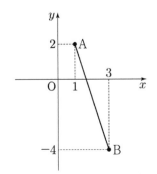

① $(-2, 1)$

② $(-1, 2)$

③ $(1, -2)$

④ $(2, -1)$

12. 직선 $y = -2x + 5$에 평행하고, 점 $(0, 1)$을 지나는 직선의 방정식은?

① $y = -2x - 3$

② $y = -2x + 1$

③ $y = \dfrac{1}{2}x - 3$

④ $y = \dfrac{1}{2}x + 1$

13. 중심의 좌표가 $(2, 1)$이고 반지름의 길이가 3인 원의 방정식은?

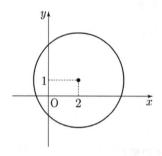

① $(x + 2)^2 + (y + 1)^2 = 9$

② $(x + 2)^2 + (y - 1)^2 = 9$

③ $(x - 2)^2 + (y + 1)^2 = 9$

④ $(x - 2)^2 + (y - 1)^2 = 9$

14. 좌표평면 위의 점 $(-2, 1)$을 원점에 대하여 대칭이동한 점의 좌표는?

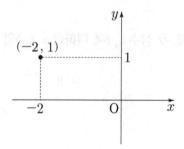

① $(-2, -1)$

② $(-1, -2)$

③ $(1, -2)$

④ $(2, -1)$

15. 두 집합 $A = \{1, 3, 4, 5\}$, $B = \{2, 4\}$에 대하여 $A - B$는?

① $\{1\}$

② $\{3, 4\}$

③ $\{1, 3, 5\}$

④ $\{1, 3, 4, 5\}$

16. 명제 '정삼각형이면 이등변삼각형이다.'의 역은?

① 이등변삼각형이면 정삼각형이다.

② 정삼각형이면 이등변삼각형이 아니다.

③ 정삼각형이 아니면 이등변삼각형이다.

④ 이등변삼각형이 아니면 정삼각형이 아니다.

17. 함수 $f : X \to Y$가 그림과 같을 때, $f^{-1}(4)$의 값은? (단, f^{-1}는 f의 역함수이다.)

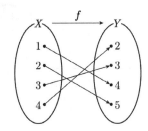

① 1
② 2
③ 3
④ 4

18. 무리함수 $y = \sqrt{x-a} + b$의 그래프는 무리함수 $y = \sqrt{x}$의 그래프를 x축의 방향으로 2만큼, y축의 방향으로 3만큼 평행이동한 것이다. 두 상수 a, b에 대하여 $a + b$의 값은?

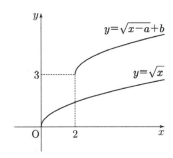

① 1
② 3
③ 5
④ 7

19. 그림과 같이 3곳을 모두 여행하는 계획을 세우려고 한다. 여행 순서를 정하는 경우의 수는? (단, 한 번 여행한 곳은 다시 여행하지 않는다.)

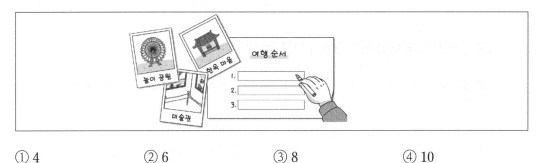

① 4　　　② 6　　　③ 8　　　④ 10

20. 그림과 같이 4종류의 꽃이 있다. 이 중에서 서로 다른 3종류의 꽃을 선택하는 경우의 수는?

① 4　　　② 5　　　③ 6　　　④ 7

영 어

고졸

[1~3] 다음 밑줄 친 부분의 뜻으로 가장 적절한 것을 고르시오.

1.

> For children, it is important to encourage good <u>behavior</u>.

① 행동   ② 규칙   ③ 감정   ④ 신념

2.

> She had to <u>put off</u> the trip because of heavy rain.

① 계획하다   ② 연기하다   ③ 기록하다   ④ 시작하다

3.

> Many online lessons are free of charge. <u>Besides</u>, you can watch them anytime and anywhere.

① 마침내   ② 게다가   ③ 그러나   ④ 예를 들면

4. 다음 밑줄 친 두 단어의 의미 관계와 <u>다른</u> 것은?

> While some people say that a glass is half <u>full</u>, others say that it's half <u>empty</u>.

① high － low   ② hot － cold
③ tiny － small   ④ fast － slow

5. 다음 포스터에서 언급되지 <u>않은</u> 것은?

Happy Earth Day Event

When : April 22, 2022
Where : Community Center
What to do : ○ Exchange used things
               ○ Make 100% natural shampoo

① 참가 자격
② 행사 날짜
③ 행사 장소
④ 행사 내용

6.

> ◦ When you _____ the train, make sure you take all your belongings.
> ◦ Please _____ the book on the table after reading it.

① open ② learn ③ leave ④ believe

7.

> ◦ Minsu, _____ are you going to do this weekend?
> ◦ No one knows exactly _____ happened.

① what ② that ③ who ④ if

8.

> ◦ Dad's heart is filled _____ love for me.
> ◦ Alice was satisfied _____ her performance.

① at ② in ③ for ④ with

9. 다음 대화에서 밑줄 친 표현의 의미로 가장 적절한 것은?

> A : What are you doing, Junho?
> B : I'm trying to solve this math problem, but it's too difficult for me.
> A : Let's try to figure it out together.
> B : That's a good idea. <u>Two heads are better than one</u>.

① 수고 없이 얻는 것은 없다.
② 사공이 많으면 배가 산으로 간다.
③ 겉모습만으로 사람을 판단해서는 안 된다.
④ 혼자보다 두 명이 함께 생각하는 것이 낫다.

10. 다음 대화에서 알 수 있는 B의 심정으로 가장 적절한 것은?

> A : Did you get the results for the English speech contest?
> B : Yeah, I just got them.
> A : So, how did you do?
> B : I won first prize. It's the happiest day of my life.

① 행복 ② 실망 ③ 분노 ④ 불안

11. 다음 대화가 이루어지는 장소로 가장 적절한 것은?

> A : Good morning. How may I help you?
> B : Hi, I'd like to open a bank account.
> A : All right. Please fill out this form.
> B : Thanks. I'll do it now.

① 은행   ② 경찰서   ③ 미용실   ④ 체육관

12. 다음 글에서 밑줄 친 It이 가리키는 것으로 가장 적절한 것은?

> One day, Michael saw an advertisement for a reporter in the local newspaper. <u>It</u> was a job he'd always dreamed of. So he made up his mind to apply for the job.

① actor   ② teacher   ③ reporter   ④ designer

[13~14] 다음 대화의 빈칸에 들어갈 말로 가장 적절한 것을 고르시오.

13.

> A : _____?
> B : I'm going to teach Korean to foreigners.
> A : Great. Remember you should volunteer with a good heart.
> B : I'll keep that in mind.

① When is your birthday
② What did you do last Friday
③ What do you think about Korean food
④ What kind of volunteer work are you going to do

14.

> A : Have you decided which club you're going to join this year?
> B : _____.

① I left Korea for Canada   ② I went to see a doctor yesterday
③ I've decided to join the dance club   ④ I had spaghetti for dinner last night

15. 다음 대화의 주제로 가장 적절한 것은?

> A : Doctor, my eyes are tired from working on the computer all day. What can I do to look after my eyes?
> B : Make sure you have enough sleep to rest your eyes.
> A : Okay. Then what else can you recommend?
> B : Eat fruits and vegetables that have lots of vitamins.

① 비타민의 부작용　　　　　　② 눈 건강을 돌보는 방법
③ 수면 부족의 원인　　　　　　④ 시력 회복에 도움 되는 운동

16. 다음 글을 쓴 목적으로 가장 적절한 것은?

> This is an announcement from the management office. As you were informed yesterday, the electricity will be cut this afternoon from 1 p.m. to 2 p.m. We're sorry for any inconvenience. Thank you for your understanding.

① 공지하려고　　② 불평하려고　　③ 거절하려고　　④ 문의하려고

17. 다음 박물관에 대한 안내문의 내용과 일치하지 <u>않는</u> 것은?

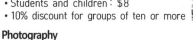

Shakespeare Museum

Hours
• Open daily : 9:00 a.m. - 6:00 p.m.

Admission
• Adults : $12
• Students and children : $8
• 10% discount for groups of ten or more

Photography
• Visitors can take photographs.

① 오전 9시부터 오후 6시까지 개방한다.
② 어른은 입장료가 12달러이다.
③ 10명 이상의 단체는 입장료가 10% 할인된다.
④ 모든 사진 촬영은 금지된다.

18. 다음 2022 Science Presentation Contest에 대한 설명과 일치하지 <u>않는</u> 것은?

> The 2022 Science Presentation Contest will be held on May 20, 2022. The topic is global warming. Contestants can participate in the contest only as individuals. Presentations should not be longer than 10 minutes. For more information, see Mr. Lee at the teachers' office.

① 5월 20일에 개최된다.　　　　② 발표 주제는 지구 온난화이다.
③ 그룹 참가가 가능하다.　　　　④ 발표 시간은 10분을 넘지 않아야 한다.

19. 다음 글의 주제로 가장 적절한 것은?

I'd like to tell you about appropriate actions to take in emergency situations. First, when there is a fire, use the stairs instead of taking the elevator. Second, in the case of an earthquake, go to an open area and stay away from tall buildings because they may fall on you.

① 지진 발생 원인   ② 에너지 절약의 필요성
③ 환경 보호 실천 방안   ④ 비상사태 발생 시 대처 방법

[20~21] 다음 글의 빈칸에 들어갈 말로 가장 적절한 것을 고르시오.

20.

These days, many people make reservations at restaurants and never show up. Here are some tips for restaurants to reduce no-show customers. First, ask for a deposit. If the customers don't show up, they'll lose their money. Second, call the customer the day before to _____ the reservation.

① cook   ② forget   ③ confirm   ④ imagine

21.

Weather forecasters _____ the amount of rain, wind speeds, and paths of storms. In order to do so, they observe the weather conditions and use their knowledge of weather patterns. Based on current evidence and past experience, they decide what the weather will be like.

① ignore   ② predict   ③ violate   ④ negotiate

22. 글의 흐름으로 보아 다음 문장이 들어가기에 가장 적절한 곳은?

To overcome this problem, soap can be made by volunteer groups and donated to the countries that need it.

(①) Washing your hands with soap helps prevent the spread of disease. (②) In fact, in West and Central Africa alone, washing hands with soap could save about half a million lives each year. (③) However, the problem is that soap is expensive in this region. (④) This way, we can help save more lives.

23. 다음 글의 바로 뒤에 이어질 내용으로 가장 적절한 것은?

In the future, many countries will have the problem of aging populations. We will have more and more old people. This means jobs related to the aging population will be in demand. So when you're thinking of a job, you should consider this change. Now, I'll recommend some job choices for a time of aging populations.

① 노령화와 기술 발전
② 성인병을 관리하는 방법
③ 노화 예방 운동법 소개
④ 노령화 시대를 위한 직업 추천

[24~25] 다음 글을 읽고 물음에 답하시오.

Do you know flowers provide us with many health benefits? For example, the smell of roses can help _____ stress levels. Another example is lavender. Lavender is known to be helpful if you have trouble sleeping. These are just two examples of how flowers help with our health.

24. 윗글의 빈칸에 들어갈 말로 가장 적절한 것은?

① insist   ② reduce   ③ trust   ④ admire

25. 윗글의 주제로 가장 적절한 것은?

① 고혈압에 좋은 식품
② 충분한 수면의 필요성
③ 꽃이 건강에 주는 이점
④ 아름다운 꽃을 고르는 방법

사 회

고졸

1. 다음에서 강조하는 행복한 삶을 실현하기 위한 조건으로 가장 적절한 것은?

> 민주주의가 성숙한 나라일수록 국민의 인권이 존중되어 국민 각자가 원하는 삶의 방식을 자유롭게 추구할 수 있다. 독재 국가나 권위주의적 정치 체제에서는 국민의 의사가 자유롭게 표출되거나 정책으로 산출되기 어렵기 때문이다.

① 과밀화된 주거 환경
② 참여 중심의 정치 문화
③ 타인을 위한 무조건적인 희생
④ 분배를 지양한 경제적 효율성

2. 참정권에 대한 설명으로 옳은 것은?

① 국가 권력의 간섭을 받지 않을 권리이다.
② 국가의 의사 결정 과정에 참여할 권리이다.
③ 기본권을 침해당했을 때, 이를 구제하기 위한 권리이다.
④ 차별 받지 않고 동등한 인격체로서 대우 받을 권리이다.

3. 다음에서 설명하는 제도는?

> ○ 의미 : 국가 권력을 서로 다른 국가 기관이 나누어 행사하도록 함.
> ○ 목적 : 국가 기관 간의 견제와 균형을 통한 권력 남용 방지

① 권력 분립 제도
② 계획 경제 제도
③ 시장 경제 제도
④ 헌법 소원 심판 제도

4. 다음 내용에 해당하는 것은?

> ○ 양심적이고 비폭력적이며 공공성을 가진 행위이다.
> ○ 잘못된 법이나 정책을 바로잡기 위해 의도적으로 법을 위반하는 행위이다.

① 선거
② 국민 투표
③ 민원 제기
④ 시민 불복종

5. 다음에서 설명하는 근로자의 권리는?

> 사용자와 분쟁이 발생한 경우 근로자들이 주장을 관철하기 위해 업무의 정상적인 운영을 저해할 수 있는 권리이다.

① 청원권　　　　② 재판권　　　　③ 단체 행동권　　　　④ 공무 담임권

6. 시장 실패의 사례에 해당하는 것을 <보기>에서 고른 것은?

<보기>
ㄱ. 기회비용의 발생　　　　　　　ㄴ. 규모의 경제 발생
ㄷ. 독과점 문제 발생　　　　　　　ㄹ. 공공재의 공급 부족 발생

① ㄱ, ㄴ　　　　② ㄱ, ㄷ　　　　③ ㄴ, ㄹ　　　　④ ㄷ, ㄹ

7. 다음에서 설명하는 자산 관리의 원칙은?

> 돈이 필요할 때 금융 자산을 현금으로 쉽게 바꿀 수 있는 정도를 의미하며 '환금성'이라고도 한다.

① 유동성　　　　② 안전성　　　　③ 수익성　　　　④ 보장성

8. 수정 자본주의에 대한 옳은 설명을 <보기>에서 고른 것은?

<보기>
ㄱ. 정부의 시장 개입을 강조한다.
ㄴ. 대공황을 계기로 1930년대에 등장하였다.
ㄷ. 절대 왕정의 중상주의로 인해 발달하였다.
ㄹ. 개인의 경제적 자유를 최대한 보장해야 한다고 본다.

① ㄱ, ㄴ　　　　② ㄱ, ㄷ　　　　③ ㄴ, ㄹ　　　　④ ㄷ, ㄹ

9. 퀴즈에 대한 정답으로 옳은 것은?

> 도움이 필요한 국민에게 노인 돌봄, 장애인 활동 지원, 가사·간병 방문 지원 등 비금전적인 서비스를 제공하는 사회 복지 제도는 무엇일까요?

① 공공 부조
② 사회 보험
③ 사회 서비스
④ 적극적 우대 조치

10. ㉠에 들어갈 정의의 실질적 기준은?

> 타고난 신체적 조건에 따라 능력과 업적에 차이가 나타날 수 있으므로 기본적 (㉠)에 따른 분배를 위하여 사회적 약자에 대한 다양한 지원 정책을 확대해야 한다.

① 신뢰   ② 필요   ③ 종교   ④ 관습

11. ㉠에 들어갈 것으로 가장 적절한 것은?

> (㉠)의 사례
> ○ 우리나라에 전래된 불교와 전통 토착 신앙이 결합하여 만들어진 새로운 산신각
> ○ 아프리카 흑인의 고유 음악과 서양의 악기가 결합하여 만들어진 새로운 재즈 음악

① 발명
② 발견
③ 문화 소멸
④ 문화 융합

12. 다음에서 설명하는 것으로 가장 적절한 것은?

> 인류의 보편적 가치에 어긋나는 식인 풍습, 명예 살인 등의 문화까지도 해당 사회에서 고유한 의미와 가치가 있다는 이유로 인정하는 태도

① 문화 절대주의   ② 문화 사대주의
③ 자문화 중심주의   ④ 극단적 문화 상대주의

13. 다음에서 설명하는 국제 사회의 행위 주체는?

> ○ 의미 : 개인이나 민간단체를 회원으로 하는 국제 사회의 행위 주체
> ○ 역할 : 국제 사회의 보편적 가치와 관련된 다양한 활동을 함.

① 정당   ② 국가 원수
③ 국제 비정부 기구   ④ 정부 간 국제기구

14. 다음 사례에 나타난 자연관은?

> ○ 인간이 만든 시설물 때문에 야생 동물의 서식지가 파괴되는 것을 막기 위해 조성한 길
> ○ 인간과 자연환경이 조화를 이루며 공생할 수 있는 지속 가능한 체계를 갖춘 도시 설계

① 인간 중심주의   ② 생태 중심주의
③ 개인주의 가치관   ④ 이분법적 세계관

15. 도시화가 가져온 변화로 옳지 <u>않은</u> 것은?

① 상업 시설 증가   ② 인공 구조물 증가

③ 직업의 다양성 증가   ④ 1차 산업 종사자 비율 증가

16. 다음과 같은 생활 모습이 나타나게 된 원인은?

- ◦ 전자 상거래와 원격 근무의 활성화
- ◦ 누리 소통망(SNS)의 보편화로 인한 정치 참여 기회 확대

① 정보화   ② 공정 무역   ③ 윤리적 소비   ④ 공간적 분업

17. 다음에서 설명하는 지역을 지도에서 고르면?

- ◦ 자연 환경 : 겨울이 길고 몹시 추운 날씨
- ◦ 전통 생활양식 : 순록 유목, 털가죽 의복, 폐쇄적 가옥 구조

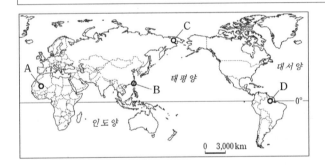

① A
② B
③ C
④ D

18. ㉠에 들어갈 검색어로 적절한 것은?

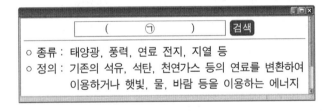

① 사물 인터넷
② 브렉시트(Brexit)
③ 신·재생 에너지
④ 지리 정보 시스템(GIS)

19. 다음 설명에 해당하는 자연재해는?

- ◦ 분포 : 판과 판의 경계에서 자주 발생됨.
- ◦ 피해 사례 : 건물이 무너지고, 땅이 흔들림.

① 가뭄   ② 지진   ③ 황사   ④ 산성비

20. 다음 내용에 해당하는 종교는?

> ◦ 수많은 신들이 새겨진 사원
> ◦ 소를 신성시하여 소고기 식용을 금기시 함.
> ◦ 죄를 씻기 위해 갠지스 강에 모여든 사람들

① 유대교   ② 힌두교   ③ 이슬람교   ④ 크리스트교

21. ㉠, ㉡에 들어갈 내용으로 옳은 것은?

> ◦ (㉠) : 자원이 지구상에 고르게 분포하지 않고 특정한 지역에 치우쳐 분포한다.
> ◦ (㉡) : 자민족이나 자국의 이익을 위해 보유하고 있는 자원을 전략적으로 사용하는 것이다.

	㉠	㉡		㉠	㉡
①	편재성	자원 민족주의	②	희소성	연고주의
③	유한성	지역 이기주의	④	가변성	다원주의

22. ㉠에 들어갈 용어로 가장 적절한 것은?

> (㉠)
> ◦ 정의 : 특정 지역이 그 지역의 고유한 전통이나 특성을 살려 세계적인 경쟁력을 갖추려고 노력함.
> ◦ 사례 : 지리적 표시제, 장소 마케팅, 지역 브랜드화

① 교외화
② 도시화
③ 지역화
④ 산업화

23. 다음 내용에 해당하는 지역은?

> 이스라엘과 주변 이슬람교 국가들 간의 민족 · 종교 · 영토 등의 문제가 얽힌 분쟁 지역

① 난사 군도   ② 쿠릴 열도
③ 카슈미르   ④ 팔레스타인

24. ㉠, ㉡에 들어갈 인구 문제는?

> ◦ (㉠)을/를 해결하기 위해 정년 연장, 노인 복지 시설 확충, 노인 연금 제도 등이 필요하다.
> ◦ (㉡)을/를 해결하기 위해 출산과 양육 지원, 양성 평등을 위한 고용 문화 확산 등이 필요하다.

	㉠	㉡		㉠	㉡
①	고령화	노인 빈곤	②	저출산	노인 빈곤
③	남초 현상	이촌향도	④	고령화	저출산

25. 다음 조약의 체결 목적으로 가장 적절한 것은?

> ◦ 몬트리올 의정서
> ◦ 파리 기후 변화 협약

① 난민 문제 해결　　　　　② 국제 테러 방지
③ 국제 환경 문제 해결　　　④ 생산자 서비스 기능 확대

과 학

1. 다음 설명에 해당하는 것은?

> ○ 특정 온도 이하에서 전기 저항이 0이 된다.
> ○ 초전도 현상이 나타날 때 자석 위에 뜰 수 있다.

① 고무　　　　　② 나무　　　　　③ 유리　　　　　④ 초전도체

2. 태양광 발전의 특징으로 옳은 것만을 <보기>에서 모두 고른 것은?

> ──────── <보기> ────────
> ㄱ. 태양 전지를 이용한다.　　　　ㄴ. 날씨의 영향을 받는다.
> ㄷ. 우라늄을 연료로 사용한다.

① ㄱ　　　　　② ㄷ　　　　　③ ㄱ, ㄴ　　　　　④ ㄴ, ㄷ

3. 표는 수평 방향으로 던진 물체의 수평 방향 속도와 연직 방향 속도를 시간에 따라 나타낸 것이다. ㉠ + ㉡의 값은? (단, 중력 가속도는 $10 \ m/s^2$이고, 공기 저항은 무시한다.)

시간	속도(m/s)	
(s)	수평 방향	연직 방향
1	5	10
2	㉠	20
3	5	㉡
4	5	40

① 35
② 40
③ 45
④ 50

4. 그림과 같이 자석을 코일 속에 넣었다 뺐다 하면 검류계의 바늘이 움직인다. 이 현상에 대한 설명으로 옳은 것만을 <보기>에서 모두 고른 것은?

> ──────── <보기> ────────
> ㄱ. 코일에 유도 전류가 흐른다.
> ㄴ. 검류계의 바늘은 한 방향으로만 움직인다.
> ㄷ. 발전기는 이러한 현상을 이용한다.

① ㄱ　　　　　② ㄴ　　　　　③ ㄱ, ㄷ　　　　　④ ㄴ, ㄷ

5. 그림과 같이 수평면에서 질량이 3kg인 물체가 4m/s의 일정한 속도로 운동하다가 벽에 충돌하여 정지했다. 물체가 벽으로부터 받은 충격량의 크기는 몇 N·s인가? (단, 모든 마찰은 무시한다.)

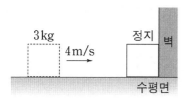

① 11
② 12
③ 13
④ 14

6. 다음 중 수소와 산소의 화학 반응을 이용한 연료 전지에서의 에너지 전환은?

① 소리 에너지 → 열에너지
② 운동 에너지 → 핵에너지
③ 파동 에너지 → 빛에너지
④ 화학 에너지 → 전기 에너지

7. 다음 중 소금을 구성하는 알칼리 금속 원소는?

① 수소
② 질소
③ 나트륨
④ 아르곤

8. 다음 화학 반응식에서 산화되는 반응 물질은?

$$2Ag^+ \ + \ Cu \ \rightarrow \ 2Ag \ + \ Cu^{2+}$$

① Ag^+
② Cu
③ Ag
④ Cu^{2+}

9. 다음은 몇 가지 산의 이온화를 나타낸 것이다. 산의 공통적인 성질을 나타내는 이온은?

○ $HCl \ \rightarrow \ H^+ \ + \ Cl^-$
○ $H_2SO_4 \ \rightarrow \ 2H^+ \ + \ SO_4^{2-}$
○ $CH_3COOH \ \rightarrow \ H^+ \ + \ CH_3COO^-$

① 수소 이온(H^+)
② 염화 이온(Cl^-)
③ 황산 이온(SO_4^{2-})
④ 아세트산 이온(CH_3COO^-)

10. 그림은 플루오린 원자(F)의 전자 배치를 나타낸 것이다. 가장 바깥 전자 껍질에 들어 있는 전자의 개수는?

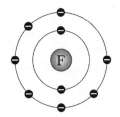

① 5개
② 6개
③ 7개
④ 8개

11. 다음은 수소(H₂)의 연소 반응을 나타낸 화학 반응식이다. ㉠에 해당하는 것은?

$$2H_2 \ + \ \boxed{\ ㉠\ } \ \rightarrow \ 2H_2O$$

① O_2
② F_2
③ Cl_2
④ N_2

12. 그림은 주기율표의 일부를 나타낸 것이다. 임의의 원소 A~D 중 화학적 성질이 비슷한 원소끼리 짝지은 것은?

주기＼족	1	2		17	18
1	A				
2				B	
3		C		D	

① A, C
② A, D
③ B, C
④ B, D

13. 다음 중 생명체 내에서 화학 반응에 관여하는 생체 촉매는?

① 물
② 녹말
③ 효소
④ 셀룰로스

14. 그림은 세포막의 구조와 세포막을 통한 물질의 이동을 나타낸 것이다. 이에 대한 설명으로 옳은 것만을 <보기>에서 모두 고른 것은?

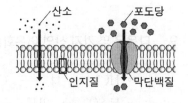

―――――― <보기> ――――――
ㄱ. 세포막은 인지질로만 구성되어 있다.
ㄴ. 산소는 인지질 2중층을 직접 통과한다.
ㄷ. 포도당은 막단백질을 통해 이동한다.

① ㄱ
② ㄷ
③ ㄱ, ㄴ
④ ㄴ, ㄷ

15. 그림은 어떤 동물 세포의 구조를 나타낸 것이다. A~D 중 유전 물질인 DNA가 들어 있는 것은?

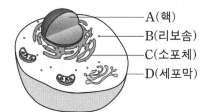

A(핵)
B(리보솜)
C(소포체)
D(세포막)

① A
② B
③ C
④ D

16. 그림은 지각을 구성하는 규산염 광물의 기본 구조(SiO_4)를 나타낸 것이다. ㉠에 해당하는 원소는?

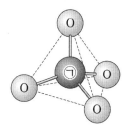

① Mg
② Si
③ Ca
④ Fe

17. 다음은 지구 시스템 각 권의 상호 작용에 의한 자연 현상이다. 이와 관련된 지구 시스템의 구성 요소는?

- 지하수의 용해 작용으로 석회 동굴이 형성되었다.
- 파도의 침식 작용으로 해안선의 모양이 변하였다.

① 기권, 외권   ② 수권, 지권   ③ 외권, 생물권   ④ 지권, 생물권

18. 그림은 어느 해양 생태계의 에너지 피라미드를 나타낸 것이다. 다음 중 ㉠에 해당하는 생물은?

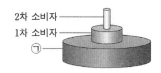

2차 소비자
1차 소비자
㉠

① 멸치
② 상어
③ 오징어
④ 식물 플랑크톤

19. 다음 중 생물 다양성 보전을 위한 노력으로 적절한 것은?

① 폐수 방류
② 서식지 파괴
③ 무분별한 벌목
④ 멸종 위기종 보호

20. 그림은 모든 핵융합 반응을 마친 어느 별의 내부 구조를 나타낸 것이다. 다음 중 중심부 ㉠에 생성된 금속 원소는? (단, 별의 질량은 태양의 10배이다.)

① 철
② 산소
③ 염소
④ 질소

21. 다음 설명에 해당하는 지질 시대는?

> ◦ 판게아가 분리되었다.
> ◦ 다양한 공룡이 번성하였다.

① 선캄브리아 시대   ② 고생대
③ 중생대   ④ 신생대

22. 다음 설명에 해당하는 물질은?

> ◦ 핵산의 한 종류이다.
> ◦ 염기로 아데닌(A), 구아닌(G), 사이토신(C), 유라실(U)을 가진다.

① RNA   ② 지방   ③ 단백질   ④ 탄수화물

23. 다음 설명에 해당하는 것은?

> ◦ 특정한 지역 또는 지구 전체에 존재하는 생태계의 다양한 정도를 뜻한다.
> ◦ 사막, 숲, 갯벌, 습지, 바다 등 생물이 살아가는 서식 환경의 다양함을 뜻한다.

① 내성   ② 개체군   ③ 분해자   ④ 생태계 다양성

24. 그림은 지권의 층상 구조를 나타낸 것이다. A~D
    중 다음 설명에 해당하는 것은?

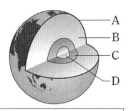

> ◦ 맨틀 대류가 일어난다.
> ◦ 지권 전체 부피의 대부분을 차지한다.

① A　　　　　　② B　　　　　　③ C　　　　　　④ D

25. 그림은 수소 핵융합 반응을 나타낸 것이다. 헬륨 원자핵 1개가 생성될 때 융합하는 수소 원자핵
    의 개수는?

① 2개
② 4개
③ 8개
④ 16개

한국사

1. 다음 유물이 처음으로 제작된 시대는?

〈탁자식 고인돌〉

비파형 동검과 함께 만주와 한반도 북부에 집중적으로 분포한다. 이를 통해 고조선의 문화 범위를 추정할 수 있다.

① 구석기 시대 　　② 신석기 시대 　　③ 청동기 시대 　　④ 철기 시대

2. 다음에서 설명하는 신라의 인물은?

- 아미타 신앙을 전파하여 불교 대중화에 기여함.
- 여러 종파의 대립을 없애고자 화쟁 사상을 주장함.

① 원효 　　② 일연 　　③ 김부식 　　④ 정약용

3. 다음에서 설명하는 정치 세력은?

- 고려 말 권문세족의 부정부패를 비판함.
- 성리학을 바탕으로 사회 모순을 개혁하고자 함.
- 대표적 인물로는 조준, 정도전, 정몽주 등이 있음.

① 6두품 　　② 보부상 　　③ 독립 협회 　　④ 신진 사대부

4. 다음에서 ㉠에 해당하는 내용으로 적절한 것은?

〈임오군란〉
- 배경 : ㉠
- 전개 : 군란 발생 → 흥선 대원군 재집권 → 청군 개입
- 영향 : 청의 내정 간섭, 제물포 조약 체결

① 평양 천도
② 신사 참배 강요
③ 금의 군신 관계 요구
④ 구식 군인에 대한 차별

5. 다음에서 설명하는 사건은?

　일본의 도요토미 히데요시가 조선을 침략하자, 각지에서 의병이 일어나 일본군에게 타격을 주었다. 한편, 이순신이 이끄는 수군은 해전에서 여러 차례 일본군에 승리하였다.

① 임진왜란　　　② 살수 대첩　　　③ 만적의 난　　　④ 봉오동 전투

6. 다음에서 ㉠에 해당하는 조선의 제도는?

근래 방납의 폐단이 심하다고 들었소. 이제부터 　㉠　을/를 실시하여 토지 결수에 따라 쌀로 공납을 거두도록 하시오.

① 골품제
② 대동법
③ 단발령
④ 진대법

7. 다음에서 ㉠에 해당하는 것은?

　신미양요 이후 흥선 대원군은 전국 각지에 　㉠　을/를 세워 서양과의 통상을 거부한다는 의지를 널리 알렸다.

① 규장각　　　② 독립문　　　③ 척화비　　　④ 임신서기석

8. 다음에서 설명하는 조약은?

○ 조선이 외국과 맺은 최초의 근대적 조약임.
○ 조약 체결의 결과로 부산 외 2개 항구를 개항함.
○ 해안 측량권과 영사 재판권을 인정한 불평등 조약임.

① 간도 협약　　　② 전주 화약　　　③ 톈진 조약　　　④ 강화도 조약

9. 다음에서 ㉠에 해당하는 문화유산은?

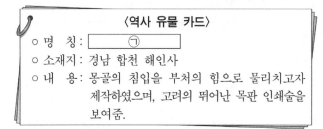

〈역사 유물 카드〉
○ 명　칭 : 　㉠
○ 소재지 : 경남 합천 해인사
○ 내　용 : 몽골의 침입을 부처의 힘으로 물리치고자 제작하였으며, 고려의 뛰어난 목판 인쇄술을 보여줌.

① 석굴암
② 경국대전
③ 무령왕릉
④ 팔만대장경판

10. 다음에서 ㉠에 해당하는 통치 기구는?

을사늑약의 결과는 무엇일까요?

㉠ 이/가 설치됐어요.

대한 제국의 외교권을 빼앗겼어요.

① 삼별초
② 집현전
③ 통감부
④ 화랑도

11. 다음에서 설명하는 지역은?

○ 안용복이 일본에 건너가 조선의 영토임을 확인함.
○ 일본이 『태정관 지령』으로 조선의 영토로 인정함.
○ 대한 제국은 『칙령 제41호』를 통해 울도군의 관할로 둠.

① 진도
② 독도
③ 벽란도
④ 청해진

12. 다음에서 설명하는 시설은?

○ 우리나라 최초의 근대식 병원임.
○ 1885년에 선교사 알렌의 제안으로 설립함.
○ 제중원을 거쳐 세브란스 병원으로 개칭함.

① 서원
② 향교
③ 광혜원
④ 성균관

13. 다음과 같이 주장한 일제 강점기의 사회 운동은?

신분제가 폐지되었지만 백정에 대한 편견이 여전합니다. 백정을 차별하는 것에 항의하고 평등한 대우를 요구합시다.

① 병인박해
② 형평 운동
③ 거문도 사건
④ 서경 천도 운동

14. 다음에서 설명하는 1910년대 일제의 식민 지배 방식은?

○ 헌병 경찰로 일상생활을 감시함.
○ 『조선 태형령』으로 한국인을 탄압함.
○ 학교 교원에게도 제복을 입히고 칼을 차게 함.

① 선대제
② 기인 제도
③ 무단 통치
④ 나 · 제 동맹

15. 다음에서 ㉠에 해당하는 사건은?

〈 ㉠ 다큐멘터리 기획안 〉
○ 주요 장면
 - 장면1. 독립 선언서를 준비하는 33인의 민족 대표
 - 장면2. 아우내 장터에서 만세 운동을 벌이는 유관순

① 3 · 1 운동
② 무신 정변
③ 이자겸의 난
④ 임술 농민 봉기

16. 다음 대화에 해당하는 무장 투쟁은?

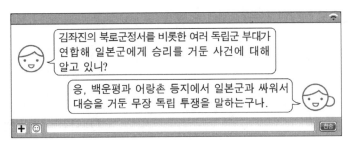

김좌진의 북로군정서를 비롯한 여러 독립군 부대가 연합해 일본군에게 승리를 거둔 사건에 대해 알고 있니?

응, 백운평과 어랑촌 등지에서 일본군과 싸워서 대승을 거둔 무장 독립 투쟁을 말하는구나.

① 명량 대첩
② 청산리 대첩
③ 홍경래의 난
④ 6 · 10 만세 운동

17. 다음에서 ㉠에 해당하는 내용으로 적절한 것은?

〈전시 동원 체제와 인력 수탈〉
○ 일제가 1938년에 「국가 총동원법」을 공포함.
○ 지원병제와 징병제로 청년을 침략 전쟁에 투입함.
○ 근로 정신대와 ㉠ 등으로 여성을 강제 동원함.

① 정미의병
② 금융 실명제
③ 서울 올림픽
④ 일본군 '위안부'

18. 다음 설명에 해당하는 것은?

· 1948년에 김구와 김규식 등이 추진함.
· 김구 일행이 38도선을 넘어 평양으로 감.
· 남북의 지도자들이 통일 정부 수립을 결의함.

① 남북 협상   ② 아관 파천   ③ 우금치 전투   ④ 쌍성총관부 공격

19. 다음에서 ㉠에 해당하는 것은?

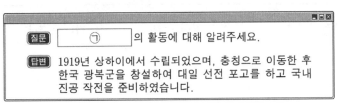

질문 ㉠ 의 활동에 대해 알려주세요.

답변 1919년 상하이에서 수립되었으며, 충칭으로 이동한 후 한국 광복군을 창설하여 대일 선전 포고를 하고 국내 진공 작전을 준비하였습니다.

① 9산선문
② 급진 개화파
③ 대한민국 임시 정부
④ 동양 척식 주식회사

20. 다음에서 ㉠에 해당하는 내용으로 적절한 것은?

〈반민족 행위 특별 조사 위원회〉
○ 설치 시기 : 1948년 이승만 정부 시기
○ 설치 근거 : 반민족 행위 처벌법
○ 설치 목적 : [㉠]

① 과거제 실시
② 친일파 청산
③ 황무지 개간
④ 방곡령 시행

21. 다음에서 ㉠에 해당하는 사건으로 적절한 것은?

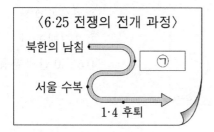

〈6·25 전쟁의 전개 과정〉
북한의 남침 → ㉠
서울 수복
1·4 후퇴

① 녹읍 폐지
② 후삼국 통일
③ 자유시 참변
④ 인천 상륙 작전

22. 다음에서 설명하는 사건은?

○ 배경 : 3 · 15 부정선거(1960)
○ 과정 : 전국에서 시위 발생, 대학교수단 시국 선언
○ 결과 : 이승만 대통령 하야

① 4 · 19 혁명　　　② 제주 4 · 3 사건　　　③ 12 · 12 사태　　　④ 5 · 18 민주화 운동

23. 다음에서 설명하는 정부는?

○ 경제개발 5개년 계획을 추진함.
○ 근면 · 자조 · 협동 정신을 강조한 새마을 운동을 시작함.
○ 전태일 사건, YH 무역 사건 등의 노동 문제에 직면함.

① 장면 정부　　　② 박정희 정부　　　③ 김영삼 정부　　　④ 김대중 정부

24. 다음에서 ㉠에 해당하는 내용으로 적절한 것은?

〈수행 평가 보고서〉
ㅇ 주제 : 6월 민주 항쟁
ㅇ 조사 내용
 - 인물 탐구 : 박종철, 이한열
 - 항쟁 결과 : [㉠   ]

① 집강소 설치
② 정전 협정 체결
③ 노비안검법 실시
④ 대통령 직선제 개헌

25. 다음에서 ㉠에 해당하는 것은?

한국사 스피드 퀴즈

1997년 우리나라 경제가 위기에 빠지면서 국제 통화 기금(IMF)에 구제 금융을 요청한 것이야.

① 외환 위기
② 베트남 파병
③ 원산 총파업
④ 서울 진공 작전

도 덕

1. 다음 설명에 해당하는 윤리학은?

> 도덕적 관습 또는 풍습에 대한 묘사나 객관적 서술을 주된 목표로 하는 윤리학

① 규범 윤리학　　② 기술 윤리학　　③ 메타 윤리학　　④ 실천 윤리학

2. 칸트(Kant, I.)의 의무론에 대한 설명으로 옳은 것은?

① 가언 명령의 형식을 중시한다.
② 행위의 동기보다는 결과를 강조한다.
③ 공리의 원리에 따른 행동을 강조한다.
④ 보편적 윤리의 확립과 인간 존엄성을 중시한다.

3. 윤리적 소비에 대한 설명으로 옳은 것을 <보기>에서 고른 것은?

> ───── <보기> ─────
> ㄱ. 생태계 보존을 생각하는 소비이다.
> ㄴ. 자신의 재력을 과시하기 위한 소비이다.
> ㄷ. 많은 상품을 충동적으로 구매하는 소비이다.
> ㄹ. 노동자의 인권과 복지를 고려하는 소비이다.

① ㄱ, ㄴ　　② ㄱ, ㄹ　　③ ㄴ, ㄷ　　④ ㄷ, ㄹ

4. 다음 설명에 해당하는 것은?

> ∘ 맹자가 주장한 것으로 모든 인간이 본래부터 가지고 있는 선한 마음
> ∘ 측은지심, 수오지심, 사양지심, 시비지심

① 사단(四端)　　② 삼학(三學)　　③ 정명(正名)　　④ 삼독(三毒)

5. 다음 설명에 해당하는 도덕 원리 검사 방법은?

> 도덕 원리가 다른 사람의 처지에서도 받아들여질 수 있는지 다른 사람의 입장을 취해보고 검토하는 것이다.

① 포섭 검사   ② 역할 교환 검사
③ 반증 사례 검사   ④ 사실 판단 검사

6. (가)에 들어갈 내용으로 가장 적절한 것은?

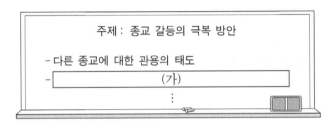

① 특정한 종교의 교리 강요
② 종교 간 적극적인 대화와 협력
③ 타 종교에 대한 무조건적 비난과 억압
④ 종교적 신념을 내세운 비윤리적 행위의 강행

7. ㉠에 들어갈 용어로 적절한 것은?

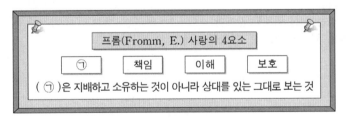

① 존경
② 집착
③ 단절
④ 금욕

8. 시민 불복종의 특징으로 적절하지 않은 것은?

① 시민 불복종은 최후의 수단이어야 한다.
② 시민 불복종은 처벌을 감수하는 행위이다.
③ 시민 불복종은 개인의 이익만을 충족시켜야 한다.
④ 시민 불복종은 정의 실현을 위한 의도적 위법행위이다.

9. 다음 내용과 관련된 노자의 사상은?

> ◦ "으뜸이 되는 선(善)은 물과 같다."
> ◦ "도(道)는 자연을 본받아 어긋나지 않는다."

① 충서(忠恕)　　② 무위(無爲)　　③ 열반(涅槃)　　④ 효제(孝弟)

10. 정보 공유를 강조하는 입장으로 옳은 것을 <보기>에서 고른 것은?

<보기>

> ㄱ. 정보에 대한 자유로운 접근을 허용해야 한다.
> ㄴ. 정보를 공동의 이익을 위해서 사용해야 한다.
> ㄷ. 정보에 대한 사적 소유 권리를 강화해야 한다.
> ㄹ. 정보 창작이 이루어지는 분야를 축소해야 한다.

① ㄱ, ㄴ　　② ㄱ, ㄷ　　③ ㄴ, ㄹ　　④ ㄷ, ㄹ

11. ㉠에 들어갈 용어로 적절한 것은?

〈 ㉠ 〉 윤리

◦ 보편타당한 도덕법칙이 존재함.
◦ "선을 행하고 악을 피하라."라는 핵심 명제를 강조함.
◦ 자연의 원리에 의해 도출된 의무에 따르는 행위를 옳은 행위로 봄.

① 배려
② 담론
③ 자연법
④ 이기주의

12. 다음 설명에 해당하는 윤리적 관점은?

> ◦ 요나스(Jonas, H.)가 과학 기술 시대의 새로운 윤리적 관점으로 제시함.
> ◦ 인과적 책임뿐만 아니라 미래의 결과에 대한 책임까지 강조되어야 한다고 보는 관점임.

① 책임 윤리　　② 전통 윤리　　③ 신경 윤리　　④ 가족 윤리

13. 생명 중심주의의 관점으로 가장 적절한 것은?

① 자연은 인간을 위한 수단일 뿐이다.
② 도덕적 고려의 범위에 무생물이 포함된다.
③ 이성적 존재만이 도덕적 존중의 대상이다.
④ 살아있는 모든 존재는 내재적 가치를 지닌다.

14. 다음에서 소개하는 윤리 사상가는?

◈ 도덕 인물 카드 ◈
• 중국 춘추시대 사상가로 유교를 체계화 함.
• 도덕성 회복을 위해 인(仁)과 예(禮)의 실천을 강조함.
• 제자들이 엮은 『논어』에 그의 사상이 잘 나타남.

① 공자
② 장자
③ 순자
④ 묵자

15. 우대 정책이 반영된 제도로 옳지 않은 것은?

① 지역 균형 선발 제도
② 장애인 의무 고용 제도
③ 농어촌 특별 전형 제도
④ 음식점 원산지 표시 제도

16. 기업가가 지녀야 할 윤리적 자세로 적절하지 않은 것은?

① 경제적 이윤을 정당한 방식으로 추구해야 한다.
② 근로자의 정당한 권리를 훼손하지 말아야 한다.
③ 윤리 경영은 사회 발전과 무관함을 명심해야 한다.
④ 공익적 가치 실현을 위해 사회적 책임을 다해야 한다.

17. 다음에서 동물 중심주의 사상가인 싱어(Singer, P.)의 관점에만 '✔'를 표시한 학생은?

관점＼학생	A	B	C	D
• 인간은 도덕적 행위 능력을 지닌다.	✔		✔	✔
• 동물의 고통을 무시하는 행위는 '종 차별주의'이다.	✔	✔	✔	
• 생태계 전체가 도덕적으로 고려해야 하는 대상이다.	✔	✔		✔

① A
② B
③ C
④ D

18. 공리주의 관점에서 볼 때, 도덕적 행위로 옳지 <u>않은</u> 것은?

① 최대의 유용성을 가져오는 행위
② 사회 전체의 이익을 증대시키는 행위
③ 결과와 상관없이 무조건적 의무에 따르는 행위
④ 최대 다수의 최대 행복의 원리에 부합하는 행위

19. ㉠, ㉡에 들어갈 말을 짝지은 것으로 옳은 것은?

> ◦ 석가모니는 죽음을 수레바퀴가 구르는 것과 같이 다음 생으로 이어지는 (㉠)의 한 과정으로 본다.
> ◦ 장자는 죽음을 (㉡)의 흩어짐으로 정의하여 생사를 사계절의 운행과 같은 자연의 순환 과정 중 하나로 본다.

	㉠	㉡		㉠	㉡
①	윤회(輪廻)	기(氣)	②	윤회(輪廻)	해탈(解脫)
③	해탈(解脫)	오륜(五倫)	④	오륜(五倫)	기(氣)

20. 롤스(Rawls, J.)의 해외 원조에 대한 설명으로 옳은 것은?

① 국제 사회에서 결코 정당화될 수 없다.
② 의무가 아니라 단순한 자선에 불과하다.
③ 정의로운 시민들은 절대 실천하지 않는다.
④ 대상국이 질서 정연한 사회가 되도록 돕는 것이다.

21. 다음 설명에 해당하는 예술에 대한 관점은?

> ◦ 미적 가치와 윤리적 가치의 관련성을 강조한다.
> ◦ 예술은 도덕적 교훈이나 모범을 제공해야 한다고 본다.

① 도구주의   ② 도덕주의   ③ 상업주의   ④ 예술 지상주의

22. 교사의 질문에 대한 대답으로 적절하지 <u>않은</u> 것은?

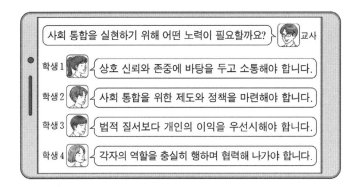

① 학생 1
② 학생 2
③ 학생 3
④ 학생 4

23. 다음 설명에 해당하는 다문화 이론은?

> ∘ 다양한 문화의 공존을 위해서는 주류 문화의 역할이 중요하다는 입장
> ∘ 주재료인 면 위에 고명을 얹어 맛을 내듯이 주류 문화를 중심으로 비주류 문화가 공존해야 한다는 입장

① 용광로 이론
② 동화주의 이론
③ 샐러드 볼 이론
④ 국수 대접 이론

24. 하버마스(Habermas, J.)가 강조한 소통과 담론의 윤리로 가장 적절한 것은?

① 상대방이 이해할 수 없는 언어로 표현해야 한다.
② 외부 기관의 감시하에서만 소통을 진행해야 한다.
③ 대화 당사자들은 자유롭고 평등하게 참여해야 한다.
④ 해당 영역의 전문가만이 의사결정권을 행사해야 한다.

25. 다음은 서술형 평가 문제와 학생 답안이다. 밑줄 친 ㉠~㉢ 중 옳지 <u>않은</u> 것은?

> 문제 : 분단 비용과 통일 비용, 통일 편익에 대해 설명하시오.
>
> 〈답안〉
> ㉠분단 비용은 분단으로 인해 남북한이 부담하는 유·무형의 모든 비용을 의미한다. ㉡분단 비용은 분단이 계속되는 한 지속적으로 발생하는 소모적 비용이다. 한편 ㉢통일 비용은 통일 이후 남북한 격차를 해소하고 이질적 요소를 통합하기 위한 비용이며, ㉣통일 편익은 통일 직후에만 발생하는 단기적 이익이다.

① ㉠
② ㉡
③ ㉢
④ ㉣

2022년도 제2회
고등학교 졸업자격 검정고시

C·O·N·T·E·N·T·S

국 어

1. 다음 대화에서 '영준'의 말하기 방식에 대한 설명으로 적절한 것은?

> 정우 : 어제 친구랑 싸웠는데 친구가 화해할 생각이 없어 보여.
>
> 영준 : 그랬구나. 마음이 복잡하겠네. 그 친구도 시간이 지나면 화가 풀려서 괜찮아질 거야.

① 상대의 요청을 수용하며 말하고 있다.
② 전문가의 말을 인용하여 말하고 있다.
③ 통계 자료를 활용하여 설득하고 있다.
④ 상대의 기분을 고려하여 위로하고 있다.

2. ㉠에 들어갈 말로 가장 적절한 것은?

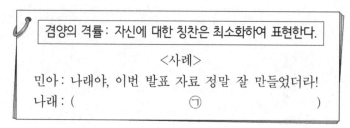

> 겸양의 격률 : 자신에 대한 칭찬은 최소화하여 표현한다.
>
> <사례>
>
> 민아 : 나래야, 이번 발표 자료 정말 잘 만들었더라!
> 나래 : (㉠   )

① 응, 다음에 만들 발표 자료도 기대해 줘.
② 당연하지. 내가 뭐 못하는 것 본 적 있니?
③ 아니야, 부족한 점이 많았는데 좋게 봐 줘서 고마워.
④ 그렇지? 내가 봐도 이번 자료는 참 잘 만든 것 같아.

3. 다음 '표준 발음법' 규정이 적용되지 <u>않는</u> 것은?

> 【제17항】 받침 'ㄷ, ㅌ(ㄾ)'이 조사나 접미사의 모음 'ㅣ'와 결합되는 경우에는, [ㅈ, ㅊ]으로 바꾸어서 뒤 음절 첫소리로 옮겨 발음한다.

① 일이 많아 <u>끝이</u> 보이지 않는다.
② 그는 <u>굳이</u> 따라가겠다고 졸랐다.
③ 한옥 대문이 <u>여닫이</u>로 되어 있다.
④ 그는 <u>밭이랑</u>에 농작물을 심었다.

4. 밑줄 친 부분이 '한글 맞춤법'에 맞게 쓰인 것은?

① 내가 너보다 먼저 <u>갈게</u>.

② 오늘은 <u>웬지</u> 기분이 좋다.

③ 그렇게 마음대로 하면 <u>어떻해</u>.

④ 날씨가 얼마나 <u>덥든지</u> 땀이 났다.

5. (가)에서 설명하는 시제가 드러나 있는 것을 (나)의 ㉠~㉣에서 고른 것은?

> (가) 사건이 일어나는 시점과 말하는 시점이 일치하는 시제
>
> (나) 오랜만에 비가 ㉠ <u>내린다</u>. 긴 가뭄으로 ㉡ <u>근심하던</u> 농부는 드디어 활짝 ㉢ <u>웃는다</u>. 내일부터는 비가 자주 내린다니 앞으로 가뭄 걱정이 ㉣ <u>없겠다</u>.

① ㉠, ㉡   ② ㉠, ㉢   ③ ㉡, ㉣   ④ ㉢, ㉣

[6~7] (나)는 (가)를 토대로 작성한 글이다. 물음에 답하시오.

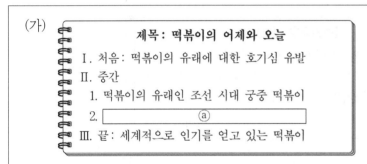

(가)
제목 : 떡볶이의 어제와 오늘
Ⅰ. 처음 : 떡볶이의 유래에 대한 호기심 유발
Ⅱ. 중간
  1. 떡볶이의 유래인 조선 시대 궁중 떡볶이
  2. ⓐ
Ⅲ. 끝 : 세계적으로 인기를 얻고 있는 떡볶이

(나)

　떡볶이는 우리나라 사람들이 가장 사랑하는 음식 중 하나이다. 떡볶이는 언제 처음 만들어졌을까?

　떡볶이는 본래 조선 시대 궁궐에서 만들어 먹던 요리였다. 조선 시대의 떡볶이는 궁중 요리인 잡채와 유사한 음식이었다. 당면 대신 쌀떡을 넣고, 쇠고기와 각종 나물을 넣어 간장으로 양념을 한 것이다. ㉠ <u>떡볶이 외에도 조선 시대 궁중 요리로 유명한 것은 신선로가 있다.</u>

　궁중 요리였던 떡볶이는 1950년대부터 시중에 팔리면서 대중 음식이 되었다. 그 후로도 떡볶이에 시대상이 반영되면서 떡볶이는 여러 차례 변모했다. 가스가 ㉡ <u>공급하기</u> 시작한 1970년대부터는 즉석에서 요리할 수 있어 길거리에서도 떡볶이를 팔기 시작했다. 2000년대에는 프랜차이즈 시스템이 등장하여 떡볶이에도 상표가 ㉢ <u>달렸는데</u>, 다양한 소스 · 메뉴가 개발되면서 떡볶이는 한국을 대표하는 먹거리가 되었다.

　떡볶이는 이제 한국인의 ㉣ <u>입맛 뿐</u> 아니라 세계인의 입맛도 사로잡고 있다. 떡볶이는 비빔밥, 김치와 더불어 한식의 대표 주자로 전 세계의 한식 열풍을 이끌고 있다. 떡볶이가 앞으로도 계속 발전하여 세계인의 입맛을 사로잡기를 기대해 본다.

6. (나)의 내용을 고려할 때, (가)의 ⓐ에 들어갈 내용으로 가장 적절한 것은?

① 시대에 따른 떡볶이의 변모 과정
② 1950년대 떡볶이의 인기 요인 분석
③ 떡볶이 프랜차이즈화의 장점과 단점
④ 길거리에서 파는 떡볶이의 종류와 특징

7. ㉠~㉣의 고쳐쓰기 방안으로 적절하지 <u>않은</u> 것은?

① ㉠ : 글 전체의 내용과 상관없는 문장이므로 삭제한다.
② ㉡ : 주어와의 호응을 고려하여 '공급되기'로 바꾼다.
③ ㉢ : 문맥을 고려하여 '달렸지만'으로 바꾼다.
④ ㉣ : 띄어쓰기가 잘못되어 있으므로 '입맛뿐'으로 고친다.

8. ㉠~㉣에 나타난 중세 국어의 특징으로 적절하지 <u>않은</u> 것은?

【훈민정음 언해】

㉠ ·내·이·롤爲·윙·ᄒ·야:어엿·비너·겨·새·로·스·믈여·듧
㉡ 字·ᄍᆞ·롤밍·ᄀᆞ노·니:사ᄅᆞᆷ:마·다:히·ᅇᅧ ㉢ :수·비니·겨
·날·로 ㉣ ·ᄡᅮ·메便뼌安한·킈ᄒ·고·져ᄒᆞᇙᄯᆞᄅᆞ·미니·라

－『월인석보』－

① ㉠ : 모음 뒤에서 주격 조사 'ㅣ'가 쓰였다.
② ㉡ : 모음 조화가 잘 지켜지고 있었다.
③ ㉢ : 현대 국어에 쓰이지 않는 'ㅸ'이 사용되었다.
④ ㉣ : 단어의 첫머리에 한 개의 자음만 올 수 있었다.

[9~11] 다음 글을 읽고 물음에 답하시오.

나는 이제 너에게도 슬픔을 주겠다.
사랑보다 소중한 슬픔을 주겠다.
겨울밤 거리에서 귤 몇 개 놓고
살아온 추위와 떨고 있는 ㉠ 할머니에게
귤값을 깎으면서 기뻐하던 너를 위하여
나는 슬픔의 평등한 얼굴을 보여 주겠다.
내가 어둠 속에서 너를 부를 때
단 한 번도 평등하게 웃어 주질 않은

가마니에 덮인 ⓛ <u>동사자</u>가 다시 얼어 죽을 때
가마니 한 장조차 덮어 주지 않은
무관심한 ⓒ <u>너</u>의 사랑을 위해
흘릴 줄 모르는 너의 눈물을 위해
나는 이제 너에게도 기다림을 주겠다.
이 세상에 내리던 함박눈을 멈추겠다.
보리밭에 내리던 봄눈들을 데리고
추워 떠는 ⓔ <u>사람들</u>의 슬픔에게 다녀와서
눈 그친 눈길을 너와 함께 걷겠다.
슬픔의 힘에 대한 이야기를 하며
기다림의 슬픔까지 걸어가겠다.

- 정호승, 『슬픔이 기쁨에게』 -

9. 윗글에 대한 설명으로 가장 적절한 것은?

① 미각적 심상을 사용하여 대상을 표현하고 있다.
② 역설적 표현을 활용하여 주제를 드러내고 있다.
③ 이국적 소재를 나열하여 시상을 전개하고 있다.
④ 청유형 문장을 반복하여 운율을 형성하고 있다.

10. 윗글의 화자가 추구하는 삶의 모습과 가장 가까운 것은?

① 이웃과 더불어 사는 삶
② 자연을 동경하며 즐기는 삶
③ 현실에 만족하는 소박한 삶
④ 미래를 예측하여 대비하는 삶

11. ㉠~㉣ 중 시적 의미가 가장 이질적인 것은?

① ㉠   ② ㉡   ③ ㉢   ④ ㉣

[12~14] 다음 글을 읽고 물음에 답하시오.

[앞부분 줄거리] '나'의 어머니는 다리 수술 후유증으로 6·25 전쟁 중 인민군에게 죽임을 당한 오빠에 관한 환각에 시달리고, 오랫동안 탈진 상태로 지낸다.

　나는 어머니에게로 조심스럽게 다가갔다. 어머니의 손이 내 손을 잡았다. 알맞은 온기와 악력이 나를 놀라게도 서럽게도 했다.
　"나 죽거든 행여 묘지 쓰지 말거라."
　어머니의 목소리는 평상시처럼 잔잔하고 만만치 않았다.

"네? 다 들으셨군요?"

"그래, 마침 듣기 잘했다. 그렇잖아도 언제고 꼭 일러두려 했는데. 유언 삼아 일러두는 게니 잘 들어 뒀다 어김없이 시행토록 해라. 나 죽거든 내가 느이 오래비한테 해 준 것처럼 해 다오. 누가 뭐래도 그렇게 해 다오. 누가 뭐라든 상관하지 않고 그럴 수 있는 건 너밖에 없기에 부탁하는 거다."

"오빠처럼요?"

"그래, 꼭 그대로, 그걸 설마 잊고 있진 않겠지?"

"잊다니요. 그걸 어떻게 잊을 수가……."

어머니의 손의 악력은 정정했을 때처럼 아니, 나를 끌고 농바위 고개를 넘을 때처럼 강한 줏대와 고집을 느끼게 했다.

오빠의 시신은 처음엔 무악재 고개 너머 벌판의 밭머리에 가매장했다. 행려병사자[1] 취급하듯이 형식과 절차 없는 매장이었지만 무정부 상태의 텅 빈 도시에서 우리 모녀의 가냘픈 힘만으로 그것 이상은 가능한 일이 아니었다.

서울이 수복(收復)되고 화장장이 정상화되자마자 어머니는 오빠를 화장할 것을 의논해 왔다. 그때 우리와 합하게 된 올케는 아비 없는 아들들에게 무덤이라도 남겨 줘야 한다고 공동 묘지로라도 이장할 것을 주장했다. 어머니는 오빠를 죽게 한 것이 자기 죄처럼, 젊어 과부 된 며느리한테 기가 죽어 지냈었는데 그때만은 조금도 양보할 기세가 아니었다. 남편의 임종도 못 보고 과부가 된 것도 억울한데 그 무덤까지 말살하려는 시어머니의 모진 마음이 야속하고 정떨어졌으련만 그런 기세 속엔 거역할 수 없는 위엄과 비통한 의지가 담겨 있어 종당엔 올케도 순종을 하고 말았다.

오빠의 살은 연기가 되고 뼈는 한 줌의 가루가 되었다. 어머니는 앞장서서 강화로 가는 시외버스 정류장으로 갔다. 우린 묵묵히 뒤따랐다. 강화도에서 내린 어머니는 사람들에게 묻고 물어서 멀리 개풍군 땅이 보이는 바닷가에 섰다. 그리고 지척으로 보이되 갈 수 없는 땅을 향해 그 한 줌의 먼지를 훨훨 날렸다. 개풍군 땅은 우리 가족의 선영[2]이 있는 땅이었지만 선영에 못 묻히는 한을 그런 방법으로 풀고 있다곤 생각되지 않았다. 어머니의 모습엔 운명에 순종하고 한을 지그시 품고 삭이는 약하고 다소곳한 여자 티는 조금도 없었다. 방금 출전하려는 용사처럼 씩씩하고 도전적이었다.

어머니는 ㉠한 줌의 먼지와 바람으로써 너무도 엄청난 것과의 싸움을 시도하고 있었다. 어머니에게 그 한 줌의 먼지와 바람은 결코 미약한 게 아니었다. 그야말로 어머니를 짓밟고 모든 것을 빼앗아 간, 어머니가 도저히 이해할 수 없는 분단이란 괴물을 홀로 거역할 수 있는 유일한 수단이었다.

어머니는 나더러 그때 그 자리에서 또 그 짓을 하란다. 이젠 자기가 몸소 그 먼지와 바람이 될 테니 나더러 그 짓을 하란다. 그 후 30년이란 세월이 흘렀건만 그 괴물을 무화(無化)시키는 길은 정녕 그 짓밖에 없는가?

"너한테 미안하구나, 그렇지만 부탁한다."

어머니도 그 짓밖에 물려줄 수 없는 게 진정으로 미안한 양 표정이 애달프게 이지러졌다.

아아, 나는 그 짓을 또 한 번 할 수밖에 없을 것 같다.

어머니는 아직도 투병 중이시다.

- 박완서, 『엄마의 말뚝 2』 -

1) 행려병사자 : 떠돌아다니다가 타향에서 병들어 죽은 사람.
2) 선영 : 조상의 무덤.

12. 윗글에 대한 설명으로 가장 적절한 것은?

① 배경 묘사를 통해 인물의 심리를 암시하고 있다.

② 과거 회상을 통해 인물의 상황을 서술하고 있다.

③ 공간의 이동에 따라 인물 간 갈등이 심화되고 있다.

④ 다양한 인물의 경험을 삽화 형식으로 나열하고 있다.

13. 윗글을 통해 알 수 있는 내용으로 적절하지 <u>않은</u> 것은?

① '어머니'는 자신의 뼛가루를 개풍군 땅이 보이는 곳에 뿌려 달라고 한다.

② '어머니'는 자신의 유언을 지킬 수 있는 사람은 '나'밖에 없다고 생각한다.

③ '올케'는 자신의 아들들을 생각해서 '오빠'를 공동묘지로 이장하자고 주장했다.

④ '올케'는 '오빠'의 죽음을 자신의 탓이라고 생각해 '어머니'와 합하는 것을 반대했다.

14. '어머니'에게 ㉠의 의미로 가장 적절한 것은?

① 자신의 운명에 대한 순종　　　② 분단의 비극에 맞서려는 의지

③ 자신의 질병 치유에 대한 염원　　④ 가족의 선영에 묻히지 못하는 회한

[15~16] 다음 글을 읽고 물음에 답하시오.

동짓달 기나긴 밤을 한 허리를 베어 내어

춘풍(春風) 이불 아래 서리서리 넣었다가

어론 님1) 오신 날 밤이어든 굽이굽이 펴리라

1) 어론 님 : 사랑하는 임.

- 황진이 -

15. 윗글에 대한 설명으로 가장 적절한 것은?

① 추상적 대상을 구체화하여 표현하고 있다.

② 우의적 표현을 통해 대상을 비판하고 있다.

③ 후렴구의 반복을 통해 운율을 형성하고 있다.

④ 자연과 인간을 대비하여 정서를 강조하고 있다.

16. 윗글의 화자에 대한 설명으로 가장 적절한 것은?

① 자신에게 돌아오지 않는 임을 원망하고 있다.

② 임과 이별했던 순간을 떠올리며 자책하고 있다.

③ 임과 함께 더 많은 시간을 보내기를 소망하고 있다.

④ 임과의 추억을 떠올리며 현재의 삶에 만족하고 있다.

[17~19] 다음 글을 읽고 물음에 답하시오.

집에 오래 지탱할 수 없이 퇴락한 행랑채¹⁾ 세 칸이 있어서 나는 부득이 그것을 모두 수리하게 되었다. 이때 그중 두 칸은 비가 샌 지 오래됐는데, 나는 ㉮ 그것을 알고도 어물어물하다가 미처 수리하지 못하였고, 다른 한 칸은 ㉠ 한 번밖에 비를 맞지 않았기에 급히 기와를 갈게 하였다.

그런데 수리하고 보니, 비가 샌 지 오래된 것은 서까래²⁾·추녀³⁾·기둥·들보⁴⁾가 모두 썩어서 못 쓰게 되었으므로 경비가 많이 들었고, 한 번밖에 비를 맞지 않은 것은 재목들이 모두 완전하여 다시 쓸 수 있었기 때문에 경비가 적게 들었다.

나는 여기에서 이렇게 생각한다. 사람의 몸도 마찬가지다. ㉡ 잘못을 알고도 곧 고치지 않으면 몸이 패망⁵⁾하는 것이 나무가 썩어서 못 쓰게 되는 이상으로 될 것이고, ㉢ 잘못이 있더라도 고치기를 꺼려하지 않으면 다시 좋은 사람이 되는 것이 집 재목이 다시 쓰일 수 있는 이상으로 될 것이다.

이뿐만 아니라, 나라의 정사⁶⁾도 이와 마찬가지다. 모든 일에서, ㉣ 백성에게 심한 해가 될 것을 머뭇거리고 개혁하지 않다가, 백성이 못살게 되고 나라가 위태하게 된 뒤에 갑자기 변경하려 하면, 곧 붙잡아 일으키기가 어렵다. 삼가지 않을 수 있겠는가?

– 이규보, 『이옥설』 –

1) 행랑채 : 대문간 곁에 있는 집채.
2) 서까래 : 마룻대에서 도리 또는 보에 걸쳐 지른 나무.
3) 추녀 : 네모지고 끝이 번쩍 들린, 처마의 네 귀에 있는 큰 서까래.
4) 들보 : 칸과 칸 사이의 두 기둥을 건너지른 나무.
5) 패망 : 싸움에 져서 망함.
6) 정사 : 정치 또는 행정상의 일.

17. 윗글에 대한 설명으로 가장 적절한 것은?

① 타인에게 들은 이야기를 전달하고 있다.

② 옛 문헌을 인용하여 신뢰성을 높이고 있다.

③ 구체적인 역사적 사건에 대한 견해를 제시하고 있다.

④ 글쓴이의 체험과 깨달음을 통해 교훈을 드러내고 있다.

18. ㉮와 의미가 유사한 것을 ㉠~㉣에서 고른 것은?

① ㉠, ㉡   ② ㉠, ㉢   ③ ㉡, ㉣   ④ ㉢, ㉣

19. 윗글을 읽은 독자의 반응으로 적절하지 <u>않은</u> 것은?

① '쇠뿔도 단김에 빼라.'라는 말처럼 나쁜 습관을 발견하면 바로 고쳐야겠군.

② 나쁜 습관을 바로 고치지 않으면 '호미로 막을 것을 가래로 막는다.'라는 말처럼 되겠군.

③ '까마귀 날자 배 떨어진다.'라는 말처럼 나쁜 습관이 우연히 좋은 결과를 가져오기도 하는군.

④ 사소하더라도 나쁜 습관을 방치하면 '가랑비에 옷 젖는 줄 모른다.'라는 말처럼 상황이 점점 안 좋아지겠군.

[20~22] 다음 글을 읽고 물음에 답하시오.

마을은 지역 사회를 기반으로 사람들 사이의 관계가 형성되어 있어야 하고, 물리적으로는 개인의 공간과 공공의 공간 사이에 중간적 성격의 공간이 있어야 한다. 이러한 공간을 '사이 공간'이라 하는데, 이는 통행을 목적으로 하는 공간이라기보다 주민들 사이에 사적 관계를 형성하는 공동의 영역이라 할 수 있다.

과거에는 개인이 생활을 하는 집과 일을 하는 장소가 멀리 떨어져 있지 않았다. ☐ ㉠ ☐ 사람들은 매일 두 공간 사이를 오가며 그곳에서 다양한 일을 경험했다. 개인의 집과 집 사이의 거리도 가까워서 이웃과 친밀한 사회적 관계를 형성할 수 있었다.

방에서 나오면 마당이 있고, 대문을 열면 골목길을 만나며, 길을 돌다 보면 굳이 의도하지 않더라도 사람들의 만남과 모임이 곳곳에서 발생하였다. 그래서 이웃과 친해질 기회가 많았다. 집의 형태는 독립적이지만 집 안팎을 살펴보면 모여 살 수 있는 구조였다.

아파트로 대표되는 오늘날의 주거 형태는 전통적 주거 형태와는 다른 특징을 보인다. 아파트는 하나의 건물 내에 수평적, 혹은 수직적으로 균일한 주거 공간이 밀집해 있고, 그곳에 거주자가 모여 사는데, 이는 현대의 한국식 공동 주택이 지닌 특징이라 할 수 있다.

이러한 공동 주택의 등장은 공동체적 관계를 변화시켰다. 아파트에는 '사이 공간'이 없다. 아파트에 사는 사람들은 공동의 현관을 통과한 후 승강기나 복도를 거쳐 곧바로 각자의 공간으로 들어가 버린다. 자연스럽게 이웃과 친해질 기회가 사라진 것이다. 주택의 형태나 외관만 보면 모두 같은 공간에 사는 유사한 집단으로 보이지만, 그 안에서의 생활 모습은 공유할 만한 것이 거의 없다.

– 전남일, 『공간이 달라지면 사는 풍경도 달라질까』 –

20. 윗글의 내용 전개 방식으로 가장 적절한 것은?

① 대조를 통해 대상 간의 차이를 드러내고 있다.
② 질문을 통해 독자의 호기심을 유발하고 있다.
③ 통계 자료를 제시하여 내용을 뒷받침하고 있다.
④ 문제 상황과 이에 대한 해결 방안을 제시하고 있다.

21. 윗글의 내용으로 적절하지 <u>않은</u> 것은?

① '사이 공간'은 통행보다 친분을 목적으로 한다.
② 과거에는 공동의 영역에서 사회적 관계를 형성했다.
③ 아파트는 '사이 공간'의 부재로 이웃과 친해지기 어렵다.
④ 아파트 주민들은 유사한 집단으로 생활 모습을 공유하고 있다.

22. ㉠에 들어갈 말로 가장 적절한 것은?

① 그래서　　　　② 그런데　　　　③ 그러나　　　　④ 왜냐하면

[23~25] 다음 글을 읽고 물음에 답하시오.

인공지능은 컴퓨터 프로그램을 활용해 인간과 비슷한 인지적 능력을 구현한 기술을 말한다. 인공지능이 인간의 말을 알아듣고 명령을 실행하는 똑똑한 기계가 되는 것은 반길 일인가, 아니면 주인과 노예의 관계를 ㉠ 역전시키는 재앙이라고 경계해야 할 일인가? 세계적 물리학자 스티븐 호킹은 "인공지능은 결국 의식을 갖게 되어 인간의 자리를 대체할 것"이라고 말했다. '생각하는 기계'가 축복이 될지 재앙이 될지는 알 수 없으나, 분명한 것은 인류가 이제껏 고민해 본 적이 없는 문제와 마주했다는 점이다.

인공지능 발달이 우리에게 던지는 새로운 과제는 두 갈래다. 첫째는, 인류를 위협할지도 모를 강력한 인공지능을 우리가 어떻게 ㉡ 통제할 것인가의 문제이다. 로봇에 대응하기 위해 입법적 차원에서 로봇이 지켜야 할 도덕적 기준을 만들어 준수하게 하는 것이 방법이 될 수 있다. 또한 기술적 차원에서 다양한 상황에 관한 사회적 합의를 담은 알고리즘을 만들어 사회적 규약을 벗어나지 않는 범위에서 로봇이 작동하게 하는 방법을 모색할 수 있다.

둘째는, 생각하는 기계가 ⓒ <u>모방</u>할 수 없는 인간의 특징을 찾아 인간의 가치를 높이는 것이다. 인공지능이 마침내 인간의 의식 현상을 구현해 낸다고 하더라도 인간과 인공지능은 여전히 구분될 것이다. 인간에게는 감정과 의지가 있기 때문이다. 감정은 비이성적이고 비효율적이지만 인간됨을 ⓔ <u>규정</u>하는 본능이며, 인류의 역사와 문명은 결핍과 고통에서 느낀 감정을 동력으로 발달해 온 고유의 생존 시스템이다. 처음 마주하는 위험과 결핍은 두렵고 고통스러웠지만, 인류는 놀라운 유연성과 창의성으로 대응해 왔다. 이것은 기계에 가르칠 수 없는 속성이다. 여기에 ㉮ <u>인공지능 시대 우리가 가야 할 사람의 길</u>이 있다.

– 구본권,『로봇 시대, 인간의 일』 –

23. 윗글의 내용으로 적절하지 <u>않은</u> 것은?

① 인공지능의 발달이 인간에게 축복이 될지 재앙이 될지는 알 수 없다.

② 입법적 차원과 기술적 차원에서 인공지능을 통제할 방법을 생각할 수 있다.

③ 인공지능이 인간의 의식 현상을 구현하면 인간과 인공지능은 구분될 수 없다.

④ 인류의 역사와 문명은 결핍과 고통에서 느낀 감정을 동력으로 발달해 왔다.

24. ㉠~ⓔ의 사전적 의미로 적절하지 <u>않은</u> 것은?

① ㉠ : 형세가 뒤집힘. 또는 형세를 뒤집음.

② ㉡ : 힘으로 으르고 협박함.

③ ⓒ : 다른 것을 본뜨거나 본받음.

④ ⓔ : 내용이나 성격, 의미 따위를 밝혀 정함.

25. ㉮에 해당하는 것으로 가장 적절한 것은?

① 인간을 위협하는 인공지능을 없앤다.

② 인간의 자리를 인공지능으로 대체한다.

③ 인간이 가진 감정을 인공지능에 부여할 방법을 찾는다.

④ 인간 고유의 속성을 발휘하여 인공지능 시대에 대응한다.

수 학

1. 두 다항식 $A = 2x^2 + x$, $B = x + 1$에 대하여 $A - B$는?

① $x^2 + 1$ ② $x^2 - x$

③ $2x^2 - 1$ ④ $2x^2 + x$

2. 등식 $x^2 + ax - 2 = x^2 + 5x + b$가 x에 대한 항등식일 때, 두 상수 a, b에 대하여 $a + b$의 값은?

① 1   ② 2   ③ 3   ④ 4

3. 다항식 $x^3 + 3x + 4$를 $x - 1$로 나누었을 때, 나머지는?

① 2   ② 4   ③ 6   ④ 8

4. 다항식 $x^3 + 6x^2 + 12x + 8$을 인수분해한 식이 $(x + a)^3$일 때, 상수 a의 값은?

① 2   ② 4   ③ 6   ④ 8

5. 복소수 $3 - 2i$의 켤레복소수가 $3 + ai$일 때, 실수 a의 값은? (단, $i = \sqrt{-1}$)

① 1   ② 2   ③ 3   ④ 4

6. 이차방정식 $x^2 + 5x + 4 = 0$의 두 근을 α, β라고 할 때, $\alpha\beta$의 값은?

① -2 ② 0   ③ 2   ④ 4

7. $-1 \leq x \leq 2$일 때, 이차함수 $y = -(x-1)^2 + 3$의 최댓값은?

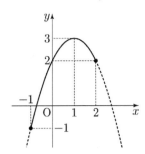

① 1
② 2
③ 3
④ 4

8. 삼차방정식 $x^3 + ax^2 - 3x - 2 = 0$의 한 근이 1일 때, 상수 a의 값은?

① 3　　　　② 4　　　　③ 5　　　　④ 6

9. 연립방정식 $\begin{cases} x + y = 4 \\ x^2 - y^2 = a \end{cases}$ 의 해가 $x = 3$, $y = b$일 때, 두 상수 a, b에 대하여 $a + b$의 값은?

① 3　　　　② 5　　　　③ 7　　　　④ 9

10. 그림은 부등식 $|x - 3| \leq 3$의 해를 수직선 위에 나타낸 것이다. 상수 a의 값은?

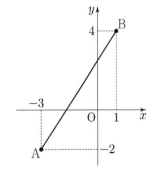

① 0
② 1
③ 2
④ 3

11. 좌표평면 위의 두 점 $A(-3, -2)$, $B(1, 4)$에 대하여 선분 AB의 중점의 좌표는?

① $(-2, 1)$
② $(-1, 1)$
③ $(1, -1)$
④ $(2, -1)$

12. 직선 $y = x - 1$에 수직이고, 점 $(0,\ 3)$을 지나는 직선의 방정식은?

① $y = -x + 1$ ② $y = -x + 3$

③ $y = x + 1$ ④ $y = x + 3$

13. 중심이 $(3,\ -1)$이고 원점을 지나는 원의 방정식은?

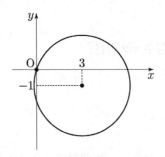

① $(x + 3)^2 + (y + 1)^2 = 10$
② $(x + 3)^2 + (y - 1)^2 = 10$
③ $(x - 3)^2 + (y + 1)^2 = 10$
④ $(x - 3)^2 + (y - 1)^2 = 10$

14. 좌표평면 위의 점 $(3,\ 4)$를 x축의 방향으로 -1만큼, y축의 방향으로 -3만큼 평행이동한 점의 좌표는?

① $(2,\ 1)$ ② $(2,\ 7)$ ③ $(4,\ 1)$ ④ $(4,\ 7)$

15. 두 집합 $A = \{1,\ 2,\ 3,\ 4\}$, $B = \{3,\ 4,\ 6\}$에 대하여 $n(A - B)$의 값은?

① 1   ② 2   ③ 3   ④ 4

16. 명제 '$x = 2$이면 $x^3 = 8$이다.'의 대우는?

① $x = 2$이면 $x^3 \neq 8$이다.   ② $x \neq 2$이면 $x^3 = 8$이다.

③ $x^3 = 8$이면 $x = 2$이다.   ④ $x^3 \neq 8$이면 $x \neq 2$이다.

17. 함수 $f : X \to Y$가 그림과 같을 때, $f^{-1}(5)$의 값은? (단, f^{-1}는 f의 역함수이다.)

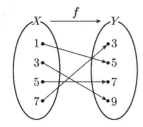

① 1
② 3
③ 5
④ 7

18. 유리함수 $y = \dfrac{1}{x-1}$ 의 그래프는 유리함수 $y = \dfrac{1}{x}$ 의 그래프를 x축의 방향으로 a만큼 평행이동한 것이다. 상수 a의 값은?

① -1　　　② 0　　　③ 1　　　④ 2

19. 그림과 같이 4점의 작품이 있다. 이 중에서 서로 다른 3점의 작품을 택하여 일렬로 나열하는 경우의 수는?

① 15　　　② 18　　　③ 21　　　④ 24

20. 그림과 같이 5개의 방과 후 프로그램이 있다. 이 중에서 서로 다른 3개의 프로그램을 선택하는 경우의 수는?

① 8　　　② 10　　　③ 12　　　④ 14

영 어

고졸

[1~3] 다음 밑줄 친 부분의 뜻으로 가장 적절한 것을 고르시오.

1.

> To speak English well, you need to have <u>confidence</u>.

① 논리력   ② 자신감   ③ 의구심   ④ 창의력

2.

> The country had to <u>deal with</u> its food shortage problems.

① 생산하다   ② 연기하다   ③ 처리하다   ④ 확대하다

3.

> Sunlight comes in through the windows and, <u>as a result</u>, the house becomes warm.

① 그 결과   ② 사실은   ③ 예를 들면   ④ 불행하게도

4. 다음 밑줄 친 두 단어의 의미 관계와 **다른** 것은?

> Patience is <u>bitter</u>, but its fruit is <u>sweet</u>.

① new – old   ② clean – dirty
③ fine – good   ④ easy – difficult

5. 다음 축제 안내문에서 언급되지 **않은** 것은?

> **Gimchi Festival**
> Place : Gimchi Museum
> Events :
>   - Learning to make gimchi
>   - Tasting various gimchi
> Entrance Fee : 5,000 won
>
> *Come and taste traditional Korean food!*

① 날짜
② 장소
③ 행사 내용
④ 입장료

[6~8] 다음 빈칸에 공통으로 들어갈 말로 가장 적절한 것을 고르시오.

6.

> ◦ Let's _____ in front of the restaurant at 2 o'clock.
> ◦ The hotel manager did his best to _____ guests' needs.

① dive   ② meet   ③ wear   ④ happen

7.

> ◦ Jim, _____ are you going to come home?
> ◦ Listening to music can be helpful _____ you feel bad.

① how   ② who   ③ what   ④ when

8.

> ◦ Welcome. What can I do _____ you, today?
> ◦ I've spent almost an hour waiting _____ the bus.

① up   ② for   ③ out   ④ with

9. 다음 대화에서 밑줄 친 표현의 의미로 가장 적절한 것은?

> A : I want to do something to help children in need.
> B : That's great. Do you have any ideas?
> A : I will sell my old clothes and use the money for the children. But it's not going to be easy.
> B : Don't worry. <u>A journey of a thousand miles starts with a single step.</u>

① 모든 일에는 원인이 있다.
② 몸이 건강해야 마음도 건강하다.
③ 친구를 보면 그 사람을 알 수 있다.
④ 어려운 일도 일단 시작해야 이룰 수 있다.

10. 다음 대화에서 알 수 있는 B의 심정으로 가장 적절한 것은?

> A : Is this your first time to do bungee jumping?
> B : Yes, it is. And I'm really nervous.
> A : Bungee jumping is perfectly safe. You'll be fine.
> B : That's what I've heard, but I'm still not sure if I want to do it.

① 만족   ② 불안   ③ 실망   ④ 행복

11. 다음 대화가 이루어지는 장소로 가장 적절한 것은?

> A : Hello, I'm looking for a dinner table for my house.
> B : Come this way, please. What type would you like?
> A : I'd like a round one.
> B : Okay. I'll show you two different models.

① 세탁소 　　　　② 가구점 　　　　③ 도서관 　　　　④ 체육관

12. 다음 글에서 밑줄 친 It(it)이 가리키는 것으로 가장 적절한 것은?

> A donation is usually done for kind and good-hearted purposes. It can take many different forms. For example, it may be money, food or medical care given to people suffering from natural disasters.

① donation 　　　　② nature 　　　　③ people 　　　　④ suffering

[13~14] 다음 대화의 빈칸에 들어갈 말로 가장 적절한 것을 고르시오.

13.

> A : Mary's birthday is coming. _____?
> B : Good idea. What about giving her a phone case?
> A : She just got a new one. How about a coffee mug?
> B : Perfect! She likes to drink coffee.

① What is it for

② Where did you get it

③ Why don't we buy her a gift

④ What do you usually do after school

14.

> A : What do you do for a living?
> B : _____.

① I prefer winter to summer 　　　② That wasn't what I wanted

③ I teach high school students 　　　④ It'll take an hour to get to the beach

15. 다음 대화의 주제로 가장 적절한 것은?

> A : I don't know what career I'd like to have in the future.
> B : Why don't you get experience in different areas?
> A : Hmm... how can I do that?
> B : How about participating in job experience programs?
>   I'm sure it will help.

① 자원 개발의 필요성 ② 진로 선택을 위한 조언
③ 자존감을 높이는 방법 ④ 자원봉사 활동의 어려움

16. 다음 글을 쓴 목적으로 가장 적절한 것은?

> We would like to ask you to put trash in the trash cans in the park. We are having difficulty keeping the park clean because of the careless behavior of some visitors. We need your cooperation. Thank you.

① 요청하려고 ② 사과하려고 ③ 거절하려고 ④ 칭찬하려고

17. 다음 캠프 안내문의 내용과 일치하지 <u>않는</u> 것은?

Summer Sports Camp
- Fun and safe sports programs for children aged 7-12
- From August 1st to August 7th
- What you will do :
    Badminton, Basketball, Soccer, Swimming
* Every child should bring a swim suit and lunch each day.

① 7세부터 12세까지 어린이들을 대상으로 한다.
② 기간은 8월 1일부터 8월 7일까지이다.
③ 네 가지 스포츠 활동을 할 수 있다.
④ 매일 점심이 제공된다.

18. 다음 학교 신문 기자 모집에 대한 설명과 일치하지 <u>않는</u> 것은?

> We're looking for reporters for our school newspaper. If you're interested, please submit three articles about school life. Each article should be more than 500 words. Our student reporters will evaluate your articles. The deadline is September 5th.

① 학교생활에 관한 기사를 세 편 제출해야 한다.
② 각 기사는 500단어 이상이어야 한다.
③ 담당 교사가 기사를 평가한다.
④ 마감일은 9월 5일이다.

19. 다음 글의 주제로 가장 적절한 것은?

Gestures can have different meanings in different countries. For example, the OK sign means "okay" or "all right" in many countries. The same gesture, however, means "zero" in France. French people use it when they want to say there is nothing.

① 세계의 음식 문화
② 예술의 교육적 효과
③ 다문화 사회의 특징
④ 국가별 제스처의 의미 차이

[20~21] 다음 글의 빈칸에 들어갈 말로 가장 적절한 것을 고르시오.

20.

Many power plants produce energy by burning fossil fuels, such as coal or gas. This causes air pollution and influences the _____. Therefore, try to use less energy by choosing energy-efficient products. It can help save the earth.

① environment
② material
③ product
④ weight

21.

The Internet makes our lives more convenient. We can pay bills and shop on the Internet. However, personal information can be easily stolen online. There are ways to _____ your information. First, set a strong password. Second, never click on unknown links.

① cancel
② destroy
③ protect
④ refund

22. 글의 흐름으로 보아 다음 문장이 들어가기에 가장 적절한 곳은?

But nowadays maps are more accurate because they are made from photographs.

(①) Thousands of years ago, people made maps when they went to new places. (②) They drew maps on the ground or on the walls of caves, which often had incorrect information. (③) These photographs are taken from airplanes or satellites. (④)

23. 다음 글의 바로 뒤에 이어질 내용으로 가장 적절한 것은?

> Sometimes we hurt others' feelings, even if we don't mean to. When that happens, we need to apologize. Then, how do we properly apologize? Here are three things you should consider when you say that you are sorry.

① 규칙 준수의 중요성

② 대화를 시작하는 방법

③ 효과적인 암기 전략의 종류

④ 사과할 때 고려해야 할 것들

[24~25] 다음 글을 읽고 물음에 답하시오.

> Many people have trouble falling asleep, thus not getting enough sleep. It can have _____ effects on health like high blood pressure. You can prevent sleeping problems if you follow these rules. First, do not have drinks with caffeine at night. Second, try not to use your smartphone before going to bed. These will help you go to sleep easily.

24. 윗글의 빈칸에 들어갈 말로 가장 적절한 것은?

① harmful   ② helpful   ③ positive   ④ calming

25. 윗글의 주제로 가장 적절한 것은?

① 스마트폰의 변천사   ② 운동 부족의 위험성

③ 카페인 중독의 심각성   ④ 수면 문제를 예방하는 방법

사 회

고졸

1. 질 높은 정주 환경을 위한 조건으로 가장 적절한 것은?

① 빈곤의 심화
② 불평등의 증가
③ 안락한 주거 환경
④ 생활 시설의 부족

2. 인권에 대한 설명으로 적절하지 <u>않은</u> 것은?

① 영구히 보장되어야 할 권리이다.
② 타인에게 양도할 수 있는 권리이다.
③ 인간으로서 당연히 누려야 할 권리이다.
④ 모든 사람이 차별 없이 누려야 할 권리이다.

3. ㉠에 들어갈 용어로 옳은 것은?

> 1. 문화를 이해하는 태도
>
> 가. (㉠)
>
> ○ 개념: 합리적인 이유 없이 자기 사회의 문화는 우월하고
> 다른 사회의 문화는 열등하다고 여기는 태도
> ○ 장점: 자기 문화에 대한 자부심이 높아져 사회 통합에 기여함.
> ○ 단점: 다른 사회의 문화를 배척하는 태도로 이어질 수 있음.

① 문화 사대주의
② 문화 상대주의
③ 자문화 중심주의
④ 극단적 문화 상대주의

4. ㉠에 들어갈 용어로 가장 적절한 것은?

> 인종, 성별, 장애, 종교, 사회적 출신 등을 이유로 다른 사회 구성원으로부터 소외와 차별을 받는 사람들을 (㉠)(이)라고 한다.

① 소호
② 바우처
③ 사회적 소수자
④ 사물인터넷

5. 다음에서 설명하는 기관은?

> 법원의 제청에 의한 법률의 위헌 여부 심판과 법률이 정하는 헌법 소원에 관한 심판 등을 관장한다.

① 정당   ② 행정부   ③ 지방 법원   ④ 헌법 재판소

6. 다음 설명에 해당하는 것은?

> 어떤 것을 선택함으로써 포기하게 되는 대안 중 가장 가치가 큰 것으로 명시적 비용과 암묵적 비용으로 구성됨.

① 편익   ② 기회비용   ③ 매몰비용   ④ 물가 지수

7. ㉠에 해당하는 것은?

> (㉠)은/는 모든 사람이 대가를 지불하지 않고 공동으로 이용할 수 있는 재화나 서비스를 의미한다.

① 공공재   ② 비교 우위   ③ 외부 효과   ④ 기업가 정신

8. 다음에서 설명하는 금융 자산은?

> ◦ 주식회사가 사업 자금 조달을 위해 발행한다.
> ◦ 시세차익과 배당수익을 통해 이익을 실현할 수 있다.

① 대출   ② 주식   ③ 국민연금   ④ 정기예금

9. 다음에서 설명하는 사회 복지 제도로 옳은 것은?

> ◦ 의미 : 국가가 국민에게 발생하는 사회적 위험을 사전에 대비하여 건강과 소득을 보장하는 제도로, 일정액의 보험료를 개인과 정부, 기업이 분담함.
> ◦ 종류 : 국민 건강 보험, 고용 보험, 국민연금 등

① 개인 보험
② 공공 부조
③ 기초 연금
④ 사회 보험

10. 다음 설명에 해당하는 것은?

> 문화 변동의 내재적 요인 중 하나로, 기존에 없던 새로운 문화 요소를 만들어 내는 것이다.

① 발견
② 발명
③ 간접 전파
④ 직접 전파

11. ㉠, ㉡에 들어갈 용어로 가장 적절한 것은?

> 일부 재화 및 서비스 생산의 경우에는 생산량이 (㉠)할수록 평균비용이 (㉡)하는 현상이 나타나는데 이를 규모의 경제라고 한다.

	㉠	㉡		㉠	㉡
①	증가	감소	②	증가	증가
③	감소	감소	④	감소	증가

12. 퀴즈에 대한 정답으로 옳은 것은?

다문화 정책 퀴즈

서로 다른 문화가 각각의 정체성을 유지하면서 조화를 이루도록 하는 정책은 무엇인가요?

① 뉴딜 정책
② 셧다운 정책
③ 용광로 정책
④ 샐러드 볼 정책

13. 자유주의적 정의관에 관한 설명으로 적절하지 <u>않은</u> 것은?

① 국가와 사회보다 개인이 우선한다.
② 개인은 독립적이고 자율적인 존재이다.
③ 개인의 자유를 가장 소중한 가치로 본다.
④ 국가가 개인의 삶의 목적과 방식을 결정한다.

14. 다음에 해당하는 지역을 지도의 A~D에서 고른 것은?

- '지구의 허파'라 불리는 열대림 지역
- 무분별한 열대림 개발로 동식물의 서식지가 파괴되어 생물 종 다양성이 감소

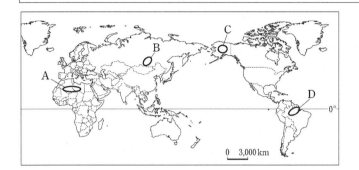

① A
② B
③ C
④ D

15. 다음 현상의 사례로 적절하지 <u>않은</u> 것은?

도시에 거주하는 사람들과 도시 수가 빠르게 증가하면서 도시적 생활 양식과 도시 경관이 확대되는 현상

① 농경지 증가
② 상업 시설 증가
③ 인공 건축물 증가
④ 지표의 포장 면적 증가

16. ㉠에 들어갈 종교로 옳은 것은?

종교의 특징을 반영하는 무역 전략 수립
- 제품 판매 전략 : (㉠)와 관련된 상품
- 제품 기능 : 종교 성지인 메카 방향과 모스크의 위치를 알려주는 기능

① 불교
② 힌두교
③ 이슬람교
④ 크리스트교

17. 열대 기후 지역의 전통 생활 모습으로 옳은 것을 <보기>에서 고른 것은?

─── <보기> ───
ㄱ. 순록 유목
ㄴ. 오아시스 농업
ㄷ. 얇고 간편한 의복
ㄹ. 개방적인 가옥 구조

① ㄱ, ㄴ
② ㄱ, ㄷ
③ ㄴ, ㄷ
④ ㄷ, ㄹ

18. 다음에서 설명하는 지역은?

> • 미국, 캐나다, 러시아, 덴마크, 노르웨이에 접해 있어 영유권 갈등이 있음.
> • 기후 변화로 빙하가 녹으면서 접근이 용이해져 석유, 천연가스 등의 자원 개발 가능성이 커짐.

① 기니만　　　　② 북극해　　　　③ 남중국해　　　　④ 카슈미르

19. 다음 설명에 해당하는 것은?

> • 의미 : 미래 세대가 필요로 하는 자원과 환경을 훼손하지 않으면서 현재를 살아가는 우리의 욕구를 동시에 충족시키는 것
> • 채택 : 1992년 국제연합 환경 개발 회의의 '의제 21'

① 유비쿼터스　　　　　　　　② 플랜테이션
③ 성장 거점 개발　　　　　　④ 지속 가능한 발전

20. 다음에서 설명하는 것은?

> • 의미 : 인간과 자연환경이 조화를 이루며 공생할 수 있는 체계를 지향하는 도시
> • 사례 : 브라질의 쿠리치바, 스웨덴의 예테보리 등

① 슬럼　　　　　　　　　② 생태 도시
③ 성곽 도시　　　　　　④ 고산 도시

21. ㉠, ㉡에 들어갈 자연관으로 옳은 것은?

> • (㉠) 자연관 : 자연은 영혼이 없는 물질로, 인간이 마음대로 이용하고 지배할 수 있는 대상이다.
> • (㉡) 자연관 : 모든 생명체가 자연의 일부이며, 인간도 자연을 구성하는 일부이다.

	㉠	㉡		㉠	㉡
①	생태 중심주의	자원 민족주의	②	자원 민족주의	인간 중심주의
③	인간 중심주의	생태 중심주의	④	생태 중심주의	인간 중심주의

22. 밑줄 친 ㉠, ㉡에 대한 설명으로 옳은 것은?

> 에너지 자원은 각종 산업의 원료이며 일상생활과 경제 활동에 필요한 에너지를 생산하는 데 이용된다. 에너지 자원에는 ㉠ 석유, ㉡ 태양광 등이 있다.

① ㉠은 화석 에너지 자원이다.
② ㉡은 18세기 산업 혁명의 원동력이 되었다.
③ ㉠은 ㉡에 비해 고갈 위험이 낮다.
④ ㉡은 ㉠보다 세계 에너지 소비 비중이 높다.

23. ㉠에 해당하는 내용으로 가장 적절한 것은?

> (㉠) 문제 해결 정책
> ㅇ 양육 및 보육 시설 확충
> ㅇ 육아 비용 지원 및 가족 친화적 문화 확산

① 열섬
② 저출산
③ 사생활 침해
④ 개인 정보 유출

24. ㉠, ㉡에 해당하는 자연 재해로 옳은 것은?

> ㅇ (㉠) : 강한 바람과 많은 비를 동반하여 피해를 주는 열대 저기압
> ㅇ (㉡) : 지각판의 경계에서 주로 발생하고, 땅이 갈라지고 흔들리면서 도로 등이 붕괴됨.

	㉠	㉡		㉠	㉡
①	태풍	지진	②	화산	한파
③	황사	태풍	④	황사	지진

25. 다음 설명에 해당하는 사례는?

> 주권 국가들을 구성원으로 하고 있으며, 다양한 국제 사회의 문제를 조정하는 역할을 하는 정부 간 국제기구

① 국제연합
② 그린피스
③ 다국적 기업
④ 국경 없는 의사회

과 학

고졸

1. 그림은 수평 방향으로 던져진 공의 위치를 같은 시간 간격으로 나타낸 것이다. 공의 운동에 대한 설명으로 옳지 <u>않은</u> 것은? (단, 공기 저항은 무시한다.)

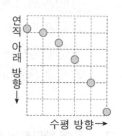

① 수평 방향의 속력은 일정하다.
② 수평 방향으로 힘이 계속 작용한다.
③ 연직 아래 방향의 속력은 증가한다.
④ 연직 아래 방향으로 힘이 계속 작용한다.

2. 표는 어떤 물체가 운동 방향으로 힘을 받았을 때 처음 운동량과 나중 운동량을 나타낸 것이다. 이 물체가 받은 충격량(N·s)은?

처음 운동량(kg·m/s)	1
나중 운동량(kg·m/s)	4

① 1   ② 2   ③ 3   ④ 4

3. 어떤 열기관에 공급된 열이 200J이고 이 열기관이 외부에 한 일이 40J일 때, 이 열기관의 열효율(%)은?

① 20   ② 40   ③ 60   ④ 80

4. 전력 수송 과정에 대한 설명으로 옳은 것만을 <보기>에서 모두 고른 것은?

<보기>

ㄱ. 변전소에서 전압을 변화시킨다.
ㄴ. 송전 전압을 낮추면 전력 손실을 줄일 수 있다.
ㄷ. 송전선에서 열이 발생하여 전기 에너지의 일부가 손실된다.

① ㄱ   ② ㄴ   ③ ㄱ, ㄷ   ④ ㄴ, ㄷ

5. 그림과 같은 원자로를 사용하는 핵발전에 대한 설명으로 옳은 것만을 <보기>에서 모두 고른 것은?

제어봉
감속재

———————— <보기> ————————
ㄱ. 발전 과정에서 방사성 폐기물이 발생한다.
ㄴ. 핵분열에서 발생하는 열에너지를 이용하여 발전한다.
ㄷ. 발전 과정에서 배출되는 이산화 탄소의 양이 화력 발전보다 많다.

① ㄱ   ② ㄷ   ③ ㄱ, ㄴ   ④ ㄴ, ㄷ

6. 다음 중 태양 전지를 이용하여 태양의 빛에너지를 전기 에너지로 직접 전환하는 발전 방식은?

① 수력 발전   ② 풍력 발전   ③ 화력 발전   ④ 태양광 발전

7. 그림은 주기율표의 일부를 나타낸 것이다. 원소 (가), (나)에 대한 설명으로 옳은 것은?

족 주기	1	2	〜	17	18
1					
2	(가)		〜	(나)	

① (가)와 (나)는 같은 족이다.
② (가)와 (나)는 같은 주기이다.
③ 원자 번호는 (가)가 (나)보다 크다.
④ (가)는 비금속 원소, (나)는 금속 원소이다.

8. 소금의 주성분인 염화 나트륨($NaCl$)에 대한 설명으로 옳은 것만을 <보기>에서 모두 고른 것은?

———————— <보기> ————————
ㄱ. 공유 결합 물질이다.
ㄴ. 고체 상태에서 전기가 잘 흐른다.
ㄷ. 물에 녹으면 양이온과 음이온으로 나누어진다.

① ㄱ   ② ㄷ   ③ ㄱ, ㄴ   ④ ㄴ, ㄷ

9. 그래핀에 대한 설명으로 옳은 것만을 <보기>에서 모두 고른 것은?

<보기>

ㄱ. 규소(Si) 원자로 이루어져 있다.

ㄴ. 한 층으로 이루어진 평면 구조이다.

ㄷ. 전기 전도성이 있다.

---

① ㄱ   ② ㄷ   ③ ㄱ, ㄴ   ④ ㄴ, ㄷ

10. 다음 화학 반응식은 마그네슘(Mg)과 산소(O_2)의 반응을 나타낸 것이다.

$$2Mg + O_2 \rightarrow 2MgO$$

이 반응에 대한 설명으로 옳은 것은?

① MgO은 생성물이다.   ② 반응물의 종류는 1가지이다.

③ Mg은 환원된다.   ④ O_2는 전자를 잃는다.

11. 다음 중 물에 녹아 산성을 나타내는 물질은?

① HCl   ② KOH   ③ NaOH   ④ $Ca(OH)_2$

12. 단백질에 대한 설명으로 옳지 <u>않은</u> 것은?

① 항체의 주성분이다.

② 단위체는 포도당이다.

③ 세포막의 구성 성분이다.

④ 단위체가 펩타이드 결합으로 연결된 물질이다.

13. 그림은 식물 세포의 구조를 나타낸 것이다. A~D 중 빛에너지를 흡수하여 포도당을 합성하는 것은?

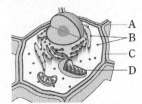

① A

② B

③ C

④ D

14. 물질대사에 대한 설명으로 옳은 것만을 <보기>에서 모두 고른 것은?

───────── <보기> ─────────
ㄱ. 세포 호흡은 물질대사에 속한다.
ㄴ. 에너지의 출입이 일어나지 않는다.
ㄷ. 효소는 물질대사에서 반응 속도를 변화시킨다.

① ㄱ　　　　　② ㄴ　　　　　③ ㄱ, ㄷ　　　　　④ ㄴ, ㄷ

15. 그림은 두 가닥으로 구성된 DNA와 이 DNA에서 전사된 RNA를 나타낸 것이다. ㉠과 ㉡에 해당하는 염기는?

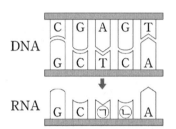

　　㉠　㉡
① T　A
② T　C
③ U　A
④ U　C

16. 생물 다양성에 대한 설명 중 옳은 것만을 <보기>에서 모두 고른 것은?

───────── <보기> ─────────
ㄱ. 종 다양성은 동물에서만 나타난다.
ㄴ. 생태계 다양성은 종 다양성에 영향을 주지 않는다.
ㄷ. 유전적 다양성은 개체군 내에 존재하는 유전자의 변이가 다양한 정도를 말한다.

① ㄱ　　　　　② ㄷ　　　　　③ ㄱ, ㄴ　　　　　④ ㄴ, ㄷ

17. 다음은 어떤 환경 요인에 대한 생물의 적응 현상이다. 이 환경 요인은?

사막여우는 북극여우에 비해 몸집은 작고, 몸의 말단 부위인 귀가 크다.

① 물　　　　　② 공기　　　　　③ 온도　　　　　④ 토양

18. 그림은 안정된 생태계의 생태 피라미드를 나타낸 것이다. 이에 대한 설명으로 옳은 것은?

① 식물은 1차 소비자에 해당한다.
② 생물량은 2차 소비자가 가장 많다.
③ 초식동물은 3차 소비자에 해당한다.
④ 상위 영양 단계로 갈수록 에너지 양은 줄어든다.

19. 별의 진화 과정에서 원소의 생성에 대한 설명으로 옳은 것만을 <보기>에서 모두 고른 것은?

<보기>
ㄱ. 헬륨의 핵융합 반응으로 탄소가 생성된다.
ㄴ. 초신성 폭발로 철보다 무거운 원소가 생성된다.
ㄷ. 질량이 태양과 비슷한 별의 중심에서 철이 생성된다.

① ㄱ   ② ㄷ   ③ ㄱ, ㄴ   ④ ㄴ, ㄷ

20. 식물이 이산화 탄소를 대기로부터 흡수하는 과정에서 상호 작용하는 지구 시스템의 구성 요소는?

① 수권과 기권   ② 수권과 지권
③ 생물권과 기권   ④ 생물권과 지권

21. 그림은 지질 시대 A~D의 길이를 상대적으로 나타낸 것이다. A~D 중 삼엽충이 번성한 시기는?

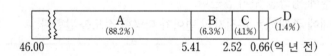

① A
② B
③ C
④ D

22. 그림은 지각과 맨틀의 일부를 나타낸 것이다. A~D에 대한 설명으로 옳은 것은?

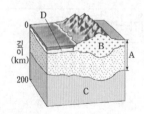

① A는 암석권이다.
② B는 맨틀이다.
③ C는 유동성이 없다.
④ D는 대륙 지각이다.

23. 그림은 어떤 지역의 해수 깊이에 따른 수온 분포를 나타낸 것이다. 이에 대한 설명으로 옳은 것만을 <보기>에서 모두 고른 것은?

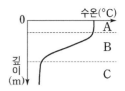

<보기>
ㄱ. A에서는 바람에 의해 해수가 잘 섞인다.
ㄴ. B는 수온약층이다.
ㄷ. 수온은 A에서가 C에서보다 낮다.

① ㄱ   ② ㄷ   ③ ㄱ, ㄴ   ④ ㄴ, ㄷ

24. 빅뱅 우주론에 따른 우주의 생성 과정에 대한 설명으로 옳은 것만을 <보기>에서 모두 고른 것은?

<보기>
ㄱ. 우주가 팽창하면서 우주의 온도가 낮아진다.
ㄴ. 수소 원자가 수소 원자핵보다 먼저 만들어졌다.
ㄷ. 헬륨 원자핵이 수소 원자핵보다 먼저 만들어졌다.

① ㄱ   ② ㄴ   ③ ㄱ, ㄷ   ④ ㄴ, ㄷ

25. 지구 온난화로 인한 최근의 지구 환경 변화로 옳은 것만을 <보기>에서 모두 고른 것은?

<보기>
ㄱ. 지구의 평균 기온 하강
ㄴ. 해수면의 평균 높이 상승
ㄷ. 대륙 빙하의 분포 면적 증가

① ㄱ   ② ㄴ   ③ ㄱ, ㄷ   ④ ㄴ, ㄷ

1. 다음에서 설명하는 유물은?

> ◦ 구석기 시대를 대표하는 뗀석기임.
> ◦ 사냥을 하거나 가죽을 벗기는 용도로 사용함.

①
주먹도끼

②
이불병좌상

③
비파형 동검

④
빗살무늬 토기

2. 다음에서 설명하는 왕은?

> ◦ 신라를 도와 왜를 격퇴함.
> ◦ '영락'이라는 독자적 연호를 사용함.
> ◦ 4세기 말 즉위 후 고구려의 영토를 크게 넓힘.

① 세종　　　　② 고이왕　　　　③ 공민왕　　　　④ 광개토 대왕

3. 다음에서 설명하는 기구는?

> ◦ 국방에 관계된 일을 회의로 결정함.
> ◦ 식목도감과 함께 고려의 독자적인 정치 기구임.
> ◦ 원 간섭기에 도평의사사로 명칭과 권한을 변경함.

① 집사부　　　　② 정당성　　　　③ 도병마사　　　　④ 군국기무처

4. 다음에서 ㉠에 들어갈 내용으로 옳은 것은?

〈 조선 성종의 정책 〉
- 경연 활성화
- 홍문관 설치
- ㉠

① 경국대전 반포
② 기인 제도 실시
③ 삼청 교육대 운영
④ 전민변정도감 설치

5. 다음에서 설명하는 문화유산은?

> **문화유산 카드**
> ○ 위치: 경상북도 토함산
> ○ 특징: 불국사와 함께 불국토의 이상 세계를 표현한 통일신라 시기의 대표적 건축물

① 경복궁
② 무령왕릉
③ 수원 화성
④ 경주 석굴암

6. 다음에서 ㉠에 들어갈 내용으로 옳지 <u>않은</u> 것은?

> <수행평가 계획서>
>
> 주제 : 흥선 대원군이 주도한 정책
>
> ○ 1모둠 : 경복궁 중건
> ○ 2모둠 : _____㉠_____

① 서원 정리 ② 당백전 발행 ③ 호포제 시행 ④ 훈민정음 창제

7. 다음에서 설명하는 화폐는?

> 조선 후기에 주조된 화폐로 17세기 말 전국적으로 유통되면서 물품 구입이나 세금 납부 수단으로 사용되었다.

① 호패 ② 명도전 ③ 상평통보 ④ 독립 공채

8. 다음에서 ㉠에 해당하는 지역은?

> ____㉠____는 군사 전략 요충지로 큰 역할을 해 왔다. 고려 시대에는 몽골의 침입을 피해 이곳으로 수도를 옮긴 적이 있었고, 조선 시대에는 이곳에서 병인양요가 발발하였다.

① 강화도 ② 거문도 ③ 울릉도 ④ 제주도

9. 다음에서 설명하는 신문은?

> ○ 한글판과 영문판으로 발행됨.
> ○ 서재필 등이 정부의 지원을 받아 창간함.
> ○ 국민을 계몽하고 국내 사정을 외국인에게도 전달함.

① 독립신문 ② 동아일보 ③ 조선일보 ④ 한성순보

10. 다음에서 ㉠에 들어갈 내용으로 옳은 것은?

〈다큐멘터리 기획안〉
○ 제목: 녹두장군의 꿈!
○ 의도: 동학 농민군 지도자 전봉준의 삶을 조명한다.
○ 내용: 1부 고부 농민 봉기를 주도하다.
　　　 2부 　　㉠

① 거중기를 제작하다.
② 신민회를 조직하다.
③ 천리장성을 축조하다.
④ 황토현 전투에서 승리하다.

11. 다음 질문에 대한 답으로 옳은 것은?

1907년에 1,300만 원에 달하는 대한 제국의 빚을 갚기 위해 서상돈 등이 대구에서 시작한 국권 회복 운동은 무엇일까요?

① 새마을 운동
② 위정척사 운동
③ 국채 보상 운동
④ 서경 천도 운동

12. 다음에서 ㉠ 시기에 들어갈 사건은?

| 1945. 8. 15. 광복 | → | ㉠ | → | 1948. 8. 15. 대한민국 정부 수립 |

① 기묘사화
② 5 · 10 총선거
③ 오페르트 도굴 사건
④ 6 · 15 남북 공동 선언 발표

13. 다음에서 설명하는 일제 식민 정책은?

　1910년대 일제가 시행한 경제 정책으로, 토지 소유권자가 정해진 기간 내에 직접 신고하여 소유지로 인정받는 신고주의 원칙에 따라 진행되었다.

① 균역법
② 노비안검법
③ 토지 조사 사업
④ 경부 고속 국도 개통

14. 다음 대화 내용에 해당하는 단체는?

1927년 비타협적 민족주의자들과 사회주의자들이 협력하여 창립한 단체를 알고 있니?

응. 광주 학생 항일 운동이 일어나자 진상 조사단을 파견하였지.

① 삼별초
② 신간회
③ 통신사
④ 화랑도

15. 다음에서 설명하는 사건은?

> 1919년에 일어난 일제 강점기 최대 규모의 민족 운동이다. 일제의 통치 방식이 바뀌는 계기가 되었으며, 대한민국 임시 정부 수립에 영향을 주었다.

① 3 · 1 운동
② 제주 4 · 3 사건
③ 임술 농민 봉기
④ 12 · 12 군사 반란

16. 다음에서 ㉠에 들어갈 내용으로 옳은 것은?

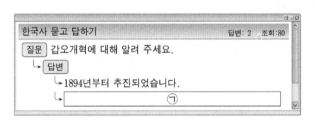

① 별무반이 창설되었습니다.
② 신분제가 폐지되었습니다.
③ 척화비가 건립되었습니다.
④ 세도 정치가 시작되었습니다.

17. 다음 밑줄 친 ㉠에 해당하는 것은?

> 일제는 한국인을 전쟁에 효율적으로 동원하고 일왕에 충성하는 백성으로 만들고자 ㉠황국 신민화 정책을 실시하였다.

① 골품제 실시
② 사사오입 개헌
③ 신사 참배 강요
④ 사심관 제도 시행

18. 다음 대본에서 ㉠에 들어갈 말로 가장 적절한 것은?

> 장면 #27 평화 시장에서 시위하는 모습
> 전태일 : 우리 노동자들은 열악한 작업 환경에서 장시간 노동으로 고통 받고 있다. 우리는 기계가 아니다! ㉠

① 신탁 통치를 반대한다!
② 근로 기준법을 준수하라!
③ 군사력을 강화하여 청을 정벌하자!
④ 교조 최제우의 억울함을 풀어 주시오!

19. 다음에서 설명하는 정부는?

> ◦ 금융 실명제를 실시함.
> ◦ 지방 자치제를 전면적으로 시행함.
> ◦ 국제 통화 기금(IMF)에 구제 금융 지원을 요청함.

① 김영삼 정부　　　② 박정희 정부　　　③ 이승만 정부　　　④ 전두환 정부

20. 다음에서 설명하는 것은?

> ◦ 국제 사회가 한국의 독립을 처음으로 약속함.
> ◦ 1943년 미 · 영 · 중 정상들이 모여 전후 처리를 논의함.

① 팔관회　　　② 화백 회의　　　③ 만민 공동회　　　④ 카이로 회담

21. 다음에서 ㉠에 해당하는 사건으로 옳은 것은?

한국사 스피드 퀴즈

1980년 신군부의 계엄령 확대와 휴교령에 반대하여 광주에서 일어난 시위야. 이후 전개된 민주화 운동에 영향을 주었어.

① 자유시 참변　　　　　　　② 6 · 10 만세 운동
③ 5 · 18 민주화 운동　　　　④ 제너럴 셔먼호 사건

22. 다음에서 설명하는 종교는?

> 나철 등을 중심으로 단군 신앙을 내세웠으며, 중광단을 조직하여 독립운동을 전개하였다.

① 도교　　　② 기독교　　　③ 대종교　　　④ 천주교

23. 다음에서 ㉠에 해당하는 사건은?

〈6·25 전쟁의 전개 과정〉

북한의 남침 → 인천 상륙 작전 → 서울 수복(1950. 9. 28.)
→ | ㉠ | → 정전 협정 체결

① 1 · 4 후퇴
② 명량 대첩
③ 무신 정변
④ 아관 파천

24. 다음에서 설명하는 단체는?

- 1919년 만주에서 김원봉 등이 주도하여 결성함.
- 신채호의 『조선 혁명 선언』을 활동 지침으로 삼음.

① 별기군　　　　② 의열단　　　　③ 교정도감　　　　④ 조선어 학회

25. 다음에서 ㉠에 해당하는 것은?

1972년, 서울과 평양에서 | ㉠ | 이/가 동시에 발표되었다. 이는 분단 후 남북한이 통일과 관련하여 최초로 합의한 것이며, 자주 · 평화 · 민족 대단결의 통일 원칙을 명시하였다.

① 시무 28조
③ 4 · 13 호헌 조치
② 전주 화약
④ 7 · 4 남북 공동 성명

1. 다음 설명에 해당하는 윤리학은?

> ◦ 도덕 원리를 구체적 상황에 적용하여 도덕 문제에 대한 해결 방안을 제시하는 것을 주된 목표로 삼음.
> ◦ 예 : 생명 윤리, 정보 윤리, 환경 윤리 등

① 기술 윤리학　　　② 메타 윤리학　　　③ 실천 윤리학　　　④ 진화 윤리학

2. (가)에 들어갈 윤리 사상가는?

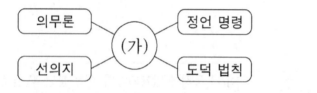

① 밀
② 칸트
③ 플라톤
④ 데카르트

3. 다음에서 설명하는 사상으로 가장 적절한 것은?

> ◦ 무위자연(無爲自然)의 삶을 강조함.
> ◦ 이상적 인간으로 지인(至人), 진인(眞人) 등이 있음.

① 유교　　　② 불교　　　③ 도가　　　④ 법가

4. 다음에서 동물 실험을 반대하는 관점에만 '✔'를 표시한 학생은?

관점 \ 학생	A	B	C	D
• 동물 실험은 신약 개발을 위해 반드시 필요하다.	✔			✔
• 동물 실험 과정에서 동물이 부당하게 고통을 겪고 있다.		✔		✔
• 동물은 인간의 이익을 위해 사용되는 수단에 불과하다.			✔	

① A
② B
③ C
④ D

5. 공리주의의 입장에 대한 설명으로 옳은 것은?

① 유용성의 원리에 따른 행위를 강조한다.

② 행위의 결과보다는 행위의 동기를 중시한다.

③ 행위의 효용보다 행위자 내면의 품성을 강조한다.

④ 사회 전체의 행복보다 개인의 행복 추구를 중시한다.

6. (가)에 들어갈 성과 사랑의 관계에 대한 관점은?

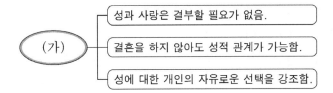

성과 사랑은 결부할 필요가 없음.

(가) ─ 결혼을 하지 않아도 성적 관계가 가능함.

성에 대한 개인의 자유로운 선택을 강조함.

① 자유주의

② 보수주의

③ 도덕주의

④ 중도주의

7. 시민에 대한 국가의 의무로 옳지 <u>않은</u> 것은?

① 시민의 복지를 증진해야 한다.　　② 시민의 인권을 보호해야 한다.

③ 시민의 인간다운 삶을 보장해야 한다.　　④ 시민의 정당한 요구에 무관심해야 한다.

8. ㉠에 공통으로 들어갈 용어는?

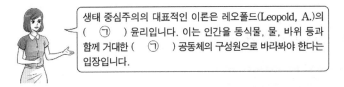

생태 중심주의의 대표적인 이론은 레오폴드(Leopold, A.)의 (㉠) 윤리입니다. 이는 인간을 동식물, 물, 바위 등과 함께 거대한 (㉠) 공동체의 구성원으로 바라봐야 한다는 입장입니다.

① 대지

② 과학

③ 문화

④ 사회

9. 사형 제도의 찬성 근거로 가장 적절한 것은?

① 오판의 가능성이 있다.

② 정치적으로 악용될 수 있다.

③ 응보적 정의 실현을 위한 수단이다.

④ 생명권을 침해하는 비인도적인 제도이다.

10. ㉠에 들어갈 내용으로 옳지 <u>않은</u> 것은?

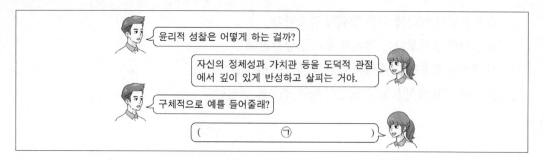

① 남을 돕는 데 진심을 다했는지 살피는 거야.

② 마음을 흐트러짐이 없게 하고 몸가짐을 삼가는 거야.

③ 어른들의 말씀은 무조건 비판 없이 받아들이는 거야.

④ 끊임없는 질문을 통해 자신의 무지를 스스로 깨우치는 거야.

11. 다음 사상가가 강조하는 덕목은?

> 백성을 사랑하는 근본은 검소함과 자신의 사사로운 이익은 추구하지 않음에 있다. 이는 목민관이 가장 먼저 힘써야 할 일이다.
>
> – 정약용 , 『목민심서』 –

① 욕망   ② 집착   ③ 독선   ④ 청렴

12. 교사의 질문에 대한 대답으로 적절하지 <u>않은</u> 것은?

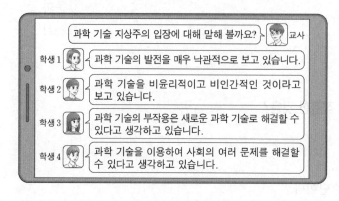

① 학생 1
② 학생 2
③ 학생 3
④ 학생 4

13. 통일과 관련된 개념에 대한 설명으로 옳지 <u>않은</u> 것은?

	개념	설명
①	분단 비용	남북한 분단이 지속되어 발생하는 비용
②	평화 비용	남북한 평화 유지와 정착을 위해 필요한 비용
③	통일 편익	통일로 얻게 되는 경제적·경제외적인 손상 및 피해
④	통일 비용	남북한 격차 해소와 이질적 요소 통합에 필요한 비용

14. 예술 지상주의의 입장에 대한 설명으로 가장 적절한 것은?

① 예술의 사회성만을 강조한다.

② 예술을 위한 예술을 주장한다.

③ 예술가에게 도덕적 공감이 중요함을 강조한다.

④ 예술에 대한 윤리적 규제의 필요성을 주장한다.

15. ㉠에 들어갈 내용으로 가장 적절한 것은?

도 덕 신 문　　　2022년 ○월 ○일

_____㉠_____ 의 윤리적 쟁점

　불치병으로 극심한 고통을 겪고 있는 환자의 요구에 따라 인위적으로 생명을 단축하는 행위의 허용 문제는 논란이 될 수 있다. 왜냐하면 이 문제는 생명의 존엄성과 관련하여 심각한 윤리적 문제를 발생시킬 수 있기 때문이다.

① 안락사

② 대리모

③ 장기 이식

④ 배아 복제

16. 다음 설명에 해당하는 정의관으로 가장 적절한 것은?

　○ 공정한 과정을 통해 발생한 결과는 정당하다는 정의관
　○ 분배의 결과보다는 분배를 위한 공정한 순서나 방법을 강조하는 관점

① 결과적 정의　　　② 교정적 정의　　　③ 산술적 정의　　　④ 절차적 정의

17. 시민 불복종의 사례를 <보기>에서 고른 것은?

<보기>

ㄱ. 중세의 십자군 전쟁　　　　　ㄴ. 나치의 유대인 집단 학살
ㄷ. 소로의 세금 납부 거부　　　　ㄹ. 간디의 소금법 폐지 행진

① ㄱ, ㄴ　　　　　② ㄱ, ㄷ　　　　　③ ㄴ, ㄹ　　　　　④ ㄷ, ㄹ

18. 다음에서 소개하는 윤리 사상가는?

◆ 도덕 인물 카드 ◆
• 영국의 철학자로 공리주의를 주장함.
• '최대 다수의 최대 행복'을 도덕 원리로 제시함.
• 저서: 『도덕과 입법의 원리 서설』

① 레건
② 벤담
③ 아퀴나스
④ 매킨타이어

19. 다음 설명에 해당하는 권리는?

정보 주체가 온라인상에서 개인이 원하지 않는 자신의 정보에 대해 삭제 또는 확산 방지를 요구할 수 있는 권리를 의미한다.

① 알 권리　　　　② 공유 권리　　　　③ 상속 권리　　　　④ 잊힐 권리

20. 다음 설명에 해당하는 이상 사회는?

◦ 공자가 제시한 모두가 더불어 잘 사는 사회
◦ 인륜(人倫)이 실현된 사회로서 누구에게나 기본적인 삶이 보장되는 도덕 공동체

① 공산 사회　　　　② 소국과민　　　　③ 대동 사회　　　　④ 철인 통치 국가

21. 그림 (가)와 (나)에서 주장하는 내용으로 옳은 것은?

(가) 자신의 경제력 내에서 가장 큰 만족을 줄 수 있는 소비를 해야 해.

(나) 노동자의 인권이나 환경 문제 등을 적극적으로 고려하는 소비를 해야 해.

	(가)	(나)		(가)	(나)
①	합리적 소비	윤리적 소비	②	합리적 소비	과시적 소비
③	윤리적 소비	합리적 소비	④	윤리적 소비	과시적 소비

22. 불교의 죽음관으로 가장 적절한 것은?

    ① 죽음 이후의 세계는 존재하지 않는다.

    ② 죽음을 통해 영혼은 이데아의 세계로 들어간다.

    ③ 죽음이란 다음 생으로 이어지는 윤회의 한 과정이다.

    ④ 죽음은 개별 원자로 흩어져 영원히 소멸되는 것이다.

23. 다음 설명에 해당하는 직업 윤리는?

> ◦ 자신의 직업에 자부심을 가지고 사회적 책임을 다하려는 직업의식
> ◦ 자기 일에 긍지를 가지고 평생 전념하거나 한 가지 기술에 정통하려고 노력하는 것

    ① 장인 정신   ② 특권 의식   ③ 비판 의식   ④ 관용 정신

24. 다음은 서술형 평가 문제와 학생 답안이다. 밑줄 친 ㉠~㉢ 중 옳지 않은 것은?

> 문제: 국제 관계를 바라보는 관점에 대해서 서술하시오.
>
> 〈답안〉
>   현실주의는 ㉠ 국가가 자국의 이익을 최우선적으로 추구한다고 보기 때문에 ㉡ 국가 간의 힘의 논리를 통한 세력 균형보다 소통과 대화를 중시한다. 반면에 이상주의는 ㉢ 국가가 이성적이고 합리적 행동이 가능하다고 보기 때문에 ㉣ 국제법, 국제 규범 등을 통한 국제 분쟁의 방지를 강조한다.

    ① ㉠

    ② ㉡

    ③ ㉢

    ④ ㉣

25. 공직자가 지녀야 할 바람직한 자세로 옳은 것은?

    ① 공익보다 사익을 우선시해야 한다.

    ② 국민을 위한 봉사의 자세를 지녀야 한다.

    ③ 개인은 재산을 일절 소유하지 말아야 한다.

    ④ 친한 친구의 개인적인 청탁은 당연히 받아야 한다.

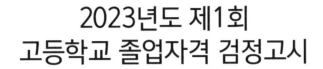

2023년도 제1회
고등학교 졸업자격 검정고시

C·O·N·T·E·N·T·S

국 어

국졸

1. 다음에 대한 설명으로 가장 적절한 것은?

> '부추'를 강원, 경북, 충북에서는 '분추'라고 부르고 일부 경상, 전남에서는 '솔'이라고 한다. 일부 충청에서는 '졸'이라고 부르며 경상, 전북, 충청에서는 '정구지'라고 부르기도 한다.

① 세대에 따라 사용하는 어휘가 다르다.
② 성별에 따라 사용하는 어휘가 다르다.
③ 지역에 따라 같은 대상을 다르게 표현한다.
④ 직업에 따라 같은 대상을 다르게 표현한다.

2. 다음 속담에서 강조하는 우리말의 담화 관습으로 가장 적절한 것은?

> ◦ 발 없는 말이 천 리 간다.
> ◦ 화살은 쏘고 주워도, 말은 하고 못 줍는다.
> ◦ 가루는 칠수록 고와지고, 말은 할수록 거칠어진다.

① 말은 신중하게 해야 한다.
② 하고 싶은 말은 참지 않아야 한다.
③ 상대방의 말은 귀 기울여 들어야 한다.
④ 질문에 답할 때에는 신속하게 해야 한다.

3. 피동 표현이 사용되지 않은 것은?

① 동생이 엄마에게 업혔다.
② 아이가 모기에게 물렸다.
③ 토끼가 사냥꾼에게 잡혔다.
④ 그가 친구에게 사실을 밝혔다.

4. 다음 규정에 맞게 발음하지 않은 것은?

> ■ 표준 발음법 ■
> 【제14항】 겹받침이 모음으로 시작된 조사나 어미, 접미사와 결합되는 경우에는, 뒤엣것만을 뒤 음절 첫소리로 옮겨 발음한다.(이 경우, 'ㅅ'은 된소리로 발음함.)

① 값을 깎지 마세요. → [갑쓸]
② 넋이 나간 표정이다. → [넉씨]
③ 닭을 키운 적이 있다. → [다글]
④ 앉아 있기가 힘들다. → [안자]

5. 다음 높임법이 나타난 문장이 <u>아닌</u> 것은?

> 객체 높임법은 목적어나 부사어가 지시하는 대상 즉, 서술의 객체를 높이는 방법이다.

① 나는 어머니를 모시고 집에 갔다.　　② 선생님께서는 우리를 사랑하신다.

③ 자세한 내용은 아버지께 여쭤 보세요.　　④ 주말에는 할아버지를 찾아뵙고 싶습니다.

[6~7] (나)는 (가)를 토대로 작성한 글이다. 물음에 답하시오.

> (가) 작문 상황
> ― 작문 과제 : ○○고등학교의 문제점을 찾아 해결 방안을 제안하는 건의문 쓰기
> ― 예상 독자 : ○○고등학교 교장 선생님
>
> (나) 글의 초고
> 　교장 선생님께
> 　안녕하세요? 저는 1학년 김△△입니다.
> 　우리 학교는 주변 상권과 거리가 먼 곳에 위치하고 있어 학생들의 학교 매점 이용률이 매우 높습니다. 그런데 최근 저를 비롯해 매점에서 식품을 사 ㉠먹을 학생들이 배탈 난 일이 있었습니다. ㉡저희 아버지께서도 위장염으로 오랫 동안 고생을 하고 계십니다. 이러다 보니 매점에서 판매하는 식품의 안전이 염려되어 한 가지 건의를 ㉢들이려고 합니다.
> 　학교 매점에서 유해·불량 식품을 판매하지 않도록 '교내 식품 안전 지킴이' 제도를 도입해 주세요. 어린이 식생활 안전 관리 특별법에 의하면 초·중·고교 매점은 학생들에게 안전하고 영양가 있는 식품을 공급하도록 노력해야 합니다. ㉣하지만 우리 학교 매점에서는 그러한 노력을 소홀히 하고 있습니다.
> 　학부모와 학생으로 구성된 '교내 식품 안전 지킴이' 제도를 도입하여 학생들에게 식품 안전 기초 교육을 실시하고 매점에서 유해·불량 식품을 판매하지 않도록 감독한다면, 학생들이 안전한 먹거리를 섭취하고 바람직한 식습관을 형성할 수 있을 것입니다.
> 　다시 한번 '교내 식품 안전 지킴이' 제도를 도입해 주시기를 당부 드립니다. 감사합니다.
> 　　　　　　　　　　　　　　　　　　　　　　　　　　　　　　　1학년 김△△ 올림

6. 다음 중 (나)에 반영된 내용이 <u>아닌</u> 것은?

① 자신의 경험과 관련지어 문제 상황을 드러낸다.

② 예상 독자가 수행할 수 있는 해결 방안을 제시한다.

③ 건의 내용이 받아들여졌을 때 예상되는 효과를 제시한다.

④ 주장을 뒷받침하기 위해 구체적인 설문 조사 결과를 제시한다.

7. ㉠~㉣을 고쳐 쓰기 위한 방안으로 적절하지 <u>않은</u> 것은?

① ㉠ : 시간 표현이 잘못되었으므로 '먹은'으로 고친다.

② ㉡ : 글의 통일성을 해치는 문장이므로 삭제한다.

③ ㉢ : 맞춤법에 어긋나므로 '드리려고'로 수정한다.

④ ㉣ : 잘못된 접속어를 사용했으므로 '그래서'로 바꾼다.

8. ㉠~㉣에 나타난 중세 국어의 특징으로 적절하지 <u>않은</u> 것은?

> ㉠孔·공子·ᄌᆞ 曾증子·ᄌᆞᄃ·려닐·러골ᄋ·샤·ᄃᆡ·몸·이며
> 얼굴·이며머·리털·이·며·술·흔 ㉡父·부母·모·ᄭᅴ받ᄌᆞ·온
> 거·시·라敢:감·히헐·워샹희·오·디아·니·홈·이·효·도·의
> 비·르·소미·오·몸·을셰·워道·도·를行ᄒᆡᆼ·ᄒᆞ·야 ㉢일·홈·을
> 後:후世:셰·예:베퍼·뻐 ㉣父·부母·모롤:현·뎌케:홈·이
> :효·도·의ᄆᆞ·ᄎᆞᆷ·이니·라
>
> – 『소학언해』 (1587) –

① ㉠ : 모음 뒤에서 주격 조사 'ㅣ'가 사용되었다.

② ㉡ : 어두 자음군이 사용되었다.

③ ㉢ : 이어 적기로 표기되었다.

④ ㉣ : 조사가 모음 조화에 따라 표기되었다.

[9~11] 다음을 읽고 물음에 답하시오.

> ㉠ 매운 계절(季節)의 채찍에 갈겨
> 마침내 ㉡ 북방(北方)으로 휩쓸려 오다.
>
> 하늘도 그만 지쳐 끝난 ㉢ 고원(高原)
> 서릿발 칼날진 그 위에 서다.
>
> 어데다 무릎을 꿇어야 하나?
> 한 발 재겨 디딜 곳조차 없다.
>
> 이러매 눈 감아 생각해 볼밖에
> 겨울은 강철로 된 ㉣ 무지개인가 보다.
>
> – 이육사, 『절정』–

9. ㉠~㉣ 중 시적 의미가 가장 이질적인 것은?

① ㉠   ② ㉡   ③ ㉢   ④ ㉣

10. 윗글의 표현상 특징으로 적절한 것은?

① 동일한 구절을 반복하여 주제를 강조하고 있다.
② 상징적 표현을 사용하여 화자의 상황을 부각하고 있다.
③ 의인법을 활용하여 시적 대상과의 친밀감을 드러내고 있다.
④ 수미 상관을 활용하여 화자의 암울한 처지를 강조하고 있다.

11. 다음을 참고할 때, 시인이 윗글을 통해 드러내려고 한 가치로 가장 적절한 것은?

> 이육사는 조선은행 대구 지점 폭발물 사건에 연루되어 수감 생활을 하는 등 열일곱 차례 옥고를 치른 항일 운동가였다.

① 편리성과 효율성을 중요시하는 자세
② 자연과 인간이 공존해야 한다는 신념
③ 운명에 순응하며 현실에 만족하는 태도
④ 극한의 상황에서도 꺾이지 않는 항일 의지

[12~14] 다음 글을 읽고 물음에 답하시오.

[앞부분의 줄거리] 1930년대의 어느 농촌, 스물여섯 살 '나'는 성례를 시켜 주겠다는 장인의 말에 데릴사위로 들어와 새경 한 푼 받지 못한 채 일을 한다. 하지만 장인은 성례를 계속 미루며, '나'를 머슴처럼 부려 먹기만 한다. 억울한 '나'는 장인과 함께 구장에게 가서 의견을 묻기로 한다.

구장님도 내 이야기를 자세히 듣더니 퍽 딱한 모양이었다. 하기야 구장님뿐만 아니라 누구든지 다 그럴 게다. ㉠ 길게 길러 둔 새끼손톱으로 코를 후벼서 저리 탁 튀기며
"그럼 봉필 씨! 얼른 성롈 시켜 주구려, 그렇게까지 제가 하구 싶다는 걸……."
하고 내 짐작대로 말했다. 그러나 이 말에 장인님이 삿대질로 눈을 부라리고
"아, 성례구 뭐구 기집애년이 미처 자라야 할 게 아닌가?"
하니까 고만 멀쑤룩해서 입맛만 쩍쩍 다실 뿐이 아닌가…….
"㉡ 그것두 그래!"
"그래, 거진 사 년 동안에도 안 자랐다니 그 킨 은제 자라 지유? 다 그만두구 사경¹⁾ 내슈……."
"글쎄, 이 자식아! 내가 크질 말라구 그랬니, 왜 날 보구 떼냐?"
"㉢ 빙모님은 참새만 한 것이 그럼 어떻게 앨 낳지유?
(사실 장모님은 점순이보다도 귓배기 하나가 적다.)"

그러나 이 말에는 별반 신통한 귀정2)을 얻지 못하고 도루 논으로 돌아와서 모를 부었다. 왜냐면, 장인님이 뭐라구 귓속말로 수군수군하고 간 뒤다. 구장님이 날 위해서 조용히 데리구 아래와 같이 일러 주었기 때문이다. (㉢ 뭉태의 말은 구장님이 장인님에게 땅 두 마지기 얻어 부치니까 그래 꾀였다고 하지만 난 그렇게 생각하지 않는다.)

(가)
"자네 말두 하기야 옳지. 암, 나이 찼으니까 아들이 급하다는 게 잘못된 말은 아니야. 하지만 농사가 한창 바쁠 때 일을 안 한다든가 집으로 달아난다든가 하면 손해죄루 그것두 징역을 가거든! (여기에 그만 정신이 번쩍 났다.) 왜 요전에 삼포 말서 산에 불 좀 놓았다구 징역 간 거 못 봤나. 제 산에 불을 놓아두 징역을 가는 이땐데 남의 농사를 버려 주니 죄가 얼마나 더 중한가. 그리고 자넨 정장3)을(사경 받으러 정장 가겠다 했다.) 간대지만, 그러면 괜스레 죌 들쓰고 들어 가는 걸세. 또, 결혼두 그렇지. 법률에 성년이란 게 있는데 스물하나가 돼야지 비로소 결혼을 할 수가 있는 걸세. 자넨 물론 아들이 늦을 걸 염려하지만, 점순이로 말하면 인제 겨우 열여섯이 아닌가. 그렇지만 아까 빙장님의 말씀이 올 갈에는 열 일을 제치고라두 성례를 시켜 주겠다 하시니 좀 고마울 겐가. 빨리 가서 모 붓든거나 마저 붓게. 군소리 말구 어서 가."

– 김유정, 『봄·봄』 –

1) 사경 : 새경. 머슴이 주인에게서 일한 대가로 받는 돈이나 물건
2) 귀정 : 그릇되었던 일이 바른길로 돌아옴.
3) 정장 : 소송을 제기하기 위해 소장(訴狀)을 관청에 냄.

12. 윗글의 특징으로 적절하지 <u>않은</u> 것은?

① 주로 인물의 대화를 통해 사건이 전개되고 있다.
② 작품 밖의 서술자가 인물의 심리를 묘사하고 있다.
③ 어리숙한 인물의 언행을 통해 해학성을 드러내고 있다.
④ 농촌을 배경으로 설정해 당시의 생활상을 그리고 있다.

13. (가)에 나타난 구장의 설득 방법으로 적절하지 <u>않은</u> 것은?

① '나'의 잘못을 언급하며 대화를 시작하고 있다.
② 징역 간다는 말로 '나'에게 겁을 주고 있다.
③ 결혼에 대한 법률적 근거를 제시하고 있다.
④ 성례의 가능성을 제시하며 '나'를 회유하고 있다.

14. ㉠~㉣에 대한 설명으로 적절하지 <u>않은</u> 것은?

① ㉠ : 무관심한 '구장'의 모습을 희화화하고 있다.
② ㉡ : '구장'의 우유부단한 성격을 드러내고 있다.
③ ㉢ : '나'는 장인의 말에 근거를 들어 대응하고 있다.
④ ㉣ : '나'는 '뭉태'의 말에 전적으로 동의하고 있다.

[15~16] 다음 글을 읽고 물음에 답하시오.

속세에 묻힌 분들, 이내 생애 어떠한가.
옛사람 풍류에 미칠까 못 미칠까.
이 세상 남자 몸이 나만 한 이 많건마는
자연에 묻혀 산다고 즐거움을 모르겠는가.
초가집 몇 칸을 푸른 시내 앞에 두고
송죽 울창한 곳에 풍월주인 되었구나.
엊그제 겨울 지나 새 봄이 돌아오니
복숭아꽃, 살구꽃은 석양에 피어 있고
푸른 버들, 향긋한 풀은 가랑비에 푸르도다.
칼로 재단했는가, 붓으로 그려 냈는가.
조물주의 솜씨가 사물마다 신비롭구나.
수풀에 우는 새는 봄 흥취에 겨워 소리마다 교태로다.
물아일체이니 흥이야 다를쏘냐.

– 정극인, 『상춘곡』 –

15. 윗글에서 확인할 수 있는 가사의 특징으로 알맞은 것은?

① 4음보의 율격이 주로 나타난다.　② 후렴구를 사용하여 연을 나눈다.
③ 4구체, 8구체, 10구체의 형식이 있다.　④ 초장, 중장, 종장의 3장으로 구성된다.

16. 윗글의 화자에 대한 설명으로 적절하지 <u>않은</u> 것은?

① 세속적 공간을 떠나 자연에 묻혀 살고 있다.
② 옛사람의 풍류와 비교하며 자부심을 드러내고 있다.
③ 큰 고을의 주인이 되어 임금의 은혜에 감사하고 있다.
④ 아름다운 봄의 풍경을 감상하며 흥취를 느끼고 있다.

[17~19] 다음 글을 읽고 물음에 답하시오.

(가)
좌수(座首) 별감(別監) 넋을 잃고 이방, 호방 혼을 잃고 나졸들이 분주하네. 모든 수령 도망갈 제 거동 보소. 인궤[1] 잃고 강정 들고, 병부(兵符)[2] 잃고 송편 들고, 탕건[3] 잃고 용수[4] 쓰고, 갓 잃고 소반 쓰고. 칼집 쥐고 오줌 누기. 부서지는 것은 거문고요 깨지는 것은 북과 장고라. 본관 사또가 똥을 싸고 멍석 구멍 생쥐 눈 뜨듯 하고, 안으로 들어가서,
　"어, 추워라. 문 들어온다 바람 달아라. 물 마르다 목 들여라."

<중략>

어사또 분부하되,

"너 같은 년이 수절한다고 관장(官長)⁵⁾에게 포악하였으니 살기를 바랄쏘냐. 죽어 마땅하되 내 수청도 거역할까?"

춘향이 기가 막혀,

"내려오는 관장마다 모두 명관(名官)이로구나. 어사또 들으시오. 층암절벽(層巖絕壁) 높은 바위가 바람 분들 무너지며, 청송녹죽(靑松綠竹) 푸른 나무가 눈이 온들 변하리까. 그런 분부 마옵시고 어서 바삐 죽여 주오." 하며,

"향단아, 서방님 어디 계신가 보아라. 어젯밤에 옥 문간에 와 계실 제 천만당부 하였더니 어디를 가셨는지 나 죽는 줄 모르는가."

어사또 분부하되, "얼굴 들어 나를 보라."

하시니 춘향이 고개 들어 위를 살펴보니, 걸인으로 왔던 낭군이 분명히 어사또가 되어 앉았구나. 반웃음 반울음에,

"얼씨구나, 좋을시고 어사 낭군 좋을시고. 남원 읍내 가을이 들어 떨어지게 되었더니, 객사에 봄이 들어 이화춘풍(李花春風) 날 살린다. 꿈이냐 생시냐? 꿈을 깰까 염려로다."

– 작자 미상, 『춘향전』 –

1) 인궤 : 관아에서 쓰는 각종 도장을 넣어 두던 상자
2) 병부(兵符) : 군대를 동원하는 표지로 쓰던 동글납작한 나무패
3) 탕건 : 벼슬아치가 갓 아래 받쳐 쓰던 관(冠)의 하나
4) 용수 : 죄수의 얼굴을 보지 못하도록 머리에 씌우는 둥근 통 같은 기구
5) 관장(官長) : 관가의 장(長). 고을의 원을 높여 이르던 말

17. 윗글에 대한 설명으로 알맞은 것은?

① 판소리로 공연되기도 하였다.

② 궁중에서 발생하여 민간으로 유입되었다.

③ 조선 시대 양반 계층에 한하여 향유되었다.

④ 우리 문자가 없었던 시기라 한자로 기록되었다.

18. (가)에 대한 설명으로 적절하지 않은 것은?

① 유사한 문장 구조를 반복하여 운율감을 드러내고 있다.

② 음성 상징어를 활용하여 긴박한 상황을 나타내고 있다.

③ 비유적 표현을 사용하여 인물의 행동을 보여 주고 있다.

④ 단어의 위치를 의도적으로 뒤바꾸어 웃음을 유발하고 있다.

19. 윗글에서 확인할 수 있는 내용으로 알맞은 것은?

① '춘향'은 '어사또'의 수청 제안을 거절했다.

② '어사또'는 지난밤에 옥 문간에서 '걸인'을 만났다.

③ '춘향'은 내려오는 관장을 모두 긍정적으로 평가했다.

④ '향단'은 '어사또'의 정체를 알고 기쁨의 눈물을 흘렸다.

[20~22] 다음 글을 읽고 물음에 답하시오.

(가) 현대인의 삶의 질이 점차 향상됨에 따라 도시공원에 대한 관심도 함께 높아지고 있다. 도시공원은 자연 경관을 보호하고, 사람들의 건강과 휴양, 정서 생활을 위하여 도시나 근교에 만든 공원을 말한다. 또한 도시공원은 휴식을 취할 수 있는 공간인 동시에 여러 사람과 만날 수 있는 소통의 장이기도 하다.

(나) 도시공원은 사람들이 선호하는 도시 시설 가운데 하나이지만 노인, 어린이, 장애인, 임산부 등 사회적 약자에게는 '그림의 떡'인 경우가 많다. 사회적 약자들은 그들의 신체적 제약으로 인해 도시공원에 접근하거나 이를 이용하기에 열악한 상황에 놓여 있기 때문이다.

(다) 우선, 도시공원이 대중교통을 이용해서 가기 어려운 위치에 있는 경우가 많다. 또한 공원에 간다 하더라도 사회적 약자를 미처 배려하지 못한 시설물이 대부분이다. 동선이 복잡하거나 안내 표시가 없어서 불편을 겪는 경우도 있다. 이런 물리적 · 사회적 문제점들로 인해 실제 공원을 ㉠ 찾는 사회적 약자는 처음 공원 설치 시 기대했던 인원보다 매우 적은 편이다.

(라) 도시공원은 일반인뿐 아니라 사회적 약자들도 동등하게 이용할 수 있는 공간이어야 한다. 이를 위해서는 ㉮ 사회적 약자를 배려한 도시공원 계획이 우선적으로 마련되어야 한다. 사회적 약자에게 필요한 것은 아무리 작은 쌈지 공원[1] 이라도 편안하게 접근하여 여러 사람과 소통하거나 쉴 수 있도록 조성된 공간이다.

– 이훈길, 『도시를 걷다』 –

1) 쌈지 공원 : 빌딩 사이의 자투리땅에 조성한 공원

20. (가)~(라)의 중심 내용으로 적절하지 <u>않은</u> 것은?

① (가) : 도시공원의 정의와 기능

② (나) : 사회적 약자가 선호하는 도시 시설

③ (다) : 사회적 약자의 도시공원 이용이 어려운 이유

④ (라) : 바람직한 도시공원의 요건

21. 밑줄 친 부분이 ㉠과 가장 유사한 의미로 쓰인 것은?

① 국산품을 <u>찾는</u> 손님이 많다.
② 산을 <u>찾는</u> 사람들이 늘고 있다.
③ 떨어진 바늘을 <u>찾는</u> 일은 어렵다.
④ 마음의 안정을 <u>찾는</u> 것이 좋겠다.

22. 윗글을 고려하여 떠올린 ㉮의 구체적인 방안으로 적절하지 <u>않은</u> 것은?

① 공원 내에서 이동하기 쉽도록 동선을 설계한다.
② 공원 내에 바닥 조명을 설치하여 방향 유도 체계를 만든다.
③ 공원 내에 사회적 약자와 일반인의 공간을 분리하여 설계한다.
④ 대중교통을 이용해서 접근하기 쉬운 곳에 공원을 배치한다.

[23~24] 다음 글을 읽고 물음에 답하시오.

니체는 '망각은 새로운 것을 ㉠ <u>수용하게</u> 하는 적극적이고 능동적인 힘'이라고 말했다. 잊어버린다는 사실은 과거에 ㉡ <u>구속되지</u> 않고 현재를 살아가게 하는 원동력이 된다는 것이다. 그런데 자연스레 잊혀야 할 일들이 도무지 잊히지 않아 괴로워하는 사람들이 있다. 그들은 인터넷에 남아 있는 잊고 싶은 과거의 흔적이나 뜻하지 않게 퍼진 사진 때문에 고통받고 있다.

이러한 현실을 고려하여 '잊힐 권리'의 법적 보장 문제가 논의될 필요가 있다. '잊힐 권리'란 인터넷에 공개된 이용자 정보에 대해 당사자가 검색되는 것을 원하지 않을 경우, 해당 포털 사이트에 검색 결과의 삭제를 요구할 수 있는 권리를 말한다. ㉢ <u>노출되길</u> 원하지 않았던 정보가 인터넷에 유출되어 정신적 피해를 입고 있는 사람들에게는 자신의 정보가 올라간 사이트를 찾아다니며 일일이 삭제 요청을 하는 것 외에는 대응 수단이 없다. 그러나 이런 방식에는 분명 한계가 있으므로 법적으로 ㉣ <u>확실하게</u> 잊힐 권리를 보장해야 한다. 해당 정보가 단순한 개인 정보라면 사생활을 보호하기 위해서라도 그 정보의 삭제를 요청할 수 있는 권리를 지켜 주어야 한다.

㉮ <u>잊힐 권리의 보장으로 '알 권리'라고 하는 또 다른 권리가 침해된다고 주장하는 사람들도</u> 있다. 잊힐 권리를 보장하게 되면 법적인 권력이나 자본을 소유한 사람들에게 악용될 소지가 크다는 것이다. 그러나 더욱 바람직하고 건강한 사회를 만들기 위해 잊힐 권리의 법적 보장에 대해 꼭 한번 고민해 볼 필요가 있다.

- 윤용아, 『잊힐 권리와 알 권리』 -

23. 윗글을 읽은 후, 타인과 소통하며 이해를 확장하기 위해 한 활동으로 적절하지 <u>않은</u> 것은?

① 이 글에 나타난 '잊힐 권리'에 대한 핵심 내용을 요약한다.

② 친구들과 함께 '잊힐 권리'의 필요성을 주제로 토의를 진행한다.

③ 전문가를 대상으로 '잊힐 권리'의 법적 보장에 대한 인터뷰를 실시한다.

④ 인터넷 게시판에서 '잊힐 권리'의 법적 보장을 논제로 한 토론에 참여한다.

24. ㉮가 제시할 근거로 가장 적절한 것은?

① '알 권리'를 인정하면 사생활을 보호할 수 있기 때문이다.

② '알 권리'를 인정하면 망각이 쉽게 일어날 수 있기 때문이다.

③ '잊힐 권리'를 인정하면 정보 비공개로 인해 공익이 저해될 수 있기 때문이다.

④ '잊힐 권리'를 인정하면 정보 유출로 인한 고통이 늘어날 수 있기 때문이다.

25. ㉠~㉣을 고유어로 바꾸고자 할 때, 적절하지 <u>않은</u> 것은?

① ㉠ : 받아들이게   ② ㉡ : 얽매이지

③ ㉢ : 드러나길   ④ ㉣ : 올바르게

수 학

1. 두 다항식 $A = x^2 + 2x$, $B = 2x^2 - x$에 대하여 $A + B$는?

   ① $x^2 - x$ ② $x^2 + x$ ③ $3x^2 - x$ ④ $3x^2 + x$

2. 등식 $x^2 + ax + 3 = x^2 + 5x + b$가 x에 대한 항등식일 때, 두 상수 a, b에 대하여 $a - b$의 값은?

   ① 2   ② 4   ③ 6   ④ 8

3. 다항식 $2x^3 + 3x^2 - 1$을 $x - 1$로 나누었을 때, 나머지는?

   ① 2   ② 3   ③ 4   ④ 5

4. 다항식 $x^3 - 6x^2 + 12x - 8$을 인수분해한 식이 $(x - a)^3$ 일 때, 상수 a의 값은?

   ① 1   ② 2   ③ 3   ④ 4

5. 복소수 $5 + 4i$의 켤레복소수가 $a + bi$일 때, 두 실수 a, b에 대하여 $a + b$의 값은? (단, $i = \sqrt{-1}$)

   ① 1   ② 3   ③ 5   ④ 7

6. 두 수 3, 4를 근으로 하고 x^2 의 계수가 1인 이차방정식이 $x^2 - 7x + a = 0$일 때, 상수 a의 값은?

   ① 3   ② 6   ③ 9   ④ 12

7. $-3 \leq x \leq 0$일 때, 이차함수 $y = x^2 + 2x - 1$의 최솟값은?

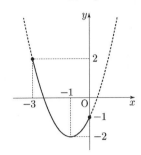

① -2

② -1

③ 1

④ 2

8. 사차방정식 $x^4 + 2x^2 + a = 0$의 한 근이 1일 때, 상수 a의 값은?

① -3 ② -1 ③ 1 ④ 3

9. 연립방정식 $\begin{cases} x + y = 6 \\ xy = a \end{cases}$ 의 해가 $x = 4$, $y = b$일 때, 두 상수 a, b에 대하여 $a + b$의 값은?

① 9 ② 10 ③ 11 ④ 12

10. 이차부등식 $(x + 3)(x - 2) \geq 0$의 해는?

① $x \geq -3$ ② $-3 \leq x \leq 2$

③ $x \geq 2$ ④ $x \leq -3$ 또는 $x \geq 2$

11. 수직선 위의 두 점 $A(1)$, $B(5)$에 대하여 선분 AB를 $3 : 1$로 내분하는 점 P의 좌표는?

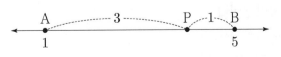

① 3 ② $\dfrac{7}{2}$ ③ 4 ④ $\dfrac{9}{2}$

12. 점$(-2, 1)$을 지나고 기울기가 3인 직선의 방정식은?

   ① $y = -3x + 1$ ② $y = -3x + 7$

   ③ $y = 3x + 1$ ④ $y = 3x + 7$

13. 중심의 좌표가 $(2, 1)$이고 y축에 접하는 원의 방정식은?

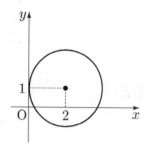

   ① $(x - 2)^2 + (y - 1)^2 = 1$

   ② $(x - 2)^2 + (y - 1)^2 = 4$

   ③ $(x - 1)^2 + (y - 2)^2 = 1$

   ④ $(x - 1)^2 + (y - 2)^2 = 4$

14. 좌표평면 위의 점$(2, 4)$를 y축에 대하여 대칭이동한 점의 좌표는?

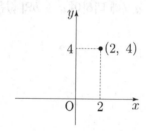

   ① $(-2, -4)$

   ② $(-2, 4)$

   ③ $(4, -2)$

   ④ $(4, 2)$

15. 두 집합 $A = \{1, a - 1, 5\}$, $B = \{1, 3, a + 1\}$에 대하여 $A = B$일 때, 상수 a의 값은?

   ① 3   ② 4   ③ 5   ④ 6

16. 명제 '평행사변형이면 사다리꼴이다.'의 대우는?

   ① 사다리꼴이면 평행사변형이다.

   ② 평행사변형이면 사다리꼴이 아니다.

   ③ 사다리꼴이 아니면 평행사변형이 아니다.

   ④ 평행사변형이 아니면 사다리꼴이 아니다.

17. 두 함수 $f : X \to Y,\ g : Y \to Z$가 그림과 같을 때, $(g \circ f)(3)$의 값은?

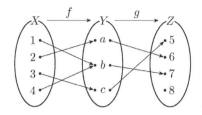

① 5
② 6
③ 7
④ 8

18. 유리함수 $y = \dfrac{1}{x-2} - 1$의 그래프는 유리함수 $y = \dfrac{1}{x}$의 그래프를 x축의 방향으로 a만큼, y축의 방향으로 b만큼 평행이동한 것이다. 두 상수 $a,\ b$에 대하여 $a + b$의 값은?

① -1 ② 1 ③ 3 ④ 5

19. 그림과 같이 3명의 수학자 사진이 있다. 이 중에서 서로 다른 2명의 사진을 택하여 수학 신문의 1면과 2면에 각각 싣는 경우의 수는?

① 4   ② 5   ③ 6   ④ 7

20. 그림과 같이 수학 진로 선택 과목이 있다. 이 중에서 서로 다른 2과목을 선택하는 경우의 수는?

① 3   ② 4   ③ 5   ④ 6

영 어

고졸

[1~3] 다음 밑줄 친 부분의 뜻으로 가장 적절한 것을 고르시오.

1.

> It is my <u>duty</u> to take out the trash at home on Sundays.

① 갈등   ② 노력   ③ 의무   ④ 자유

2.

> People need to <u>depend on</u> each other when working as a team.

① 찾다   ② 내리다   ③ 의존하다   ④ 비난하다

3.

> I have met a lot of nice people, <u>thanks to</u> you.

① 덕분에   ② 대신에   ③ 불구하고   ④ 제외하고

4. 다음 밑줄 친 두 단어의 의미 관계와 <u>다른</u> 것은?

> A <u>polite</u> gesture in one country may be a <u>rude</u> one in another.

① smart – wise   ② right – wrong
③ safe – dangerous   ④ same – different

5. 다음 행사 광고문에서 언급되지 <u>않은</u> 것은?

> **K-POP CONCERT 2023**
>
> Eight World-famous K-Pop Groups Are Performing!
>
> Date : June 8th (Thursday), 2023
> Location : World Cup Stadium
> Time : 7:30 p.m. – 9:30 p.m.

① 날짜
② 장소
③ 시간
④ 입장료

6.

> ◦ We had to _____ up in order to get a better view.
> ◦ I can't _____ people who don't follow rules in public.

① fail ② begin ③ stand ④ remind

7.

> ◦ Jinsu, _____ museum will you visit tomorrow?
> ◦ A dictionary is a book _____ has explanations of words.

① how ② which ③ when ④ where

8.

> ◦ My tastes are different _____ yours.
> ◦ English words come _____ a wide variety of sources.

① for ② off ③ from ④ about

9. 다음 대화에서 밑줄 친 표현의 의미로 가장 적절한 것은?

> A : Look, Junho. I finally got an A on my math exam!
> B : You really did well on your exam. What's your secret?
> A : I've been studying math everyday, staying up late even on weekends.
> B : You are a good example of 'no pain, no gain.'

① 철이 뜨거울 때 내려쳐라.
② 수고 없이 얻는 것은 없다.
③ 시간은 화살처럼 빨리 지나간다.
④ 필요할 때 친구가 진정한 친구이다.

10. 다음 대화에서 알 수 있는 B의 심정으로 가장 적절한 것은?

> A : It's raining cats and dogs.
> B : Raining cats and dogs? Can you tell me what it means?
> A : It means it's raining very heavily.
> B : Really? I'm interested in the origin of the expression.

① 불안 ② 슬픔 ③ 흥미 ④ 실망

11. 다음 대화가 이루어지는 장소로 가장 적절한 것은?

> A : Good morning, how may I help you?
> B : Wow, it smells really good in here.
> A : Yes, the bread just came out of the oven.
> B : I'll take this freshly baked one.

① 제과점　　　② 세탁소　　　③ 수영장　　　④ 미용실

12. 다음 글에서 밑줄 친 It이 가리키는 것으로 가장 적절한 것은?

> Smiling reduces stress and lowers blood pressure, contributing to our physical well-being. It also increases the amount of feel-good hormones in the same way that good exercise does. And most of all, a smile influences how other people relate to us.

① friend　　　② smiling　　　③ country　　　④ exercising

[13~14] 다음 대화의 빈칸에 들어갈 말로 가장 적절한 것을 고르시오.

13.
> A : Matt, _____?
> B : How about the N Seoul Tower? We can see the whole city from the tower.
> A : After that, let's walk along the Seoul City Wall.
> B : Perfect! Now, let's go explore Seoul.

① where shall we go first　　　② what do you do for a living
③ how often do you come here　　　④ why do you want to be an actor

14.
> A : What should I do to make more friends?
> B : It's important to _____.

① get angry easily　　　② cancel your order now
③ check your reservation　　　④ be nice to people around you

15. 다음 대화의 주제로 가장 적절한 것은?

> A : Can you share any shopping tips?
> B : Sure. First of all, always keep your budget in mind.
> A : That's a good point. What else?
> B : Also, don't buy things just because they're on sale.
> A : Thanks! Those are great tips.

① 현명하게 쇼핑하는 방법　　② 일기를 써야 하는 이유
③ 건축 시 기둥의 중요성　　　④ 계단을 이용할 때의 장점

16. 다음 글을 쓴 목적으로 가장 적절한 것은?

> Many people have difficulty finding someone for advice. You may have some personal problems and don't want to talk to your parents or friends about them. Why don't you join our online support group? We are here to help you.

① 거절하려고　　② 권유하려고　　③ 비판하려고　　④ 사과하려고

17. 다음 기타 판매 광고문의 내용과 일치하지 <u>않는</u> 것은?

For Sale
Features : It's a guitar with six strings.
Condition : It's used but in good condition.
Price : $150 (original price: $350)
Contact : If you have any questions,
　　　　　call me at 014-4365-8704.

① 줄이 여섯 개 있는 기타이다.
② 새것이라 완벽한 상태이다.
③ 150달러에 판매된다.
④ 전화로 문의 가능하다.

18. 다음 Earth Hour campaign에 대한 설명과 일치하지 <u>않는</u> 것은?

> Why don't we join the Earth Hour campaign? It started in Sydney, Australia, in 2007. These days, more than 7,000 cities around the world are participating. Earth Hour takes place on the last Saturday of March. On that day people turn off the lights from 8:30 p.m. to 9:30 p.m.

① 호주 시드니에서 시작했다.　　② 칠천 개 이상의 도시가 참여한다.
③ 3월 마지막 주 토요일에 열린다.　④ 사람들은 그날 하루 종일 전등을 끈다.

19. 다음 글의 주제로 가장 적절한 것은?

> Recent research shows how successful people spend time in the morning. They wake up early and enjoy some quiet time. They exercise regularly. In addition, they make a list of things they should do that day. Little habits can make a big difference towards being successful.

① 인간의 기본적인 욕구와 특성　　　② 운동 전 스트레칭이 중요한 이유
③ 합창에서 반드시 지켜야 할 규칙　　④ 성공한 사람들의 아침 시간 활용 방법

[20~21] 다음 글의 빈칸에 들어갈 말로 가장 적절한 것을 고르시오.

20.

> People who improve themselves try to understand what they did wrong, so they can do better the next time. The process of learning from mistakes makes them smarter. For them, every _____ is a step towards getting better.

① love　　　　　② nation　　　　　③ village　　　　　④ mistake

21.

> I'd like to have a parrot as a _____. Let me tell you why. First, a parrot can repeat my words. If I say "Hello" to it, it will say "Hello" to me. Next, it has gorgeous, colorful feathers, so just looking at it will make me happy. Last, parrots live longer than most other animals kept at home.

① pet　　　　　② word　　　　　③ color　　　　　④ plant

22. 글의 흐름으로 보아 다음 문장이 들어가기에 가장 적절한 곳은?

> However, despite its usefulness, plastic pollutes the environment severely.

> Plastic is a very useful material. (①) Its usefulness comes from the fact that plastic is cheap, lightweight, and strong. (②) For example, plastic remains in landfills for hundreds or even thousands of years, resulting in soil pollution. (③) The best solution to this problem is to create eco-friendly alternatives to plastic. (④)

23. 다음 글의 바로 뒤에 이어질 내용으로 가장 적절한 것은?

> Beans have been with us for thousands of years. They are easy to grow everywhere. More importantly, they are high in protein and low in fat. These factors make beans one of the world's greatest superfoods. Now, let's learn how beans are cooked in a variety of ways around the world.

① 콩 재배의 역사   ② 콩의 수확 시기

③ 콩 섭취의 부작용   ④ 콩의 다양한 요리법

[24~25] 다음 글을 읽고 물음에 답하시오.

> Volunteering gives you a healthy mind. According to one survey, 96 % of volunteers report feeling happier after doing it. If you help others in the community, you will feel better about yourself. It can also motivate you to live with more energy that can help you in your ordinary daily life. Therefore, you will have a more _____ view of life.

24. 윗글의 빈칸에 들어갈 말로 가장 적절한 것은?

① shy   ② useless   ③ unhappy   ④ positive

25. 윗글의 주제로 가장 적절한 것은?

① 외로움의 유용함   ② 달 연구의 어려움

③ 자원봉사가 주는 이점   ④ 온라인 수업 도구의 다양성

사 회

---

1. ㉠에 들어갈 내용으로 옳은 것은?

> 우리나라 법 체계에서 (㉠)은/는 국가의 통치 조직과 운영 원리 및 국민의 기본적 인권을 규정한 최고의 법이다.

① 명령   ② 법률   ③ 조례   ④ 헌법

2. 다음 설명에 해당하는 기본권은?

> 다른 기본권이 침해되었을 때, 이를 구제하도록 요구할 수 있는 권리이다. 청원권 등이 이에 해당한다.

① 자유권   ② 참정권   ③ 청구권   ④ 평등권

3. ㉠에 들어갈 용어로 옳은 것은?

> (㉠)은/는 인간이라면 누구나 누릴 수 있는 기본적인 권리이다. 모든 사람이 차별 없이 누리는 보편성, 사람이라면 누구나 태어나면서부터 가지는 천부성, 박탈당하지 않고 영구히 보장되는 항구성, 누구도 침범할 수 없는 불가침성을 특성으로 한다.

① 능력   ② 의무   ③ 인권   ④ 정의

4. 다음 설명에 해당하는 것은?

> ◦ 선택을 통해 얻게 되는 이익이다.
> ◦ 물질적이고 금전적인 이익뿐 아니라 즐거움이나 성취감 같은 비금전적인 것도 포함한다.

① 편익   ② 희소성   ③ 금융 자산   ④ 암묵적 비용

5. 다음 설명에 해당하지 <u>않는</u> 것은?

> ◦ 정부를 구성 단위로 하는 국제 사회의 행위 주체이다.
> ◦ 국가들 사이의 이해관계를 조정하거나 국가 간 분쟁을 중재한다.

① 유럽 연합(EU) ② 다문화 사회
③ 세계 무역 기구(WTO) ④ 경제 협력 개발 기구(OECD)

6. ㉠에 들어갈 용어로 가장 적절한 것은?

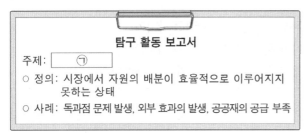

① 남초 현상
② 시장 실패
③ 규모의 경제
④ 소비자 주권

7. 다음 헌법 조항에 나타난 제도로 가장 적절한 것은?

> 제40조 입법권은 국회에 속한다.
> 제66조 ④ 행정권은 대통령을 수반으로 하는 정부에 속한다.
> 제101조 ① 사법권은 법관으로 구성된 법원에 속한다.

① 권력 분립 제도 ② 사회 보장 제도
③ 위헌 법률 심판 ④ 헌법 소원 심판

8. 다음에서 설명하는 것은?

> ◦ 의미 : 국가가 생활 유지 능력이 없거나 생활이 어려운 국민의 최저 생활을 보장하고 자립을 지원하는 제도
> ◦ 종류 : 국민 기초 생활 보장 제도 등

① 공공 부조 ② 재무 설계 ③ 정주 환경 ④ 지리적 표시제

9. 다음에서 설명하는 자산 관리의 원칙은?

> ◦ 원금에 비해 얻을 수 있는 이익의 정도
> ◦ 금융 상품의 가격 상승이나 이자 수익을 기대할 수 있는 정도

① 다양성 ② 수익성 ③ 유동성 ④ 편재성

10. 문화를 우열 관계로 인식하는 태도로 옳은 것을 <보기>에서 고른 것은?

<보기>
ㄱ. 문화 상대주의	ㄴ. 자유 방임주의
ㄷ. 문화 사대주의	ㄹ. 자문화 중심주의

① ㄱ, ㄴ   ② ㄱ, ㄹ   ③ ㄴ, ㄷ   ④ ㄷ, ㄹ

11. ㉠에 들어갈 내용으로 가장 적절한 것은?

학습 주제 : (㉠)의 사례 조사하기
- 사례1 : 이산화탄소 배출을 줄이기 위해 지역 농산물을 구매한다.
- 사례2 : 생산자들에게 정당한 몫을 주는 공정 무역 커피를 구매한다.

① 뉴딜 정책   ② 유리 천장   ③ 윤리적 소비   ④ 샐러드 볼 이론

12. 다음에서 설명하는 것은?

두 차례의 세계 대전을 겪은 뒤, 국제 연합(UN) 총회에서 인류가 당연히 누려야 할 권리를 규정하고 인권 보장의 국제적 기준을 제시한 선언이다.

① 권리 장전   ② 바이마르 헌법   ③ 세계 인권 선언   ④ 미국 독립 선언

13. 다음에 해당하는 문화 변동 양상은?

한 문화가 다른 문화에 흡수되어 소멸하는 현상

① 문화 갈등   ② 문화 성찰   ③ 문화 병존   ④ 문화 동화

14. 한대 기후의 특성에 따른 생활 모습으로 옳은 것을 <보기>에서 고른 것은?

<보기>
ㄱ. 순록 유목	ㄴ. 이동식 화전 농업
ㄷ. 가축의 털로 만든 옷	ㄹ. 통풍을 위한 큰 창문

① ㄱ, ㄴ   ② ㄱ, ㄷ   ③ ㄴ, ㄹ   ④ ㄷ, ㄹ

15. 다음에서 설명하는 자연재해는?

> ◦ 분류 : 지형적 요인에 의한 자연재해
> ◦ 원인 : 급격한 지각 변동
> ◦ 현상 : 높은 파도가 빠른 속도로 해안으로 밀려옴.

① 가뭄   ② 폭설   ③ 지진 해일   ④ 열대 저기압

16. ㉠, ㉡에 해당하는 화석 연료로 옳은 것은?

> ◦ (㉠) : 18세기 산업 혁명기에 증기기관의 연료로 사용
> ◦ (㉡) : 현재 세계에서 가장 소비량이 많은 에너지 자원

	㉠	㉡		㉠	㉡
①	석유	천연가스	②	석유	석탄
③	석탄	천연가스	④	석탄	석유

17. ㉠에 들어갈 내용으로 가장 적절한 것은?

이슬람교 문화의 특징
◦금기 음식: 돼지고기, 술
◦전통 의상: ㉠

① 게르
② 판초
③ 부르카
④ 마타도르

18. 다음에서 설명하는 것은?

> ◦ 대도시의 기능과 영향력이 주변 지역으로 확대되면서 형성되는 생활권이다.
> ◦ 집과 직장의 거리가 멀어지는 사람들이 많아진다.

① 대도시권   ② 누리 소통망(SNS)
③ 커뮤니티 매핑   ④ 지리 정보 시스템(GIS)

19. ㉠에 들어갈 내용으로 옳은 것은?

> (㉠)의 원인
> ◦ 도시의 아스팔트 도로와 콘크리트 구조물의 증가
> ◦ 도시 내부의 인공 열 발생

① 슬럼   ② 열섬 현상   ③ 빨대 효과   ④ 제노포비아

20. 인구 분포에 영향을 미치는 사회적 요인으로 옳은 것은?

① 사막
② 온화한 기후
③ 험준한 산지
④ 풍부한 일자리

21. 다음에 해당하는 분쟁 지역을 지도의 A~D에서 고른 것은?

> 카슈미르 지역에서 발생한 인도와 파키스탄의 분쟁

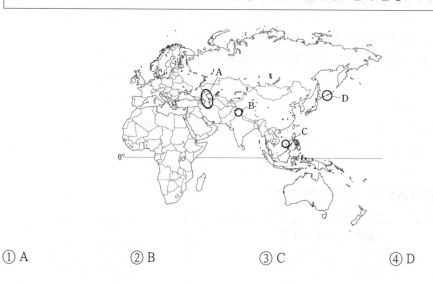

① A
② B
③ C
④ D

22. 정보화로 인한 생활 양식의 변화로 적절하지 <u>않은</u> 것은?

① 시공간의 제약이 완전히 사라졌다.
② 원격 진료나 원격 교육이 가능해졌다.
③ 전자 상거래를 통해 물건을 구매할 수 있게 되었다.
④ 가상공간을 통해 개인의 정치적 의견을 토론할 수 있게 되었다.

23. 산업화가 가져온 변화로 옳은 것을 <보기>에서 고른 것은?

─── <보기> ───	
ㄱ. 녹지 면적 증가	ㄴ. 농업 중심 사회 형성
ㄷ. 직업의 다양성 증가	ㄹ. 도시화의 촉진

① ㄱ, ㄴ
② ㄱ, ㄷ
③ ㄴ, ㄹ
④ ㄷ, ㄹ

24. 다음에서 설명하는 것은?

> 각종 개발 사업이 시행되기 전에 환경에 미치게 될 영향을 예측하고 평가하여 환경 오염을 줄이려는 방안을 마련하는 제도이다.

① 용광로 정책
② 공적 개발 원조
③ 환경 영향 평가
④ 핵 확산 금지 조약

25. ㉠에 들어갈 내용으로 옳은 것은?

〈환경 문제 해결을 위한 노력〉

1. 환경 보호를 위한 국제 비정부 기구의 노력
   ○ 주요 활동: 환경 오염 유발 행위 감시활동
   ○ 단체: ㉠

① 그린피스(Greenpeace)
② 브렉시트(Brexit)
③ 국제통화기금(IMF)
④ 세계 보건 기구(WHO)

과 학

고졸

---

1. 그림은 핵분열 반응을 나타낸 것이다. 다음 중 이 반응을 이용하는 핵발전의 연료에 해당하는 것은?

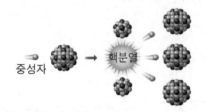

중성자 → 핵분열

① 바람
② 석탄
③ 수소
④ 우라늄

2. 열효율이 20%인 열기관에 공급된 열에너지가 100 J일 때 이 열기관이 한 일은?

① 10 J
② 20 J
③ 30 J
④ 40 J

3. 그림은 자유 낙하하는 물체를 같은 시간 간격으로 나타낸 것이다. 구간 A~C에서 물체의 운동에 대한 설명으로 옳은 것은? (단, 공기 저항은 무시한다.)

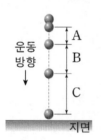

운동 방향 ↓ A B C 지면

① A에서 가속도는 0이다.
② B에서 속도는 일정하다.
③ C에서 물체에 작용하는 힘은 0이다.
④ A와 B에서 물체에 작용하는 힘의 방향은 같다.

4. 그림은 질량이 다른 두 물체 A, B가 수평면에서 각각 일정한 속도로 운동하고 있는 모습을 나타낸 것이다. 두 물체의 운동량의 크기가 같을 때 B의 속도 v는?

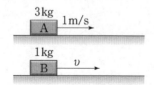

3kg A 1m/s
1kg B v

① 3m/s
② 5m/s
③ 7m/s
④ 9m/s

5. 다음 설명에 해당하는 신소재는?

○ 그래핀이 튜브 형태로 결합된 구조이다.
○ 구리보다 열전도율이 뛰어나다.

① 고무   ② 유리   ③ 나무   ④ 탄소 나노 튜브

6. 설탕과 염화 나트륨(NaCl)에 대한 설명으로 옳은 것만을 <보기>에서 모두 고른 것은?

───── <보기> ─────

ㄱ. 설탕은 이온 결합 물질이다.
ㄴ. 설탕을 물에 녹이면 대부분 이온이 된다.
ㄷ. NaCl은 수용액 상태에서 전기가 통한다.

① ㄱ   ② ㄷ   ③ ㄱ, ㄴ   ④ ㄴ, ㄷ

7. 그림은 전기 에너지의 생산과 수송 과정을 나타낸 것이다. 이에 대한 설명으로 옳지 <u>않은</u> 것은?

① 발전소는 전기 에너지를 생산하는 곳이다.
② 변전소는 전압을 바꾸는 역할을 한다.
③ 전력 수송 과정에서 전력 손실은 발생하지 않는다.
④ 주상 변압기는 전압을 220 V로 낮춰 가정으로 전기 에너지를 공급한다.

8. 그림은 산소와 네온 원자의 전자 배치를 나타낸 것이다. 산소 원자가 안정한 원소인 네온과 같은 전자 배치를 하기 위해 얻어야 하는 전자의 개수는?

산소 원자   네온 원자

① 1개
② 2개
③ 3개
④ 4개

9. 다음 설명의 ㉠에 해당하는 것은?

> 질산 은($AgNO_3$) 수용액에 구리(Cu) 선을 넣어 두면 구리는 전자를 잃어 구리 이온(Cu^{2+})으로 산화되고, 은 이온(Ag^+)은 전자를 얻어 은(Ag)으로 ㉠ 된다.

① 산화   ② 연소   ③ 중화   ④ 환원

10. 수산화 나트륨($NaOH$) 수용액은 붉은색 리트머스 종이를 푸른색으로 변하게 하는 성질이 있다. 다음 물질의 수용액 중 이와 같은 성질을 나타내는 것은?

① HCl ② KOH ③ HNO_3 ④ H_2SO_4

11. 다음 화학 반응식에서 수소 이온(H^+)과 수산화 이온(OH^-)이 반응하는 개수비는?

$$H^+ + OH^- \rightarrow H_2O$$

     H^+ OH^- H^+ OH^-
①   1 : 1   ②   1 : 2
③   2 : 1   ④   3 : 2

12. 그림은 단백질의 형성 과정을 나타낸 것이다. 단백질을 구성하는 단위체 A는?

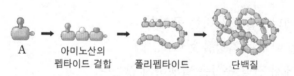

A → 아미노산의 펩타이드 결합 → 폴리펩타이드 → 단백질

① 녹말   ② 핵산   ③ 포도당   ④ 아미노산

13. 다음 설명의 ㉠에 해당하는 것은?

> 한 생물종 내에서도 개체마다 유전자가 달라 다양한 형질이 나타난다. 하나의 종에서 나타나는 유전자의 다양한 정도를 ㉠ 이라고 한다.

① 군집   ② 개체군   ③ 유전적 다양성   ④ 생태계 다양성

14. 다음 중 생물이 생명 유지를 위해 생명체 내에서 물질을 분해하거나 합성하는 모든 화학 반응을 무엇이라고 하는가?

① 삼투 ② 연소 ③ 확산 ④ 물질대사

15. 그림과 같이 광합성이 일어나는 식물의 세포 소기관은?

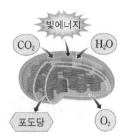

① 핵
② 엽록체
③ 세포막
④ 미토콘드리아

16. 그림은 세포 내 유전 정보의 흐름을 나타낸 것이다. ㉠과 ㉡에 해당하는 물질은?

	㉠	㉡
①	단백질	단백질
②	단백질	RNA
③	RNA	단백질
④	RNA	RNA

17. 다음 설명에 해당하는 것은?

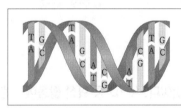

∘ 이중 나선 구조이다.
∘ A, G, C, T의 염기 서열로 유전 정보를 저장한다.

① 지방 ② 효소 ③ 단백질 ④ DNA

18. 그림은 생태계의 구성 요소 중 생물적 요인을 나타낸 것이다. A에 해당하는 생물은?

① 벼
② 토끼
③ 독수리
④ 곰팡이

19. 그림은 어느 지질 시대의 표준 화석을 나타낸 것이다. 이 생물이 번성하였던 지질 시대는?

공룡

① 신생대
② 중생대
③ 고생대
④ 선캄브리아 시대

20. 그림은 지구 내부의 층상 구조를 나타낸 것이다. A~D는 각각 지각, 맨틀, 외핵, 내핵 중 하나이다. 액체 상태인 층은?

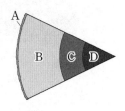

① A
② B
③ C
④ D

21. 다음 판의 경계에 발달하는 지형은?

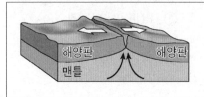

∘ 발산형 경계이다.
∘ 맨틀 대류 상승부이다.
∘ 판이 생성되는 곳이다.

① 해령
② 해구
③ 호상 열도
④ 변환 단층

22. 그림은 지구 시스템을 이루는 각 권의 상호 작용을 나타낸 것이다. A~D 중 화산 활동에 의한 화산 가스가 대기 중에 방출되는 것에 해당하는 상호 작용은?

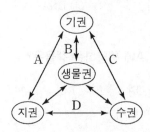

① A
② B
③ C
④ D

23. 다음 설명의 ㉠에 해당하는 것은?

> 태평양의 적도 부근에서 부는 무역풍이 몇 년에 한 번씩 약해지면서 남적도 해류의 흐름이 느려져서, 동태평양 적도 해역의 표층 수온이 평상시보다 높아진다. 이러한 현상을 ㉠ 라고 한다.

① 사막화　　　② 산사태　　　③ 엘니뇨　　　④ 한파

24. 그림은 수소 기체 방전관에서 나온 빛의 방출 스펙트럼을 분광기를 이용하여 맨눈으로 관찰한 것을 나타낸 것이다. 이에 대한 설명으로 옳은 것만을 <보기>에서 모두 고른 것은?

파장(nm)

─────── <보기> ───────

ㄱ. 선 스펙트럼이다.
ㄴ. 가시광선 영역에 속한다.
ㄷ. 헬륨의 스펙트럼도 같은 위치에 선이 나타난다.

① ㄱ　　　② ㄷ　　　③ ㄱ, ㄴ　　　④ ㄴ, ㄷ

25. 그림은 질량이 태양 정도인 별의 중심부에서 핵융합 반응이 모두 끝났을 때의 내부 구조를 나타낸 것이다. ㉠에 해당하는 원소는?

① 헬륨
② 산소
③ 철
④ 우라늄

한국사

1. ㉠에 들어갈 유물로 옳은 것은?

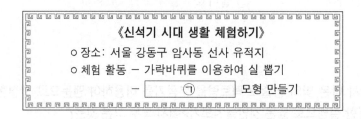

《신석기 시대 생활 체험하기》
ㅇ 장소: 서울 강동구 암사동 선사 유적지
ㅇ 체험 활동 – 가락바퀴를 이용하여 실 뽑기
ㅡ ㉠ 모형 만들기

① 상평통보
② 비파형 동검
③ 빗살무늬 토기
④ 불국사 3층 석탑

2. ㉠에 들어갈 내용으로 옳은 것은?

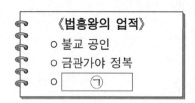

《법흥왕의 업적》
ㅇ 불교 공인
ㅇ 금관가야 정복
ㅇ ㉠

① 율령 반포
② 훈민정음 창제
③ 사심관 제도 실시
④ 전민변정도감 설치

3. 다음 설명에 해당하는 문서는?

일본 도다이사 쇼소인에서 발견된 문서이다. 이 문서에는 서원경(충북 청주)에 속한 촌락을 비롯한 4개 촌락의 인구 수, 토지의 종류와 크기, 소와 말의 수 등이 기록되어 있어 당시의 경제 상황을 알 수 있다.

① 공명첩　　　　② 시무 28조　　　　③ 영남 만인소　　　　④ 신라 촌락 문서

4. ㉠에 들어갈 내용으로 옳은 것은?

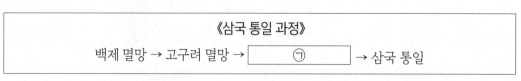

《삼국 통일 과정》
백제 멸망 → 고구려 멸망 → ㉠ → 삼국 통일

① 귀주 대첩　　　　② 매소성 전투　　　　③ 봉오동 전투　　　　④ 한산도 대첩

5. 두 학생의 대화 내용에 해당하는 인물은?

고려의 승려로 해동 천태종을 창시하였지.

그래. 그는 교리 연구와 실천적 수행을 병행해야 한다는 교관겸수를 주장하기도 했어.

① 김구
② 의천
③ 안중근
④ 전태일

6. 다음 내용이 원인이 되어 일어난 사건은?

∘ 명성 황후 시해 사건　　∘ 단발령 실시

① 갑신정변　　② 병자호란　　③ 을미의병　　④ 무신 정변

7. ㉠에 들어갈 내용으로 옳은 것은?

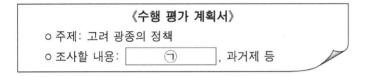

《수행 평가 계획서》
○ 주제: 고려 광종의 정책
○ 조사할 내용: ┌─ ㉠ ─┐ , 과거제 등

① 신문지법
② 노비안검법
③ 치안 유지법
④ 국가 총동원법

8. 다음 사건이 일어난 시기에 대한 설명으로 옳은 것은?

∘ 홍경래의 난(1811)　　∘ 임술 농민 봉기(1862)

① 권문세족이 농장을 확대하였다.
② 세도 가문이 권력을 독점하였다.
③ 진골 귀족들이 왕위 쟁탈전을 벌였다.
④ 일제가 황국 신민화 정책을 추진하였다.

9. ㉠에 들어갈 내용으로 가장 적절한 것은?

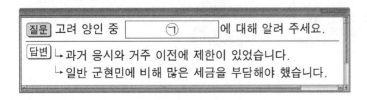

질문 고려 양인 중 ┌─ ㉠ ─┐ 에 대해 알려 주세요.
답변 ↳ 과거 응시와 거주 이전에 제한이 있었습니다.
　　 ↳ 일반 군현민에 비해 많은 세금을 부담해야 했습니다.

① 노비
② 향리
③ 하급 장교
④ 향 · 소 · 부곡민

10. 다음에서 설명하는 조선의 교육 기관은?

> ◦ 사림의 주도로 설립되기 시작함.
> ◦ 지방 양반의 권위를 강화하는 역할을 함.
> ◦ 선현에 대한 제사와 학문 연구 및 교육을 담당함.

① 서원   ② 광혜원   ③ 우정총국   ④ 경성 제국 대학

11. ㉠에 들어갈 용어로 옳은 것은?

> 조선에서는 사헌부, 사간원, 홍문관의 [㉠]을/를 두어 정사를 비판하고 관리의 비리를 감찰하게 하여 권력의 독점과 부정을 방지하였다.

① 3사   ② 비변사   ③ 식목도감   ④ 군국기무처

12. ㉠에 들어갈 내용으로 옳은 것은?

> 1866년 프랑스는 병인박해를 구실로 강화도를 공격하였다. 이에 맞서 양헌수 부대가 정족산성에서 승리하여 프랑스군이 철수하였다. 이 과정에서 조선은 [㉠]

① 쌍성총관부를 탈환하였다.   ② 나·제 동맹을 결성하였다.
③ 백두산정계비를 건립하였다.   ④ 외규장각 도서를 약탈당하였다.

13. 다음 질문에 대한 학생의 답으로 옳은 것은?

한국사 골든벨

동학 농민군이 탐관오리 처벌, 조세 제도 개혁, 사회적 악습 폐지 등을 위해 설치한 농민 자치 기구는 무엇일까요?

① 집강소
② 성균관
③ 국문 연구소
④ 조선 총독부

14. 다음에서 설명하는 민족 운동은?

> ◦ 준비 과정에서 민족주의 세력과 사회주의 세력이 연대함.
> ◦ 1926년 순종의 장례일에 맞추어 시위를 전개함.

① 새마을 운동   ② 서경 천도 운동

③ 6 · 10 만세 운동   ④ 5 · 18 민주화 운동

15. ㉠에 들어갈 내용으로 옳은 것은?

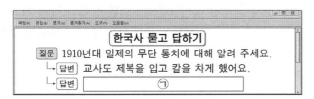

① 골품제를 실시했어요.

② 삼청 교육대를 설치했어요.

③ 사사오입 개헌을 단행했어요.

④ 헌병 경찰 제도를 실시했어요.

16. ㉠에 들어갈 인물로 옳은 것은?

> 1932년 일제는 훙커우 공원에서 상하이 사변의 승리를 축하하는 기념식을 열었다. 이때 ㉠ 이 폭탄을 던져 일본의 군 장성과 고관들을 처단하였다. 이를 계기로 중국 국민당 정부는 한국 독립운동을 적극 지원하게 되었다.

① 일연   ② 김유신   ③ 윤봉길   ④ 정약용

17. 다음에서 설명하는 일제의 식민지 지배 정책은?

> ◦ 배경 : 제1차 세계 대전 이후 일본에서 쌀값이 폭등함.
> ◦ 전개 : 일제가 한국을 식량 공급지화함.
> ◦ 결과 : 한국의 식량 사정이 악화되고 농민의 부담이 증가함.

① 대동법   ② 탕평책   ③ 의정부 서사제   ④ 산미 증식 계획

18. ㉠에 들어갈 내용으로 옳은 것은?

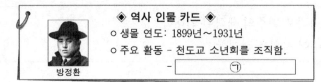

◆ 역사 인물 카드 ◆
ㅇ 생몰 연도: 1899년~1931년
ㅇ 주요 활동 - 천도교 소년회를 조직함.
　　　　　- ㉠

방정환

① 현량과를 시행함.
② 『삼국사기』를 저술함.
③ 어린이날 제정을 주도함.
④ 이토 히로부미를 처단함.

19. 밑줄 친 ㉠에 해당하는 민주화 운동은?

1987년 전두환 대통령의 4 · 13 호헌 조치에 맞서 시민들은 ㉠ 호헌 철폐와 독재 타도를 외치며 전국적으로 시위를 전개하였다. 결국 전두환 정부는 국민의 요구에 굴복하여 대통령 직선제 개헌안을 수용하였다.

① 3 · 1 운동　　　② 6월 민주 항쟁　　　③ 국채 보상 운동　　　④ 금 모으기 운동

20. ㉠에 들어갈 내용으로 옳은 것은?

1945년 개최된 ㉠ 에서 한국의 임시 민주 정부 수립, 이를 위한 미 · 소 공동 위원회 설치, 신탁 통치 실시 등이 결정되었다.

① 신민회
③ 조선 물산 장려회
② 화백 회의
④ 모스크바 3국 외상 회의

21. 다음 전쟁의 결과로 옳지 않은 것은?

1950년 6월 25일, 북한의 남침으로 발발하였다. 이후 인천 상륙 작전, 1 · 4 후퇴를 거쳐 38도선 일대에서 공방전이 지속되다가 1953년 7월 27일 정전 협정이 체결되었다.

① 강화도 조약이 체결되었다.
③ 많은 군인과 민간인이 희생되었다.
② 남북 분단이 고착화되었다.
④ 이산가족과 전쟁고아가 발생하였다.

22. ㉠에 들어갈 내용으로 옳은 것은?

《박정희 정부의 정책》
– 베트남 파병
– 7·4 남북 공동 성명 발표
– ㉠

① 별기군 창설
② 유신 헌법 제정
③ 독서삼품과 실시
④ 한·일 월드컵 대회 개최

23. 다음에서 설명하는 정부는?

◦ 삼백 산업 발달	◦ 3·15 부정 선거 자행

① 이승만 정부   ② 노태우 정부   ③ 김대중 정부   ④ 이명박 정부

24. 다음에서 설명하는 군사 조직은?

◦ 1940년에 대한민국 임시 정부가 창설함.
◦ 총사령관에 지청천, 참모장에 이범석이 취임함.
◦ 미국 전략 정보국(OSS)과 협력하여 국내 진공 작전을 계획함.

① 별무반   ② 삼별초   ③ 장용영   ④ 한국 광복군

25. ㉠에 들어갈 내용으로 옳은 것은?

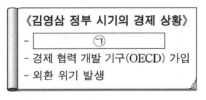

《김영삼 정부 시기의 경제 상황》
– ㉠
– 경제 협력 개발 기구(OECD) 가입
– 외환 위기 발생

① 당백전 발행
② 방곡령 선포
③ 진대법 실시
④ 금융 실명제 실시

도 덕

1. 다음 설명에 해당하는 윤리학은?

> 도덕적 언어의 의미 분석과 도덕적 추론의 정당성을 검증하기 위한 논리 분석을 주된 목표로 하는 윤리학

① 메타 윤리학   ② 실천 윤리학   ③ 신경 윤리학   ④ 기술 윤리학

2. 다음에서 소개하는 윤리 사상가는?

> ◆ 도덕 인물 카드 ◆
> • 중국 춘추 시대 사상가
> • 도가 사상의 창시자로 무위자연을 강조함.
> • 『도덕경』에 그의 사상이 잘 나타남.

① 묵자
② 노자
③ 순자
④ 맹자

3. 도덕적 탐구에 대한 설명으로 옳지 <u>않은</u> 것은?

① 도덕 판단이나 행위의 정당화에 중점을 둔다.
② 도덕적 사고를 통해 이루어지는 지적 활동이다.
③ 도덕적 탐구에는 도덕적 추론 능력이 필요하다.
④ 도덕적 탐구 과정에서는 정서적 측면을 배제해야 한다.

4. 다음 설명에 해당하는 것은?

> ◦ 세상 모든 존재는 서로 의지한다는 불교의 근본 교리
> ◦ 모든 존재와 현상은 여러 가지 원인[因]과 조건[緣], 즉 인연에 의해 생겨남.

① 심재(心齋)   ② 연기(緣起)   ③ 오륜(五倫)   ④ 정명(正名)

5. ㉠에 들어갈 사상은?

㉠
- '최대 다수의 최대 행복'의 원리를 강조함.
- '어떤 규칙이 최대의 유용성을 낳는가?'를 중시함.
- 행위 공리주의의 한계를 극복하기 위해 등장함.

① 의무론
② 덕 윤리
③ 자연법 윤리
④ 규칙 공리주의

6. 다음에서 설명하는 자연관으로 옳은 것은?

> ○ 과학적 지식을 활용하여 인간이 자연을 정복해야 한다.
> ○ 자연은 단순한 기계로서 도덕적 고려 대상에서 제외된다.

① 인간 중심주의　　② 동물 중심주의　　③ 생명 중심주의　　④ 생태 중심주의

7. 다음 설명에 해당하는 것은?

> 정의롭지 못한 법과 정책을 변화시키려는 목적을 가지고 의도적으로 법을 위반하는 행위

① 공정 무역　　② 시민 불복종　　③ 합리적 소비　　④ 주민 투표제

8. 다음은 서술형 평가 문제와 답안이다. 밑줄 친 ㉠~㉢ 중 옳지 않은 것은?

> 문제: 과학 기술자의 사회적 책임에 대해 설명하시오.
>
> 〈답안〉
> 　과학 기술자는 ㉠인류 복지 향상을 위해 사회적 책임을 다해야 한다. ㉡자신의 연구 결과가 사회에 미칠 영향력을 인식해야 하고, ㉢자신만의 이익을 위해 연구 결과를 조작해야 한다. 또한 ㉣연구 활동이 인간 존엄성을 해치지 않는지 항상 성찰해야 한다.

① ㉠
② ㉡
③ ㉢
④ ㉣

9. 대중문화의 건전한 발전을 위한 자세로 옳은 것은?

① 획일화된 문화 상품을 생산해야 한다.
② 대중문화를 무비판적으로 수용해야 한다.
③ 거대 자본으로 대중문화를 지배해야 한다.
④ 주체적인 자세로 대중문화를 감상해야 한다.

10. 평화적인 남북통일 실현을 위해 가져야 할 올바른 자세를 <보기>에서 고른 것은?

> ─────〈보기〉─────
> ㄱ. 군사비 증강에 집중하여 무력 통일을 도모한다.
> ㄴ. 통일 시기와 과정은 민주적 절차에 따라 추진한다.
> ㄷ. 남북 교류와 협력을 통해 서로 간에 신뢰를 형성한다.
> ㄹ. 통일 기반 조성을 위한 노력보다 체제 통합을 우선한다.

① ㄱ, ㄴ　　② ㄱ, ㄹ　　③ ㄴ, ㄷ　　④ ㄷ, ㄹ

11. 부부 간의 바람직한 윤리적 자세로 옳지 <u>않은</u> 것은?

① 부부는 서로 신의를 지켜야 한다.
② 부부는 동등한 존재임을 인식해야 한다.
③ 부부는 상대방을 존중하고 배려해야 한다.
④ 부부는 고정된 성 역할을 절대시해야 한다.

12. ㉠에 들어갈 내용으로 가장 적절한 것은?

동화주의의 대표적 이론은 (㉠)입니다. 비주류 문화를 주류 문화에 녹여서 하나로 통합시켜야 한다는 입장입니다.

① 용광로 이론
② 모자이크 이론
③ 샐러드 볼 이론
④ 국수 대접 이론

13. 다음에서 롤스(Rawls, J.)의 관점에만 '√'를 표시한 학생은?

관점＼＼＼학생	A	B	C	D
• 분배 절차가 공정하면 분배 결과도 공정하다.		√		√
• 재산이 많을수록 기본적 자유를 더 많이 가져야 한다.	√		√	
• 사회적 약자에게 경제적 이익을 분배해서는 안 된다.	√	√		

① A
② B
③ C
④ D

14. 칸트(Kant, I.)의 도덕 법칙에 대한 설명으로 옳은 것을 <보기>에서 고른 것은?

─────── <보기> ───────

ㄱ. 보편화가 가능해야 한다.
ㄴ. 정언 명령의 형식이어야 한다.
ㄷ. 인간 존엄성과는 무관해야 한다.
ㄹ. 행위의 동기보다 결과를 중시해야 한다.

① ㄱ, ㄴ   ② ㄱ, ㄷ   ③ ㄴ, ㄹ   ④ ㄷ, ㄹ

15. 인공 임신 중절에 대한 반대 근거로 적절하지 <u>않은</u> 것은?

① 태아는 생명권을 지닌다.
② 태아는 생명이 있는 인간이다.
③ 태아에 대한 소유권은 임신한 여성에게 있다.
④ 태아는 인간으로 발달할 잠재성을 지니고 있다.

16. 다음 중 윤리적 소비를 실천한 학생은?

친구들에게 과시하기 위해 명품 신발을 샀어.

환경 보전을 위해 재활용 종이로 만든 지갑을 샀어.

멸종 위기 동물 가죽으로 만든 가방을 샀어.

필요 없지만 유행을 따르려고 바지를 샀어.

학생 1   학생 2   학생 3   학생 4

① 학생 1   ② 학생 2   ③ 학생 3   ④ 학생 4

17. 예술에 대한 도덕주의 입장으로 옳은 것을 <보기>에서 고른 것은?

───────── <보기> ─────────
ㄱ. 예술의 자율성만을 강조해야 한다.
ㄴ. 예술에 대한 윤리적 규제가 필요하다.
ㄷ. 미적 가치를 제외한 모든 가치를 부정해야 한다.
ㄹ. 예술의 목적은 도덕적 교훈을 제공하는 것이다.

① ㄱ, ㄴ   ② ㄱ, ㄷ   ③ ㄴ, ㄹ   ④ ㄷ, ㄹ

18. 바람직한 의사소통을 위해 갖춰야 할 태도로 옳은 것은?

① 대화의 상대방을 무시하는 태도
② 타인의 주장을 거짓으로 간주하는 태도
③ 진실한 마음으로 상대를 속이지 않는 태도
④ 자신의 오류 가능성을 인정하지 않는 태도

19. 전문직 종사자가 지녀야 할 윤리적 자세로 옳은 것은?

① 높은 수준의 직업적 양심과 책임 의식을 지녀야 한다.
② 직무의 공공성보다는 개인적 이익만을 중시해야 한다.
③ 전문성 함양보다 독점적 지위 보장을 우선시해야 한다.
④ 전문 지식을 통해 얻은 뇌물은 정당함을 알아야 한다.

20. 교사의 질문에 대한 대답으로 적절하지 <u>않은</u> 것은?

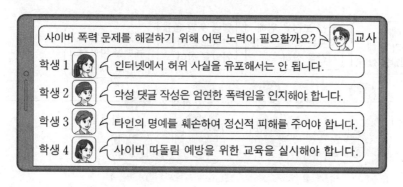

① 학생 1   ② 학생 2   ③ 학생 3   ④ 학생 4

21. 다음 설명에 해당하는 형벌에 대한 관점은?

> 형벌의 목적은 범죄 예방을 통해 사회 전체의 이익을 증대시키는 것이다.

① 국수주의   ② 공리주의   ③ 이기주의   ④ 신비주의

22. 다음 설명에 해당하는 개념은?

> - 의미 : 자신의 인간관, 가치관, 세계관 등을 전체적으로 검토하고 반성하는 과정
> - 방법 : 증자의 일일삼성(一日三省), 이황의 경(敬) 등

① 인종 차별   ② 부패 의식
③ 윤리적 성찰   ④ 유전자 조작

23. ㉠, ㉡에 들어갈 사랑과 성에 대한 관점으로 옳은 것은?

(㉠)	결혼이라는 합법적 테두리 내에서 이루어진 성적 관계만이 정당하다.
(㉡)	타인에게 피해를 주지 않고 성인이 자발적으로 동의한다면 사랑 없는 성적 관계도 가능하다.

	㉠	㉡			㉠	㉡
①	중도주의	보수주의		②	보수주의	자유주의
③	자유주의	중도주의		④	보수주의	중도주의

24. 기후 변화에 따른 문제점이 <u>아닌</u> 것은?

① 생태계 교란 ② 새로운 질병의 유행
③ 자연재해의 증가 ④ 인류의 안전한 삶 보장

25. 다음 내용에 해당하는 국제 관계에 대한 입장은?

> ◦ 국가는 이성적 존재이기 때문에 국제 분쟁은 국제법, 국제기구 등 제도의 개선으로 해
> 결할 수 있다고 봄.
> ◦ 대표적 사상가 : 칸트

① 이상주의 ② 제국주의 ③ 현실주의 ④ 지역주의

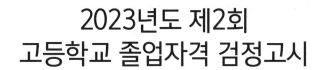

2023년도 제2회
고등학교 졸업자격 검정고시

C·O·N·T·E·N·T·S

국 어

고졸

1. 다음 대화에 나타난 특징으로 가장 적절한 것은?

> 환자 머리에 이데마¹⁾가 있어 만니톨²⁾을 주사하고 있습니다.
>
> 환자가 많이 아파하는 것 같으면 엔시드³⁾를 주고 저에게 알려 주세요.
>
>
>
> 전공의   신경외과장
>
> 1) 이데마(edema) : 부종, 몸이 붓는 증상
> 2) 만니톨(mannitol) : 부종의 치료에 이용되는 약제
> 3) 엔시드(ensid) : 진통제, 통증 완화제

① 신조어를 사용하고 있다.
② 전문어를 사용하고 있다.
③ 지역 방언을 사용하고 있다.
④ 관용 표현을 사용하고 있다.

2. 수정 후에 반영된 언어 예절에 대한 설명으로 가장 적절한 것은?

> **[수정 전]** <u>선생님께서 주신 자료가 너무 어려워서</u> 그러는데, 혹시 쉬운 자료가 있을까요?
>
> ↓
>
> **[수정 후]** <u>선생님께서 주신 자료를 제가 잘 이해하지 못해서</u> 그러는데, 혹시 쉬운 자료가 있을까요?

① 상대를 칭찬하며 말한다.
② 자신의 탓으로 돌려 말한다.
③ 상대의 의견에 동의하며 말한다.
④ 자신의 능력을 과시하며 말한다.

3. 다음을 참고할 때 음운 변동에 관한 설명으로 적절한 것은?

■ 자음 체계표(일부) ■

조음 방법 \ 조음 위치	두 입술	윗잇몸	여린입천장
파열음	ㅂ	ㄷ	ㄱ
비음	ㅁ	ㄴ	ㅇ
유음		ㄹ	

① 심리[심니] : 앞 자음 'ㅁ'이 뒤 자음 'ㄹ'과 조음 방법이 같아짐.
② 종로[종노] : 앞 자음 'ㅇ'이 뒤 자음 'ㄹ'과 조음 위치가 같아짐.
③ 신라[실라] : 앞 자음 'ㄴ'이 뒤 자음 'ㄹ'과 조음 방법이 같아짐.
④ 국물[궁물] : 앞 자음 'ㄱ'이 뒤 자음 'ㅁ'과 조음 위치가 같아짐.

4. 다음 한글 맞춤법 규정을 잘못 적용한 것은?

■ **한글 맞춤법** ■

【제15항】 용언의 어간과 어미는 구별하여 적는다.

[붙임 1] 두 개의 용언이 어울려 한 개의 용언이 될 적에, 앞말의 본뜻이 유지되고 있는 것은 그 원형을 밝히어 적고, 그 본뜻에서 멀어진 것은 밝히어 적지 아니한다.

① 인구가 늘어나다
② 갯벌이 드러나다
③ 집으로 돌아가다
④ 단추가 떠러지다

5. 다음을 참고할 때 <보기>의 ㉠에 들어갈 말로 가장 적절한 것은?

다른 사람의 말을 직접 인용할 때는 인용할 내용에 큰따옴표가 붙고 조사 '라고'가 사용된다. 간접 인용할 때는 인용할 내용에 조사 '고'가 붙고, 경우에 따라 인용문의 인칭대명사, 종결 어미가 바뀐다.

───── <보기> ─────

직접 인용 표현 친구가 나에게 "너의 취미가 뭐야?"라고 물었다.

↓

간접 인용 표현 친구가 나에게 (㉠   ) 물었다.

① 나의 취미가 뭐냐고
② 그의 취미가 뭐냐고
③ 나의 취미가 뭐냐라고
④ 그의 취미가 뭐냐라고

6. ㉠에 들어갈 내용으로 가장 적절한 것은?

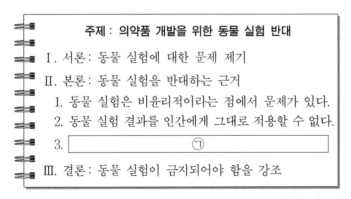

주제 : 의약품 개발을 위한 동물 실험 반대

Ⅰ. 서론 : 동물 실험에 대한 문제 제기
Ⅱ. 본론 : 동물 실험을 반대하는 근거
  1. 동물 실험은 비윤리적이라는 점에서 문제가 있다.
  2. 동물 실험 결과를 인간에게 그대로 적용할 수 없다.
  3. ㉠
Ⅲ. 결론 : 동물 실험이 금지되어야 함을 강조

① 동물 실험을 대체할 실험 방안이 있다.
② 동물 실험이 인간에게 가져다주는 이익이 크다.
③ 동물 실험이 동물 학대를 의미하는 것은 아니다.
④ 동물 실험으로 의약품 개발 비용을 절감할 수 있다.

7. ⑦~㉣을 고쳐 쓴 것으로 적절하지 <u>않은</u> 것은?

> 메모는 기억을 ⑦ <u>유지되는</u> 가장 좋은 방법이다. ⓛ <u>충분한 수면은 기억력 향상에 도움을 준다.</u> 여러 가지 생각이 동시에 떠오르거나 기발한 생각이 스쳐 갈 때 이를 메모해 두면 유용하다. 과거에는 메모가 필요한 순간에 메모지나 필기구가 ⓒ <u>없더라도</u> 불편한 경우가 종종 있었다. ㉣ <u>그리고</u> 지금은 휴대 전화의 기능을 활용하여 전보다 쉽게 메모할 수 있게 되었다

① ⑦ : '기억을'과 호응하도록 '유지하는'으로 수정한다.

② ⓛ : 통일성을 해치는 문장이므로 삭제한다.

③ ⓒ : 문맥을 고려하여 '없어서'로 고친다.

④ ㉣ : 잘못된 접속어를 사용했으므로 '따라서'로 바꾼다.

8. ⑦~㉣에 나타난 중세 국어의 특징으로 적절하지 <u>않은</u> 것은?

> 불·휘⑦<u>기</u>·픈남·ᄀᆞᆫ ⓛ<u>ᄇᆞᄅ</u>·매아·니:뮐·씨
> 곶:됴·코여·름·하ᄂᆞ·니
> :시·미기·픈 ⓒ<u>·므른</u>·ᄀᆞᄆᆞ·래아·니그·츨·씨
> ㉣<u>:내·히</u>이·러바·ᄅᆞ·래·가ᄂᆞ·니
>
> －「용비어천가」 제2장 －

① ⑦ : 소리 나는 대로 표기하고 있다.

② ⓛ : 현재 쓰이지 않는 모음이 있었다.

③ ⓒ : 모음 조화를 지키고 있다.

④ ㉣ : 주격 조사 '히'가 사용되었다.

[9~11] 다음 글을 읽고 물음에 답하시오.

> 나 보기가 역겨워
> 가실 때에는
> 말없이 고이 보내 드리우리다.
>
> 영변(寧邊)에 약산(藥山)
> 진달래꽃
> 아름 따다 가실 길에 뿌리우리다.
>
> 가시는 걸음걸음
> 놓인 그 꽃을
> ⑦ <u>사뿐히 즈려밟고 가시옵소서.</u>
>
> 나 보기가 역겨워
> 가실 때에는
> 죽어도 아니 눈물 흘리우리다.
>
> － 김소월, 『진달래꽃』 －

9. 윗글의 표현상 특징으로 적절하지 <u>않은</u> 것은?

① 설의법을 사용하여 주제 의식을 강조하고 있다.

② 유사한 종결 어미를 반복해 리듬감을 형성하고 있다.

③ 반어적 표현을 활용하여 화자의 감정을 강조하고 있다.

④ 수미상관 구조를 통해 형태적 안정감을 형성하고 있다.

10. ㉠에 나타난 화자의 정서로 가장 적절한 것은?

① 고향에 대한 그리움
② 무기력한 삶에 대한 후회
③ 임을 향한 헌신적인 사랑
④ 정처 없이 떠도는 삶의 비애

11. 윗글과 <보기>에 공통으로 나타나는 우리나라 시가 문학의 특징으로 가장 적절한 것은?

―――――――――― <보기> ――――――――――

아리랑 아리랑 아라리요 / 아리랑 고개로 넘어간다
나를 버리고 가시는 임은 / 십 리도 못 가서 발병 난다

- 경기 민요 『아리랑』 -

① 3음보 율격을 지닌다.
② 자연 친화적 태도를 보인다.
③ 절기에 따른 풍속을 노래한다.
④ 마지막 구절 첫머리에 감탄사를 쓴다.

[12~13] 다음 글을 읽고 물음에 답하시오.

십 년을 경영하여 초려 삼간 지어 내니
나 한 간 달 한 간에 청풍 한 간 맛져 두고
[강산] 은 들일 듸 업스니 둘러 두고 보리라

- 송순 -

12. 윗글의 화자에 대한 설명으로 가장 적절한 것은?

① 세속적 삶을 지향하고 있다.

② 멀리 있는 임금을 걱정하고 있다.

③ 자연 속에서 소박하게 살고 있다.

④ 후학 양성에 대한 포부를 밝히고 있다.

13. ㉠~㉢ 중 윗글의 강산 과 의미가 가장 유사한 것은?

> ㉠잔 들고 혼자 앉아 먼 ㉡뫼를 바라보니
> 그리던 ㉢님이 오다 반가움이 이러하랴
> ㉣말씀도 웃음도 아녀도 못내 좋아하노라
>
> - 윤선도, 『만흥』 -

① ㉠   ② ㉡   ③ ㉢   ④ ㉣

[14~16] 다음 글을 읽고 물음에 답하시오.

"김병국 부친 되십니다."

중위가 나를 소개했다. 그리고 덧붙여, 내가 예편된 대위 출신으로 육이오 전쟁에 참전한 상이용사라고 말했다.

"그렇습니까. 반갑습니다. 저는 윤영구라 합니다. 앉으시지요."

윤 소령이 나를 회의용 책상으로 안내해 간이 철제 의자를 권했다. ㉠그는 호인다운 인상에 목소리가 시원시원하여, 중위의, 파견 대장은 인간적이란 말에 한결 신뢰감을 주었다.

"불비한 자식을 둬서 죄, 죄송합니다. 자식 놈과 얘기해 보셨다면 아, 알겠지만 천성이 착한 놈입니다."

의자에 앉으며 내가 말했다.

"어젯밤 마침 제가 부대에서 숙식할 일이 있어 장시간 ㉡그 친구와 얘기를 나눠 봤지요. 똑똑한 젊은이더군요."

"요즘 제 딴에는 뭐 조류와 환경 오염 실태를 여, 연구 한답시고……. 모르긴 하지만 그 일 때문에 시, 심려를 끼치지 않았나 하는데요?"

"그렇습니다. 그러나 자제분은 군 통제 구역 출입이 어떤 처벌을 받는지 알 텐데도 무모한 행동을 했어요. 설령 하는 일이 정당하다면 사전에 부대 양해나 협조부터 요청해야지요."

(중략)

[A]
> 윤 소령은 당번병을 불러 김병국 군을 데려오라고 말했다. 한참 뒤, 사병과 함께 병국이 파견 대장실로 들어왔다. 땟국 앉은 꾀죄죄한 그의 몰골이 중병 환자 같았다. 점퍼와 검정 바지도 펄투성이여서 하수도 공사를 하다 나온 듯했다. 병국은 움푹 꺼진 동태눈으로 나를 보았다.

"㉢이 녀석아, 넌 도대체 어, 어떻게 돼먹은 놈이냐! 통금 시간에 허가증 없이 해안 일대에 모, 못 다니는 줄 뻔히 알면서."

내가 노기를 띠고 아들에게 소리쳤다.

"본의는 아니었어요. 사흘 사이 동진강 하구 삼각주에서 갑자기 새들이 집단으로 죽기에 그 이유를 좀 알아보려던 게……."

병국이 머리를 떨구었다.

"그래도 변명은!"

"고정하십시오. 자제분 의도나 진심은 충분히 파악했으니깐요."

윤 소령이 말했다.

병국은 간밤에 쓴 진술서에 손도장을 찍고, 각서 한 장을 썼다. 내가 그 각서에 연대 보증을 섬으로써 우리 부자가 파견대 정문을 나서기는 정오가 가까울 무렵이었다. 부대에서 나올 때 집으로 찾아왔던 중위가 병국이 사물을 인계했다. 닭털 침낭과 등산 배낭, 이인용 천막, 그리고 걸레 조각처럼 늘어진 바다 오리와 꼬마물떼새 시신이 각 열 구씩이었다.

"죽은 새는 뭘 하게?"

웅포리 쪽으로 걸으며 내가 물었다.

"해부를 해서 사인을 캐 보려구요."

"폐, 폐수 탓일까?"

"글쎄요……."

"㉣너도 시장할 테니 아바이집으로 가서 저, 점심 요기나 하자."

나는 웅포리 정 마담을 만나 이잣돈을 받아 오라던 아내 말을 떠올렸다. 병국이는 식사 따위에 관심이 없어 보였다.

"아버지, 아무래도 새를 독살하는 치들이 있는 것 같아요."

"그걸 어떻게 아니?"

"갑자기 떼죽음당하는 게 이상하잖아요? 물론 전에도 새나 물고기가 떼죽음하는 경우가 있었지만, 이번은 뭔가 다른 것 같아요."

"물 탓이야. 이제 동진강은 강물이 아니고 도, 독물이야.
조만간 이곳에서 새떼가 자취를 감추고 말 게야."

– 김원일, 『도요새에 관한 명상』 –

14. 윗글을 읽고 이해한 것으로 가장 적절한 것은?

① '나'는 '병국'의 일에 무관심하다.

② '병국'은 '윤 소령'의 입장을 동정한다.

③ '나'는 '윤 소령'의 행동에 실망감을 느낀다.

④ '병국'은 새들의 떼죽음에 의혹을 품고 있다.

15. [A]에 대한 설명으로 가장 적절한 것은?

① 과거 회상을 통해 사건의 원인을 밝히고 있다.

② 외양 묘사를 통해 인물의 처지를 보여 주고 있다.

③ 이국적 소재를 활용하여 인물의 상황을 강조하고 있다.

④ 장면의 빈번한 전환으로 갈등의 심화를 보여 주고 있다.

16. ㉠~㉣ 중 가리키는 대상이 <u>다른</u> 것은?

① ㉠　　　　　② ㉡　　　　　③ ㉢　　　　　④ ㉣

[17~19] 다음 글을 읽고 물음에 답하시오.

[앞부분 줄거리] 명나라 때 홍무와 부인 양씨는 뒤늦게 계월을 낳아, 남자 옷을 입혀 기른다. 난을 피하다가 부모와 헤어진 계월을 여공이 구해 평국이라는 이름을 지어 주고, 아들 보국과 함께 곽도사에게 수학하게 한다. 평국은 보국과 함께 과거에 급제하고, 서달의 난이 일어나자 출전하여 공을 세운다. 그 후 평국은 병이 들어 어의에게 진맥을 받고 난 뒤 여자임이 밝혀진다.

계월이 천자께 ㉠ <u>상소</u>를 올리자 임금께서 보셨는데 상소의 내용은 다음과 같았다.

'한림학사 겸 대원수 좌승상 청주후 평국은 머리를 조아려 백 번 절하고 아뢰옵나이다. 신첩이 다섯 살이 되기 전에 장사랑의 난에 부모를 잃었사옵니다. 그리고 도적 맹길의 환을 만나 물속의 외로운 넋이 될 뻔한 것을 여공의 덕으로 살아났사옵니다. 오직 한 가지 생각을 했으니, 곧 여자의 행실을 해서는 규중에서 늙어 부모의 해골을 찾지 못할 것이라는 점입니다. 그래서 여자의 행실을 버리고 남자의 옷을 입어 황상을 속이옵고 조정에 들었사오니 신첩의 죄는 만 번을 죽어도 아깝지 않습니다. 이에 감히 아뢰어 죄를 기다리옵고 내려 주셨던 유지(諭旨)[1]와 인수(印綬)[2]를 올리옵나이다. 임금을 속인 죄를 물어 신첩을 속히 처참하옵소서.'

천자께서 글을 보시고 용상(龍床)을 치며 말씀하셨다.
"평국을 누가 여자로 보았으리오? 고금에 없는 일이로다. 천하가 비록 넓으나 문무(文武)를 다 갖추어 갈충보국(竭忠報國)[3]하고, 충성과 효도를 다하며 조정 밖으로 나가서는 장수가 되고 들어와서는 재상이 될 만한 재주를 가진 이는 남자 중에도 없을 것이로다. 평국이 비록 여자지만 그 벼슬을 어찌 거두겠는가?"

[중간 줄거리] 천자의 중매로 계월과 보국은 혼인을 하게 된다. 혼인 후 계월은 규중에서 지내다가 오랑캐를 진압하라는 천자의 명을 받는다.

평국이 엎드려 아뢰었다.
"신첩이 외람되게 폐하를 속이고 공후의 작록을 받아 영화로이 지낸 것도 황공했사온데 폐하께서는 죄를 용서해 주시고 신첩을 매우 사랑하셨사옵니다. 신첩이 비록 어리석으나 힘을 다해 성은을 만분의 일이나 갚으려 하오니 폐하께서는 근심하지 마옵소서."
천자께서 이에 크게 기뻐하시고 즉시 수많은 군사와 말을 징발해 주셨다. 그리고 벼슬을 높여 평국을 대원수로 삼으시니 원수가 사은숙배(謝恩肅拜)하고 위의를 갖추어 친히 붓을 잡아 보국에게 전령(傳令)을 내렸다.

"적병의 형세가 급하니 중군장은 급히 대령하여 군령을 어기지 마라."

보국이 전령을 보고 분함을 이기지 못해 부모에게 말했다.

"계월이 또 소자를 중군장으로 부리려 하오니 이런 일이 어디에 있사옵니까?"

여공이 말했다.

"전날 내가 너에게 무엇이라 일렀더냐? 계월이를 괄시하다가 이런 일을 당했으니 어찌 계월이가 그르다고 하겠느냐? 나랏일이 더할 수 없이 중요하니 어쩔 수 없구나."

– 작자 미상, 『홍계월전』 –

1) 유지(諭旨) : 임금이 신하에게 내리던 글
2) 인수(印綬) : 벼슬에 임명될 때 임금에게 받는 도장을 몸에 차기 위한 끈
3) 갈충보국(竭忠報國) : 충성을 다해 나라의 은혜를 갚음.

17. 윗글에 대한 설명으로 가장 적절한 것은?

① 인물의 말을 통해 대상을 평가하고 있다.

② 다른 사물에 빗대어 대상을 비판하고 있다.

③ 계절의 변화를 통해 비극적 상황을 강조하고 있다.

④ 꿈과 현실을 교차하여 인물의 과거를 보여 주고 있다.

18. 윗글의 인물에 대한 설명으로 가장 적절한 것은?

① 천자는 '여공'을 중군장으로 삼고자 한다.

② '평국'은 천자로부터 능력을 인정받고 있다.

③ '보국'은 대원수인 '계월'의 권위를 인정하고 있다.

④ '여공'은 '계월'이 아닌 '보국'의 편을 들어 주고 있다.

19. ㉠의 중심 내용으로 가장 적절한 것은?

① 자신의 혼인을 부탁하고 있다.

② 천자를 속인 죄에 대해 벌을 청하고 있다.

③ 벼슬을 거두지 말아 달라고 간청하고 있다.

④ 여성에 대한 차별을 없애 달라고 요구하고 있다.

[20~22] 다음 글을 읽고 물음에 답하시오.

부탄의 마을 치몽은 한눈에 봐도 가난한 마을이다. 전기가 들어오지 않는 마을답게 변변한 세간도 없다. 그러나 매 순간 몸과 마음을 다해 손님을 접대한다. 활쏘기를 구경하려고 걸음을 멈추면 집으로 뛰어 들어가 돗자리를 꺼내 온다. 논두렁 길을 걷다 보면 어린 소년이 뛰어와 옷 속에 품은 달걀을 수줍게 내민다. 이 동네 사람들은 행복해 보일 뿐만 아니라 우리를 행복하게 해 주기 위해서는 무엇이든 할 준비가 되어 있는 것 같았다. 가진 게 별로 없는데도 아무렇지 않아 보였으며 빈한한 살림마저도 기꺼이 나누며 살아가는 듯했다.

또한 치몽에서는 늘 몸을 움직여야만 한다. 집 바깥에 있는 화장실에 가기 위해서도, 공동 수돗가에서 물을 받기 위해서도 움직여야만 한다. 빨래는 당연히 손으로 해야 하고, 쌀도 키로 골라야 하며, 곡물은 맷돌을 돌려 갈아야 한다. 난방이 되지 않아 실내에서는 옷을 두껍게 입어야만 하며, 생활에 필요한 모든 것은 몸을 써야만 얻을 수 있다. 그런데 그 불편함이 이상하게도 살아 있음을 실감케 한다. 일상의 모든 자질구레한 일에 몸을 써야만 하는 이 나라 사람들에게 부탄 정부가 2005년에 노골적으로 물었다. "당신은 행복합니까?" 라고. 그 질문에 단지 3.3퍼센트만이 행복하지 않다고 대답했다고 한다. 이들의 이러한 모습을 보면 몸이 편한 것과 행복은 별 상관이 없는 것 같다는 생각이 들곤 한다.

㉠ 이 나라에서의 삶은 그야말로 사는 것이다. 텔레비전으로 보고, 인터넷으로 검색하고, 카메라로 찍는 삶이 아니라 몸을 움직여 직접 만들고 경험하는 삶이다. 그러다 보니 부탄에서 일과 놀이는 ㉡ 으로 연결되어 있다. 그들은 노는 듯 일하고 일하듯 논다. 진정한 호모 루덴스[1]다. 이런 그들에게 놀이는 돈을 지불해야 얻을 수 있는 상품이 아니다. 이 나라 사람들은 아직 노동하기 위해 살지는 않는다.

– 김남희, 『왜 당신의 시간을 즐기지 않나요』 –

1) 호모 루덴스(Homo ludens) : '노는 인간' 또는 '유희하는 인간'이라는 뜻으로 역사학자 하위징아(Huizinga, J.)가 제창한 개념

20. 윗글의 서술상 특징으로 적절한 것을 <보기>에서 고른 것은?

─────────── <보기> ───────────

ㄱ. 구체적인 예를 들고 있다.　　　　ㄴ. 비슷한 상황을 열거하고 있다.
ㄷ. 상대의 주장을 반박하고 있다.　　ㄹ. 새로운 이론을 제시하고 있다.

① ㄱ, ㄴ　　　　② ㄱ, ㄷ　　　　③ ㄴ, ㄹ　　　　④ ㄷ, ㄹ

21. ㉠과 가장 거리가 먼 것은?

① 불편해도 살아 있음을 느끼는 삶　　② 대중 매체를 통해 놀이를 즐기는 삶
③ 몸을 움직여 직접 만들고 경험하는 삶　　④ 가진 것이 별로 없어도 나누며 사는 삶

22. ⓛ에 들어갈 말로 가장 적절한 것은?

① 대립적   ② 일시적   ③ 유기적   ④ 수동적

[23~25] 다음 글을 읽고 물음에 답하시오.

라면이 국수나 우동과 다른 점은 면을 한 번 튀겨서 익혔다는 것이다. 그래서 끓이지 않고도 먹을 수 있고, 끓여서 먹더라도 금방 익혀 먹을 수 있다. 심지어 컵라면은 지속적으로 끓일 필요도 없고 단지 끓는 물을 붓기만 해도 먹을 수 있다. 그런데 왜 하필 3분을 기다려야 하는 걸까? 컵라면을 먹을 때마다 3분이 얼마나 긴 시간인지를 새삼 깨닫는다.

컵라면의 면발은 봉지 라면에 비해 더 가늘거나 납작하다. 면발의 표면적을 넓혀 뜨거운 물에 더 많이 닿게 하기 위해서다. 그리고 컵라면의 면을 꺼내 보면 ㉠ <u>위쪽은 면이 꽉 짜여 빽빽하지만, 아래쪽은 면이 성글게 엉켜 있다.</u> 이는 중량을 줄이기 위해서가 아니고 따뜻한 물은 위로, 차가운 물은 아래로 내려가는 대류 현상 때문이다. 컵라면 용기에 물을 부으면 위쪽보다는 아래쪽이 덜 식는다. 따라서 뜨거운 물이 위로 올라 가려고 하는데 이때 면이 아래쪽부터 빽빽하게 들어차 있으면 물의 대류 현상에 방해가 된다. 위아래의 밀집도가 다른 컵라면의 면발 형태는 뜨거운 물의 대류 현상을 원활하게 하여 물을 계속 끓이지 않아도 면이 고르게 익도록 하는 과학의 산물이다.

컵라면 면발에는 화학적 비밀도 있다. 봉지 라면과 비교했을 때 컵라면 면발에는 밀가루 그 자체보다 정제된 전분이 더 많이 들어가 있다. 라면은 밀가루로 만든 면을 기름에 튀겨 전분을 알파화[1]한 것이다. 하지만 밀가루에는 전분 외에 단백질을 포함한 다른 성분도 들어 있다. 면에 이런 성분을 빼고 순수한 전분의 비율을 높이면 그만큼 알파화가 많이 일어나므로, 뜨거운 물을 부었을 때 복원되는 시간도 빨라진다. 전분을 많이 넣을수록 면이 불어나는 시간이 빨라져 더 빨리 먹을 수 있게 되는 것이다. 하지만 전분이 너무 많이 들어가면 면발이 익는 시간이 빨라지는 만큼 불어 터지는 속도도 빨라져 컵라면을 다 먹기도 전에 곤죽이 되고 만다.

– 이은희, 『라면의 과학』 –

1) 알파화 : 물과 열을 가해 전분을 익혀 먹기 쉽게 만드는 과정이나 상태

23. 윗글에 반영된 글쓰기 계획으로 적절하지 <u>않은</u> 것은?

① 과학 용어를 사용하여 설명해야지.
② 대상과 관련된 경험을 제시해야지.
③ 다른 대상과 대조하여 설명해야지.
④ 구체적인 통계 자료를 활용해야지.

24. 윗글을 통해 알 수 있는 내용으로 가장 적절한 것은?

① 컵라면의 면발은 단백질과 전분으로만 이루어져 있다.

② 국수나 우동의 면발은 모두 한 번 튀겨서 익힌 것이다.

③ 면발이 납작해지면 뜨거운 물에 닿는 표면적이 넓어진다.

④ 면에 전분 외에 다른 성분의 비율을 높이면 알파화가 많이 일어난다.

25. ㉠의 이유로 가장 적절한 것은?

① 대류 현상을 방해하기 위해서

② 전분의 비율을 낮추기 위해서

③ 컵라면의 중량을 줄이기 위해서

④ 면이 고르게 익도록 하기 위해서

수 학

1. 두 다항식 $A = 2x^2 + x$, $B = x^2 - 1$에 대하여 $A + 2B$는?

① $4x^2 + x + 2$ ② $4x^2 - x + 2$
③ $4x^2 + x - 2$ ④ $4x^2 - x - 2$

2. 등식 $(x - 2)^2 = x^2 - 4x + a$가 x에 대한 항등식일 때, 상수 a의 값은?

① 2 ② 4 ③ 6 ④ 8

3. 다항식 $x^3 - 3x + 7$을 $x - 1$로 나누었을 때, 나머지는?

① 5 ② 6 ③ 7 ④ 8

4. 다항식 $x^3 + 9x^2 + 27x + 27$을 인수분해한 식이 $(x + a)^3$일 때, 상수 a의 값은?

① 1 ② 2 ③ 3 ④ 4

5. $i(2 + i) = a + 2i$일 때, 실수 a의 값은? (단, $i = \sqrt{-1}$)

① -3 ② -1 ③ 1 ④ 3

6. 두 수 $2, 4$를 근으로 하고 x^2의 계수가 1인 이차방정식이 $x^2 - 6x + a = 0$일 때, 상수 a의 값은?

① 2   ② 4   ③ 6   ④ 8

7. $0 \leq x \leq 3$일 때, 이차함수 $y = -x^2 + 4x + 1$의 최댓값은?

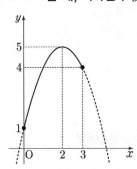

① 2
② 3
③ 4
④ 5

8. 사차방정식 $x^4 - 3x^2 + a = 0$의 한 근이 2일 때, 상수 a의 값은?

① -4 ② -1 ③ 2   ④ 5

9. 연립방정식 $\begin{cases} x + 2y = 10 \\ x^2 + y^2 = a \end{cases}$ 의 해가 $x = 2$, $y = b$일 때, 두 상수 a, b에 대하여 $a + b$의 값은?

① 15   ② 18   ③ 21   ④ 24

10. 이차부등식 $(x + 1)(x - 4) \leq 0$의 해는?

① $x \geq -1$ ② $x \leq 4$
③ $-1 \leq x \leq 4$ ④ $x \leq -1$ 또는 $x \geq 4$

11. 좌표평면 위의 두 점 $A(-1, 1)$, $B(2, 4)$에 대하여 선분 AB를 1 : 2로 내분하는 점의 좌표는?

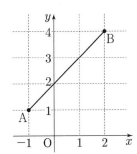

① $(-2, 0)$

② $(0, -2)$

③ $(0, 2)$

④ $(2, 0)$

12. 직선 $y = x + 2$에 수직이고, 점 $(4, 0)$을 지나는 직선의 방정식은?

① $y = -x + 3$

② $y = -x + 4$

③ $y = x - 3$

④ $y = x - 4$

13. 중심의 좌표가 $(3, 1)$이고 x축에 접하는 원의 방정식은?

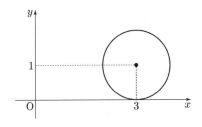

① $(x - 3)^2 + (y - 1)^2 = 1$

② $(x - 3)^2 + (y - 1)^2 = 9$

③ $(x - 1)^2 + (y - 3)^2 = 1$

④ $(x - 1)^2 + (y - 3)^2 = 9$

14. 좌표평면 위의 점$(2, 3)$을 직선 $y = x$에 대하여 대칭이동한 점의 좌표는?

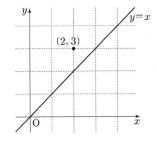

① $(-2, -3)$

② $(-2, 3)$

③ $(3, -2)$

④ $(3, 2)$

15. 두 집합 $A = \{1,\ 3,\ 6\}$, $B = \{3,\ 5,\ 6\}$에 대하여 $A \cap B$는?

① $\{1,\ 3\}$ ② $\{1,\ 5\}$

③ $\{3,\ 6\}$ ④ $\{5,\ 6\}$

16. 전체집합이 $U = \{1,\ 2,\ 3,\ 4,\ 5,\ 6\}$일 때, 다음 조건의 진리집합은?

x는 짝수이다.

① $\{1,\ 3,\ 5\}$ ② $\{2,\ 4,\ 6\}$

③ $\{3,\ 4,\ 5\}$ ④ $\{4,\ 5,\ 6\}$

17. 함수 $f : X \to Y$가 그림과 같을 때, $f^{-1}(c)$의 값은? (단, f^{-1}는 f의 역함수이다.)

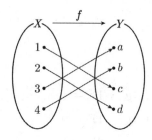

① 1

② 2

③ 3

④ 4

18. 무리함수 $y = \sqrt{x - a} + b$의 그래프는 무리함수 $y = \sqrt{x}$의 그래프를 x축의 방향으로 1만큼, y축의 방향으로 4만큼 평행이동한 것이다. 두 상수 a, b에 대하여 $a + b$의 값은?

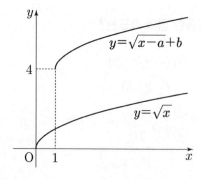

① 4

② 5

③ 6

④ 7

19. 그림과 같이 등산로의 입구에서 쉼터까지 가는 길은 4가지, 쉼터에서 전망대까지 가는 길은 2가지가 있다. 입구에서 쉼터를 거쳐 전망대까지 길을 따라 가는 경우의 수는? (단, 같은 지점은 두 번 이상 지나지 않는다.)

① 5
② 6
③ 7
④ 8

20. 그림과 같이 6종류의 과일이 있다. 이 중에서 서로 다른 2종류의 과일을 선택하는 경우의 수는?

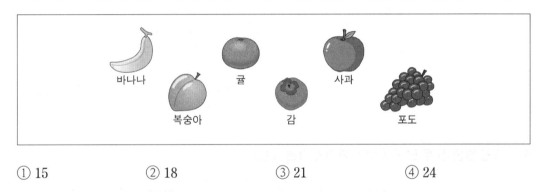

① 15
② 18
③ 21
④ 24

영 어

고졸

[1~3] 다음 밑줄 친 부분의 뜻으로 가장 적절한 것을 고르시오.

1.
> Reading books is a great way to gain <u>knowledge</u>.

① 균형   ② 목표   ③ 우정   ④ 지식

2.
> She is never going to <u>give up</u> her dream even if she meets difficulties.

① 서두르다   ② 자랑하다   ③ 포기하다   ④ 화해하다

3.
> Many animals like to play with toys. <u>For example</u>, dogs enjoy playing with balls.

① 갑자기   ② 반면에   ③ 예를 들면   ④ 결론적으로

4. 다음 밑줄 친 두 단어의 의미 관계와 <u>다른</u> 것은?

> <u>Spring</u> is my favorite <u>season</u> because of the beautiful flowers and warm weather.

① apple – fruit   ② nurse – job
③ triangle – shape   ④ shoulder – country

5. 다음 광고문에서 언급되지 <u>않은</u> 것은?

Cheese Fair
◦ Date : September 10th (Sunday), 2023
◦ Activities :
    – Tasting various kinds of cheese
    – Baking cheese cakes
◦ Entrance Fee : 10,000 won

① 날짜
② 장소
③ 활동 내용
④ 입장료

6.

> ◦ Are you ready to _____ your project to the class?
> ◦ Stop worrying about the past and live in the _____.

① grow   ② lose   ③ forget   ④ present

7.

> ◦ John, _____ many countries are there in Asia?
> ◦ He doesn't know _____ far it is from here.

① how   ② when   ③ where   ④ which

8.

> ◦ He needs to focus _____ studying instead of playing games.
> ◦ Bring a jacket which is easy to put _____ and take off.

① as   ② of   ③ on   ④ like

9. 다음 대화에서 밑줄 친 표현의 의미로 가장 적절한 것은?

> A : How would you describe your personality, Sumi?
> B : I tend to be cautious. I try to follow the saying, "Look before you leap."
> A : Oh, you think carefully before you do something.

① 많으면 많을수록 좋다.
② 남이 가진 것이 더 좋아 보인다.
③ 행동하기 전에 신중하게 생각해라.
④ 오늘 할 일을 내일로 미루지 마라.

10. 다음 대화에서 알 수 있는 A의 심정으로 가장 적절한 것은?

> A : I'd like to return these headphones.
> B : Why? Is there a problem?
> A : I'm not satisfied with the sound. It's not loud enough.

① 감사   ② 불만   ③ 안도   ④ 행복

11. 다음 대화가 이루어지는 장소로 가장 적절한 것은?

> A : There are so many people in this restaurant!
> B : Right. This place is well known for its pizza.
> A : Yeah. Let's order some.

① 식당   ② 은행   ③ 문구점   ④ 소방서

12. 다음 글에서 밑줄 친 It이 가리키는 것으로 가장 적절한 것은?

> These days I'm reading a book, *Greek and Roman Myths*. The book is so interesting and encourages imagination. Moreover, it gives me more understanding about western arts because the myths are a source of western culture.

① book   ② pencil   ③ language   ④ password

[13~14] 다음 대화의 빈칸에 들어갈 말로 가장 적절한 것을 고르시오.

13.

> A : _____, cycling or walking?
> B : I like cycling rather than walking.
> A : Why do you like it?
> B : Because I think cycling burns more calories.

① Where can I rent a car   ② When does the show start
③ Why do you want to learn English   ④ Which type of exercise do you prefer

14.

> A : How can we show respect to others?
> B : I believe we should _____.
> A : That's why you are a good listener.

① watch a movie   ② exchange this bag
③ turn left at the next street   ④ listen carefully when others speak

15. 다음 대화의 주제로 가장 적절한 것은?

> A : Whenever I see koalas in trees, I wonder why they hug trees like that.
> B : Koalas hug trees to cool themselves down.
> A : Oh, that makes sense. Australia has a very hot climate.

① 코알라의 사회성
② 코알라 연구의 어려움
③ 코알라가 나무를 껴안고 있는 이유
④ 코알라처럼 나뭇잎을 먹는 동물들의 종류

16. 다음 글을 쓴 목적으로 가장 적절한 것은?

> I'm writing this e-mail to confirm my reservation. I booked a family room at your hotel for two nights. We're two adults and one child. We will arrive in the afternoon on December 22nd. I look forward to your reply.

① 확인하려고　　② 안내하려고　　③ 소개하려고　　④ 홍보하려고

17. 다음 경기 안내문의 내용과 일치하지 <u>않는</u> 것은?

> **Tennis Competition**
> ◦ Only beginners can participate.
> ◦ We will start at 10:00 a.m. and finish at 5:00 p.m.
> ◦ Lunch will not be served.
> ◦ If it rains, the competition will be canceled.

① 초보자만 참여할 수 있다.
② 오전 10시에 시작해서 오후 5시에 끝난다.
③ 점심은 제공되지 않는다.
④ 비가 와도 경기는 진행된다.

18. 다음 Santa Fun Run에 대한 설명과 일치하지 <u>않는</u> 것은?

> The Santa Fun Run is held every December. Participants wear Santa costumes and run 5 km. They run to raise money for sick children. You can see Santas of all ages walking and running around.

① 매년 12월에 열린다.
② 참가자들은 산타 복장을 입는다.
③ 멸종 위기 동물을 돕기 위해 모금을 한다.
④ 모든 연령대의 산타를 볼 수 있다.

19. 다음 글의 주제로 가장 적절한 것은?

Do you suffer from feelings of loneliness? In such cases, it may be helpful to share your feelings with a parent, a teacher or a counselor. It is also important for you to take positive actions to overcome your negative feelings.

① 인터넷의 역할
② 여름 피서지 추천
③ 외로움에 대처하는 방법
④ 청소년의 다양한 취미 활동 소개

[20~21] 다음 글의 빈칸에 들어갈 말로 가장 적절한 것을 고르시오.

20.

For most people, the best _____ for sleeping is on your back. If you sleep on your back, you will have less neck and back pain. That's because your neck and spine will be straight when you are sleeping.

① letter
② position
③ emotion
④ population

21.

Here are several steps to _____ your problems. First, you need to find various solutions by gathering all the necessary information. Second, choose the best possible solution and then put it into action. At the end, evaluate the result. I'm sure these steps will help you.

① solve
② dance
③ donate
④ promise

22. 글의 흐름으로 보아 다음 문장이 들어가기에 가장 적절한 곳은?

Instead, we start with a casual conversation about less serious things like the weather or traffic.

When you first meet someone, how do you start a conversation? (①) We don't usually tell each other our life stories at the beginning. (②) This casual conversation is referred to as small talk. (③) It helps us feel comfortable and get to know each other better. (④) It's a good way to break the ice.

23. 다음 글의 바로 뒤에 이어질 내용으로 가장 적절한 것은?

English proverbs may seem strange to non-native speakers and can be very hard for them to learn and remember. One strategy for remembering English proverbs more easily is to learn about their origins. Let's look at some examples.

① 꽃말의 어원에 관한 예시 ② 영어 속담의 기원에 관한 예시
③ 긍정적인 마음가짐에 대한 예시 ④ 친환경적인 생활 습관에 대한 예시

[24~25] 다음 글을 읽고 물음에 답하시오.

A book review is a reader's opinion about a book. When you write a review, begin with a brief summary or description of the book. Then state your _____ of it, whether you liked it or not and why.

24. 윗글의 빈칸에 들어갈 말로 가장 적절한 것은?

① flight ② opinion ③ gesture ④ architecture

25. 윗글의 주제로 가장 적절한 것은?

① 창의력의 중요성 ② 진로 탐색의 필요성
③ 온라인 수업의 장점 ④ 독서 감상문 쓰는 법

사 회

고졸

1. 다음에서 강조하는 행복한 삶을 실현하기 위한 조건으로 가장 적절한 것은?

> 남을 돕고 남과 더불어 살아가려는 노력은 다른 사람을 행복하게 만들 뿐만 아니라 자신에게도 진정한 행복감을 가져다준다. 내적으로 성찰하고 옳은 일을 실천하는 것을 통해 개인은 만족감과 행복감을 얻을 수 있다.

① 경제 성장
② 기업가 정신
③ 도덕적 실천
④ 낙후된 주거 환경

2. ㉠에 들어갈 내용으로 옳은 것은?

> 우리나라가 시행하고 있는 (㉠)로 사회 보험과 공공 부조, 사회 서비스를 들 수 있다. 이러한 제도의 시행을 통해 사회 계층의 양극화를 완화하고 인간의 존엄성을 보장할 수 있다.

① 선거 제도
② 권력 분립 제도
③ 사회 복지 제도
④ 헌법 소원 심판 제도

3. ㉠에 들어갈 내용으로 가장 적절한 것은?

> **학습 주제: (㉠)의 의미와 목적**
>
> ○ 의미 : 국민의 기본권을 제한하거나 국민에게 의무를 부과할 때에는 의회에서 제정된 법률에 근거해야 함.
> ○ 목적 : 통치자의 자의적 지배 방지, 국민의 자유와 권리 보장

① 법치주의
② 인권 침해
③ 준법 의식
④ 시민 불복종

4. 다음에서 설명하는 자산 관리의 원칙은?

> 　모든 금융 상품은 정도의 차이가 있을 뿐 원금을 보전하는 데 위험이 따른다. 따라서 금융 상품을 선택할 때에는 투자한 자산의 가치가 온전하게 보전될 수 있는 가능성의 정도를 고려해야 한다.

① 공익성　　　　　② 안전성　　　　　③ 접근성　　　　　④ 정당성

5. 문화 변동의 내재적 요인으로 옳은 것을 <보기>에서 고른 것은?

<보기>

ㄱ. 발견　　　　　　　　　ㄴ. 발명
ㄷ. 문화 동화　　　　　　　ㄹ. 문화 전파

① ㄱ, ㄴ　　　　　② ㄱ, ㄹ　　　　　③ ㄴ, ㄷ　　　　　④ ㄷ, ㄹ

6. 사회적 소수자에 대한 설명으로 가장 적절한 것은?

① 사회에서 항상 평등하게 대우받는다.
② 인종이라는 단일 기준에 의해 규정된다.
③ 우리 사회에서 장애인, 이주 외국인만 해당된다.
④ 자신들이 차별받는 집단의 구성원이라는 인식이 존재한다.

7. 다음에서 설명하는 근로자의 권리는?

> 　근로자들이 근로 조건의 향상을 위하여 자주적으로 노동조합이나 그 밖의 단결체를 조직·운영하거나 그에 가입하여 활동할 수 있는 권리이다.

① 단결권　　　　　② 선거권　　　　　③ 청구권　　　　　④ 환경권

8. 시장 실패의 사례로 적절하지 <u>않은</u> 것은?

① 불완전 경쟁　　　　　　　② 보편 윤리 확산
③ 외부 효과 발생　　　　　　④ 공공재의 공급 부족

9. ㉠에 들어갈 내용으로 가장 적절한 것은?

> 자문화 중심주의는 자기 문화를 기준으로 다른 문화를 부정적으로 평가하고, 문화 사대주의는 다른 문화를 우월한 것으로 믿고 자기 문화를 낮게 평가한다. 즉, 자문화 중심주의와 문화 사대주의는 문화의 상대성을 인정하지 않고 (㉠   )는 공통점이 있다.

① 다양한 문화의 공존을 추구한다
② 문화의 우열을 가릴 수 없다고 본다
③ 특정 문화를 기준으로 다른 문화를 평가한다
④ 각 문화가 해당 사회의 맥락에서 갖는 고유한 의미를 존중한다

10. 다음 헌법 조항의 의의로 가장 적절한 것은?

> 헌법 제37조 ② 국민의 모든 자유와 권리는 국가 안전 보장 · 질서 유지 또는 공공복리를 위하여 필요한 경우에 한하여 법률로써 제한할 수 있으며, 제한하는 경우에도 자유와 권리의 본질적인 내용을 침해할 수 없다.

① 대도시권 형성   ② 직업 분화 촉진
③ 윤리적 소비 실천   ④ 국민의 기본권 보장

11. ㉠에 들어갈 내용으로 가장 적절한 것은?

> □□신문   ○○○○년 ○월 ○일
> **세계화, 어떻게 바라보아야 할까**
> 세계화에 따라 자유 무역이 확대되면서 높은 기술력과 자본을 가진 선진국과 상대적으로 경쟁력을 갖추지 못한 개발 도상국 간의 경제적 차이로 국가 간 (㉠   )이/가 초래될 수 있다.

① 사생활 침해
② 인터넷 중독
③ 빈부 격차 심화
④ 문화 다양성 보장

12. 다음 설명에 해당하는 것은?

> ○ 국제 사회의 행위 주체에 해당함.
> ○ 대표적인 예로 주권 국가들을 구성원으로 하는 국제 연합(UN), 세계 무역 기구(WTO)가 있음.

① 국가   ② 다국적 기업
③ 자유 무역 협정   ④ 정부 간 국제기구

13. 다음 설명에 해당하는 것은?

> ○ 의미 : 새로운 정보 기술에 접근할 수 있는 능력을 보유한 자와
> 그렇지 못한 자 사이에 발생하는 경제적·사회적 격차
>
> ○ 해결 방안 : 정보 소외 계층에게 장비와 소프트웨어 제공 및
> 정보 활용 교육 실시

① 정보 격차   ② 규모의 경제
③ 문화의 획일화   ④ 지역 이기주의

14. 건조 기후 지역의 전통 생활 모습으로 옳은 것을 <보기>에서 고른 것은?

<보기>

ㄱ. 순록 유목	ㄴ. 고상식 가옥
ㄷ. 오아시스 농업	ㄹ. 지붕이 평평한 흙벽돌집

① ㄱ, ㄴ   ② ㄱ, ㄷ   ③ ㄴ, ㄹ   ④ ㄷ, ㄹ

15. 다음에서 설명하는 자연재해는?

> 주로 여름철 장마와 태풍의 영향으로 집중 호우 시 발생한다. 피해를 줄이기 위해서 제방 건설, 댐과 저수지 건설, 삼림 조성 등의 대책을 수립하고 시행해야 한다. 또한 예보와 경보 체계를 구축하고 지속적인 하천 관리가 필요하다.

① 가뭄   ② 지진   ③ 홍수   ④ 화산

16. 다음 설명에 해당하는 용어로 가장 적절한 것은?

> ○ 한 국가 내에서 도시에 거주하는 사람들과 도시 수가 증가하면서 도시적 생활 양식과 도시 경관이 확대되는 현상
> ○ 영향 : 인공 건축물 증가, 지표의 포장 면적 증가

① 도시화   ② 남초 현상
③ 유리 천장   ④ 지리적 표시제

17. 다음에서 설명하는 용어로 가장 적절한 것은?

> 인간이 만든 시설물에 의해 야생 동물들의 서식지가 분리되는 것을 막기 위해 인공적으로 만든 길

① 열섬   ② 생태 통로   ③ 외래 하천   ④ 업사이클링

18. 힌두교에 대한 설명으로 옳은 것을 <보기>에서 고른 것은?

> ───── <보기> ─────
> ㄱ. 메카를 성지로 한다.
> ㄴ. 인도의 주요 종교이다.
> ㄷ. 무함마드를 유일신으로 믿는다.
> ㄹ. 소를 신성시하여 소고기 식용을 금기시한다.

① ㄱ, ㄷ   ② ㄱ, ㄹ   ③ ㄴ, ㄷ   ④ ㄴ, ㄹ

19. 다음 설명에 해당하는 것은?

> 석유 자원의 수출을 통하여 자국의 경제적 이익을 추구하기 위해 결성된 것으로, 원유의 생산량과 공급량을 조절함으로써 세계 경제에 큰 영향을 끼치고 있다.

① 브렉시트(Brexit)   ② 공적 개발 원조(ODA)
③ 국제 통화 기금(IMF)   ④ 석유 수출국 기구(OPEC)

20. 다음 설명에 해당하는 지역으로 옳은 것은?

> 중국의 남쪽에 위치한 바다로, 중국, 타이완, 베트남, 필리핀, 말레이시아 및 브루나이 등 여섯 나라로 둘러싸인 해역을 말한다. 다량의 원유와 천연가스가 매장되어 있는 것으로 추정되고 있어 영유권 갈등이 발생하고 있다.

① 북극해   ② 남중국해   ③ 카스피해   ④ 쿠릴 열도

21. 다음에서 설명하는 문화권을 지도의 A~D에서 고른 것은?

사하라 사막 이남의 중·남부 아프리카 일대로, 열대 기후 지역이 넓게 분포한다. 토속 종교의 영향이 남아 있으며, 부족 단위의 공동체 생활을 하는 주민이 많다.

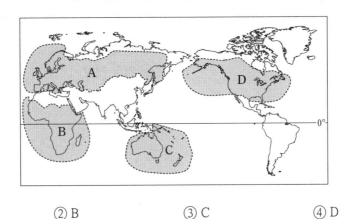

① A   ② B   ③ C   ④ D

22. 다음에서 설명하는 용어로 가장 적절한 것은?

◦ 의미 : 느림의 삶을 추구하는 국제 도시 브랜드
◦ 지정 조건 : 지역의 정체성을 드러낼 수 있는 유·무형의 자산 필요

① 슬로시티   ② 플랜테이션
③ 환경 파시즘   ④ 차티스트 운동

23. 고령화에 대한 대책으로 적절한 것을 <보기>에서 고른 것은?

＜보기＞
ㄱ. 의무 투표제 시행   ㄴ. 노인 복지 시설 확충
ㄷ. 노인 연금 제도 확대   ㄹ. 산아 제한 정책 시행

① ㄱ, ㄴ   ② ㄱ, ㄹ   ③ ㄴ, ㄷ   ④ ㄷ, ㄹ

24. ㉠에 들어갈 용어로 옳은 것은?

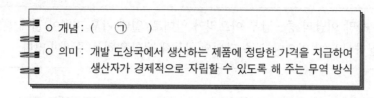

ㅇ 개념 : (㉠   )

ㅇ 의미 : 개발 도상국에서 생산하는 제품에 정당한 가격을 지급하여
　　　　생산자가 경제적으로 자립할 수 있도록 해 주는 무역 방식

① 과점

② 독점

③ 공정 무역

④ 거점 개발

25. 다음 설명에 해당하는 것은?

　정부가 사업장을 대상으로 온실가스 배출 허용량을 정해 주고, 할당 범위 내에서 여분 또는 부족분에 대한 사업장 간 거래를 허용하는 제도이다.

① 전자 상거래

② 쓰레기 종량제

③ 빈 병 보증금제

④ 온실가스 배출권 거래제

과 학

고졸

1. 다음 중 밀물과 썰물에 의한 해수면의 높이차인 조차를 이용하여 전기 에너지를 생산하는 발전 방식은?

① 핵발전 ② 조력 발전 ③ 풍력 발전 ④ 화력 발전

2. 그림과 같이 물체에 한 방향으로 10N의 힘이 5초 동안 작용했을 때 이 힘에 의해 물체가 받은 충격량의 크기는?

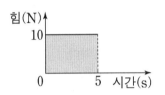

① 12N·s
② 30N·s
③ 50N·s
④ 80N·s

3. 그림과 같이 막대자석을 코일 속에 넣었다 뺐다 하면 코일의 도선에 전류가 유도되어 검류계의 바늘이 움직인다. 이 현상은?

① 대류
② 삼투
③ 초전도
④ 전자기 유도

4. 그림과 같이 공이 자유 낙하 하는 동안 시간에 따른 속력의 그래프로 옳은 것은? (단, 공기 저항은 무시한다.)

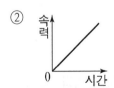

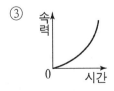

5. 그림은 고열원에서 1000J의 열에너지를 흡수하여 일 W를 하고 저열원으로 600J의 열에너지를 방출하는 열기관의 1회 순환 과정을 나타낸 것이다. 이 열기관의 열효율은?

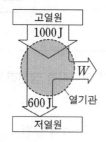

① 20%

② 40%

③ 80%

④ 100%

6. 신재생 에너지에 대한 설명으로 옳은 것만을 <보기>에서 모두 고른 것은?

———————— <보기> ————————

ㄱ. 화석 연료보다 친환경적이다.

ㄴ. 태양광 에너지는 신재생 에너지의 한 종류이다.

ㄷ. 인류 문명의 지속 가능한 발전을 위해 신재생 에너지 개발이 필요하다.

① ㄱ, ㄴ   ② ㄱ, ㄷ   ③ ㄴ, ㄷ   ④ ㄱ, ㄴ, ㄷ

7. 다음 원자의 전자 배치 중 원자가 전자가 4개인 것은?

① 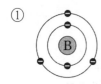   ② 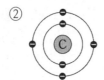   ③ 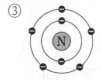   ④

8. 다음 중 그림과 같이 양이온과 음이온의 정전기적 인력에 의해 형성된 이온 결합 물질은?

① 철(Fe)

② 구리(Cu)

③ 마그네슘(Mg)

④ 염화 나트륨(NaCl)

9. 그림은 주기율표의 일부를 나타낸 것이다. 임의의 원소 A~D 중 원자 번호가 가장 큰 것은?

주기\족	1	2		17	18
1	A				
2		B		C	
3					D

① A

② B

③ C

④ D

10. 그림은 메테인(CH_4)의 분자 구조 모형을 나타낸 것이다. 메테인을 구성하는 탄소(C) 원자와 수소(H) 원자의 개수비는?

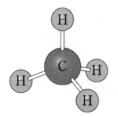

<table>
<tr><td></td><td>C</td><td></td><td>H</td></tr>
<tr><td>①</td><td>1</td><td>:</td><td>2</td></tr>
<tr><td>②</td><td>1</td><td>:</td><td>3</td></tr>
<tr><td>③</td><td>1</td><td>:</td><td>4</td></tr>
<tr><td>④</td><td>2</td><td>:</td><td>3</td></tr>
</table>

11. 다음은 철의 제련 과정에서 일어나는 산화 환원 반응의 화학 반응식이다. 이 반응에서 산소를 잃어 환원되는 반응 물질은?

$$Fe_2O_3 \ + \ 3CO \ \longrightarrow \ 2Fe \ + \ 3CO_2$$
산화 철(Ⅲ)　　일산화 탄소　　　철　　이산화 탄소

① Fe_2O_3　　　　② CO　　　　③ Fe　　　　④ CO_2

12. 그림은 묽은 염산(HCl)과 수산화 나트륨($NaOH$) 수용액의 중화 반응 모형을 나타낸 것이다. 이온 ㉠은?

① OH^-　　　　② Br^-　　　　③ Cl^-　　　　④ F^-

13. 다음 중 세포에서 유전 정보를 저장하거나 전달하는 물질은?

① 물　　　　② 지질　　　　③ 핵산　　　　④ 탄수화물

14. 그림은 어떤 동물 세포의 구조를 나타낸 것이다. A~D 중 세포 호흡이 일어나 생명 활동에 필요한 에너지를 생산하는 세포 소기관은?

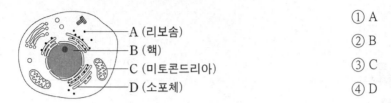

① A
② B
③ C
④ D

15. 다음은 세포막을 경계로 물질이 이동하는 방법을 설명한 것이다. ㉠에 해당하는 것은?

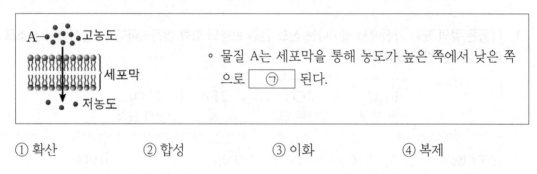

○ 물질 A는 세포막을 통해 농도가 높은 쪽에서 낮은 쪽으로 ㉠ 된다.

① 확산　　　② 합성　　　③ 이화　　　④ 복제

16. 그림은 과산화 수소의 분해 반응에서 효소인 카탈레이스가 있을 때와 없을 때의 에너지 변화를 나타낸 것이다. 이 반응에서 효소가 있을 때의 활성화 에너지는?

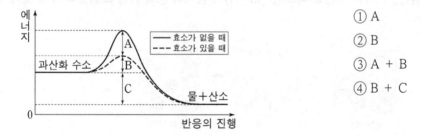

① A
② B
③ A + B
④ B + C

17. 그림은 세포 내 유전 정보의 흐름 중 일부를 나타낸 것이다. 과정 (가)와 염기 ㉠은?

	(가)	㉠
①	전사	A
②	전사	G
③	번역	C
④	번역	T

18. 그림은 생태계 평형이 유지되고 있는 생태계에서의 먹이 그물을 나타낸 것이다. 이 먹이 그물에서 개체 수가 가장 많은 생물은?

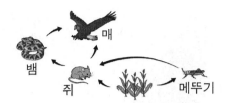

① 뱀
② 쥐
③ 메뚜기
④ 옥수수

19. 다음 설명의 ㉠에 해당하는 것은?

| ㉠ |은 생태계 내에 존재하는 생물의 다양한 정도를 의미하며 유전적 다양성, 종 다양성, 생태계 다양성을 포함한다.

① 초원   ② 개체군   ③ 외래종   ④ 생물 다양성

20. 그림은 빅뱅 우주론을 모형으로 나타낸 것이다. 빅뱅 이후 시간의 흐름에 따라 증가하는 물리량으로 옳은 것만을 <보기>에서 모두 고른 것은?

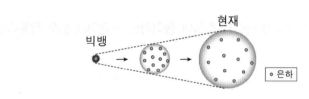

─────── <보기> ───────
ㄱ. 우주의 크기   ㄴ. 우주의 평균 밀도   ㄷ. 우주의 평균 온도

① ㄱ   ② ㄷ   ③ ㄱ, ㄴ   ④ ㄴ, ㄷ

21. 다음 중 지구에서 온실 효과를 일으키는 기체가 <u>아닌</u> 것은?

① 헬륨   ② 메테인   ③ 수증기   ④ 이산화 탄소

22. 그림은 질량이 서로 다른 2개의 별 중심부에서 모든 핵융합 반응이 끝난 직후 내부 구조의 일부를 각각 나타낸 것이다. 지점 A~D 중 가장 무거운 원소가 생성된 곳은?

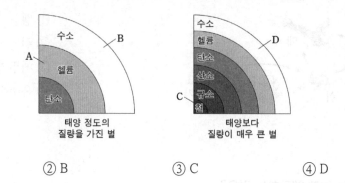

① A   ② B   ③ C   ④ D

23. 다음 설명에 해당하는 지형은?

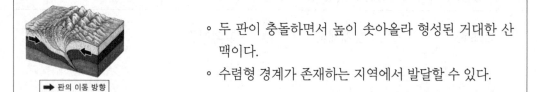

- 두 판이 충돌하면서 높이 솟아올라 형성된 거대한 산맥이다.
- 수렴형 경계가 존재하는 지역에서 발달할 수 있다.

① 해령   ② 열곡   ③ 습곡 산맥   ④ 변환 단층

24. 다음 중 대기 중의 이산화 탄소가 바닷물에 녹아 들어가는 과정에서 상호 작용하는 지구 시스템의 구성 요소는?

① 기권과 수권
③ 기권과 생물권
② 지권과 수권
④ 지권과 생물권

25. 다음 설명에 해당하는 지질 시대는?

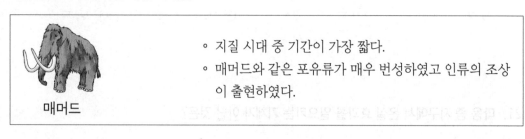

매머드

- 지질 시대 중 기간이 가장 짧다.
- 매머드와 같은 포유류가 매우 번성하였고 인류의 조상이 출현하였다.

① 선캄브리아 시대
③ 중생대
② 고생대
④ 신생대

한국사

---

1. 다음 설명에 해당하는 시대는?

> ◦ 빈부의 차이와 계급의 분화가 발생함.
> ◦ 대표적인 유물은 비파형 동검임.
> ◦ 우리 역사 최초의 국가인 고조선이 건국됨.

① 구석기 시대   ② 신석기 시대

③ 청동기 시대   ④ 철기 시대

2. ㉠에 들어갈 신라의 왕으로 옳은 것은?

> 〈 ㉠ 의 정책 〉
> - 국학 설립
> - 9주 5소경 체제 정비
> - 관료전 지급 및 녹읍 폐지

① 신문왕
② 장수왕
③ 근초고왕
④ 광개토 대왕

3. 다음에서 설명하는 역사서는?

> ◦ 김부식이 왕명을 받아 편찬함.
> ◦ 현존하는 우리나라 역사서 중 가장 오래됨.

① 경국대전   ② 삼국사기   ③ 조선책략   ④ 팔만대장경

4. ㉠에 들어갈 정책으로 옳은 것은?

> 〈 공민왕의 반원 정책 〉
> - 친원 세력 제거
> - 정동행성 이문소 폐지
> - ㉠

① 장용영 설치
② 금관가야 정복
③ 쌍성총관부 공격
④ 치안 유지법 제정

5. 다음에서 설명하는 제도는?

> 조선은 이상적인 유교 정치 구현을 위해 노력하였다. 특히 세종은 왕권과 신권의 조화를 추구하여 군사 업무, 특정 인사 등을 제외한 대부분의 일들을 의정부에서 논의하여 보고하도록 하였다.

① 골품제
② 6조 직계제
③ 헌병 경찰제
④ 의정부 서사제

6. 다음에서 설명하는 근대적 교육 기관은?

> 개항 이후 근대적 교육의 필요성이 확대되었다. 이에 1883년 근대 학문과 외국어를 가르치는 최초의 근대적 교육 기관이 함경도 덕원 주민들에 의해 세워졌다.

① 태학
② 국자감
③ 성균관
④ 원산 학사

7. ㉠에 들어갈 내용으로 옳은 것은?

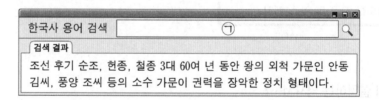

한국사 용어 검색   ㉠

검색 결과

조선 후기 순조, 헌종, 철종 3대 60여 년 동안 왕의 외척 가문인 안동 김씨, 풍양 조씨 등의 소수 가문이 권력을 장악한 정치 형태이다.

① 도병마사
② 세도 정치
③ 무신 정권
④ 동북 공정

8. 밑줄 친 '운동'에 해당하는 것은?

> 일본의 차관이 도입되면서 대한 제국의 빚은 1,300만 원에 이르게 되었다. 이에 1907년 대구에서 성금을 모아 빚을 갚자는 운동이 시작되었고, 대한매일신보 등 언론사가 후원하면서 전국으로 확산되었다.

① 형평 운동
② 북벌 운동
③ 국채 보상 운동
④ 서경 천도 운동

9. ㈀에 들어갈 내용으로 옳은 것은?

> 일본은 [㉠] 체결에 따라 대한 제국의 외교권을 빼앗고 통감부를 설치하였다. 초대 통감으로 부임한 이토 히로부미는 대한 제국의 내정 전반을 간섭하기 시작하였다.

① 을사늑약　　　② 헌의 6조　　　③ 남북 협상　　　④ 간도 협약

10. 을미개혁의 내용으로 옳은 것을 <보기>에서 고른 것은?

<보기>

ㄱ. 단발령 시행　　　　　　　ㄴ. 태양력 사용
ㄷ. 노비안검법 실시　　　　　ㄹ. 독서삼품과 실시

① ㄱ, ㄴ　　　② ㄱ, ㄹ　　　③ ㄴ, ㄷ　　　④ ㄷ, ㄹ

11. ㈀에 들어갈 인물로 옳은 것은?

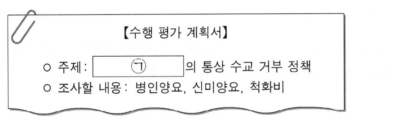

【수행 평가 계획서】

○ 주제 : [㉠]의 통상 수교 거부 정책
○ 조사할 내용 : 병인양요, 신미양요, 척화비

① 서희
② 안향
③ 정약용
④ 흥선 대원군

12. ㈀에 들어갈 내용으로 옳은 것은?

한국사 스피드 퀴즈

이기붕을 부통령으로 당선시키기 위해 벌어진 사건으로 4·19 혁명의 배경이 되었어.

① 아관 파천　　　　　　　② 위화도 회군
③ 국내 진공 작전　　　　　④ 3·15 부정 선거

13. 밑줄 친 '기구'에 해당하는 것은?

> 1880년대 조선 정부는 개화 정책을 총괄하기 위한 <u>기구</u>를 설치하였다. 그 아래에 실무를 담당하는 12사를 두어 외교, 통상, 재정 등의 업무를 맡게 하였다. 또한 군사 제도를 개편하고 신식 군대인 별기군을 창설하였다.

① 집현전   ② 교정도감
③ 통리기무아문   ④ 동양 척식 주식회사

14. ㉠에 들어갈 내용으로 옳은 것은?

> 1910년대 일제는 한국의 산업 성장을 방해하기 위한 정책을 실시하였다. 특히 회사를 설립할 때는 조선 총독의 허가를 받도록 하는 [㉠]을 공포하여 한국인의 회사 설립을 억제하려 하였다.

① 회사령   ② 균역법   ③ 공명첩   ④ 대동법

15. 다음에서 설명하는 무장 독립 투쟁은?

> 1920년 김좌진이 이끄는 북로 군정서와 홍범도의 대한 독립군을 중심으로 한 독립군 연합 부대는 백운평과 어랑촌 등지에서 일본군을 크게 격파하였다.

① 병자호란   ② 청산리 대첩   ③ 한산도 대첩   ④ 황토현 전투

16. 다음 질문에 대한 답으로 옳은 것은?

> 민족 자결주의와 2·8 독립 선언의 영향을 받아 1919년에 일어난 일제 강점기 최대의 민족 운동은 무엇일까요?

① 3 · 1 운동   ② 제주 4 · 3 사건
③ 금 모으기 운동   ④ 부 · 마 민주 항쟁

17. 다음에서 설명하는 민족 운동은?

> 일제는 한국인에게 고등 교육의 기회를 거의 주지 않았다. 이에 이상재를 중심으로 고등 교육 기관을 설립하자는 취지 아래, '한민족 1천만이 한 사람이 1원씩'이라는 구호를 내세우며 모금 운동을 펼쳤다.

① 만민 공동회   ② 서울 진공 작전
③ 토지 조사 사업   ④ 민립 대학 설립 운동

18. ㉠에 들어갈 내용으로 옳은 것은?

> 【모스크바 3국 외상 회의 결정 내용 요약문】
> 1. 한국의 독립을 위하여 임시 민주 정부를 수립한다.
> 2. 임시 정부 수립을 위하여 미국과 소련은 [㉠   ]를 설치하고 한국의 정당 및 사회단체와 협의한다.

① 신간회   ② 조선 형평사
③ 국민 대표 회의   ④ 미 · 소 공동 위원회

19. 다음에서 설명하는 일제의 식민 지배 방식은?

> 일제는 침략 전쟁을 확대하면서 한국인을 전쟁에 동원하고자 하였다. 이에 황국 신민 서사 암송, 궁성 요배, 신사 참배를 강요하고 한국인의 성과 이름도 일본식으로 바꾸게 하였다.

① 호포제   ② 금융 실명제
③ 민족 말살 통치   ④ 4 · 13 호헌 조치

20. 다음에서 설명하는 인물은?

> ◆ 한국사 인물 카드 ◆
> ○생몰 연도 : 1876년~1949년
> ○주요 활동 – 한인 애국단 조직
>   – 대한민국 임시 정부 주석 역임
> ○주요 저서 : 『백범일지』

① 궁예   ② 김구   ③ 박제가   ④ 연개소문

21. ㉠에 들어갈 내용으로 옳은 것은?

> 일제의 식민 지배에 협력했던 민족 반역자를 청산하는 것은 민족정기를 바로잡기 위해 필요한 일이었다. 이에 1948년 제헌 국회는 국민적 여론과 제헌 헌법에 따라 ⸻㉠⸻ 을/를 제정하였다.

① 시무 28조
② 미쓰야 협정
③ 남북 기본 합의서
④ 반민족 행위 처벌법

22. 다음에서 설명하는 사건은?

1980년 신군부 세력은 비상계엄을 전국으로 확대하였어. 이에 맞서 광주의 학생과 시민들은 격렬하게 저항하였지.

그래. 그리고 당시 관련 기록물은 2011년 유네스코 세계 기록 유산으로 등재되었어.

① 갑신정변
② 교조 신원 운동
③ 물산 장려 운동
④ 5 · 18 민주화 운동

23. ㉠에 들어갈 전쟁으로 옳은 것은?

〈 ㉠ 의 전개 과정 〉

북한군의 남침
↓
인천 상륙 작전
↓
1·4 후퇴
↓
정전 협정

① 임진왜란
② 귀주 대첩
③ 6 · 25 전쟁
④ 쌍성보 전투

24. 박정희 정부 시기에 있었던 사실로 옳은 것을 <보기>에서 고른 것은?

───── <보기> ─────
ㄱ. 베트남 파병
ㄴ. 전주 화약 체결
ㄷ. 유신 헌법 제정
ㄹ. 서울 올림픽 개최

① ㄱ, ㄴ
② ㄱ, ㄷ
③ ㄴ, ㄹ
④ ㄷ, ㄹ

25. ㉠에 들어갈 지역으로 옳은 것은?

> ◦ 1905년 러 · 일 전쟁 중에 일본은 [㉠]를 자국의 영토로 불법 편입하였다.
>
> ◦ 연합국 최고 사령관 각서 제677호에 [㉠]가 한국 영토로 표기되어 있다.

① 독도   ② 강화도   ③ 제주도   ④ 거문도

도 덕

1. 다음 설명에 해당하는 윤리학은?

> 인간이 어떻게 행위를 해야 하는가에 대한 보편적 원리의 정립을 주된 목표로 하는 윤리학

① 진화 윤리학 ② 기술 윤리학 ③ 규범 윤리학 ④ 메타 윤리학

2. 다음 설명에 해당하는 이상적 인간은?

> 유교에서 제시한 도덕적 수양과 사회적 실천을 통해 이상적 인격에 도달한 사람

① 군자 ② 보살 ③ 진인 ④ 철인

3. ㉠에 들어갈 용어는?

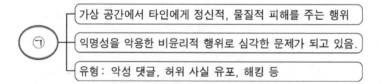

- 가상 공간에서 타인에게 정신적, 물질적 피해를 주는 행위
- 익명성을 악용한 비윤리적 행위로 심각한 문제가 되고 있음.
- 유형 : 악성 댓글, 허위 사실 유포, 해킹 등

① 기후 정의
② 절대 빈곤
③ 사이버 폭력
④ 윤리적 소비

4. 윤리적 성찰의 방법으로 적절하지 <u>않은</u> 것은?

① 언행을 신중하게 하고 몸가짐을 바르게 한다.
② 다른 사람을 돕는 데 진심을 다했는지 살핀다.
③ 자신의 생각이나 상식을 반성적으로 검토한다.
④ 권위가 있는 이론은 비판 없이 무조건 수용한다.

5. 다음 설명에 해당하는 윤리적 관점은?

> - 아리스토텔레스의 사상적 전통을 따라 도덕 법칙이나 원리보다 행위자의 품성과 덕성을 중시함.
> - 행위자의 성품을 먼저 평가하고, 이를 근거로 행위의 옳고 그름을 판단해야 한다고 보는 관점임.

① 덕 윤리   ② 담론 윤리
③ 의무론 윤리   ④ 공리주의 윤리

6. 다음은 서술형 평가 문제와 답안이다. 밑줄 친 ㉠~㉢ 중 옳지 않은 것은?

> 문제 : 정보의 생산자들이 지녀야 할 윤리적 자세에 대해 서술하시오.
>
> 〈답안〉
>   정보 생산자들은 ㉠사실 그대로 전달하는 진실한 태도를 지녀야 한다. ㉡정보를 자의적으로 해석하거나 왜곡하지 않아야 하고, ㉢관련된 내용에 대한 객관성과 공정성을 추구해야 한다. 또한 ㉣개인의 사생활, 인격권을 침해해서라도 알 권리만을 우선해야 한다.

① ㉠
② ㉡
③ ㉢
④ ㉣

7. 가족 간의 바람직한 윤리적 자세로 적절하지 않은 것은?

① 형제자매는 서로 우애 있게 지내야 한다.
② 부모와 자녀는 상호 간에 사랑을 실천해야 한다.
③ 가족 구성원 간에 신뢰를 회복하도록 노력해야 한다.
④ 전통 가족 윤리는 시대정신에 맞더라도 거부해야 한다.

8. ㉠에 들어갈 용어로 가장 적절한 것은?

>   싱어(Singer, P.)는 (㉠   )을 갖고 있는 동물의 이익도 평등하게 고려되어야 한다고 주장한다.

① 정보 처리 능력   ② 쾌고 감수 능력
③ 도덕적 탐구 능력   ④ 비판적 사고 능력

9. 다음에서 소개하는 윤리 사상가는?

◆ 도덕 인물 카드 ◆
• 고대 그리스의 철학자
• 소크라테스의 제자로 이데아론을 주장함.
• 대표 저서 : 『국가』

① 로크
② 베이컨
③ 플라톤
④ 엘리아데

10. 다음 설명에 해당하는 것은?

◦ 남녀 모두의 인권을 동등하게 보장함.
◦ 성별에 따라 서로 차별하지 않고 동등하게 대우함.

① 성폭력　　　　② 양성평등　　　　③ 인종 차별　　　　④ 지역 갈등

11. 다음 설명에 해당하는 개념은?

◦ 의미 : 행위의 결과와 상관없이 행위 자체가 옳기 때문에 무조건 수행해야 하는 도덕적
　　　　명령
◦ 예 : "네 의지의 준칙이 언제나 동시에 보편적 입법의 원리가 되도록 행위하라."

① 가치 전도　　　　② 정언 명령　　　　③ 책임 전가　　　　④ 가언 명령

12. (가), (나)에 들어갈 내용으로 적절하지 <u>않은</u> 것은?

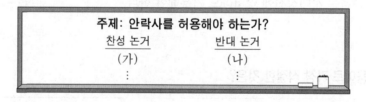

주제: 안락사를 허용해야 하는가?
찬성 논거　　　　반대 논거
(가)　　　　(나)
⋮　　　　⋮

① (가) : 인간답게 죽을 권리는 없다.
② (가) : 경제적 고통을 덜어 줄 수 있다.
③ (나) : 사회에 생명 경시 풍조가 확산된다.
④ (나) : 죽음은 인간이 선택할 수 있는 대상이 아니다.

13. 다음 설명에 해당하는 직업 윤리 의식은?

> 공직자뿐만 아니라 직업 생활의 전반에서 중요한 의식으로 성품과 품행이 맑고 깨끗하여 탐욕을 부리지 않는 것을 의미한다.

① 경쟁 의식　　② 패배 의식　　③ 청렴 의식　　④ 특권 의식

14. 다음에서 설명하는 윤리에 대한 관점은?

> ○ 보편적으로 타당한 도덕 원칙은 없다고 봄.
> ○ 윤리를 문화의 산물로 보고, 각 사회마다 마땅히 따라야 할 규범이 다를 수 있다고 봄.

① 윤리적 상대주의　　　　　② 윤리적 이기주의
③ 윤리적 절대주의　　　　　④ 윤리적 의무주의

15. 다음에서 바람직한 문화적 정체성을 유지하기 위한 관점에만 '✓'를 표시한 학생은?

관점　　　　　　　　　　　　　　　　　학생	A	B	C	D
• 자신의 주관이나 문화적 정체성을 버린다.	✓	✓		✓
• 사회 질서를 파괴하지 않는 범위에서 관용을 베푼다.	✓		✓	✓
• 문화의 다양성을 수용하면서도 보편적 규범을 따른다.		✓	✓	✓

① A
② B
③ C
④ D

16. 다음 내용과 관련된 사상은?

> ○ 불교에서 서로 다른 종파들 간 대립과 갈등을 더 높은 차원에서 극복하고자 함.
> ○ 특수하고 상대적인 각자의 입장에서 벗어나 대승적으로 융합해야 함을 강조함.

① 묵자의 겸애 사상　　　　　② 공자의 덕치 사상
③ 노자의 무위 사상　　　　　④ 원효의 화쟁 사상

17. 부정부패 행위가 사회에 미치는 영향을 <보기>에서 고른 것은?

<보기>

ㄱ. 국외 자본의 국내 투자가 활발해진다.

ㄴ. 개인의 권리가 부당하게 침해받을 수 있다.

ㄷ. 사회적 비용의 낭비로 사회 발전을 저해할 수 있다.

ㄹ. 국민 간 위화감을 완화하여 사회 통합을 용이하게 한다.

① ㄱ, ㄴ　　　② ㄱ, ㄹ　　　③ ㄴ, ㄷ　　　④ ㄷ, ㄹ

18. 그림의 내용과 같은 주장을 한 사상가는?

자유 지상주의적 입장에서 개인의 소유권을 보호하고 존중하는 것이 정의이다.

소득 재분배는 개인의 권리를 침해하는 심각한 문제이다. 해외 원조를 자선의 관점에서 보아야 한다.

① 홉스　　　② 노직　　　③ 벤담　　　④ 왈처

19. 유전자 치료에 대한 찬성 근거로 가장 적절한 것은?

① 유전적 질병으로 인한 고통을 해소한다.

② 인간의 유전적 다양성이 상실될 수 있다.

③ 의학적으로 불확실하고 임상적으로 위험하다.

④ 유전 정보 활용으로 사생활 침해 문제가 발생한다.

20. ㉠에 들어갈 용어는?

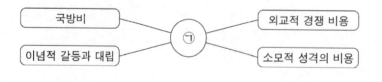

국방비

이념적 갈등과 대립

㉠

외교적 경쟁 비용

소모적 성격의 비용

① 기본 소득

② 분단 비용

③ 과시 소비

④ 통일 편익

21. 다음 설명에 해당하는 것은?

차별받아 온 사람들에게 고용이나 교육 등 다양한 측면에서 직간접적으로 혜택을 제공함으로써 사회적 이익의 공정한 분배를 실현하려는 제도

① 청탁 금지법　　　　　　② 생물 다양성 협약

③ 지속 가능한 개발　　　　④ 소수자 우대 정책

22. 다음 대화에서 학생이 주장하는 국제 관계에 대한 관점은?

교사: 국제 분쟁을 어떻게 막을 수 있을까요?

학생: 국가는 도덕성보다 국가의 이익을 우선해야 합니다. 국가의 힘을 키워서 세력 균형을 유지해야 분쟁을 막을 수 있습니다.

① 현실주의　　　② 구성주의　　　③ 이상주의　　　④ 도덕주의

23. 시민 불복종의 특징으로 볼 수 없는 것은?

① 폭력을 사용해서는 안 된다.

② 최후의 수단이 되어야 한다.

③ 공개적인 활동을 통해 공동선을 지향해야 한다.

④ 기존 사회 질서와 헌법 체계 전체를 부정해야 한다.

24. ㉠에 들어갈 용어로 가장 적절한 것은?

노르웨이의 평화학자 갈퉁(Galtung, J.)은 직접적 폭력뿐만 아니라 구조적·문화적 폭력을 제거하여 (㉠)를 이루어야 한다고 주장합니다.

① 일시적 평화　　② 적극적 평화　　③ 소극적 평화　　④ 특수적 평화

25. 다음에서 설명하는 자연을 바라보는 관점은?

- 무생물을 포함한 생태계 전체를 도덕적 고려의 대상으로 보는 입장
- 생태계 전체의 선을 위하여 개별 구성원을 희생시킬 수 있다는 한계를 지님.

① 인간 중심주의　　　　　　② 동물 중심주의

③ 생명 중심주의　　　　　　④ 생태 중심주의

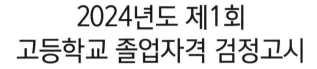

2024년도 제1회
고등학교 졸업자격 검정고시

C·O·N·T·E·N·T·S

국 어

고졸

1. ㉠에 들어갈 내용으로 가장 적절한 것은?

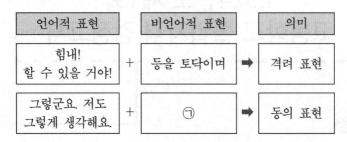

① 고개를 끄덕이며
③ 양손을 내저으며
② 무섭게 인상 쓰며
④ 차갑게 등을 돌리며

2. 다음 대화에서 직원의 말하기에 나타난 문제점으로 적절한 것은?

> 손님 : 두 명 자리 있나요?
> 직원 : 죄송합니다. 30분 정도 웨이팅하셔야 해요. 오늘 메뉴가 저희 셰프님 시그니처 메뉴라서요. 괜찮으시면 왼쪽 웨이팅 룸으로 에스코트해 드릴까요?

① 외국어를 지나치게 많이 사용했다.
② 이해하기 어려운 줄임말을 사용했다.
③ 기분을 상하게 하는 비속어를 사용했다.
④ 상황에 맞지 않는 관용 표현을 사용했다.

3. 다음 '표준 발음법' 규정이 적용되지 <u>않는</u> 것은?

> ■ 표준 발음법 ■
> 【제23항】받침 'ㄱ(ㄲ, ㅋ, ㄳ, ㄺ), ㄷ(ㅅ, ㅆ, ㅈ, ㅊ, ㅌ), ㅂ(ㅍ, ㄼ, ㄿ, ㅄ)' 뒤에 연결되는 'ㄱ, ㄷ, ㅂ, ㅅ, ㅈ'은 된소리로 발음한다.

① 굳다   ② 낙지   ③ 답사   ④ 볶음

4. 다음을 참고하여 예문의 밑줄 친 부분에 사용된 상대 높임을 바르게 연결한 것은?

> 말하는 이가 듣는 이를 높이거나 낮추어 표현하는 방식을 상대 높임법이라고 한다. 상대 높임법은 대체로 문장을 끝맺는 종결 어미로 높임을 실현한다. 종결 어미에는 격식체와 비격식체가 있으며 다음과 같이 나누어진다.
>
> | 격식체 | 하십시오체 / 하오체 / 하게체 / 해라체 |
> |---|---|
> | 비격식체 | 해요체 / 해체 |

	예문	상대 높임
①	할머니께서 진지를 <u>드셨어요</u>.	하십시오체
②	어머니께서도 공원에 <u>가신대</u>.	하오체
③	선생님께 먼저 과일을 <u>드리시게</u>.	하게체
④	아버지를 모시고 큰댁에 <u>다녀왔습니다</u>.	해요체

5. ㉠~㉣을 '한글 맞춤법'에 맞게 고친 것은?

> ㉠ <u>며칠</u> 뒤에 공장 문이 ㉡ <u>닫힐</u> 것이라는 소문이 ㉢ <u>금세</u> ㉣ <u>붉어져</u> 나왔다.

① ㉠ : 몇일   ② ㉡ : 닻힐   ③ ㉢ : 금새   ④ ㉣ : 불거져

[6~7] (나)는 (가)를 토대로 작성한 글이다. 물음에 답하시오.

> (가) 초대 글 개요
> Ⅰ. 서두 : ㉠ <u>계절을 소재로 글을 시작함</u>.
> Ⅱ. 본문
>   1. 축제 안내
>   가. ㉡ <u>축제 날짜 및 장소를 밝힘</u>.
>   나. ㉢ <u>다채로운 행사가 준비되어 있음을 강조함</u>.
>   2. 초대의 말
>   가. 축제에 초대하는 내용을 정중하게 표현함.
>   나. ㉣ <u>방문객에게는 작은 기념품을 증정함을 알림</u>.
> Ⅲ. 맺음말 : 축제에 참여하여 즐거운 시간을 보내기를 바라는 내용을 강조함.

(나) 모시는 글

따사로운 햇볕이 반가운 듯 나무들도 꽃망울을 터뜨리며 완연한 봄이 되었음을 알립니다. 더불어 설레는 마음으로 시작했던 새 학기도 어느덧 한 달이 지났습니다.

○○고등학교는 개교 50주년을 맞이하였습니다. 이를 기념하기 위하여 공연과 전시, 체험 활동 등 다채로운 행사가 가득한 축제를 정성껏 준비하였습니다.

여러 가지 일로 바쁘시겠지만 학교 축제에 참석하셔서 자리를 빛내 주시기 바랍니다. 잠시나마 일상의 스트레스를 날려 버릴 수 있는 즐거운 시간을 보내실 수 있도록 노력하겠습니다. 참석하시는 분들께는 작은 기념품도 증정할 예정입니다.

(㉮) 감사합니다.

6. (가)의 ㉠~㉣ 중 (나)에 반영되지 않은 것은?

① ㉠ ② ㉡ ③ ㉢ ④ ㉣

7. ㉮에 들어갈 내용을 <조건>에 따라 작성한 것으로 가장 적절한 것은?

<조건>

- 비유법을 활용할 것
- 청유형 문장을 통해 참여를 촉구할 것

① 이번 축제가 우리 사이의 오작교가 되길 바랍니다.
② 이번 축제에서 친구와 행복한 추억을 만들어 봅시다.
③ 활짝 핀 봄꽃처럼 환한 미소가 가득한 축제를 함께 즐겨 봅시다.
④ 봄바람이 꽃망울을 열 듯 여러분의 마음을 열 수 있는 축제를 만들겠습니다.

8. ㉠~㉣에 나타난 중세 국어의 특징으로 적절하지 않은 것은?

[훈민정음 언해]

㉠나·랏:말ᄊᆞ·미中듕國·귁·에달·아文문字·ᄍᆞᆼ·와·로서르 ᄉᆞᄆᆞᆺ·디아·니ᄒᆞᆯ·씨·이런젼·ᄎᆞ·로어·린百·ᄇᆡᆨ姓·셩·이 ㉡니르·고·져·홇·배이·셔·도㉢ᄆᆞᄎᆞᆷ:내제㉣·ᄠᅳ·들시·러 펴·디:몯ᄒᆞᇙ·노·미하·니·라

-『월인석보(月印釋譜)』-

① ㉠ : 'ᆞ(아래 아)'가 사용되었다.
② ㉡ : 두음 법칙을 지켜서 표기하였다.
③ ㉢ : 소리의 높낮이를 방점으로 표시하였다.
④ ㉣ : 이어 적기로 표기하였다.

[9~10] 다음 글을 읽고 물음에 답하시오.

이화(梨花)¹⁾에 월백(月白)하고 은한(銀漢)²⁾이 삼경(三更)³⁾인 제 일지⁴⁾춘심(一枝春心)을 자규(子規)⁵⁾야 알랴마는 다정(多情)도 병인 양하여 잠 못 들어 하노라.

– 이조년 –

1) 이화 : 배꽃.
2) 은한 : 은하수.
3) 삼경 : 밤 열한 시에서 새벽 한 시 사이.
4) 일지 : 하나의 나뭇가지.
5) 자규 : 두견새.

9. 윗글에 대한 설명으로 적절하지 <u>않은</u> 것은?

① 4음보의 율격이 드러나고 있다.
② 후렴구가 반복적으로 나타나고 있다.
③ 색채 이미지를 사용하여 표현하고 있다.
④ 초장, 중장, 종장의 형태로 이루어져 있다.

10. 윗글의 화자에 대한 설명으로 가장 적절한 것은?

① 봄밤에 느끼는 애상적인 정서를 드러내고 있다.
② 자신의 운명을 거부하려는 태도를 나타내고 있다.
③ 이상적인 세계를 동경하는 마음을 나타내고 있다.
④ 과거를 회상하며 후회하는 감정을 드러내고 있다.

[11~13] 다음 글을 읽고 물음에 답하시오.

이장은 민 씨를 흘기듯 노려보았다.
"왜, 농민보고 농민 궐기 대회¹⁾ 꼭 나오라 캤는데, 뭐가 잘못됐나."
민 씨는 자신도 모르게 따지는 어조가 되었다.
"군 전체가 모두 모여도 몇 명 안 되었다면서요. 그런 자리에 황만근 씨가 꼭 가야 합니까. 아니, 황만근 씨만 가야 할 이유라도 있습니까. 따로 황만근 씨한테 부탁을 할 정도로."
"이 사람이 뭐라 카는 기라. 이장이 동민한테 농가 부채²⁾ 탕감³⁾ 촉구 전국 농민 총궐기 대회가 있다, 꼭 참석해서 우리의 입장을 밝히자 카는데 뭐가 잘못됐단 말이라."
"잘못이라는 게 아니고요, 다른 사람들은 다 돌아왔는데 왜 황만근 씨만 못 오고 있나 하는 겁니다."

"내가 아나. 읍에 가 보이 장날이더라고. 보나 마나 어데서 술 처먹고 주질러 앉았을 끼라. 백리 길을 깅운기를 끌고 갔으이 시간도 마이 걸릴 끼고."

다른 사람들은 말이 없었고 민 씨와 이장만이 공을 주고 받는 꼴이 되어 버렸다.

"글세, 그 자리에 꼭 황만근 씨만 경운기를 끌고 갔어야 했느냐 이 말입니다. 그것도 고장 난 경운기를."

"깅운기를 끌고 오라는 기 내 말이라? 투쟁 방침이 그렇다 카이. 깅운기도 그렇지, 고장은 무신 고장, ㉠만그이가 그걸 하루 이틀 몰았나. 남들이 못 몬다 뿐이지."

"그럼 이장님은 왜 경운기를 안 타고 가고 트럭을 타고 가셨나요. 이장님부터 솔선수범을 해야지 다른 동민들이 따라 할 텐데, 지금 거꾸로 되었잖습니까."

"내사 민사무소⁴⁾에서 인원 점검하고 다른 이장들하고 의논도 해야 되고 울매나 ㉡바쁜 사람인데 깅운기를 타고 언제 가고 말고 자빠졌나. 다른 동네 이장들도 민소 앞에서 모이 가이고 트럭 타고 갔는 거를. 진짜로 깅운기를 끌고 갔으마 군 대회에는 늦어도 한참 늦었지. 군청에 갔는데 비가 와 가이고 온 사람도 및 없더마. 소리마 및 분 지르고 왔지. 군청까지 깅운기를 타고 갈 수나 있던가. 국도에 차들이 미치괘이맨구로 쌩쌩 달리는데 받히만 우얘라고. 다른 동네서는 자가용으로 간 사람도 쌨어."

"그러니까 국도를 갈 때는 여러 사람이 한꺼번에 경운기를 여러 대 끌고 가자는 거였잖습니까. 시위도 하고 의지도 보여 준다면서요. 허허, 나 참."

"아침부터 바쁜 사람 불러내 놓더이, 사람 말을 알아듣도 못하고 엉뚱한 소리만 해 싸. 누구맨구로 반동가리가 났나."

기어이 민 씨는 버럭 소리를 지르고야 말았다.

"반편은 누가 반편입니까. 이장이니 지도자니 하는 사람들이 모여서 방침을 정했으면 그대로 해야지, 양복 입고 자가용 타고 간 사람은 오고, 방침대로 ㉢경운기 타고 간 사람은 오지도 않고, 이게 무슨 경우냐구요."

"이 자슥이 뉘 앞에서 눈까리를 똑바로 뜨고 소리를 뻑뻑 질러 쌓노. 도시에서 쫄딱 망해 가이고 귀농을 했시모 얌전하게 납작 엎드려 있어도 동네 사람 시키 줄까 말까 한데, 뭐라꼬? 내가 만그이 이미냐, 애비냐. ㉣나이 오십 다 된 기 어데를 가든동 오든동 지가 알아서 해야지, 목사리 끌고 따라다니까?"

– 성석제, 『황만근은 이렇게 말했다』 –

1) 궐기 대회 : 어떤 문제의 해결책을 촉구하기 위하여 뜻있는 사람들이 함께 일어나 행동하는 모임.
2) 부채 : 남에게 빚을 짐. 또는 그 빚.
3) 탕감 : 빚이나 요금, 세금 따위의 물어야 할 것을 덜어 줌.
4) 민사무소 : '면사무소'의 방언(경상).

11. 윗글에 대한 설명으로 가장 적절한 것은?

① 대화를 통해 인물 간의 갈등을 드러내고 있다.

② 서술자가 직접 경험한 사실을 객관적으로 제시하고 있다.

③ 자연물에 인격을 부여하여 인물의 심리를 보여주고 있다.

④ 과거와 현재를 교차하며 인물의 성격 변화를 보여주고 있다.

12. 윗글에서 알 수 있는 내용을 <보기>에서 골라 바르게 묶은 것은?

<보기>

ㄱ. 대규모 토지 거래가 활발하게 이루어졌다.

ㄴ. 도시에서 농촌으로 귀농하는 사람이 있었다.

ㄷ. 산업화로 인해 농촌의 상권이 급격히 발달하였다.

ㄹ. 농촌 사회의 부채 문제 때문에 궐기 대회가 열렸다.

① ㄱ, ㄴ   ② ㄴ, ㄷ   ③ ㄴ, ㄹ   ④ ㄷ, ㄹ

13. ㉠~㉣ 중 지칭하는 대상이 나머지와 <u>다른</u> 것은?

① ㉠   ② ㉡   ③ ㉢   ④ ㉣

[14~16] 다음 글을 읽고 물음에 답하시오.

"백탑(白塔)이 현신함을 아뢰옵니다."

태복은 정 진사의 마두[1]다. 산모롱이에 가려 백탑은 아직 보이지 않는다. 재빨리 말을 채찍질했다. 수십 걸음도 못가서 모롱이를 막 벗어나자 눈앞이 어른어른하면서 갑자기 한 무더기의 검은 공들이 오르락내리락한다. 나는 오늘에야 알았다. 인생이란 본시 어디에도 의탁할 곳 없이 다만 하늘을 이고 땅을 밟은 채 떠도는 존재일 뿐이라는 사실을. 말을 세우고 사방을 돌아보다가, 나도 모르는 사이에 손을 들어 이마에 얹고 이렇게 외쳤다.

"훌륭한 울음터로다! 크게 한번 통곡할 만한 곳이로구나!"

정 진사가 묻는다.

"하늘과 땅 사이의 툭 트인 경계를 보고 별안간 통곡을 생각하시다니, 무슨 말씀이신지?"

"그렇지, 그렇고말고! 아니지, 아니고말고. 천고의 영웅은 울기를 잘했고, 천하의 미인은 눈물이 많았다네. 하지만 그들은 몇 줄기 소리 없는 눈물을 옷깃에 떨굴 정도였기에, 그들의 울음소리가 천지에 가득 차서 쇠나 돌에서 나오는 듯했다는 말은 들어 본 적이 없다네. 사람들은 다만 칠정(七情) 가운데서 오직 슬플 때만 우는 줄로 알 뿐, 칠정 모두가 울음을 자아낸다는 것은 모르지. 기쁨[喜]이 사무쳐도 울게 되고, 노여움[怒]이 사무쳐도 울게 되고, 즐거움[樂]이 사무쳐도 울게 되고, 사랑함[愛]이 사무쳐도 울게 되고, 욕심[欲]이 사무쳐도 울게 되는 것이야. 근심으로 답답한 걸 풀어 버리는 데에는 소리보다 더 효과가 빠른 게 없지. 울음이란 천지간에서 우레와도 같은 것일세.

㉮ 지극한 정(情)이 발현되어 나오는 것이 저절로 이치에 딱 맞는다면 울음이나 웃음이나 무에 다르겠는가. ㉠ 사람의 감정이 이러한 극치를 겪지 못하다 보니 교묘하게 칠정을 늘어놓고는 슬픔에다 울음을 짝지은 것일 뿐이야. 이 때문에 상을 당했을 때 ㉡ 처음엔 억지로 '아이고' 따위의 소리를 울부짖지. 그러면서 ㉢ 참된 칠정에서 우러나오는 지극한 소리는 억눌러 버리니 그것이 저 천지 사이에 서리고 엉기어 꽉 뭉쳐 있게 되는 것일세. 일찍이 가생(賈生)[2]은 울 곳을 얻지 못하고, ㉣ 결국 참다못해 별안간 선실(宣室)[3]을 향하여 한마디 길게 울부짖었다네. 그러니 이를 듣는 사람들이 어찌 놀라고 괴이하게 여기지 않았겠는가."

– 박지원, 『아, 참 좋은 울음터로구나!』 –

1) 마두(馬頭) : 역마(驛馬)에 관한 일을 맡아보던 사람.
2) 가생 : 가의(賈誼). 한나라 문제에게 등용되었으나 뜻을 이루지 못하고 쫓겨났다. 장사왕과 양왕의 대부로 있으면서 당시 정치적 폐단에 대한 상소문을 올린 것으로 유명하다.
3) 선실 : 임금이 제사 지내기 위해 목욕재계를 하는 곳.

14. 윗글에 대한 설명으로 적절하지 않은 것은?

① 특정 행동에 대한 통념을 반박하고 있다.
② 특정 행동과 관련한 내용을 나열하여 설명하고 있다.
③ 특정 장소에서 글쓴이가 깨달은 바를 드러내고 있다.
④ 특정 계절에 대한 글쓴이의 인식 변화를 보여주고 있다.

15. ㉠~㉣ 중 ㉮의 의미와 가장 유사한 것은?

① ㉠   ② ㉡   ③ ㉢   ④ ㉣

16. 윗글에 드러난 글쓴이의 생각으로 가장 적절한 것은?

① 근심을 풀기 위해 울수록 근심은 더 커진다.
② 인간의 칠정이 사무치면 울음과 연결될 수 있다.
③ 웃음과 울음은 원인이 되는 감정이 같을 수 없다.
④ 감정의 극치를 경험한 사람은 울음을 참아낼 수 있다.

[17~19] 다음 글을 읽고 물음에 답하시오.

내가 ㉠ 그의 이름을 불러 주기 전에는
그는 다만
하나의 ㉡ 몸짓에 지나지 않았다.

[A]

내가 그의 이름을 ㉢ 불러 주었을 때
그는 나에게로 와서
㉣ 꽃이 되었다.

내가 그의 이름을 불러 준 것처럼
나의 이 빛깔과 향기에 알맞은
누가 나의 이름을 불러다오.
그에게로 가서 나도
그의 꽃이 되고 싶다.

우리들은 모두
무엇이 되고 싶다.
너는 나에게 나는 너에게
잊혀지지 않는 하나의 눈짓이 되고 싶다.

― 김춘수, 『꽃』―

---

17. 윗글의 표현상 특징으로 가장 적절한 것은?

① 유사한 시구를 반복하여 운율을 형성하고 있다.
② 반어적 표현을 사용하여 화자의 소망을 드러내고 있다.
③ 명사형으로 종결하여 화자의 단호한 의지를 강조하고 있다.
④ 촉각적 이미지를 활용하여 시적 대상을 생생하게 표현하고 있다.

18. 윗글의 화자가 추구하는 삶의 모습과 가장 가까운 것은?

① 외부 세계와 단절된 삶
② 미래를 예측하여 대비하는 삶
③ 타인과 진정한 관계를 맺는 삶
④ 타인에게 의지하지 않는 독립적인 삶

19. <보기>는 [A]를 재구성한 것이다. [A]의 ㉠~㉣과 <보기>의 밑줄 친 부분을 대응시켰을 때, 적절하지 <u>않은</u> 것은?

> ─────── <보기> ───────
>
> 내가 구슬을 <u>꿰기 전</u>에는
> 그것은 다만
> 하나의 <u>돌멩이</u>에 지나지 않았다.
>
> 내가 구슬을 <u>엮어 주었을 때</u>
> 그것은 나에게로 와서
> <u>보배</u>가 되었다.

	[A]	<보기>
①	㉠	…… 꿰기 전
②	㉡	…… 돌멩이
③	㉢	…… 엮어 주었을 때
④	㉣	…… 보배

[20~22] 다음 글을 읽고 물음에 답하시오.

주어진 자료들을 대표하는 값으로 가장 유명하고 많이 활용되는 것이 평균이다. 한 집단을 평가할 때 또는 다른 집단과 비교할 때 평균은 유용한 수단이 된다. 그러나 평균이 대상을 잘 반영하는 대푯값이라고 판단하기 위해서는 전체 자료의 다양한 변수와 ㉠양상을 먼저 검토하는 것이 필요하다. 이런 점을 고려하지 않고 평균을 대푯값으로 삼으면 사실을 잘못 이해할 수 있다.

우리나라는 사계절이 뚜렷한 나라이다. 겨울에는 영하 10도 이하가 되기도 하고, 여름에는 30도 이상의 고온이 여러 날 ㉡지속되기도 한다. 이 때문에 우리나라 사람들은 계절별로 많은 옷을 가지고 있어야 한다. 그에 반해 미국의 하와이 지역은 월별 평균 기온이 연간 거의 변동 없이 유지된다. 그래서 보통의 경우는 반팔 옷으로 대부분의 시간을 지낼 수 있다. 만일 미국 하와이 지역의 사람이 우리나라의 연평균 기온이 12.5도라는 말만을 들었다면 어떤 생각을 할까? 자신이 사는 지역에 비해 일 년 내내 추운 곳이라고 생각하지는 않을까?

그렇다면 월별 평균 기온만으로 충분할까? 그렇지 않을 수 있다. 우리나라에서는 환절기에 감기 환자가 많아진다. 그 이유는 낮과 밤의 기온 차인 일교차가 심하기 때문이다. 그래서 우리가 보통 여행을 갈 때도 해당 지역, 해당 기간의 평균 기온만이 아니라 하루의 최고와 최저 기온을 알아야 한다. 즉 자료의 범위를 정해 다양한 요소를 ㉢고려할 수 있어야 하는 것이다.

평균은 편리한 방법으로 다양하게 사용될 수 있지만, 대푯값으로 잘못 사용되면 사실을 정확하게 판단하지 못하게 만들 가능성이 매우 높다. 현대 사회는 점점 더 많은 변수들에 의해 ㉣다변화되는 양상을 보이고 있다. ㉮<u>이는 평균의 시대가 가고 있음을 나타낸다.</u> 따라서 평균값을 이용하기에 적절한 상황과 적절하지 않은 상황을 파악하고, 전체 자료를 세분화 하여 이해하고 분석하려는 태도를 지니는 것이 매우 중요하다.

- 최제호, 『'평균'의 시대가 가고 있다』 -

20. 윗글의 내용 전개 방식으로 가장 적절한 것은?

① 구체적인 사례를 제시하고 있다.

② 다양한 해결 방안을 비교하고 있다.

③ 전문가들의 서로 다른 견해를 인용하고 있다.

④ 문제가 해결된 이후의 상황을 가정하여 설명하고 있다.

21. ㉮의 이유로 가장 적절한 것은?

① 평균이 집단 간의 비교에 가장 유용해서

② 평균이 편리하고 다양하게 사용되는 경우가 있어서

③ 평균이 전체 자료를 세분화하여 이해하는 데 유용해서

④ 평균이 다양한 특성을 반영하지 못하는 경우가 있어서

22. ㉠~㉣의 사전적 의미로 적절하지 <u>않은</u> 것은?

① ㉠ : 사물이나 현상의 모양이나 상태

② ㉡ : 어떤 상태가 오래 계속됨.

③ ㉢ : 생각하고 헤아려 봄.

④ ㉣ : 하나로 됨. 또는 그렇게 만듦.

[23~25] 다음 글을 읽고 물음에 답하시오.

도서관에서 책을 쉽게 찾으려면 먼저 컴퓨터로 책을 검색 해야 한다. (㉠) 컴퓨터는 청구 기호를 알려줄 뿐 책을 직접 찾아 주지는 않는다. 청구 기호를 들고 책을 찾는 것은 사람의 몫이다.

청구 기호가 '410.912 ㅈ794ㅅ'인 책이 필요하다면 먼저 410번대의 책이 있는 책장을 찾아야 한다. 옆면에 400~413.8이라고 적힌 책장을 발견했다면 410.912에 해당하는 책은 이 책장의 오른쪽에 있을 가능성이 높다.

왜냐하면 분류 기호가 낮은 책부터 왼쪽에서 오른쪽 방향으로 책을 꽂기 때문이다. 또 맨 위층에 있는 책일수록 분류 기호가 낮고 아래로 갈수록 커진다.

어410.8 ㄱ391ㅅ-1=2
어 ——— 별치 기호
410.8 ——— 분류 기호
ㄱ391ㅅ ——— 도서 기호
-1=2 ——— 부가 기호

▲ 도서 청구 기호의 구성

분류 기호가 비슷한 책 사이에서는 숫자의 크기를 비교하자. 410.9가 있다면 그 오른쪽에 410.911이 있고, 410.912는 더 오른쪽에 있다. 모든 숫자가 같다면 도서 기호의 문자는 국어사전에서처럼 'ㄱ, ㄴ, ㄷ……' 또는 'ㅏ, ㅐ, ㅑ, ㅒ……' 순으로 비교하면 된다.

청구 기호 앞에 한글이나 영어 알파벳이 붙어 있는 경우가 있는데 이것을 '별치 기호'라고 한다. 이는 책의 특성이나 이용 목적에 따라 별도의 장소에 책을 보관한다는 뜻이다. 예를 들어, '어'라고 적힌 책은 일반 자료실이 아닌 어린이 자료실에 가야 찾을 수 있다.

한 명의 저자가 같은 제목의 책을 연속물로 내는 경우는 '-' 기호를, 도서관에서 같은 책을 여러 권 보관한다면 '=' 기호를 써서 분류하기도 한다. '-1=2'라는 표시는 연속물의 제1권이며, 같은 책을 적어도 두 권을 보관하고 있는데 그중 둘째 책이라는 뜻이다. 때로는 책이 나온 해를 표현하기 위해 '2011' 같은 연도를 붙이기도 한다.

- 이재웅,『도서 분류의 원리』-

23. ㉠에 들어갈 말로 가장 적절한 것은?

① 그래서   ② 그런데   ③ 이처럼   ④ 왜냐하면

24. 윗글을 읽고 이해한 내용으로 적절하지 <u>않은</u> 것은?

① 책이 나온 연도를 청구 기호에 붙이기도 하는구나.
② 별치 기호가 있으면 별도의 장소에서 찾아야 하는구나.
③ 같은 책장의 아래층에 있는 책은 위층에 있는 책보다 분류 기호가 낮겠구나.
④ 도서 기호는 국어사전에서처럼 자음 또는 모음 순으로 비교하면 되는구나.

25. 윗글의 내용을 바탕으로 <보기>의 책을 아래 책장에 꽂으려고 할 때 적절한 위치는?

─── <보기> ───
<청구 기호> 315.741 ㅂ123ㅌ

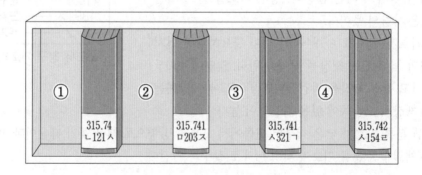

수 학

---

1. 두 다항식 $A = 3x^2 + x$, $B = x^2 + 3x$에 대하여 $A + B$는?

   ① $4x^2 - 4x$

   ② $4x^2 - 2x$

   ③ $4x^2 + 2x$

   ④ $4x^2 + 4x$

2. 등식 $x^2 + x + 3 = x^2 + ax + b$가 x에 대한 항등식일 때, 두 상수 a, b에 대하여 $a + b$의 값은?

   ① 2
   ② 4
   ③ 6
   ④ 8

3. 다항식 $x^3 + 2x^2 + 2$를 $x - 1$로 나누었을 때, 나머지는?

   ① 1
   ② 3
   ③ 5
   ④ 7

4. 다항식 $x^3 + 3x^2 + 3x + 1$을 인수분해한 식이 $(x + a)^3$일 때, 상수 a의 값은?

   ① -2
   ② -1
   ③ 1
   ④ 2

5. 복소수 $4 + 3i$의 켤레복소수가 $a + bi$일 때, 두 실수 a, b에 대하여 $a + b$의 값은?
   (단, $i = \sqrt{-1}$)

   ① 1
   ② 2
   ③ 3
   ④ 4

6. 두 수 1, 3을 근으로 하고 x^2의 계수가 1인 이차방정식이 $x^2 - ax + 3 = 0$일 때, 상수 a의 값은?

　① 1　　　　　　② 2　　　　　　③ 3　　　　　　④ 4

7. $-1 \leq x \leq 1$일 때, 이차함수 $y = x^2 + 4x + 1$의 최솟값은?

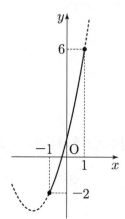

　① -2
　② -1
　③ 0
　④ 1

8. 사차방정식 $x^4 + 2x - a = 0$의 한 근이 1일 때, 상수 a의 값은?

　① -1　　　　　② 1　　　　　　③ 3　　　　　　④ 5

9. 연립방정식 $\begin{cases} 2x + y = 8 \\ x^2 - y^2 = a \end{cases}$의 해가 $x = 3, y = b$일 때, 두 상수 a, b에 대하여 $a + b$의 값은?

　① 5　　　　　　② 7　　　　　　③ 9　　　　　　④ 11

10. 이차부등식 $(x - 2)(x - 4) \leq 0$의 해는?

　① $x \leq 2$　　　　　　　　　② $x \geq 4$
　③ $2 \leq x \leq 4$　　　　　　　④ $x \leq 2$ 또는 $x \geq 4$

11. 수직선 위의 두 점 $A(1)$, $B(6)$ 에 대하여 선분 AB를 $2 : 3$으로 내분하는 점 P의 좌표는?

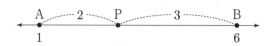

① 3　　　　　　② $\dfrac{7}{2}$　　　　　　③ 4　　　　　　④ $\dfrac{9}{2}$

12. 직선 $y = x - 3$에 평행하고, 점 $(0, \ 4)$를 지나는 직선의 방정식은?

① $y = -x + 2$　　　　　　② $y = -x + 4$
③ $y = x + 2$　　　　　　④ $y = x + 4$

13. 중심의 좌표가 $(-2, \ 2)$이고 x축과 y축에 동시에 접하는 원의 방정식은?

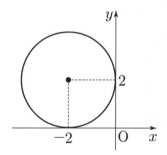

① $(x - 2)^2 + (y - 2)^2 = 4$
② $(x + 2)^2 + (y - 2)^2 = 4$
③ $(x - 2)^2 + (y + 2)^2 = 4$
④ $(x + 2)^2 + (y + 2)^2 = 4$

14. 좌표평면 위의 점 $(3, \ -2)$를 원점에 대하여 대칭이동한 점의 좌표는?

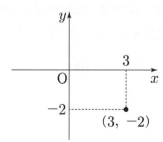

① $(-3, \ 2)$
② $(-2, \ 3)$
③ $(2, \ -3)$
④ $(3, \ 2)$

15. 두 집합 $A = \{1, 2, 3, 4\}$, $B = \{3, 4\}$에 대하여 $A - B$는?

① $\{1\}$ 　　　　　　② $\{1, 2\}$
③ $\{3, 4\}$ 　　　　　④ $\{1, 2, 3\}$

16. 전체집합이 $U = \{x | x$는 9 이하의 자연수$\}$일 때, 다음 조건의 진리집합은?

x는 3 의 배수이다.

① $\{1, 3, 5\}$ 　　　　② $\{3, 6, 9\}$
③ $\{1, 3, 5, 7\}$ 　　　④ $\{2, 4, 6, 8\}$

17. 두 함수 $f : X \to Y$, $g : Y \to Z$가 그림과 같을 때, $(g \circ f)(2)$의 값은?

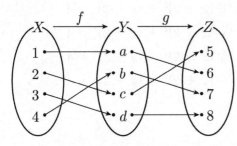

① 5
② 6
③ 7
④ 8

18. 유리함수 $y = \dfrac{1}{x - 2} + 3$의 그래프는 유리함수 $y = \dfrac{1}{x}$ 의 그래프를 x축의 방향으로 a만큼, y축의 방향으로 b만큼 평행이동한 것이다. 두 상수 a, b에 대하여 $a + b$의 값은?

① 3 　　　　② 4 　　　　③ 5 　　　　④ 6

19. 그림과 같이 입체도형을 그린 4개의 포스터가 있다. 이 중에서 서로 다른 2개의 포스터를 택하여 출입문의 상단과 하단에 각각 붙이는 경우의 수는?

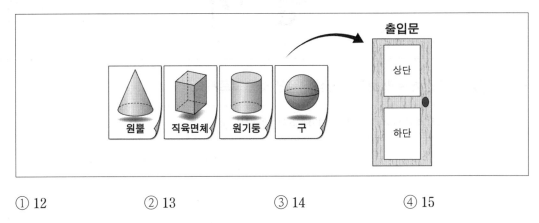

① 12　　　　　　　② 13　　　　　　　③ 14　　　　　　　④ 15

20. 그림과 같이 4종류의 수학 수행 과제가 있다. 이 중에서 서로 다른 3종류의 수학 수행 과제를 선택하는 경우의 수는?

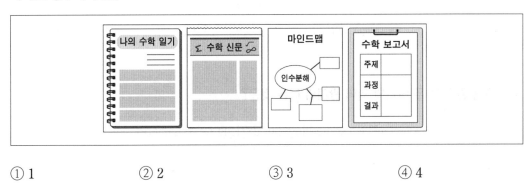

① 1　　　　　　　② 2　　　　　　　③ 3　　　　　　　④ 4

영 어

고졸

[1~3] 다음 밑줄 친 부분의 뜻으로 가장 적절한 것을 고르시오.

1.

> I will call the restaurant and make a <u>reservation</u>.

① 변경　　　　② 예약　　　　③ 취소　　　　④ 칭찬

2.

> You need to <u>keep in mind</u>, "Slow and steady wins the race."

① 명심하다　　　② 사용하다　　　③ 정돈하다　　　④ 참여하다

3.

> Do not use your cellphone <u>while</u> you are driving.

① 대신에　　　② 동안에　　　③ 만약에　　　④ 처음에

4. 다음 밑줄 친 두 단어의 의미 관계와 <u>다른</u> 것은?

> It's <u>easy</u> to say you'll do something, but <u>difficult</u> to actually do it.

① heavy – light
② noisy – silent
③ painful – painless
④ rapid – quick

5. 다음 콘서트 안내문에서 언급되지 <u>않은</u> 것은?

> **Fundraising Concert**
> - When : April 17th, 6 - 9 p.m.
> - Where : Lobby of Children's Hospital
> - Light snacks will be offered.
> *All funds will be donated to Children's Hospital.*

① 날짜
② 장소
③ 출연진
④ 기금 용도

[6~8] 다음 빈칸에 공통으로 들어갈 말로 가장 적절한 것을 고르시오.

6.

> ◦ Could you _____ my bag for me?
> ◦ My school will _____ a music festival next month.

① hold   ② like   ③ meet   ④ walk

7.

> ◦ I don't know _____ he is honest or not.
> ◦ You will miss the bus _____ you don't leave now.

① if   ② that   ③ what   ④ which

8.

> ◦ About 60 to 70 % of your body consists _____ water.
> ◦ The garden is full _____ beautiful flowers.

① for   ② in   ③ of   ④ to

9. 다음 대화에서 밑줄 친 표현의 의미로 가장 적절한 것은?

> A : I'm having a hard time right now.
> B : Don't worry. I'm here for you, no matter what.
> A : Thank you. Your support means everything to me.
> B : Anytime. A friend in need is a friend indeed.

① 진정한 배움에는 지름길이 없다.
② 몸이 건강해야 마음도 건강하다.
③ 필요할 때 있는 친구가 진정한 친구다.
④ 사귀는 친구를 보면 그 사람을 알 수 있다.

10. 다음 대화에서 알 수 있는 B의 심정으로 가장 적절한 것은?

> A : I've been waiting for 30 minutes. What happened?
> B : Sorry, but I thought we were meeting at 2 o'clock.
> A : No, that's the time the baseball game starts, so we were supposed to meet 30 minutes earlier.
> B : Oh, I totally forgot. I'm sorry for keeping you waiting.

① 미안하다 　　　 ② 안심하다 　　　 ③ 지루하다 　　　 ④ 행복하다

11. 다음 대화가 이루어지는 장소로 가장 적절한 것은?

> A : Did you get our tickets? Where are our seats?
> B : Let me see. J11 and J12.
> A : Great. Let's buy some snacks before we go in.
> B : That sounds good.

① 병원 　　　 ② 약국 　　　 ③ 은행 　　　 ④ 영화관

12. 다음 글에서 밑줄 친 them이 가리키는 것으로 가장 적절한 것은?

> Studies have shown that flowers have positive effects on our moods. Participants reported feeling less depressed and anxious after receiving them. In addition, they showed a higher sense of enjoyment and overall satisfaction.

① flowers 　　　 ② moods 　　　 ③ participants 　　　 ④ studies

[13~14] 다음 대화의 빈칸에 들어갈 말로 가장 적절한 것을 고르시오.

13.

> A : The speech contest is tomorrow. I have cold feet.
> B : Sorry, _____?
> A : I have cold feet. I'm nervous about tomorrow.
> B : Oh, I see. Don't worry. I'm sure that you will do well.

① how would you like it
② would you say that again
③ what is the weather like today
④ where should I go for the contest

14.

> A : What do you like most about Korea?
>
> B : _____.

① That is what lots of people think

② That's because I prefer tea to coffee

③ I like the food delivery service most

④ I'm not satisfied with the monitor you chose

15. 다음 대화의 주제로 가장 적절한 것은?

> A : My lower back hurts a lot these days.
>
> B : I think you should do something before it gets worse.
>
> A : Do you have any tips to reduce the pain?
>
> B : Well, sit in a chair, not on the floor. And try to walk and stretch gently often.

① 의자를 고르는 방법　　　　② 바닥을 청소하는 방법

③ 바른 자세로 걷는 방법　　　④ 허리 통증을 줄이는 방법

16. 다음 글을 쓴 목적으로 가장 적절한 것은?

> I'm worried about not having confidence in myself. My friends always seem to know what they're doing, but I'm never sure I'm doing the right thing. I want to build my confidence. I wonder whether you could give me some solutions to my problem. I hope you can help.

① 책을 추천하려고　② 방송을 홍보하려고　③ 조언을 구하려고　④ 초대를 수락하려고

17. 다음 배드민턴장에 대한 안내문의 내용과 일치하지 <u>않는</u> 것은?

> **Central Badminton Center**
>
> **Open Times :**
> - Monday to Friday, 10 a.m. to 9 p.m.
>
> **We provide :**
> - lessons for beginners only
> - free parking for up to 4 hours a day
>   *Proper shoes and clothes are required.*

① 평일 오전 10시부터 오후 9시까지 운영한다.

② 상급자를 위한 수업이 준비되어 있다.

③ 하루 4시간까지 무료 주차가 가능하다.

④ 적절한 신발과 옷이 필요하다.

18. 다음 rice에 대한 설명과 일치하지 <u>않는</u> 것은?

> Rice is one of the major crops in the world. Since its introduction and cultivation, rice has been the main food for most Asians. In fact, Asian countries produce and consume the most rice worldwide. These days, countries in Africa have also increased their rice consumption.

① 세계의 주요 작물 중 하나이다.
② 대부분의 아시아 사람들의 주식이다.
③ 아시아 국가에서 가장 많이 생산한다.
④ 아프리카 국가에서 소비가 감소하고 있다.

19. 다음 글의 주제로 가장 적절한 것은?

> When you go abroad, you may find yourself in a place where the people, language, and customs are different from your own. Learning about cultural differences can be a useful experience. It can help you understand the local people better. It could also help you understand yourself and your own culture more.

① 사람들과 소통하는 방법
② 지역 문화 보존의 필요성
③ 해외여행을 할 때 주의할 점
④ 문화적 차이를 배우는 것의 유용성

[20~21] 다음 글의 빈칸에 들어갈 말로 가장 적절한 것을 고르시오.

20.

> Eating dinner lasts a long time in France because it is meant to be enjoyed with family and friends. French people don't _____ this process. Trying to finish dinner quickly can be interpreted as a sign of being impolite.

① enjoy   ② rush   ③ serve   ④ warn

21.

> In life, it's important to take _____ for any choices that you make. If the result of your choice isn't what you wanted, don't blame others for it. Being in charge of your choices will help you learn from the results.

① conflict   ② desire   ③ help   ④ responsibility

22. 글의 흐름으로 보아 다음 문장이 들어가기에 가장 적절한 곳은?

> On the other hand, there is a big advantage to it.

> Taking online classes can be good and bad. (①) If you take classes online, you may worry about the lack of face-to-face communication. (②) Taking courses online makes it difficult to create strong relationships with your teachers and classmates. (③) You are free to take online classes anywhere, anytime. (④) By simply turning on your computer, you can start studying.

23. 다음 글의 바로 뒤에 이어질 내용으로 가장 적절한 것은?

> Walking dogs is a common activity in the park. But with more people doing this, problems are arising in the park. To avoid these issues, please follow these guidelines when you walk your dog.

① 반려견을 키우면 좋은 점
② 반려견 산책 시 지켜야 할 사항
③ 반려견 관련 산업의 발전 가능성
④ 반려견이 아이들 정서에 미치는 영향

[24~25] 다음 글을 읽고 물음에 답하시오.

> Have you noticed that shoes and socks are displayed together? They are items strategically placed with each other. Once you've already decided to buy a pair of shoes, why not buy a pair of socks, too? Remember that the placement of items in a store is not _____. It seems that arranging items gives suggestions to customers, in a way that is not obvious, while they shop.

24. 윗글의 빈칸에 들어갈 말로 가장 적절한 것은?

① accurate   ② enough   ③ positive   ④ random

25. 윗글의 주제로 가장 적절한 것은?

① 소비자 교육의 효과
② 상품 가격 결정의 원리
③ 전략적 상품 진열 방식
④ 매체 속 다양한 광고의 유형

사 회

1. 질 높은 정주 환경을 조성하기 위한 조건으로 적절한 것을 <보기>에서 고른 것은?

   ───────── <보기> ─────────
   ㄱ. 깨끗한 자연환경   ㄴ. 안락한 주거 환경
   ㄷ. 생활 시설의 부족   ㄹ. 빈부 격차의 심화

   ① ㄱ, ㄴ   ② ㄱ, ㄷ   ③ ㄴ, ㄷ   ④ ㄷ, ㄹ

2. 인권의 특성에 대한 설명으로 적절한 것을 <보기>에서 고른 것은?

   ───────── <보기> ─────────
   ㄱ. 누구나 침범할 수 있는 권리이다.
   ㄴ. 타인에게 양도할 수 있는 권리이다.
   ㄷ. 인간이 태어나면서부터 가지는 천부적 권리이다.
   ㄹ. 인간이라면 누구나 누릴 수 있는 기본적 권리이다.

   ① ㄱ, ㄴ   ② ㄱ, ㄷ   ③ ㄴ, ㄷ   ④ ㄷ, ㄹ

3. 다음에서 설명하는 기본권은?

   ◦ 국가의 의사 결정 과정에 참여할 수 있는 권리이다.
   ◦ 선거권, 공무 담임권, 국민 투표권 등이 있다.

   ① 사회권   ② 평등권   ③ 청구권   ④ 참정권

4. 다음에서 설명하는 경제 체제로 적절한 것은?

   ◦ 시장에서의 자유로운 경쟁을 통해 상품의 생산, 교환, 분배, 소비가 이루어진다.
   ◦ 개인이 재산을 자유롭게 획득하고 사용할 수 있는 사유 재산 제도를 바탕으로 한다.

   ① 법치주의   ② 자본주의   ③ 공동체주의   ④ 자문화 중심주의

5. ㉠에 들어갈 내용으로 알맞은 것은?

헌법 제37조 ② 국민의 모든 자유와 권리는 국가 안전 보장·질서 유지 또는 (㉠)을/를 위하여 필요한 경우에 한하여 법률로써 제한할 수 있으며, 제한하는 경우에도 자유와 권리의 본질적인 내용을 침해할 수 없다.

① 기후 변화
② 공공복리
③ 문화 동화
④ 비폭력성

6. ㉠, ㉡에 들어갈 사회 복지 제도는?

○ (㉠)은/는 일정 수준의 소득이 있는 개인과 정부, 기업이 보험료를 분담하여 구성원의 사회적 위험에 대비하는 제도이다. 그 예로 국민 건강 보험이 있다.
○ (㉡)은/는 저소득 계층이 최소한의 삶을 꾸릴 수 있도록 국가가 전액 지원하여 돕는 제도이다. 그 예로 국민 기초 생활 보장 제도가 있다.

	㉠	㉡		㉠	㉡
①	사회 보험	공공 부조	②	공공 부조	사회 보험
③	개인 보험	공공 부조	④	공공 부조	개인 보험

7. 시장 실패에 대한 사례로 가장 적절한 것은?

① 자원이 효율적으로 배분된다.
② 공공재의 공급 부족 문제가 발생한다.
③ 생산량이 증가할수록 단위당 생산 비용이 감소한다.
④ 소비자가 윤리적인 가치 판단을 하고 상품을 소비한다.

8. 편익에 대한 설명으로 적절한 것을 <보기>에서 고른 것은?

─── <보기> ───
ㄱ. 선택을 통해 얻게 되는 이익이다.
ㄴ. 경기 침체와 동시에 물가가 상승하는 현상이다.
ㄷ. 대가를 지급하고 난 뒤 회수할 수 없는 비용이다.
ㄹ. 금전적인 이익뿐 아니라 비금전적인 것도 포함한다.

① ㄱ, ㄴ   ② ㄱ, ㄹ   ③ ㄴ, ㄷ   ④ ㄷ, ㄹ

9. ㉠에 들어갈 내용으로 옳은 것은?

> ○ 노동조합을 통해 사용자와 자주적으로 교섭할 수 있는 권리이다.
> ○ 헌법 제33조 ① 근로자는 근로 조건의 향상을 위하여 자주적인 단결권 · (㉠) 및 단체 행동권을 가진다.

① 문화권   ② 자유권   ③ 행복 추구권   ④ 단체 교섭권

10. 바람직한 생애 주기별 금융 설계에 대한 설명으로 가장 적절한 것은?

① 현재의 소득만을 고려한다.
② 생애 주기 전체를 고려하여 설계한다.
③ 중·장년기에는 저축하지 않고 소득의 전액을 지출한다.
④ 생애 주기의 각 단계에 따라 필요한 자금의 크기는 같다고 본다.

11. 다음에서 설명하는 문화 변동의 요인은?

> ○ 문화 변동의 내재적 변동 요인이다.
> ○ 이미 존재하고 있었지만 알려지지 않은 문화 요소를 찾아낸 것이다.

① 발견   ② 전파   ③ 비교 우위   ④ 절대 우위

12. 다음 퀴즈에 대한 정답으로 옳은 것은?

한 사회에서 부, 권력, 명예 등의 사회적 자원이 개인이나 집단에 차등적으로 분배되어 사회 구성원들이 차지하는 위치가 서열화되어 있는 상태를 무엇이라 하나요?

① 사회 불평등
② 소비자 주권
③ 문화 상대주의
④ 스태그플레이션

13. ㉠에 들어갈 내용으로 적절한 것은?

> ■ 수업 주제 : 분배적 정의의 실질적 기준 ■
> ○ 분배적 정의의 실질적 기준 : (㉠), 업적, 능력
> ○ (㉠)에 따른 분배의 의미 : 인간다운 삶을 보장하기 위해 기본적인 욕구를 충족할 수 있도록 분배하는 것이다. 사회적 약자를 위해 더 많은 재화를 사용할 수 있다.

① 담합
② 독점
③ 필요
④ 특화

14. 다음에 해당하는 기후 지역으로 옳은 것은?

- 분포 지역 : 북극해 연안
- 전통 산업 : 사냥 · 어로 · 순록 유목
- 전통 의복 : 동물의 가죽이나 털로 만든 두꺼운 옷

① 열대 기후 지역   ② 건조 기후 지역
③ 온대 기후 지역   ④ 한대 기후 지역

15. ㉠에 들어갈 내용으로 가장 적절한 것은?

■ 사막화 ■

- 의미 : 사막 주변 지역이 사막으로 변화하는 현상
- 사례 지역 : 사하라 사막 이남의 사헬 지대
- 원인 : (㉠   )

① 녹지 확대   ② 인구 감소   ③ 과도한 목축   ④ 일조량 부족

16. 다음에서 설명하는 자연관은?

- 인간을 자연보다 우월한 존재로 여기고, 인간의 이익이나 행복을 먼저 고려하는 관점이다.
- 산업화 · 도시화 과정에서 발생한 환경 파괴의 주된 요인으로 지적받기도 한다.

① 문화 사대주의   ② 생태 중심주의   ③ 인간 중심주의   ④ 직접 민주주의

17. ㉠, ㉡에 해당하는 종교는?

- (㉠) : 주로 인도에서 신봉하는 다신교로, 소를 신성시한다.
- (㉡) : 성지인 메카를 향해 기도하며, 돼지고기와 술을 금기시한다.

	㉠	㉡		㉠	㉡
①	불교	힌두교	②	이슬람교	힌두교
③	불교	이슬람교	④	힌두교	이슬람교

18. 저출산 문제 해결 방안으로 적절한 것을 <보기>에서 고른 것은?

―――――――――――― <보기> ――――――――――――

ㄱ. 보육 시설 확충　　　　　　　　ㄴ. 산아 제한 정책 실시

ㄷ. 출산 장려금 지원　　　　　　　ㄹ. 개발 제한 구역 확대

① ㄱ, ㄷ　　　　② ㄱ, ㄹ　　　　③ ㄴ, ㄷ　　　　④ ㄴ, ㄹ

19. 교통·통신의 발달이 가져온 변화로 가장 적절한 것은?

① 시공간의 제약이 크게 줄었다.

② 지역 간의 교류가 단절되었다.

③ 경제 활동의 범위가 축소되었다.

④ 다른 지역과의 접근성이 낮아졌다.

20. 다음에서 설명하는 용어는?

　기업의 규모가 커지면, 일반적으로 본사나 연구소는 자본과 기술 확보가 유리한 대도시에, 제품을 생산하는 공장은 저임금 노동력이 풍부한 지역에 각각 설립하게 된다.

① 공정 무역　　　　　　　② 공간적 분업

③ 탄소 발자국　　　　　　④ 지리적 표시제

21. ㉠에 들어갈 내용으로 옳은 것은?

■학습 주제 : (㉠)의 문제점 ■
ㅇ 개인 정보 유출로 인한 사생활 침해
ㅇ 프로그램 불법 복제 같은 사이버 범죄 증가

① 교외화

② 정보화

③ 님비 현상

④ 열섬 현상

22. 다음에서 설명하는 문화권을 지도의 A~D에서 고른 것은?

> 리오그란데강 이남 지역으로, 남부 유럽의 문화가 전파되어 주로 에스파냐어와 포르투갈어를 사용하고 가톨릭을 믿는다. 원주민(인디오)과 아프리카인, 유럽인의 문화가 혼재되어 나타난다.

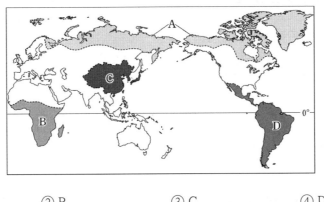

① A   ② B   ③ C   ④ D

23. 다음에서 설명하는 용어는?

> 일정한 지역 안의 인구를 성별, 연령별 등의 기준으로 나누어 본 것으로, 해당 지역의 사회·경제적 특성을 파악하는 데 유용하다.

① 인구 절벽   ② 인구 과잉   ③ 인구 구조   ④ 인구 이동

24. 다음에 대해 설명한 내용으로 가장 적절한 것은?

> ◦ 그린피스(Greenpeace)   ◦ 국경 없는 의사회(MSF)

① 국제 비정부 기구이다.
② 자국의 이익 실현을 최우선으로 한다.
③ 국제 분쟁 지역에 평화 유지군을 파견한다.
④ 국가를 회원으로 하는 정부 간 국제기구이다.

25. ㉠에 들어갈 내용으로 옳은 것은?

> 자원의 특징 중 하나로 언젠가는 고갈된다는 성질을 자원의 (㉠)이라고 한다.

① 도시성   ② 동질성   ③ 유한성   ④ 편리성

과 학

1. 다음에서 설명하는 발전 방식은?

> ∘ 파도 상황에 따라 전력 생산량이 일정하지 않다.
> ∘ 파도의 운동 에너지를 전기 에너지로 전환한다.

① 파력 발전
② 화력 발전
③ 원자력 발전
④ 태양광 발전

2. 그림은 전기 에너지의 생산과 수송 과정을 나타낸 것이다. 이에 대한 설명으로 옳은 것만을 <보기>에서 모두 고른 것은?

발전소   765 kV   변전소   22.9 kV   주상 변압기   ㉠   가정

> ─── <보기> ───
> ㄱ. 발전소에서 전기 에너지를 생산한다.
> ㄴ. ㉠에 해당하는 전압은 22.9 kV보다 작다.
> ㄷ. 수송 과정에서 손실되는 전기 에너지는 없다.

① ㄱ
② ㄷ
③ ㄱ, ㄴ
④ ㄴ, ㄷ

3. 표는 같은 직선상에서 운동하는 물체 A~D의 처음 운동량과 나중 운동량을 나타낸 것이다. 물체 A~D 중 받은 충격량의 크기가 가장 큰 것은?

운동량(kg·m/s) 물체	처음 운동량	나중 운동량
A	2	5
B	3	7
C	3	8
D	4	10

① A
② B
③ C
④ D

4. 그림은 고열원에서 100J의 열에너지를 공급 받아 W의 일을 하는 열기관을 나타낸 것이다. 열기관에서 저열원으로 50J의 열에너지를 방출할 때, 열기관이 한 일 W의 양은?

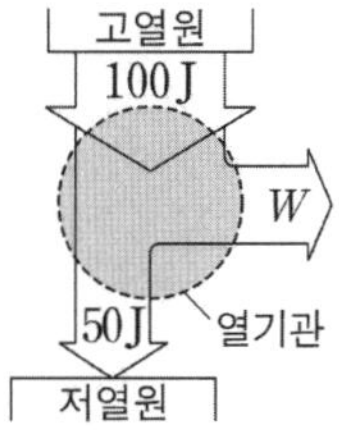

① 30 J

② 40 J

③ 50 J

④ 60 J

5. 다음은 태양 내부에서 일어나는 반응에 대한 설명이다. ㉠에 해당하는 원소는?

> 고온 · 고압인 태양에서 수소 원자핵이 융합하여 [㉠] 원자핵이 생성되는 동안 줄어든 질량이 에너지로 전환된다.

① 질소   ② 칼슘   ③ 헬륨   ④ 나트륨

6. 그림은 자유 낙하하는 물체의 위치를 일정한 시간 간격으로 나타낸 것이다. A~D 지점 중 물체의 속도가 가장 빠른 지점은? (단, 중력 가속도는 $10\,\text{m/s}^2$이고, 공기 저항은 무시한다.)

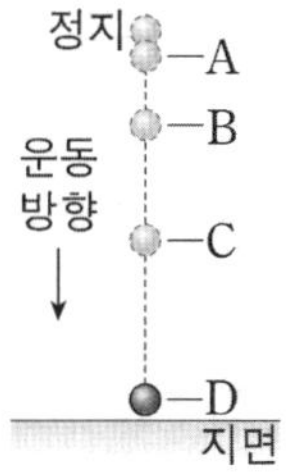

① A

② B

③ C

④ D

7. 그림과 같이 자석을 코일 속에 넣을 때 발생하는 유도 전류의 방향을 변화시킬 수 있는 요인으로 옳은 것만을 <보기>에서 모두 고른 것은?

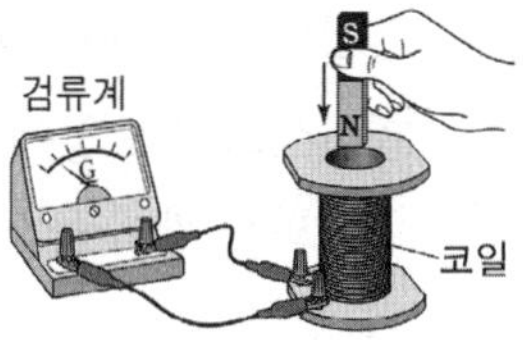

─────── <보기> ───────

ㄱ. 자석의 극을 바꾼다.

ㄴ. 자석을 더 빠르게 넣는다.

ㄷ. 더 강한 자석을 사용한다.

① ㄱ   ② ㄷ   ③ ㄱ, ㄴ   ④ ㄱ, ㄷ

8. 그림은 주기율표의 일부를 나타낸 것이다. 임의의 원소 A~D 중 원자가 전자 수가 가장 큰 원소는?

주기\족	1	2		16	17	18
1						
2	A			B		
3	C				D	

① A
② B
③ C
④ D

9. 그림은 나트륨 이온의 생성 과정을 모형으로 나타낸 것이다. 나트륨 원자가 잃은 전자의 개수는?

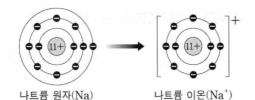

나트륨 원자(Na)   나트륨 이온(Na⁺)

① 1개
② 2개
③ 3개
④ 4개

10. 다음에서 설명하는 화학 결합에 의해 형성된 물질은?

> ◦ 금속 원소와 비금속 원소 사이에서 형성된다.
> ◦ 양이온과 음이온의 정전기적 인력에 의해 형성된다.

① 은(Ag)
② 구리(Cu)
③ 산소(O_2)
④ 염화 나트륨(NaCl)

11. 다음 중 산화 환원 반응의 사례가 <u>아닌</u> 것은?

① 도시가스를 연소시킨다.
② 철이 공기 중에서 붉게 녹슨다.
③ 산성화된 토양에 석회 가루를 뿌린다.
④ 사과를 깎아 놓으면 산소와 반응하여 색이 변한다.

12. 그림은 묽은 염산과 묽은 황산의 이온화된 모습을 나타낸 것이다. 두 수용액에 공통적으로 존재하는 ㉠에 해당하는 이온은? (단, ●, □, ○는 서로 다른 이온이다.)

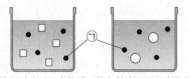

묽은 염산(HCl 수용액) 묽은 황산(H_2SO_4 수용액)

① 산화 이온(O^{2-})
② 수소 이온(H^+)
③ 염화 이온(Cl^-)
④ 황산 이온(SO_4^{2-})

13. 그림은 단위체의 결합으로 물질 A가 만들어지는 과정을 나타낸 것이다. A에 해당하는 물질은?

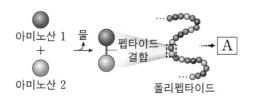

① 핵산
② 단백질
③ 포도당
④ 글리코젠

14. 그림은 서로 다른 지역에 서식하는 여우의 형태를 나타낸 것이다. 이러한 여우의 형태 차이에 영향을 주는 환경 요인은?

북극여우　　붉은여우　　사막여우

① 물
② 산소
③ 온도
④ 토양

15. 다음은 안정된 생태계의 개체 수 피라미드에서 생태계 평형이 깨진 후 평형을 회복하는 과정의 일부를 설명한 것이다. ㉠과 ㉡에 들어갈 말로 옳게 짝지어진 것은?

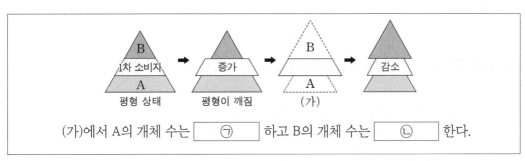

(가)에서 A의 개체 수는 [㉠] 하고 B의 개체 수는 [㉡] 한다.

　　㉠　　㉡　　　　　　　　　　㉠　　㉡
① 감소　감소　　　　　② 감소　증가
③ 증가　감소　　　　　④ 증가　증가

16. 다음은 생명 시스템 유지에 필요한 물질에 대한 설명이다. ㉠에 해당하는 것은?

- 만일 [㉠] 이/가 없다면 음식을 먹어도 영양소를 소화, 흡수할 수 없다.
- 생명체는 물질대사를 하며, 물질대사에는 [㉠] 이/가 관여한다.

① 녹말　　　　　② 효소　　　　　③ 인지질　　　　　④ 셀룰로스

17. 그림은 DNA에서 RNA가 전사되는 과정을 나타낸 것이다. ⊙에 해당하는 염기는?
(단, 돌연변이는 없다.)

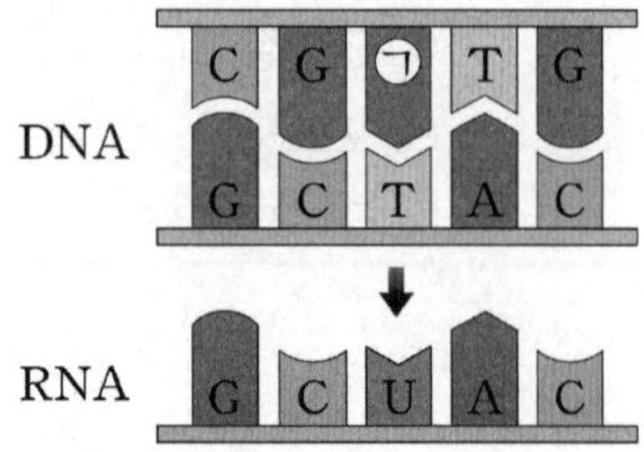

① A
② T
③ G
④ C

18. 세포막을 경계로 세포 안팎에 농도가 다른 용액이 있을 때, 물 분자가 세포막을 통해 농도가 낮은 곳에서 높은 곳으로 이동하는 현상은?

① 삼투   ② 호흡   ③ 광합성   ④ 이화 작용

19. 다음 설명에 해당하는 것은?

> ◦ 일정 지역에 서식하는 생물종의 다양한 정도이다.
> ◦ 서식하는 생물종이 많고 그 분포가 고르게 나타날수록 높다.

① 개체   ② 군집   ③ 개체군   ④ 종 다양성

20. 화산 활동과 관련된 설명으로 옳은 것만을 <보기>에서 모두 고른 것은?

────── <보기> ──────
ㄱ. 화산 활동은 태양 에너지에 의해 일어난다.
ㄴ. 대규모의 화산 폭발은 주변의 지형을 변화시킨다.
ㄷ. 화산 활동은 온천, 지열 발전 등과 같이 이롭게 활용되기도 한다.

① ㄱ   ② ㄷ   ③ ㄱ, ㄴ   ④ ㄴ, ㄷ

21. 다음은 규산염 사면체에 대한 설명이다. ⊙에 해당하는 것은?

●: 규소
○: ⊙

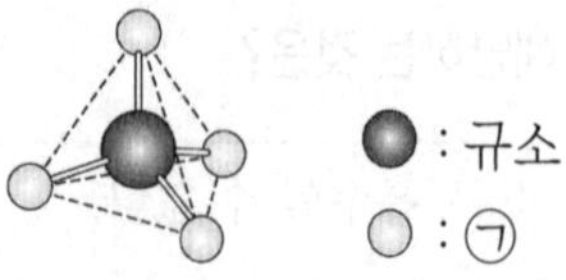

규산염 광물을 구성하는 기본 구조는 규소 원자 1개와 ⊙ 원자 4개가 공유 결합을 이룬 사면체이다.

① 산소   ② 질소   ③ 탄소   ④ 마그네슘

22. 그림은 지구 시스템을 이루는 각 권의 상호 작용을 나타낸 것이다. 해저 지진 활동으로 인해 지진 해일이 발생하는 것에 해당하는 상호 작용은?

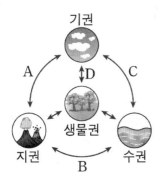

① A
② B
③ C
④ D

23. 다음 설명에 해당하는 현상은?

화석 연료 등의 사용으로 온실 기체의 농도가 크게 증가하여 지구의 평균 기온이 상승하는 현상이다.

① 황사　　　　　② 사막화　　　　　③ 엘니뇨　　　　　④ 지구 온난화

24. 그림은 판의 이동과 맨틀 대류를 나타낸 것이다. A~D 중 발산형 경계에 해당하는 것은?

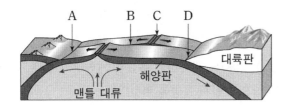

① A
② B
③ C
④ D

25. 그림은 지질 시대 동안 생물 과의 수 변화와 대멸종 시기를 나타낸 것이다. A에서 멸종한 생물은?

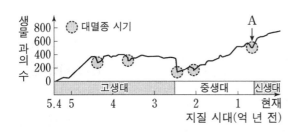

① 공룡
② 매머드
③ 삼엽충
④ 화폐석

한국사

고졸

1. 다음에서 설명하는 유물은?

경기 연천 전곡리에서 발견된 구석기 시대의 대표적인 유물로 주로 사냥을 하거나 가죽을 벗기는 등의 용도로 사용하였다.

① 해국도지　　　② 주먹 도끼　　　③ 수월관음도　　　④ 임신서기석

2. ㉠에 들어갈 내용으로 옳은 것은?

고려는 　㉠　의 침략에 어떻게 대응했을까요?

서희의 외교 담판과 강감찬의 귀주 대첩으로 물리칠 수 있었어요.

① 거란
② 미국
③ 영국
④ 일본

3. ㉠에 해당하는 인물은?

고려 무신 집권기 보조 국사 　㉠　은/는 세속화된 불교를 개혁하기 위해 정혜쌍수와 돈오점수를 내세우며 수선사를 중심으로 결사 운동을 펼쳤다.

① 지눌　　　② 원효　　　③ 이순신　　　④ 장수왕

4. ㉠에 들어갈 내용으로 옳은 것은?

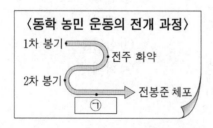

〈동학 농민 운동의 전개 과정〉
1차 봉기 → 전주 화약
2차 봉기 → ㉠ → 전봉준 체포

① 국학 설치
② 사비 천도
③ 우금치 전투
④ 고구려 멸망

5. ㉠에 들어갈 내용으로 옳은 것은?

> <세도 정치 시기의 ㉠ >
> ◦ 원인 : 정치 기강이 문란해져 관원의 부패가 심해짐.
> ◦ 결과 : 전정 · 군정 · 환곡의 부담으로 백성들의 삶이 매우 힘들어짐.

① 회사령
② 삼정 문란
③ 발췌 개헌
④ 정읍 발언

6. 자료와 관련한 정책으로 옳은 것은?

> 유생들이 반발하자 흥선 대원군이 크게 노하여 "이곳은 존경받는 선현을 제사하는 곳인데 지금은 붕당의 근거지로 도둑의 소굴이 되지 않았더냐."라고 말하였다.

① 서원 철폐
② 녹읍 설치
③ 교정도감 폐지
④ 동 · 서 대비원 설치

7. 다음에서 설명하는 정치 세력은?

> ◦ 인물 : 김옥균, 박영효, 김윤식, 김홍집
> ◦ 특징 : 서양의 근대적 제도와 과학 기술을 수용하고자 함.

① 호족
② 무신
③ 개화파
④ 오경박사

8. 다음에서 설명하는 유물은?

> 〈역사 유물 카드〉
> • 출토지 : 충남 부여 능산리
> • 용도 : 종교 행사 등에서 향을 피움.
> • 특징 : 불교와 도교 세계를 함께 표현함.

① 택리지
② 상평통보
③ 곤여만국전도
④ 백제 금동 대향로

9. 다음 정책을 펼친 조선의 국왕은?

> ◦ 임진왜란 이후 피해 극복을 위해 노력함.
> ◦ 명과 후금의 싸움에 말려들지 않고 실리를 취하려 함.

① 광해군
② 혜공왕
③ 법흥왕
④ 고국천왕

10. 다음 질문에 대한 답으로 옳은 것은?

한국사 골든벨

이들은 누구일까요? 고종이 을사늑약의 불법성을 알리기 위해 만국 평화 회의에 파견한 이준, 이상설, 이위종을 일컫는 말입니다.

① 중추원
② 도병마사
③ 중서문하성
④ 헤이그 특사

11. ㉠에 들어갈 내용으로 옳은 것은?

> 1920년대 농민들은 소작료 인하, 소작권 이동 반대 등을 요구하는 쟁의를 벌였다. 특히 ㉠ 은/는 소작료를 낮추는 데 성공하여 전국의 농민 운동을 자극하였다.

① 6 · 3 시위
② 이자겸의 난
③ 강조의 정변
④ 암태도 소작 쟁의

12. 다음에서 설명하는 신문은?

> ◦ 순 한글, 국한문, 영문 세 종류로 발행
> ◦ 영국인 베델이 발행인으로 참여한 일간 신문

① 독사신론
② 동경대전
③ 대한매일신보
④ 조선왕조실록

13. 다음 설명에 해당하는 일제의 식민 지배 방식은?

> 3 · 1 운동을 계기로 일제는 무단 통치로는 한국을 지배하기 어렵다고 판단하여 한글 신문의 발행을 허용하는 등 문화적 제도의 혁신을 내세웠다.

① 기인 제도
② 문화 통치
③ 대통령 중심제
④ 친명 배금 정책

14. 다음에서 설명하는 인물은?

출생	1902. 3. 15.
직업	이화 학당 학생
활동	3·1 운동이 일어나자 천안에서 만세 운동 주도
특징	서대문 형무소에서 사망

① 김흠돌
② 나운규
③ 유관순
④ 윤원형

15. ㉠에 들어갈 내용으로 옳은 것은?

> 개항 이후 일본으로 곡물 수출이 늘어나자 곡물 가격이 오르고 사람들의 피해가 커졌다.
> 이에 일부 지방관들은 [㉠]을/를 선포하여 곡물 유출을 막고자 하였다.

① 방곡령   ② 봉사 10조
③ 교육 입국 조서   ④ 좌우 합작 7원칙

16. 다음 설명에 해당하는 활동으로 옳은 것은?

> ◦ 파견 목적 : 독립 투쟁을 위한 국내 침투
> ◦ 파견 요원 : 미국 전략 정보국(OSS)의 훈련을 마친 한국 광복군

① 위화도 회군   ② YH 무역 사건
③ 국내 진공 작전   ④ 서경 천도 운동

17. ㉠에 들어갈 내용으로 옳은 것은?

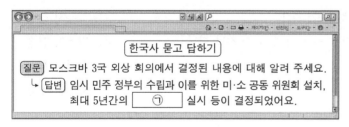

한국사 묻고 답하기

질문 모스크바 3국 외상 회의에서 결정된 내용에 대해 알려 주세요.
↳ 답변 임시 민주 정부의 수립과 이를 위한 미·소 공동 위원회 설치,
최대 5년간의 [㉠] 실시 등이 결정되었어요.

① 신탁 통치
② 제가 회의
③ 나·제 동맹
④ 독서삼품과

18. 다음에서 설명하는 기구는?

> ◦ 1948년 10월에 설치
> ◦ 반민족 행위자 조사 및 처벌을 위한 기구

① 정당성   ② 식목도감
③ 건국 준비 위원회   ④ 반민족 행위 특별 조사 위원회

19. ㉠에 들어갈 내용으로 옳은 것은?

〈역사의 한 장면〉

이 사진은 1920년대 조선 물산 장려회의 거리 행진 모습입니다. 행진에 참여한 사람들은 '[㉠]'라는/이라는 구호를 외쳤습니다.

① 선 건설 후 통일
② 유신 헌법 철폐하라
③ 조선 사람 조선 것
④ 근로 기준법 준수하라

20. ㉠에 들어갈 내용으로 옳은 것은?

〈수행 평가 보고서〉

○ 주제 : 4·19 혁명
○ 조사 내용
  - 배경 : 3·15 부정 선거
  - 전개 : 전국적으로 시위 발생, [㉠]

① 집강소 설치
② 기묘사화 발생
③ 노비안검법 실시
④ 이승만 대통령의 하야

21. ㉠에 들어갈 내용으로 옳은 것은?

<6 · 25 전쟁의 전개 과정>

[㉠] → 인천 상륙 작전 → 1 · 4 후퇴 → 정전 협정

① 자유시 참변
② 미쓰야 협정
③ 별기군 창설
④ 북한군의 남침

22. 다음에서 설명하는 정부는?

∘ 대북 화해 협력 정책(햇볕 정책) 추진
∘ 남북 정상 회담 개최와 6 · 15 남북 공동 선언 발표

① 장면 내각
② 김대중 정부
③ 노태우 정부
④ 이명박 정부

23. 다음에서 설명하는 사건은?

> 전두환 등 신군부 세력이 불법적으로 병력을 동원하여 계엄 사령관을 비롯한 군의 주요 지휘관들을 몰아내고 군권을 장악하였다.

① 3포 왜란　　　　　　　　　② 거문도 사건
③ 12 · 12 군사 반란　　　　　④ 임술 농민 봉기

24. 밑줄 친 ㉠에 해당하는 운동은?

① 형평 운동
② 금 모으기 운동
③ 교조 신원 운동
④ 문자 보급 운동

25. ㉠에 들어갈 내용으로 옳은 것은?

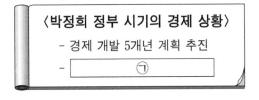

① 원산 총파업
② 상평창 설치
③ 당백전 발행
④ 경부 고속 국도 건설

도 덕

고졸

1. 다음 설명에 해당하는 용어는?

> 윤리적 문제 상황에서 두 가지 이상의 도덕 원칙 사이에 갈등과 충돌이 전개되는 상황

① 딜레마 　　② 이데아 　　③ 가상 현실 　　④ 정언 명령

2. (가)에 들어갈 윤리 사상은?

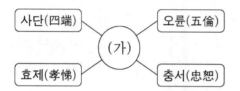

① 도가
② 불교
③ 법가
④ 유교

3. 다음 주제들을 다루는 실천 윤리 분야로 가장 적절한 것은?

> ○ 통일이 지향해야 할 윤리적 가치는 무엇인가?
> ○ 국제 사회의 각종 분쟁을 해결하기 위한 방안은 무엇인가?

① 성 윤리 　　② 평화 윤리 　　③ 직업 윤리 　　④ 생명 윤리

4. 다음 설명에 해당하는 도덕 원리 검사 방법은?

> 도덕 원리를 모든 사람에게 적용했을 때 나타나는 결과에 문제가 없는지 확인하는 방법

① 포섭 검사 　　　　　② 기술 영향 검사
③ 사실 판단 검사 　　　④ 보편화 결과 검사

5. 다음에서 설명하는 사회 갈등의 종류는?

도 덕 신 문 　2024년 ○월 ○일

급속한 사회 변화에 따라 연령 및 시대별 경험의 차이로 인한 갈등이 심화되고 있다. 기술이나 규범의 변화에 빠르게 적응하는 이들과 상대적으로 그렇지 못한 이들 사이의 갈등이 커지고 있는 것이다.

① 지역 갈등
② 남녀 갈등
③ 노사 갈등
④ 세대 갈등

6. 바람직한 토론 자세로 적절하지 <u>않은</u> 것은?

① 토론의 규칙과 절차를 준수한다.
② 논리적으로 타당한 근거를 제시한다.
③ 자기 생각의 오류 가능성을 배제한다.
④ 타인의 의견과 인격을 존중하는 태도를 갖는다.

7. 다음에서 소개하는 윤리 사상가는?

◆ 도덕 인물 카드 ◆
• 이익 평등 고려의 원칙을 근거로 동물 해방론을 주장함.
• 공리주의 관점에서 해외 원조의 필요성을 강조함.
• 대표 저서 : 『동물 해방』, 『실천 윤리학』

① 싱어
② 칸트
③ 슈바이처
④ 아리스토텔레스

8. 공리주의 입장에 대한 비판점으로 가장 적절한 것은?

① 행위의 결과보다 동기를 중시한다.
② 의무 의식과 선의지를 과도하게 강조한다.
③ 소수의 권리와 이익이 훼손될 우려가 있다.
④ 사회 전체의 행복보다 개인의 행복을 우선한다.

9. ㉠에 들어갈 용어로 가장 적절한 것은?

탐구 주제 : 〈　　　㉠　　　〉
• 필요성 : 인간의 욕망은 무한하고 재화는 한정되어 있기 때문임.
• 핵심 질문 : 재화를 누구에게 얼마만큼 나눌 것인가?

① 규범적 정의
② 교정적 정의
③ 분배적 정의
④ 형벌적 정의

10. 프롬(Fromm, E.)의 진정한 사랑에 대한 설명으로 옳지 <u>않은</u> 것은?

① 상대를 지배하고 소유하는 것
② 상대의 독특한 개성을 이해하는 것
③ 상대의 요구에 책임 있게 반응하는 것
④ 상대의 생명과 성장에 적극적인 관심을 갖는 것

11. ㉠에 들어갈 용어로 적절한 것은?

① 공정 무역
② 생명 공학
③ 사이버 범죄
④ 시민 불복종

12. 생명 복제를 반대하는 입장의 대답으로 옳은 것은?

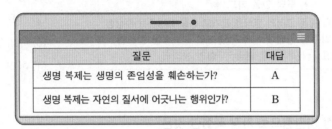

	①	②	③	④
A	예	예	아니오	아니오
B	예	아니오	예	아니오

13. 공직자가 지녀야 할 덕목에 해당하지 <u>않는</u> 것은?

① 성실   ② 부패   ③ 정직   ④ 책임

14. 과학 기술자가 지녀야 할 윤리적 자세를 <보기>에서 고른 것은?

─────── <보기> ───────

ㄱ. 다양한 자료들을 표절한다.
ㄴ. 연구 결과를 위조하거나 변조한다.
ㄷ. 인류의 삶의 질 향상을 위해 노력한다.
ㄹ. 과학 기술의 위험성과 부작용을 충분히 검토한다.

① ㄱ, ㄴ   ② ㄱ, ㄷ   ③ ㄴ, ㄹ   ④ ㄷ, ㄹ

15. 다음 내용과 같은 주장을 한 사상가는?

집단의 도덕성은 개인의 도덕성보다 현저히 떨어진다.

개인의 도덕성 함양뿐만 아니라 사회 정책과 제도의 개선이 필요하다.

① 벤담
② 칸트
③ 니부어
④ 베카리아

16. 바람직한 통일 한국의 모습으로 적절하지 <u>않은</u> 것은?

① 대립하는 무력 국가
② 자유로운 민주 국가
③ 창조적인 문화 국가
④ 정의로운 복지 국가

17. B에 들어갈 내용으로 가장 적절한 것은?

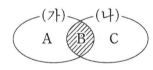

(가): 동물 중심주의
(나): 생명 중심주의

① 동물을 인간만을 위한 수단으로 여긴다.
② 도덕적 고려의 범위에 동물이 포함된다.
③ 인간만이 도덕적 지위를 지닌다고 본다.
④ 무생물을 도덕적 고려의 대상으로 여긴다.

18. 다음 내용에 해당하는 윤리 문제는?

정식으로 음반을 구입하지 않고 인터넷에서 불법으로 노래 파일을 내려 받는 행위

① 정보 격차
② 저작권 침해
③ 보이스 피싱
④ 사이버 따돌림

19. (가), (나)에 들어갈 내용으로 적절하지 <u>않은</u> 것은?

주제: 대중문화를 윤리적으로 규제해야 하는가?

찬성 논거 규제를 통해 (가)   반대 논거 규제를 하면 (나)

① (가) : 성 상품화를 예방할 수 있다.
② (가) : 청소년을 폭력적 문화로부터 보호할 수 있다.
③ (나) : 다양한 문화가 폭넓게 창조된다.
④ (나) : 창작자의 표현할 자유와 권리가 침해된다.

20. 다음 설명에 해당하는 것은?

- 이주민의 고유한 문화와 자율성을 존중하여 문화 다양성을 실현하고자 함.
- 대표적으로 샐러드 볼 이론이 있음.

① 동화주의   ② 다문화주의
③ 문화 사대주의   ④ 자문화 중심주의

21. 다음은 서술형 평가 문제와 학생 답안이다. 밑줄 친 ㉠~㉣ 중 옳지 <u>않은</u> 것은?

문제 : 의복 문화와 관련된 윤리적 문제와 바람직한 자세를 서술하시오.

〈학생 답안〉
　윤리적 문제로 ㉠ 유행에 무비판적으로 동조하는 유행 추구 현상과 ㉡ 무분별한 명품 소비로 사치 풍조를 조장하는 명품 선호 현상이 있다. 따라서 ㉢ 타인의 신념에 따라 수동적인 소비를 실천하고, ㉣ 환경을 고려하여 과도한 욕망을 절제할 필요가 있다.

① ㉠
② ㉡
③ ㉢
④ ㉣

22. 다음 설명에 해당하는 것은?

　상호 무관심한 사람들이 무지의 베일하에서 합의를 통해 정의의 원칙을 도출하는 가상적 상황

① 판옵티콘   ② 윤리적 공백
③ 원초적 입장   ④ 공유지의 비극

23. 다음에서 예술과 윤리의 관계에 대한 학생의 입장은?

예술과 윤리의 관계를 어떻게 바라보아야 할까요?

예술은 인간에게 올바른 품성을 함양하게 하고 도덕적 교훈이나 모범을 제공해야 합니다.

교사 학생

① 도덕주의

② 자유주의

③ 예술 지상주의

④ 현실 지상주의

24. ㉠에 들어갈 용어로 가장 적절한 것은?

요나스(Jonas, H.)는 "너의 행위의 결과가 인류의 존속 가능성을 파괴하지 않도록 행위하라."라고 주장하면서 (㉠)를 고려하는 책임 윤리를 강조한다.

① 과거 세대 ② 부모 세대

③ 기성 세대 ④ 미래 세대

25. 다음에서 해외 원조에 대한 노직(Nozick, R.)의 관점에만 '√'를 표시한 학생은?

관점＼학생	A	B	C	D
• 해외 원조는 자발적 선택이다.	√			√
• 해외 원조는 윤리적 의무이다.		√		
• 해외 원조는 질서 정연한 사회가 되도록 돕는 것이다.			√	√

① A

② B

③ C

④ D

정답 및 해설

C·O·N·T·E·N·T·S

국어				2021년 2회
01. ①	02. ④	03. ④	04. ③	05. ②
06. ③	07. ①	08. ②	09. ②	10. ④
11. ①	12. ③	13. ①	14. ④	15. ①
16. ②	17. ③	18. ②	19. ①	20. ②
21. ④	22. ③	23. ①	24. ③	25. ④

1. 자신을 낮추어 겸손하게 말하고 있는 것은 ①이다.

2. 혼밥은 '혼자 먹는 밥'을 줄여서 말한 것으로 과도한 줄임말은 의사소통을 방해한다.

3. ① [실라], ② [놀리], ③ [설랄], ④ [종노]

4. '① 반드시, ② 부쳤다, ④ 절였다'로 수정한다.

5. (가)는 과거 시제를 말하는 것이다.
㉠, ㉢ : 과거 시제
㉡ : 현재 시제
㉣ : 미래 시제

6. ③ :시 · 미: 수ㅁ + 주격 조사 ' ㅣ '

7. 본론1 쓰레기 불법 투기의 원인인 '공중도덕 준수에 대한 시민의식 부족'과 '쓰레기 불법 투기에 대한 공원 측 관리 소홀'에 대한 해결 방안으로는 ②, ③, ④가 적절하다.

8. ② '왜냐하면 ~때문이다'는 호응이 맞으므로 바꾸지 않아도 된다.

9. 윗글은 청유형 문장이 드러나지 않는다. ① 눈이 내려 눈꽃이 피고 봄이 와 봄꽃이 피는 자연 현상을 통해 시상을 전개한다.
③ 시각적, 청각적 이미지를 활용한다.
④ 은유와 직유를 사용해 시적의미를 형상화한다.

10. ㉣은 첫사랑의 연약한 속성을 보여주기 위해 사용된 것이다.

11. ⓐ는 역설법을 통해 첫사랑이 지난 후의 성숙한 사랑을 의미한다.

12. ③ 1인칭 관찰자시점이다.

13. 나는 강도 때문에 터지려는 웃음을 꾹 참을 정도로 강도를 두려워하지 않는다.

14. 강도는 자신의 정체가 발각되었을지 모른다는 의심의 눈빛을 보인다.

15. ① 후렴구를 통해 운율을 형성하는 것은 고려가요의 대표적 특징이다.

16. 2연에서는 떠나는 임에 대한 '원망'의 정서를 보인다.

17. ③ 하늘, 구름, 안개에 자신의 괴로운 감정을 이입하여 표현한다.

18. ② 옥영의 시조 때문에 옥영과 최척은 재회를 한다.

19. ① 최척은 자신의 신세를 생각하다가 통소를 꺼내 슬픈 곡조를 불러낸다.

20. ① 1문단에 외부효과의 개념을 풀이한다.
③ 1문단에 꽃집의 화분과 트럭을 사례로 활용한다.
④ '누이 좋고 매부 좋다'의 속담을 활용한다.

22. ③ 고안; 연구하여 새로운 안을 생각해냄

23. 1문단에서 확인할 수 있다.
(우리가 할 수 있는 일은 무엇일까요? 바로 심폐소생술입니다.)

24. 심폐소생술은 심정지의 발생 원인을 제거하는 것과 관계가 없다.

25. '㉠ 지키다'는 '잃지 않게 보호하다'의 의미이다.

1. 동류항끼리 계산한다.
$$A - B = (2x^2 + x) - (x^2 - x)$$
$$= 2x^2 + x - x^2 + x$$
$$= x^2 + 2x$$

2. 항등식의 정의를 이용하여 좌우의 계수를 비교한다. 일차항의 계수끼리 같다. 따라서 $a = 3$
상수항끼리 같다. 따라서 $b = -7$
$a + b = -4$

3. $x - 1$로 나눈 나머지는 $x = 1$을 대입한다.
$x - 1$로 나누어떨어지기 위해서는 주어진 다항식에 $x = 1$을 대입하면 0이 나와야 한다.
$1^3 - 2 \times (1) + a = 0$이다. 따라서 $a = 1$.

4. 인수분해 공식 $x^3 + a^3 = (x + a)(x^2 - ax + a^2)$을 이용한다. $x^3 + 3^3 = (x + 3)(x^2 - 3x + 9)$ 이다. 따라서 $a = 9$

5. 복소수의 곱셈($i^2 = -1$을 이용한다.)
$i(1 + 2i) = i + 2i^2 = i - 2 = -2 + i$이다.
따라서 $a = -2$

6. 이차방정식의 근과 계수와의 관계 공식이용
$ax^2 + bx + c = 0$의 두 근의 합 $\alpha + \beta = -\dfrac{b}{a}$,
두 근의 곱 $\alpha\beta = \dfrac{c}{a}$
$x^2 - 4x - 5 = 0$에서 두 근의 합
$\alpha + \beta = -\dfrac{-4}{1} = 4$이다.

7. 이차함수의 최솟값은 주어진 그래프에서 가장 작은 y의 값을 찾는다.
$-1 \le x \le 2$에서 주어진 그래프 $y = x^2 - 3$은 $x = 0$일 때, 최솟값 -3을 갖는다.

8. 방정식의 한 근이 주어진 경우에는 주어진 근을 식에 대입한다. 주어진 한 근이 1이므로 $x = 1$을 주어진 식에 대입하면 $1^3 + a \times (1)^2 - 2 \times (1) - 1 = 0$ 이므로 $a = 2$이다.

9. 연립부등식은 주어진 부등식의 해를 각각 구한 후 공통범위를 찾는다.
$3x < 2x + 5$를 이항하면 $x < 5$
$4x > 3x - 1$을 이항하면 $x > -1$이다.
따라서 연립부등식의 해는 $-1 < x < 5$이다.

10. 절댓값 부등식의 해를 구할 수 있어야 한다.
$|x - 2| \le 2$에서 절댓값을 지우면
$-2 \le x - 2 \le 2$이고 이 식을 이항하면
$0 \le x \le 4$이다. 따라서 $a = 4$

11. 두 점 사이의 거리 공식 :
$\sqrt{(x_2 - x_1)^2 + (y_2 - y_1)^2}$ 공식을 이용한다.
두 점 A, B 사이의 거리는
$\sqrt{(2 - (-2))^2 + (4 - 1)^2} = \sqrt{16 + 9} = \sqrt{25} = 5$
이다.

12. 평행 : 두 직선의 기울기만 같다.
주어진 $y = 2x + 3$에 평행한 직선의 기울기는 3이다. 점 $(0, 6)$을 지나고 기울기가 3인 직선의 방정식은 $y = 2x + 6$이다.

13. 지름의 양 끝이 주어진 원은 중점공식을 이용하여 원의 중심을 찾는다.
$A(-1, -1), B(3, 3)$의 중점은
$\left(\dfrac{-1 + 3}{2}, \dfrac{-1 + 3}{2}\right) = (1, 1)$이다. 중심이 $(1, 1)$인 원의 방정식은 $(x - 1)^2 + (y - 1)^2 = r^2$이고 여기에 지나는 점 $(3, 3)$을 대입하면 $r^2 = 8$이다.
따라서 구하는 원의 방정식은 $(x - 1)^2 + (y - 1)^2 = 8$이다.

14. (x, y)를 x축에 대하여 대칭이동하면 $(x, -y)$이다. $(2, 5)$를 x축에 대하여 대칭이동한 점의 좌표는 $(2, -5)$이다.

15. $A \cap B$는 A와 B의 공통인 원소만을 갖는 집합이다. $A \cap B = \{1, 2\}$이고 $n(A \cap B) = 2$이다.

16. 명제 'p이면 q이다.'의 역은 'q이면 p이다.'를 이용한다. 주어진 명제 '$x = 1$이면 $x^3 = 1$이다.'의 역은 '$x^3 = 1$이면 $x = 1$이다.'

17. $(f \circ f)(2) = f(f(2))$이다.
주어진 대응표에서 $f(2) = 3$이고 $f(3) = 4$이다.
따라서 $(f \circ f)(2) = f(f(2)) = f(3) = 4$

18. 유리함수 $y = \dfrac{a}{x - p} + q$의 점근선은 $x = p$, $y = q$이다.
$y = \dfrac{1}{x - a} + 4$의 점근선은 $x = a, y = 4$이다.
따라서 $a = 3$이다.

19. 뽑아서 나열하는 경우의 수는 순열이다. 서로 다른 4개의 종목에서 2개의 종목을 택하여 나열하는 경우의 수는 $_4P_2 = 4 \times 3 = 12$이다.

20. 서로 다른 n개에서 r개를 선택하는 경우의 수는 조합 $_nC_r$이다. 서로 다른 5개의 정다면체에서 2개의 정다면체를 선택하는 경우의 수는
$_5C_2 = \dfrac{5 \times 4}{2 \times 1} = 10$이다.

영어				2021년 2회
01. ④	02. ②	03. ①	04. ②	05. ④
06. ①	07. ③	08. ①	09. ④	10. ③
11. ①	12. ③	13. ③	14. ②	15. ②
16. ①	17. ①	18. ④	19. ③	20. ②
21. ④	22. ④	23. ③	24. ②	25. ④

1. 과학은 세계에 많은 <u>혜택</u>을 가져다주었다.

2. 나는 올해 반 친구들과 더 <u>잘 어울릴</u> 것이다.

3. <u>결국</u> 그 소식은 사실로 밝혀졌다.

4. 사람들이 내가 가장 좋아하는 <u>음식</u>에 대해 물으면, 나는 항상 <u>피자</u>라고 대답한다.
<보기>는 포괄하는 단어와 그 종류를 의미한다. ②는 반의어 관계다.

5. 자선 달리기
와서 암환자를 위한 지지를 보여 주세요!
날짜 : 9월 24일
시간 : 오전 9시 – 오후 4시
장소 : 아시아 경기장
참가자를 위한 무료 티셔츠
* 행사 참가비는 언급되지 않았다.

6. 그녀는 얼굴에 함박웃음을 짓고 있다.
너는 너의 문제에 <u>직면하는</u> 법을 배워야 한다.

7. Tom, <u>어디</u> 갈 계획이니?
우리가 머물 수 있는 안전한 장소가 있다.
* '어디'라는 의문사와 선행사 a safe place를 갖는 where 가 적절하다.

8. <u>진정하고</u> 내 말 좀 들어줘.
소리를 <u>줄여주</u>시겠어요?
* calm down 진정하다 / turn down 줄이다

9. A : 나 다음 주에 독일에 갈 거야. 조언은?
B : 포크로 감자를 자르는 것 명심해. 칼이 아니야.
A : 왜 그래?
B : 그건 독일식 식사 관습이야. <u>로마에 있을 때는 로마인들이 하는</u> 대로 해.

10. A : 새로운 직장은 어떤가요?
B : 일이 많지만, 아주 맘에 들어요.
A : 정말요? 잘됐네요.
B : 고마워요. 저는 그것에 매우 <u>만족</u>합니다.
* satisfied 만족하는

11. A : 이 재킷에 대한 환불을 받고 싶어요.

B : 무슨 문제가 있을까요?

A : 옷이 너무 커요.

B : 좀 더 작은 크기로 교환하시겠습니까?

A : 아니, 괜찮습니다.

* jacket(재킷)으로 보아 옷 가게이다.

12. 어느 날 수학 수업에서 메리는 문제 푸는 것에 자원했다. 앞에 나왔을 때, 메리는 그것이 매우 어렵다는 것을 깨달았다. 그러나 메리는 침착하게 칠판에 답을 쓰기 시작했다.

* it은 (수학) 문제를 가리킨다.

13. A : 부탁 하나만 들어줄래?

B : 네, 엄마. 뭐죠?

A : 슈퍼에서 계란 좀 사다 줄래?

B : 알았어요. 집에 가는 길에 들를게요.

* 계란을 사다 달라고 요청하는 글이다.

14. A : 스케이트를 탄지 얼마나 되었니?

B : 10살 때부터 스케이트를 탔어요.

15. A : 전기를 절약하기 위해 우리가 무엇을 할 수 있을까?

B : 방을 나갈 때 불을 끌 수 있어.

A : 알겠어. 다른 게 또 있을까?

B : 엘리베이터 대신 계단을 이용하는 것도 좋은 생각이야.

* 전기를 절약하는 방법에 대한 글이다.

16. 저를 위해 추천서를 써주셔서 정말 고맙습니다. 덕분에 이제 꿈의 대학에서 공부할 기회가 생겼습니다. 당신의 도움과 친절을 결코 잊지 않을 것입니다.

* 추천서를 써준 것에 대한 감사의 글이다.

17. 수영장 규칙

지켜야 할 것 :

수영장에 들어가기 전에 샤워를 한다.

항상 수영 모자를 쓴다.

구조원의 지시에 따른다.

다이빙은 허용되지 않습니다.

18. 1987년에 시작된 국제 망고 축제는 망고에 관한 모든 것을 기념한다. 매년 여름 인도에서 열린다. 망고 먹기 대회와 퀴즈쇼 같은 많은 행사가 있다. 이 축제는 550종 이상의 망고를 무료로 맛볼 수 있는 기회를 제공한다.

19. 음식물 쓰레기의 증가는 심각한 환경 문제가 되고 있다. 여기 음식물 쓰레기의 양을 줄이는 몇 가지 쉬운 방법이 있다. 먼저, 쇼핑하기 전에 필요한 음식 목록을 만들어 보세요. 둘째, 식사마다 음식을 너무 많이 준비하지 않도록 하세요. 셋째, 나중에 사용할 수 있도록 남은 음식은 보관하세요.

* 음식물을 줄이는 방법에 대한 글이다.

20. 우리 고등학교 학생들은 다양한 배경을 가지고 있다. 그들은 러시아, 태국, 칠레와 같은 다른 나라들 출신이다. 나는 국제 반 친구들이 있는 다문화 환경에 있게 되어 매우 기쁘다.

21. 테이트 모던은 런던에 위치한 박물관이다. 예전에는 발전소였다. 1981년 발전소가 폐쇄된 후 영국 정부는 그것을 파괴하는 대신 박물관으로 바꾸기로 결정했다. 지금 이 박물관은 영국 전역의 현대 미술품을 소장하고 있다.

* transform 바꾸어 놓다, 변화시키다.

22. 아이스크림 좋아하세요? 대부분의 사람들처럼, 나는 아이스크림을 매우 좋아합니다. 신문 기사에 따르면, 여러분이 가장 좋아하는 아이스크림 맛은 여러분이 어떤 사람인지 보여줄 수 있다고 합니다. 예를 들어, 여러분이 가장 좋아하는 맛이 초콜릿이라면, 그것은 여러분이 매우 창의적이고 열정적이라는 것을 의미합니다. 만약 당신이 가장 좋아하는 맛의 딸기라면? 그것은 당신이 논리적이고 사려 깊다는 것을 의미한다.

23. 여러분이 알다시피, 요즘 많은 젊은이들이 목통증을 앓고 있다. 공부를 하거나 스마트폰을 사용하는 동안 책상으로 (목을) 숙이면서 하루 몇 시간씩 시간을 보내기 때문이다. 걱정하지 마세요. 목통증을 예방하고 줄이는 데 도움이 될 만한 운동이 있다.

이것이 여러분이 할 수 있는 운동법이다.
* 마지막에 목통증을 줄이고 예방하는 데 도움이 되는 운동이 있다고 했으므로 구체적인 운동법을 나열하는 글이 자연스럽게 이어져야 한다.

24. 테니스와 탁구를 비교할 때, 몇 가지 유사점과 차이점이 있다. 첫째, 두 종목 다 라켓 스포츠다. 또한 두 종목 모두 네트를 가로질러 공을 주거니 받거니 한다. 하지만, 차이점도 있다. 테니스는 코트에서 하지만 탁구는 테이블에서 한다. 또 다른 차이점은 탁구에 비해 테니스에서 훨씬 더 큰 라켓이 사용된다는 것이다.
* 두 종목의 유사점 이후에 차이점을 설명하므로 however이 적절하다.

25. 테니스와 탁구의 유사점과 차이점을 나열한 글이다.

사회				2021년 2회
01. ④	02. ①	03. ③	04. ①	05. ④
06. ④	07. ①	08. ④	09. ②	10. ④
11. ①	12. ①	13. ②	14. ②	15. ③
16. ②	17. ④	18. ②	19. ③	20. ④
21. ③	22. ①	23. ③	24. ①	25. ②

1. - 헌법에서는 국민들의 행복추구권을 명시하고 있다.
- 아리스토텔레스는 인간 존재의 목적과 이유를 '행복'에서 찾았다.

2. - 영국의 '권리장전'은 1688년 명예혁명 과정에서 등장한 문서로 입헌군주제의 내용을 담고 있다.
- '바이마르 헌법'은 1919년 1차대전이후 등장한 바이마르공화국에서 제정한 헌법으로 최초의 사회권 개념을 담고 있다.
- 국제연합은 1948년 '세계인권선언'을 발표하면서 형제애를 통한 인류애와 인권을 강조했다.

3. - 소수의 기업들이 생산량이나 가격을 협의해서 통일하는 것을 '담합'이라고 한다. 이는 시장의 공정한 자유경쟁을 해치고 생산량과 가격의 통일로 인한 소비자의 제품 선택권을 제한하는 결과를 가져온다.
- 신용은 믿음을 근거로 물건이나 돈을 빌려줄 수 있는 상태를 말한다.

4. - 1929년 시작된 미국의 경제대공황에 대한 대책으로 루스벨트 대통령은 실업구제를 위한 대규모의 개발사업과 공공사업(TVA개발 등)을 전개했다. 이를 뉴딜정책이라고 한다.
- 석유파동은 1973년과 78년 등 몇 차례에 걸친 중동지역 전쟁과 불안으로 발생했었다.
- 시민불복종은 악법에 대한 의도적이고 공개적인 위법행위를 말한다.

5. - 비교우위에 있는 특정 상품 생산에 집중함으로써 경쟁력 있는 상품을 생산하는 방식을 특화라고 한다.
- 선택으로 얻어지는 만족감을 편익이라고 한다.

6. - 입법권은 법률의 제정과 개정에 관한 권한으로 국회의 권한이다.
- 행정권은 법률의 집행권으로 대통령을 수반으로 하는 정부의 권한이다.
- 사법권은 법률의 적용과 해석에 관한 권한으로 법원의 권한이다.

7. 생애주기별 금융설계를 '재무설계'라고 한다. 재무설계는 생애주기전체를 고려해서 설계하며 수입과 지출, 자산, 미래의 수익까지 모두 고려해서 설계한다. 중장년기에도 저축과 지출을 균형 있게 설계하는 것이 필요하다.

8. - 문화 병존은 기존문화와 새로운 문화가 함께 공존하는 상황을 의미한다.
- 문화 융합은 기존문화와 새로운 문화가 만나 완전히 새로운 문화를 만들어 내는 현상을 말한다.

9. 여성이라는 이유만으로 승진이 제한되는 현상을 보이지 않는 유리로 된 천장이 있는 것과 같다고 해

서 '유리천장 현상'이라고 한다.

10. - '문화사대주의'란 다른 나라 문화를 숭상한 나머지 자국의 문화를 무시하는 현상을 말한다. 그 결과 자국문화의 정체성이 상실될 가능성이 높아진다.
- 문화의 우열을 평가하지 않는 태도는 '문화상대주의'에 해당한다.
- 자기문화를 가장 우수한 것으로 보고 다른 문화를 부정적으로 보는 문화이해 태도는 '자문화중심주의'에 해당한다.

11. - 시장의 한계에는 독과점, 공공재공급부족, 외부효과 등을 들 수 있다. 그 중 외부효과는 의도하지 않고 타인에게 피해를 주거나 이익을 주는 현상을 말한다.
- 공정무역은 개발도상국과의 무역거래에서 정당한 대가를 주고 거래하는 것을 의미한다.
- 규모의 경제는 생산요소의 투입을 증가시키면 생산비를 줄이거나 이익을 더 많이 볼 수 있다는 것을 말한다.
- 윤리적 소비는 인권과 환경을 생각하는 소비로서 공정무역이나 로컬푸드 등을 예로 들 수 있다.

12. - 다문화 현상을 설명하는 이론 중에 용광로 이론은 주류문화에 다양한 비주류문화를 하나로 만들어 동화시키는 이론이다.
- 다문화 현상을 설명하는 이론 중에 샐러드 볼 이론은 다양한 문화들의 존재를 인정하고 서로 다른 문화 간의 조화와 공존을 이룰 수 있다고 보는 이론이다.
- 셧다운제 정책은 다문화 이론과는 관련이 없는 청소년 온라인게임시간 조정에 관한 정책이다. 고용보험 역시 다문화 이론과는 관련 없는 실업에 대비한 사회보험을 말한다.

13. 자유주의적 정의관은 국가나 사회 등의 집단이나 공동선보다 개인의 자유와 개인선을 더 강조하는 정의관이다.

14. 건조기후지역은 강수량보다 증발량이 더 많은 기후지역으로 오아시스농업이나 하천에서 물을 끌어와서 농사짓는 관개농업이 발달했다. 이 지역 전통가옥의 경우 나무가 없고 비가 거의 내리지 않기 때문에 사막지역은 평평한 지붕에 흙집이나 돌집이 주를 이루고 있다.

15. 열대 이동성 저기압을 지역에 따라 태풍, 허리케인, 사이클론이라고 한다. 우리나라에서는 주로 7월에서 8월에 발생해 강한 바람과 많은 강수량으로 피해를 주기도 한다.

16. - 도시의 특징을 찾는 문제로 도시지역은 포장면적의 증가로 인해 녹지면적이 감소되고 있고 도심지역에서는 특히 주변지역보다 기온이 올라가는 열섬현상이 생기기도 한다. 또 포장면적이 증가하면서 빗물의 토양흡수가 원활하지 않아 도시하천 수량이 급속하게 증가하는 도시홍수현상이 나타나기도 한다.
- 도시지역에서는 토지의 집약적인 이용이 필요하기 때문에 농경지 확보가 쉽지 않다.

17. 최근 액화기술이 발전하면서 수송과 저장이 용이해진 에너지 자원은 천연가스이다. 천연가스는 LPG, LNG, CNG 등의 다양한 이름으로 불리고 있고 불순물을 거의 포함하고 있지 않아 청정에너지에 해당한다. 그러나 여전히 채취와 사용 시 온실가스를 배출하는 에너지이다.

18. - 온라인에서 소통할 수 있는 다양한 서비스들을 '누리 소통 망' (Social Network Service, SNS)이라고 한다.
- 브렉시트(Brexit)는 영국이 EU에서 탈퇴한 상황을 말하는 것이고, 인플레이션(inflation)은 물가가 지속적으로 상승하는 현상을 말한다. 베리어 프리(barrier Free)는 고령자나 장애인들도 살기 좋은 사회를 만들기 위해 다양한 장벽들을 없애자는 운동을 말한다.

19. 이슬람교는 유일신 알라를 믿고 경전인 쿠란이 있으며 술과 돼지고기를 금지하고 있다. 라마단이라는 단식기간이 있고 모스크 양식의 건물에서 예배한다. 또 일부다처제를 일부 허용하고 있고 하루에 5번 이상 메카를 향해 절을 하기도 한다.

20. - 라틴아메리카문화권은 남부유럽 라틴족(스페인, 포르투갈)들이 중남미를 식민지로 만들면서 형성된 문화권으로 대부분 가톨릭을 믿고 다양한 혼혈족들이 생겨났다.

- 북극문화권은 툰드라문화권이라고도 하며 순록유목, 사냥, 어로 등이 특징이다.

- 동아시아문화권은 한/중/일 세 나라 문화를 말하는 것으로 유교, 불교, 한자, 벼농사, 젓가락 등을 공통점으로 꼽을 수 있다.

21. - 뉴욕, 런던, 도쿄 등 정치, 경제, 문화의 중심지 역할을 하며, 다국적 기업의 본사 등이 위치하는 유명한 도시를 세계도시라고 한다.

- 생태도시는 도시와 자연이 공존하는 도시로 쿠리치바, 순천, 서귀포 등이 있다.

- 슬로시티는 전통과 도시, 자연이 어우러지는 도시로 전주한옥마을, 신안군 증도 등이 있다.

22. 지도에 표시된 지역은 세계에서 가장 빠른 속도로 사막화 되고 있는 사헬지대이다.

23. - 남중국해 지역 중에 난사군도의 경우 중국의 인공섬 건설로 인해 주변국들(필리핀, 인도네시아, 말레이시아, 브루나이 등)과의 영토, 자원분쟁이 발생했다.

- 카슈미르 지역은 파키스탄(이슬람교)과 인도(힌두교) 간의 영토분쟁 지역이다.

- 쿠릴열도 지역은 러시아가 실효 지배하고 있고, 일본이 반환을 주장하는 지역이다.

24. 저출산의 원인으로는 늦은 결혼(만혼)의 증가, 여성의 사회진출 증가, 결혼과 출산에 대한 가치관의 변화 등이 있다. 그리고 이로 인해 노동력의 부족, 경제적 활력과 경쟁력의 감소 등이 나타날 수 있다.

25. - 주권국가들로 구성되어 있고 국제법상 독자적인 지위를 갖는 조직을 국제기구라고 한다. 국제기구에는 UN, WTO, EU, IMF 등이 있다.

- 비정부 기구는 NGO라는 약자로 불리기도 하는데 '그린피스', '국경없는 의사회' 등과 같이 자발적으로 여러 나라 시민들이 뜻을 모아 결성한 것이다.

과학   2021년 2회

01. ①	02. ②	03. ④	04. ③	05. ②
06. ②	07. ③	08. ③	09. ①	10. ④
11. ④	12. ②	13. ②	14. ④	15. ①
16. ①	17. ③	18. ④	19. ②	20. ④
21. ①	22. ②	23. ③	24. ③	25. ①

1. 중력은 질량을 가진 모든 물체 사이에 항상 잡아당기는 인력으로 작용하는 힘이며, 마찰력은 접촉면에서 힘의 방향과 반대 방향으로 작용하고, 자기력과 전기력은 인력과 척력을 모두 동반하는 힘이다.

2. 수력 발전은 댐에 저장된 물의 퍼텐셜 에너지를, 풍력은 바람의 운동 에너지를, 화력 발전은 화석 연료(석탄, 석유)의 화학 에너지를 전기 에너지로 전환하는 발전 방식이다.

3. 운동량은 $P = mv$로 질량과 속도의 곱이므로 D가 $3 \times 2 = 6$으로 가장 크다.

4. 전자기 유도에서 유도 전류의 세기를 크게 하려면 더 강한 자석으로, 코일을 많이 감고, 빠른 왕복 운동을 해야 한다.

5. 변압기에서 전압은 코일의 감은 수로 변화시키므로 1차 코일보다 2차 코일의 감은 수가 두 배 많으므로 전압의 비는 1 : 2이다.

6. 자유 낙하 운동에서 물체의 이동거리는 $S = \frac{1}{2}gt^2$ (g : 중력가속도, t : 시간)의 공식에 의해 구해야 하지만, 1초당 10m씩 증가하는 규칙성으로도 풀 수 있다. 정답은 35m이다.

7. 탄소 원자는 원자 번호 6번으로 양성자수와 전자 수가 6개로 같으므로 전기적으로 중성이며, 마지막 전자껍질에 배치된 원자가 전자 수는 4개이다.

8. 주기율표에서 같은 족의 원소는 맨 마지막 껍질의 전자수인 원자가 전자수가 동일하므로 Li과 Na이 각각 1개로 같은 1족 원소이다.

10. 그래핀, 풀러렌, 탄소 나노 튜브는 모두 탄소를 기본 골격으로 하는 나노 물질들이다.

11. KOH, NaOH, $Ca(OH)_2$는 모두 염기성 물질로 공통성질은 OH^-(수산화 이온) 때문이다.

12. 철이 공기 중에서 부식(녹)되는 반응은 중화 반응이 아닌 산화-환원 반응의 예이다.

13. 단위체가 아미노산이고, 효소, 항체, 호르몬, 근육의 주성분인 물질은 단백질이다.

14. 세포막은 인지질 2중층과 단백질로 이루어져 있으며, 확산과 삼투의 원리로 선택적으로 물질 출입을 조절한다.

15. 생체 내에서 일어나는 모든 화학 반응(동화작용과 이화작용)을 물질대사라 한다.

16. 단백질 합성에 대한 DNA의 유전정보는 핵에서 RNA로 전사된 후 리보솜에서 번역을 거쳐 해당 단백질을 합성한다.

17. 식물 세포에만 있으며, 세포의 가장 바깥쪽에 있으며, 세포의 모양을 일정하게 유지해 주는 것은 세포벽 C이다. A는 미토콘드리아, B는 핵, D는 엽록체이다.

18. 안정된 생태계가 평형을 이루려면 개체수, 생물량, 에너지양이 피라미드 형태일 때이다.

19. 식물성 플랑크톤은 생산자, 세균과 곰팡이는 분해자로 생물 요소이며, 빛, 온도, 물, 토양 등은 비생물적 요인인 환경요인이다.

20. 질량이 태양 정도인 별은 진화과정에서 핵융합 반응으로 헬륨, 탄소 정도까지 만들어지고, 태양보다 질량이 매우 큰 별의 중심에서 핵융합 반응으로는 철이 최종적으로 만들어지며, 철보다 질량이 큰 원소들은 초신성 폭발 때 만들어진다.

21. 열대 해상에서 해수가 증발하여 대기에서 태풍이 만들어졌으므로 수권과 기권의 상호 작용의 예이다.

22. 그림은 대서양 중앙 해령으로 맨틀 대류의 상승부이며, 발산형 경계에 해당한다.

23. 물의 순환은 태양 복사 에너지, 지진과 화산 활동은 지구 내부 에너지, 밀물과 썰물로 인한 해안 지형의 변화는 조력 에너지가 주된 에너지원이다.

24. 대류권은 공기의 대류로 인해 기상 현상이, 성층권은 오존층이 존재하고, 기층이 안정되어있어 비행기 항로로, 중간권은 대류 현상은 있으나 수증기가 없어 기상 현상은 없고, 열권은 공기가 희박하고 오로라 현상이 일어나는 곳이다.

25. 삼엽충, 갑주어, 필석은 고생대의 표준 화석이며, 공룡, 암모나이트, 시조새는 중생대의 표준 화석이고, 화폐석, 매머드는 신생대의 표준 화석이다.

한국사				2021년 2회
01. ③	02. ④	03. ④	04. ①	05. ②
06. ①	07. ①	08. ②	09. ①	10. ③
11. ②	12. ②	13. ①	14. ②	15. ①
16. ④	17. ②	18. ④	19. ①	20. ③
21. ④	22. ③	23. ③	24. ④	25. ③

1. 빗살무늬 토기는 신석기 시대를 대표하는 유물이다.
① 민화 유행 - 조선 후기, ② 불교 수용 - 삼국 시대, ③ 농경과 목축 시작 - 신석기 시대, ④ 철제 농기구 - 철기 시대

2. <보기>는 고조선의 8조법의 내용이다.

3. 고구려 을지문덕은 살수에서 수나라를 크게 물리쳤다.
① 기묘사화 - 조선 시대 조광조, ② 신미양요 - 1871년 미국의 강화도 침입, ③ 무신정변 - 고려 무인의

문벌귀족 사회 붕괴 사건

4. 발해는 고구려를 계승한 나라이다. 중국으로부터는 '해동성국'이라 불렸다.

5. 고려 원 간섭기 공민왕은 쌍성총관부를 무력으로 탈환하고, 전민변정도감을 설치하여 권문세족을 억압하였다.
① 성왕 - 백제의 사비 천도, ③ 장수왕 - 고구려 평양 천도, 남한강 유역까지 진출, ④ 진흥왕 - 신라의 한강 유역 차지

6. 전시과와 공음전은 고려의 대표적인 토지 제도이다.

7. <보기>의 설명은 고려의 청자를 설명하고 있다.
② 활구 - 고려의 화폐, ③ 거중기 - 조선 후기 정약용이 제작하여 수원 화성 축조에 사용, ④ 신기전 - 조선 세종 때 제작된 로켓 추진 화살

8. <보기>에 설명한 인물은 고려 승려 지눌이다.
① 계백 - 백제 장수, 황산벌 전투, ③ 김유신 - 신라의 삼국통일 공신, ④ 김좌진 - 1920년 청산리 대첩

9. 조선의 기본 법전은 경국대전이다.
② 농사직설 - 조선 세종 때 저술한 농서, ③ 목민심서 - 정약용이 저술한 지방관의 지침서, ④ 삼국사기 - 고려 김부식이 편찬한 현존 최고의 역사서

10. 조선 정조는 수원 화성을 축조하였다.
① 대가야 정벌 - 신라 진흥왕, ② 훈민정음 창제 - 조선 세종, ④ 노비안검법 - 고려 광종

11. 조선과 청의 전쟁은 병자호란이다.
① 방곡령 - 1889년, 1890년 황해도와 함경도에서 일본으로 곡물 유출 금지령을 내렸다. ③ 을미사변 - 1895년 일제는 명성황후를 시해하는 만행을 저질렀다. ④ 홍경래의 난 - 19세기 세도정치 시기 대표적인 농민 봉기

12. 조선 영조의 군역 개혁은 균역법이다.
① 과전법 - 조선 태조 때 실시한 토지 제도, ③ 진대법 - 고구려 빈민 구제를 위한 곡식 대여 제도, ④ 호패법 - 조선 태종 때 실시된 주민증

13. 개화당 세력이 우정총국 개국 축하연을 계기로 일어난 사건은 갑신정변이다.
② 묘청의 난 - 고려 시대 풍수지리설에 따라 서경으로 천도를 주장하다 실패, ③ 삼별초 항쟁 - 고려 몽골 항쟁에서 끝까지 항복을 거부하고 저항한 부대, ④ 위화도 회군 - 이성계의 정권 장악 계기

14. 인내천을 바탕으로 한 종교는 동학이다.
① 도교 - 무위자연을 기반으로 삼국 시대 수용, ③ 대종교 - 나철 창시, 단군 숭배 ④ 원불교 - 일제 강점기 창시, 생활 불교

15. 흥선 대원군은 왕실의 권위를 높이기 위하여 경복궁을 중건하였다.
② 우산국 정복 - 신라 지증왕, ③ 삼국유사 편찬 - 고려 후기 일연, ④ 독서삼품과 - 신라 화랑이 학문에 힘쓸 것을 약속한 비석

16. 안창호, 양기탁 등이 조직한 비밀결사는 신민회이다.
① 강동 6주 - 고려 서희, ② 대동여지도 - 조선 후기 김정호, ③ 남북 기본합의서 채택 - 1991년 노태우 정부

17. 만민공동회를 개최한 단체는 독립협회이다.
① 의열단 - 김원봉, ③ 북로 군정서 - 김좌진, 청산리 대첩, ④ 미·소 공동 위원회 - 1946년 신탁통치 운영에 대한 임시 위원회

18. 3·1 운동을 계기로 대한민국 임시정부가 세워졌다.
① 삼정이정청 - 세도정치 시기 삼정 문란을 바로잡기 위해 설치, ② 통리기무아문 - 강화도 조약 이후 개화 정책 추진 기구, ③ 문맹퇴치 운동 - 일제 강점기 한글 보급을 통한 실력양성 운동

19. 일제 강점기 1938년 일제는 전쟁을 위한 '국가총동원법'을 제정하였다. 이에 따라 인적·물적 자원

을 동원하였는데 그중 물적 자원 동원으로 쌀과 금속 등을 공출하였다.
② 만적의 난 – 고려 하층민의 봉기, ③ 강화도 조약 체결 – 최초의 근대적 조약, ④ 척화비 – 흥선 대원군은 두 양요 이후 전국에 통상수교 거부 정책을 분명히 하였다.

20. 김구가 조직하고, 윤봉길, 이봉창 등이 소속된 단체는 한인 애국단이다.
① 별기군 – 개화 정책의 일환으로 만들어진 신식군대, ② 교정도감 – 고려 최씨 무신정권의 핵심기구, ④ 조선어 학회 – 일제 강점기 한글 표준어와 맞춤법 제정

21. 신채호는 민족주의 역사학의 대표 인물이다.
① 동의보감 – 조선 시대 허준, ② 임오군란 – 구식 군대에 대한 차별 대우 원인, ③ 해동 천태종 – 고려 의천

22. <보기>의 것들은 박정희 정부에서 일어난 것이다. 이 시기에 베트남 파병이 있었다.
① 서원 철폐 – 흥선 대원군, ② 자유시 참변 – 러시아 적색군에 독립군 연합 부대가 희생을 당함, ④ 금난전권 폐지 – 조선 정조 때 자유로운 상행위 허용

23. 대화의 내용은 국산품 애용을 주장한 물산장려운동이다.
① 형평 운동 – 백정에 대한 차별 철폐 주장, ② 서경 천도 운동 – 고려 묘청, ④ 좌 · 우 합작 운동 – 1946년 임시정부 구성을 주장하며 단일 정부 구성을 위해 노력

24. 신군부에 맞선 저항은 5 · 18 민주화 운동이다.
① 병인박해 – 1866년에 일어난 천주교 박해, ② YH무역 사건 – 1979년 여성 노동자 다수를 퇴직시킨 것이 문제가 됨, ③ 교조 신원 운동 – 동학의 교세 확대로 교주 최제우의 억울함을 풀어달라고 요구

25. 2000년 남북정상회담의 결과로 6 · 15 남북 공동 선언이 있었다.
① 홍범 14조 – 제 2차 갑오개혁에서 반포, ② 교육

입국 조서 – 제 2차 갑오개혁에서 반포, ④ 조 · 청 상민수륙 무역 장정 – 임오군란 이후 조선과 청이 맺은 통상 조약

도덕				2021년 2회
01. ②	02. ③	03. ③	04. ①	05. ④
06. ③	07. ①	08. ①	09. ①	10. ④
11. ③	12. ④	13. ④	14. ②	15. ①
16. ③	17. ④	18. ②	19. ③	20. ④
21. ①	22. ①	23. ②	24. ①	25. ③

1. 사회 윤리는 사회 구조와 사회 제도로 인해 발생하는 다양한 윤리적 문제를 다루고 있으며, 대표적 논의 주제로 사회정의(분배, 법적 처벌), 국가의 권위와 시민의 의무, 시민 불복종 등이 있다.

5. ④ 동물 종의 다양성 보존에 기여하는 것이 아니라 다양성을 파괴하니까 동물복제를 반대하는 것이다.

6. 응보주의는 인과응보의 입장에서 처벌의 정당성과 필요성을 주장한다.

7. 「정의론」(1971)에서 정의의 두 원칙을 주장한 학자는 롤스(Rawls.J)이다.
② 사회 구성원의 기본적 자유는 평등하다.
③ 사회 전체의 이익을 위한 소수의 희생은 정당하지 않다.
④ 부유층이나 빈곤층의 기본권은 동등하다. 다만, 사회경제적 불평등이 정당화되기 위해서는 빈곤층(=최소 수혜자)을 우선적으로 배려해야 한다.

14. '인간은 자연보다 우월한 존재이다.' '동물은 인간을 위한 수단일 뿐이다.' 두 문장은 인간 중심주의적 태도를 보여준다.

17. ㄱ, ㄴ은 예술의 상업화를 찬성하는 입장이다.

18. 뉴 미디어는 송신자와 수신자 간의 쌍방향 정보 교

환이 가능하다.

19. 칸트의 의무론에 대한 설명이다.

22. 주류 문화와 외국인의 소수 문화가 동등한 비중으로 공존한다는 샐러드볼(=그릇, bowl) 이론에 대한 설명이다.

24. 쾌락의 반대말은 고통이다. 공리주의는 쾌락은 선이고 고통은 악이라고 본다.

2022년 1회

국어				2022년 1회
01. ④	02. ③	03. ③	04. ③	05. ④
06. ①	07. ②	08. ②	09. ③	10. ②
11. ③	12. ④	13. ①	14. ③	15. ①
16. ①	17. ②	18. ②	19. ④	20. ④
21. ①	22. ②	23. ①	24. ④	25. ②

1. 관용 표현이란 둘 이상의 단어가 고정적으로 결합하여 새로운 의미를 만들어 내는 것이다. 준수의 말하기에서는 관용 표현을 사용하지 않았다.

2. 은희는 민수의 의견에 공감하며 이번 주에 강당을 쓰도록 해달라는 요구 사항을 전하고 있다.

3. ③은 '받침 ㅇ + 연결되는 ㄴ'에 해당한다.

4. ③은 부사어인 선생님을 높이는 객체 높임법에 해당한다.

5. ㄹ은 한 음절의 종성을 다음 자의 초성으로 내려서 쓰는 이어적기에 해당한다.

6. ① '달이다'가 맞는 표현이다.

7. ② '~처럼'이라는 연결어를 사용한 직유법(비유법)을 사용했다. 그리고 비슷한 구절을 반복하는 대구법을 사용하고 있다.

8. ② 한지와 양지의 차이점을 언급하므로 '그러나'가 올바른 표현이다.

9. 설의적 표현이란 답을 필요로 하지 않는 물음이다. 이 글에는 사용하지 않는다.

10. 비정한 현실에 분노하는 내용은 드러나지 않는다.

11. 일제강점기라는 현실에 적극적으로 저항하지 못하는 자신에 대한 치열한 자아 성찰로 미움과 부끄러움을 느끼는 것이다.

12. 박씨의 외양을 묘사하며 강 노인의 못마땅함을 보여주고 있다.

13. 박 씨의 말로 유 사장이 강 노인의 땅을 마음에 두고 있음을 알 수 있다.

14. 박 씨는 유 사장이 동네의 발전을 위해 애를 많이 쓴 것을 언급하며 강 노인을 회유하고 있다.

15. 낙구인 '9~10행'은 '아아'라는 감탄사로 시작하고 있다.

16. 미타찰에서 다시 만날 것을 염원하고 있다.

17. 심청은 사당에서 조상님들께 하직 인사를 드렸다.

18. '꿈'은 수레(배)를 타고 떠나는 심청의 앞날을 미리 보여주는 암시의 기능을 한다.

19. '참말이냐 참말이야', '애고 애고', '못 가리라 못 가리라', '마라 마라'와 같은 심 봉사의 말을 통해 안타까운 심정을 드러낸다.

20. ① 소리를 내는지에 따라 음독과 묵독, 속도에 따라 속독과 지독, 읽는 범위에 따라 통독과 발췌독으로

나눈다.

② 각 방법에 대한 개념을 설명한다.

③ '차를 우려내듯~'과 같은 비유적 표현을 사용한다.

21. 묵독과 음독의 차이점을 드러내고 있기 때문에 '그러나'가 어울린다.

22. 중요한 내용을 빠르게 읽는 것은 '속독', 글에서 필요한 부분만 찾아 읽는 것은 '발췌독'이다.

23. ㄱ. 2문단 '예를 들어'와 같은 사례를 들고 있다.
ㄴ. '눈에 보이는 대로'만 존재할까?, 이들은 왜 고릴라를 보지 못했을까? 등 질문을 통해 호기심을 유발한다.

24. 우주의 맹시는 세상을 볼 때 우리의 뇌가 선택, 집중, 적당한 무시를 통해 인지하는 것이다.

25. ② 손상 : 병이 들거나 다침.

수학				2022년 1회
01. ④	02. ②	03. ③	04. ③	05. ④
06. ①	07. ③	08. ①	09. ②	10. ③
11. ④	12. ②	13. ④	14. ④	15. ③
16. ①	17. ①	18. ③	19. ②	20. ①

1. $A + B = (x^2 + 2x) + (2x^2 - 1)$
$= x^2 + 2x + 2x^2 - 1$
$= 3x^2 + 2x - 1$

2. 항등식은 좌변과 우변이 항상 같으므로 좌변을 정리 후 우변과 비교하여 a의 값을 구한다.
$(x + 1)(x - 1)$을 전개하면 $x^2 - 1$이므로 상수 a의 값은 -1이다.

3. 주어진 조립제법표에서 몫은 $x^2 - x - 2$이고 나머지는 3이다.

4. 인수분해 공식

$a^3 - 3a^2 b + 3ab^2 - b^3 = (a - b)^3$을 이용한다.
다항식 $x^3 - 9x^2 + 27x - 27$을 인수분해한 식이 $(x - 3)^3$이므로 a의 값은 3이다.

5. $2 - i + i^2 = 2 - i - 1 = 1 - i$이므로 실수 a의 값은 1이다.

6. $ax^2 + bx + c = 0$에서
두 근의 합 $\alpha + \beta = -\dfrac{b}{a}$,
두 근의 곱 $\alpha\beta = \dfrac{c}{a}$이다.
이차방정식 $x^2 + 3x - 4 = 0$에서
두 근의 합 $\alpha + \beta = -\dfrac{3}{1} = -3$이다.

7. 주어진 그래프에서 $0 \leq x \leq 2$일 때,
이차함수 $y = x^2 + 2x - 3$은
$x = 0$일 때, 최솟값 -3,
$x = 2$일 때, 최댓값 5를 갖는다.

8. 삼차방정식 $x^3 - 2x + a = 0$에 주어진 한 근 $x = 2$를 대입하면
$(2)^3 - 2 \times (2) + a = 8 - 4 + a = 0$이므로 상수 a의 값은 -4이다.

9. 연립방정식 $\begin{cases} x + y = 3 \\ x^2 - y^2 = a \end{cases}$의 주어진 해
$x = 2, y = b$를 대입하면 $\begin{cases} 2 + b = 3 \\ (2)^2 - (b)^2 = a \end{cases}$이므로
$b = 1$이고 $a = 3$이다.
따라서 $a + b$의 값은 $3 + 1 = 4$이다.

10. 이차부등식 $(x + 3)(x - 1) \leq 0$의 해는
$-3 \leq x \leq 1$이다.

11. $A(1, 2), B(3, -4)$에 대하여 선분 AB의 중점의 좌표는
$\left(\dfrac{1 + 3}{2}, \dfrac{2 + (-4)}{2} \right) = (2, -1)$이다.

12. 직선 $y = -2x + 5$에 평행한 직선은 기울기가 -2이고, 점 $(0, 1)$을 지나는 직선은 y절편이 1이다.
따라서 직선의 방정식은 $y = -2x + 1$이다.

13. 중심의 좌표가 $(2, 1)$이고 반지름의 길이가 3인 원의 방정식은
$(x - 2)^2 + (y - 1)^2 = 9$이다.

14. 좌표평면 위의 점 $(-2, 1)$을 원점에 대하여 대칭이동한 점의 좌표는 x, y좌표의 부호를 둘다 반대로 한 $(2, -1)$이다.

15. 두 집합 $A = \{1, 3, 4, 5\}, B = \{2, 4\}$에 대하여 $A - B = \{1, 3, 5\}$이다.

16. 명제 '정삼각형이면 이등변삼각형이다.'의 역은 가정과 결론의 자리를 바꾼 '① 이등변삼각형이면 정삼각형이다.' 이다.

17. 주어진 대응표에서 $f(1) = 4$이므로 $f^{-1}(4) = 1$이다.

18. 주어진 그래프는 $y = \sqrt{x - 2} + 3$의 그래프이다. 따라서 $a = 2, b = 3$이다. $a + b$의 값은 5이다.

19. 3곳을 모두 여행하는 여행 순서를 정하는 경우의 수는
${}_3P_3 = 3! = 3 \times 2 \times 1 = 6$이다.

20. 4종류의 꽃 중에서 서로 다른 3종류의 꽃을 선택하는 경우의 수는
${}_4C_3 = \dfrac{4 \times 3 \times 2}{3 \times 2 \times 1} = 4$이다.
(참고 ${}_4C_3 = {}_4C_1 = 4$)

영어				2022년 1회
01. ①	02. ②	03. ②	04. ③	05. ①
06. ③	07. ①	08. ④	09. ④	10. ①
11. ①	12. ③	13. ④	14. ③	15. ②
16. ①	17. ④	18. ③	19. ④	20. ③
21. ②	22. ④	23. ④	24. ②	25. ③

1. ①

아이들에게는 좋은 행동을 장려하는 것이 중요합니다.

2. ②
그녀는 폭우 때문에 여행을 연기해야했다.

3. ②
많은 온라인 수업은 무료이다. 게다가, 여러분은 언제 어디서나 그것들을 볼 수 있다.

4. ③ full(가득 찬)과 empty(비어 있는)은 반의어 관계
① 높은 - 낮은, ② 뜨거운 - 차가운, ③ 작은 - 작은, ④ 빠른 - 느린
어떤 사람들은 잔이 반이나 찼다고 말하지만, 어떤 사람들은 반이나 비었다고 말한다.

5. ①

행복한 지구의 날 행사
일시 : 2022년 4월 22 일
장소 : Community Center
행사 내용 :
· 중고품 교환하기
· 100% 천연 샴푸 만들기

6. ③ leave 떠나다, 두다
· 기차를 떠날 때 모든 소지품을 가지고 가야합니다.
· 책을 읽은 후에는 테이블 위에 두십시오.

7. ① what 무엇
· 민수야, 이번 주말에 뭐 할 거야?
· 아무도 정확히 무슨 일이 일어났는지 알지 못한다.

8. ④ be filled with ~로 가득 차다. be satisfied with ~에 만족하다
· 아빠의 마음은 나에 대한 사랑으로 가득 차 있다.
· 앨리스는 자신의 공연에 만족했다.

9. ④
A : 뭐 하는 거야, 준호?
B : 이 수학 문제를 풀려고 노력 중인데, 나한테는 너무 어려워.

A : 우리 같이 풀어보자.
B : 좋은 생각이야. 백짓장도 맞들면 나아.

10. ① 마지막에 가장 행복한 날이라고 했다.
A : 영어 말하기 대회 결과는 나왔어?
B : 응, 방금 받았어.
A : 그래서, 어떻게 되었어?
B : 1등 했어. 오늘은 내 인생에서 가장 행복한 날이야.

11. ① 은행에서 계좌를 개설하는 상황이다.
A : 좋은 아침입니다. 무엇을 도와드릴까요?
B : 안녕하세요, 은행 계좌를 개설하고 싶은데요.
A : 좋아요. 이 서류를 작성해 주세요.
B : 고마워요. 지금 할게요.

12. ③
어느 날 마이클은 지역 신문에서 기자에 대한 (구인) 광고를 보았다. 그것(=기자)은 그가 늘 꿈꿔왔던 직업이었다. 그래서 그는 그 일에 지원하기로 결심했다.
① 배우　　　② 선생님
③ 기자　　　④ 디자이너

13. ④ 계획을 묻고 답하는 글이다.
A : 무슨 종류의 자원봉사 활동을 할 거니?
B : 저는 외국인들에게 한국어를 가르칠 거예요.
A : 훌륭해. 좋은 마음으로 자원봉사를 해야 한다는 것을 기억해.
B : 꼭 명심할게요.

14. ③
A : 올해 어떤 동아리에 가입할 건지 결정했니?
B : 댄스 동아리에 가입하기로 결정했어.

15. ② 눈 건강과 관련된 대화이다.
A : 선생님, 하루 종일 컴퓨터로 일 하느라 눈이 피곤해요. 눈을 관리하기 위해 무엇을 할까요?
B : 눈이 쉴 수 있는 충분한 수면을 취하도록 하세요.
A : 알겠습니다. 그럼 또 무엇을 추천해 줄 수 있나요?
B : 비타민이 많은 과일과 채소를 드세요.

16. ① 관리사무소의 공지사항에 대한 글이다.

관리사무소에서 안내말씀 드리겠습니다. 어제 통보 받으셨듯이 오늘 오후 1시부터 2시까지 전기가 끊깁니다. 불편을 끼쳐 드려 죄송합니다. 이해해 주셔서 감사합니다.

17. ④
셰익스피어 박물관
개장 시간
• 매일 개장 : 오전 9시 - 오후 6시.
입장
• 성인 : $ 12
• 학생과 어린이 : $ 8
• 10명 이상의 단체 10% 할인
사진
• 방문자는 사진을 찍을 수 있습니다.

18. ③
2022년 과학발표대회가 2022년 5월 20일에 개최될 예정입니다. 주제는 지구 온난화입니다. 대회 참가자는 개인 자격으로만 대회에 참가할 수 있습니다. 프레젠테이션 시간은 10분을 넘지 않아야 합니다. 자세한 내용은 교무실의 이 선생님을 참조하십시오.

19. ④ 비상상황 대처 요령에 관한 글이다.
위급한 상황에서 취할 수 있는 적절한 조치에 대해 말씀드리고 싶습니다. 첫째, 화재가 났을 때는 엘리베이터를 타지 말고 계단을 이용하기 바랍니다. 둘째, 지진이 났을 때, 탁 트인 곳으로 가서 멀리 떨어져있기 바랍니다. 왜냐하면 건물이 여러분에게 무너질 수 있기 때문입니다.

20. ③ confirm 확인하다
요즘 많은 사람들이 식당에 예약을 하고도 나타나지 않는다. 여기 식당들이 노쇼 손님을 줄이기 위한 몇 가지 방법이 있다. 첫째, 보증금을 요구하시오. 손님들이 오지 않으면 돈을 잃게 될 것이다. 둘째, 전날 고객에게 전화를 걸어 예약 확인을 한다.

21. ② predict 예측하다
기상 예보관들은 비의 양, 풍속, 폭풍의 경로를 예측한다. 그렇게 하기위해, 그들은 기상 조건을 관찰하고 날씨 패턴에 대한 지식을 사용한다. 현재의 증거와 과거의 경험을 바탕으로, 그들은 날씨가 어떨지 결정한다.

22. ④
비누로 손을 씻는 것은 질병의 확산을 막는 데 도움이 된다. 사실, 서아프리카와 중앙아프리카에서, 비누로 손을 씻는 것은 매년 약 50만 명의 생명을 구할 수 있다. 그러나 문제는 이 지역에서는 비누가 비싸다는 것이다. <u>이를 해결하기 위해, 비누는 자원봉사 단체가 만들어 필요한 국가에 기부할 수 있다.</u> 이런 식으로, 더 많은 생명을 구하는데 도움이 될 수 있다.

23. ④ 마지막 글에 인구 노령화 시대에 맞는 직업을 추천하겠다고 했다.
앞으로 많은 나라들이 인구 노령화 문제를 안고 있을 것이다. 우리는 점점 더 많은 노인들을 갖게 될 것이다. 이것은 노령화와 관련된 일자리 수요가 있을 것이라는 의미다. 따라서 직업을 생각할 때는 이 변화를 고려해야 한다. <u>이제, 인구 노령화 시대에 맞는 직업 선택을 추천할 것이다.</u>

24. ② reduce 줄이다
꽃이 우리에게 많은 건강상의 이점을 제공한다는 것을 아십니까? 예를 들어, 장미의 냄새는 스트레스 수준을 <u>줄이는</u> 데 도움이 될 수 있다. 또 다른 예로는 라벤더가 있다. 라벤더는 잠을 잘 못 자면 도움이 되는 것으로 알려져 있다. 이것들은 꽃이 우리의 건강에 어떻게 도움이 되는지에 대한 두 가지 예이다.

25. ③ 꽃이 제공하는 건강상의 이점에 대한 글이다.

사회				2022년 1회
01. ②	02. ②	03. ①	04. ④	05. ③
06. ④	07. ①	08. ①	09. ③	10. ②
11. ④	12. ④	13. ③	14. ②	15. ④
16. ①	17. ③	18. ③	19. ②	20. ②
21. ①	22. ③	23. ④	24. ④	25. ③

1. ②
행복한 삶을 실현하기 위한 조건으로 질 높은 정주 환경, 민주주의의 실현, 경제적 안정, 도덕적 실천·성찰 등이 있다.

2. ②
참정권에는 선거권, 공무담임권, 국민투표권 등이 포함된다. ① 자유권 ③ 청구권 ④ 평등권에 대한 설명이다.

3. ①
권력분립의 원리에 의하여 입법권은 국회에, 행정권은 정부에, 사법권은 법원에 있다. ④는 기본권을 침해당하였을 때 헌법재판소에 권리를 구제해주도록 청구하는 제도이다.

4. ④
시민 불복종은 부정의한 법과 정책에 저항하는 양심적인 행위이다.

5. ③
근로자의 권리는 단결권(노동조합 결성), 단체 교섭권(근로 조건 개선 등에 관한 협의), 단체 행동권이 있다. ④ 참정권에 포함되는 권리이다.

6. ④
ㄱ. 기회비용은 어떤 선택을 함으로써 포기해야 되는 것의 가치로 명시적 비용과 암묵적 비용을 포함한다. ㄴ. 선박, 자동차 등 생산규모가 클수록 생산비용이 줄어드는 산업에서 발생한다. 시장 경제의 한계로 독과점 문제, 공공재의 공급 부족, 외부 효과의 발생, 경제적 불평등을 말할 수 있다.

7. ①
② 원금과 이자를 보전하는 것으로 안정성이 높은 대표적 자산은 예금이다. ③ 금융 상품의 가격 상승이나 이자 수익을 기대할 수 있는 정도를 의미한다.

8. ①
ㄷ. 중상주의는 '국가가 상업을 중요시하고 보호해야 한다.'는 경제 사상 ㄹ. 자유방임주의에 대한 설명

이다.

9. ③

① 생활 유지 능력이 없거나 생활이 어려운 국민의 최저 생활을 보장하고 자립을 지원하는 제도 ② 국민에게 발생하는 사회적 위험을 공적 보험의 방식으로 대처, 국민연금, 건강보험법 등이 해당된다.

10. ②

필요에 따른 분배는 의식주를 비롯한 기본적 욕구 충족이 어려운 사람들에게 필요한 재화나 가치를 분배하는 것이다.

11. ④

문화 융합은 기존의 문화 요소와 외부에서 전파된 문화 요소가 결합하여 제3의 문화 요소가 등장하는 현상이다.

12. ④

② 특정 사회의 문화를 우수하다고 보고, 자신의 문화를 열등하다고 평가 절하하는 태도 ③ 자기 문화만을 우수하다고 보고, 다른 사회의 문화를 열등하다고 평가 절하하는 태도이다.

13. ③

국경 없는 의사회, 그린피스, 국제 사면 위원회 등이 국제 비정부 기구에 해당된다. ④ 각국의 정부를 회원으로 하는 국제 사회의 행위 주체이다. 국제연합(UN), 세계보건기구(WHO) 등이 있다.

14. ②

생태 중심주의는 인간과 자연의 관계에서 인간의 이익보다 인간을 포함한 자연 전체의 균형과 안정을 먼저 고려하는 관점이다. ④ 인간과 자연을 분리하여 바라보는 관점으로 인간 중심주의의 특징이다.

15. ④

도시화가 진행되면 2·3차 산업의 발달이 진행된다.

16. ①

누리 소통망은 온라인상에서 사람과 사람을 연결해 주어 인맥을 구축하고 정보를 공유하기 위해 제공되는 서비스를 말한다.

17. ③

한대 기후 지역에 대한 설명이다.
① 아프리카 대륙의 말리 ② 타이완(대만) ④ 브라질(아마존강 유역)

18. ③

② 영국의 유럽 연합 탈퇴를 의미한다. ④ 공간 정보 자료를 수치화하여 컴퓨터에 입력, 저장하고 이를 사용자의 요구에 따라 분석, 가공하여 다양한 분야에 활용할 수 있는 정보 처리 시스템을 의미한다.

19. ②

자연재해의 유형으로 홍수, 태풍, 가뭄 등의 기상 재해와 화산 활동, 지진, 지진 해일 등의 지형(지질) 재해가 있다.

20. ②

③ 이슬람 문화권에서는 중앙의 둥근 지붕이 발달한 모스크를 볼 수 있고, 돼지고기를 먹지 않으며 할랄 산업이 발달한다.

21. ①

③ 유한성 : 대부분의 자원은 매장량이 한정되어 있어 언젠가는 고갈됨 ④ 가변성 : 기술·경제·문화적 조건 등에 따라 자원의 의미와 가치가 달라짐

22. ③

지리적 표시제는 특정 지역의 기후, 지형, 토양 등 지리적 특성을 반영한 우수한 상품에 대해 그 지역에서 생산·제조·가공된 상품임을 표시할 수 있도록 인정하는 제도이다.

23. ④

① 중국, 필리핀, 베트남, 타이완 등의 분쟁 지역 ② 러시아와 일본의 분쟁 지역 ③ 이슬람교와 힌두교의 종교 갈등 지역이다.

24. ④

고령화는 인구 중 65세 이상의 인구가 차지하는 비중이 높아지는 현상을 말한다.

25. ③
몬트리올 의정서는 프레온 가스의 생산·사용 규제, 파리 기후 변화 협약은 온실가스의 배출량을 규제하는 국제 환경 협약이다.

과학				2022년 1회
01. ④	02. ③	03. ①	04. ③	05. ②
06. ④	07. ③	08. ②	09. ①	10. ③
11. ①	12. ④	13. ③	14. ④	15. ①
16. ②	17. ②	18. ④	19. ④	20. ①
21. ③	22. ①	23. ④	24. ②	25. ②

1. 초전도체는 특정 온도이하에서 전기 저항이 0이므로 송전선으로 사용할 경우에는 에너지 손실이 없으며, 자기장을 밀어내는 현상을 이용하면, 자기 부상 열차에도 사용할 수 있다.

2. 태양광 발전은 n형과 p형 반도체를 사용하여 태양전지를 만들어 전류를 얻으며, 넓은 부지가 필요하고, 계절적 요인을 크게 받는 단점이 있다.

3. 5m/s의 속력으로 수평으로 물체를 던졌을 때, 수평 방향으로는 등속 직선 운동을 하므로 2초일 때의 수평 속력은 여전히 ㉠ 5m/s이고, 연직 방향으로는 $10m/s^2$의 가속도로 자유 낙하 운동을 하므로, 3초 후의 속력은 ㉡ 30m/s 가 되므로 ㉠ + ㉡의 합은 35이다.

4. 자기장의 변화로 전류를 얻는 전자기 유도로 발전의 원리이며, 자석을 코일 속에 넣을 때와 뺄 때의 전류의 방향이 반대로 유도되므로 교류 전류의 원리이다. 센 자석으로 코일을 많이 감고, 자석을 빠르게 왕복을 할수록 전류가 세게 유도된다.

5. 충격량 = 운동량의 변화(나중 운동량 mv – 처음 운동량 $mv°$)이므로, 0-12 = –12로 벽은 12의 충격량을 받았고, 물체는 벽으로부터 반대 방향으로 12의 충격량을 받았다.

6. 수소와 산소도 물질이므로 화학 에너지를 갖는다.

7. 소금은 NaCl(염화나트륨)로 알칼리 금속 원소인 Na^+ 양이온을 포함하고 있다. 그 외 알칼리 원소로는 Li(리튬)과 K(칼륨) 등이 있다.

8. Cu는 전자 2개를 잃고 Cu^{2+}로 산화되었으며, $2Ag^+$는 전자 2개를 얻어 2Ag로 환원되었다.

9. 모든 산은 공통으로 수용액에서 수소 이온(H^+)을 생성하며 신맛을 낸다.

10. 플로오린 원자는 원자번호가 9번이므로 9개의 전자 중 2개는 첫 번째 전자껍질에 나머지 7개는 가장 바깥 전자껍질(원자가 전자)에 배치되어 있다.

11. 모든 연소 반응에는 산소(O_2)가 필요하다.

12. 화학적 성질이 비슷한 원소는 같은 족 원소이므로 17족의 B와 D이다. 참고로 같은 주기 원소는 전자껍질수가 같은 C와 D가 3주기 원소이다.

13. 생체내에서 화학 반응을 촉진하는 생체 촉매는 효소이며, 활성화 에너지를 낮추어 반응을 빠르게 일어나도록 도와준다.

14. 세포막은 인지질과 단백질로 구성되어 있으며, 크기가 작은 기체들은 주로 인지질 2중층으로, 크기가 큰 수용성인 포도당은 단백질 통로로 확산의 원리로 선택적으로 이동한다.

15. 세포의 구조에서 유전 물질인 DNA는 핵 속에 있으며, 리보솜은 단백질의 합성장소이고, 소포체는 단백질의 이동통로이며, 세포막은 세포 안팎으로 물질의 출입을 선택적으로 조절한다.

16. 지각을 구성하는 규산염 광물(SiO_4)은 정사면체 구조이며, 중심에 규소(Si)가, 각 정사면체의 끝에는

4개의 O가 존재하는 구조이다.

17. 지하수에 의한 석회 동굴의 형성과 파도에 의한 해안선의 모양 변화는 모두 수권과 지권의 상호 작용에 속한다.

18. 안정된 생태계는 개체수, 생체량, 에너지량의 그림이 피라미드형 구조일 때이며, 그중에 가장 많은 양은 하위 영양 단계인 생산자가 차지해야 한다.

20. 질량이 태양 정도인 별은 적색 거성 단계에서 핵융합 반응으로 최대 탄소 정도까지, 그러나 질량이 태양의 10배 이상인 큰 별의 내부에서는 초거성 상태에서 핵융합 반응으로 최대 철까지 생성된다.

21. 초대륙인 판게아는 중생대 초부터 분리되었으며, 중생대 때 번성했던 생물로는 공룡, 암모나이트, 시조새 등이 있다. 한편 고생대에는 삼엽충, 갑주어, 필석 등이 신생대에는 화폐석, 매머드 등이 번성하였다.

22. DNA는 염기로 A, G, C, T를 갖지만, RNA는 T 대신 유라실(U)을 염기로 갖는 것이 특징이며, RNA는 유전 정보를 전달하는 역할을 한다.

23. 생물 다양성은 생물 종의 다양한 정도인 종 다양성, 유전자의 다양한 정도인 유전적 다양성, 서식지의 환경 다양성인 생태계 다양성을 포괄하며, 문제는 생태계 다양성을 설명하고 있다.

24. 지권의 대부분을 차지하며, 하부의 유동성으로 인해 맨틀의 대류가 일어나는 곳은 B이며, C는 철이 액체인 외핵, D는 철이 고체인 내핵이다.

25. 주계열성인 별의 중심에서는 수소원자핵 4개가 융합하여 1개의 헬륨원자핵을 형성하는 핵융합 반응이 일어난다.

한국사				2022년 1회
01. ③	02. ①	03. ④	04. ④	05. ①
06. ②	07. ③	08. ④	09. ④	10. ③
11. ②	12. ③	13. ②	14. ③	15. ①
16. ②	17. ④	18. ①	19. ③	20. ②
21. ④	22. ①	23. ②	24. ④	25. ①

1. 탁자식 고인돌, 비파형 동검 등은 청동기 시대의 대표적인 유물이다.

2. ② 일연 : 삼국유사 저술, ③ 김부식 : 삼국사기 편찬, ④ 정약용 : 중농학파 실학자, 목민심서 저술

3. ① 6두품 : 신라의 신분층, 신라 중대에 왕권을 뒷받침했으나 신라 말에 반신라 세력으로 고려 건국에 참여함, ② 보부상 : 장시 발달에 기여, ③ 독립 협회 : 아관파천 이후에 고종의 환궁 요구와 이권 수호 운동 전개

4. 임오군란은 구식 군대에 대한 차별에서 시작되었다. ① 평양 천도 : 고구려 장수왕, ② 신사 참배 강요 : 1930년대 일제의 민족 말살 정책의 하나, ③ 금의 군신 관계 요구 : 고려 중기 금에 군신관계 수용

5. 이순신이 일본군에 승리한 전쟁은 임진왜란이다. ② 살수 대첩 : 고구려 을지문덕이 수를 격퇴한 전투 ③ 만적의 난 : 고려 무신정권 시기 하층민의 봉기, ④ 봉오동 전투 : 1920년 홍범도 장군이 일본군을 격퇴

6. 방납의 폐단을 개혁한 것이 대동법이다. ① 골품제 : 신라의 엄격하고 폐쇄적인 신분제도, ③ 단발령 : 1895년 을미개혁의 내용, ④ 진대법 : 고구려의 빈민 구제 제도

7. ① 규장각 : 정조의 학술 연구기관이자 권력의 핵심기구, ② 독립문 : 독립협회가 건립, ④ 임신서기석 : 신라 화랑 두 명이 학문에 힘쓸 것을 약속한 비석

8. 최초의 근대적 조약은 강화도 조약이다. ① 간도 협약 : 1909년 일본과 청이 맺은 조약으로

일본이 청에게 간도 지역을 양도함, ② 전주 화약 : 동학농민운동 때 정부와 농민군이 대화로써 협약을 맺음, ③ 톈진 조약 : 갑신정변 이후 청과 일본이 맺은 조약으로 양국의 군대가 조선에서 철수함

9. 몽골 침략 때 제작된 고려의 문화유산은 팔만대장경이다.
① 석굴암 : 통일신라, ② 경국대전 : 조선의 법전, ③ 무령왕릉 : 백제 웅진 시대 벽돌무덤

10. 을사늑약으로 일제는 우리나라에 통감부를 설치하여 외교에 대한 간섭을 시작한다. ① 삼별초 : 고려 몽골 항쟁 때 개경 환도를 거부하고 끝까지 항쟁한 부대, ② 집현전 : 세종 때 학술 연구 기구, ④ 화랑도 : 신라의 청소년 수련 집단

11. ③ 벽란도 : 고려의 국제 무역항, ④ 청해진 : 신라 하대 장보고 활동

12. ① 서원 : 조선 16세기 이후 세워진 유교 사원으로 제사와 학문연구 담당, ② 향교 : 조선의 지방교육 기관, ④ 성균관 : 조선의 중앙교육 기관

13. 백정에 대한 차별 철폐를 주장한 사회 운동은 형평운동이다.
① 병인박해 : 1886년 천주교 박해, ③ 거문도 사건 : 영국이 러시아 남하를 막기 위해서 1885 ~ 1887년까지 불법점령, ④ 서경 천도 운동 : 고려 묘청이 풍수지리 사상을 바탕으로 주장한 천도운동

14. 1910년대 일제의 통치 방식은 무단통치이다.
① 선대제 : 조선 후기 상인이 수공업자에게 물건 값을 선불로 지급한 거래 형태, ② 기인 제도 : 고려 태조의 호족 견제책, ④ 나ㆍ제 동맹 : 고구려 장수왕의 평야 천도에 맞서 신라와 백제가 동맹을 맺음

15. 민족 대표 33인의 독립선언서, 유관순과 관련된 사건은 3ㆍ1 운동이다.
② 무신 정변 : 고려 무인의 난, ③ 이자겸의 난 : 고려 문벌귀족 사회의 모순이 드러난 계기, ④ 임술 농민 봉기 : 19세기 세도정치 시기 일어난 농민 봉기

16. 김좌진의 북로군정서가 일본군에 큰 승리를 거둔 사건은 청산리 대첩이다.
① 명량 대첩 - 임진왜란 이순신, ③ 홍경래의 난 : 19세기 세도정치 시기 농민 봉기, ④ 6ㆍ10 만세 운동 : 1926년 순종의 인산일에 학생들이 일으킨 만세 운동

17. 1930년대 일제는 전쟁에 모든 자원을 동원하기 위해서 국가총동원법을 만들었다. 여기에 식량과 금속 공출뿐만 아니라 징용, 징병, 군위안부 등이 포함된다.
① 정미의병 : 1907년 고종의 강제 퇴위와 군대 해산에 반발하여 일어난 의병, ② 금융실명제 : 김영삼 정부에서 실시 시작, ③ 서울 올림픽 : 1988년 서울에서 개최

18. ② 아관 파천 : 고종이 러시아 공사관으로 거처를 옮김, ③ 우금치 전투 : 일본과 동학농민군의 전투, ④ 쌍성총관부 공격 : 고려말 공민왕

19. 대한민국의 독립을 주도한 임시 정부는 대한민국 임시정부이다.
① 9산선문 : 신라 말 9개 선종 종파, ② 급진 개화파 : 김옥균, 박영효로 대표되는 개화 세력으로 갑신정변을 주도, ④ 동양 척식 주식회사 : 일제가 우리 땅을 약탈하기 위한 지주회사

20. 반민족 행위 처벌법은 친일파를 처벌하기 위한 것이다.
① 과거제 실시 : 고려 광종, ③ 황무지 개간 : 일본이 요구하였으나 보안회가 이것을 저지, ④ 방곡령 시행 : 일본으로 곡물 유출 금지령

21. 6ㆍ25 전쟁에서 서울을 다시 수복할 수 있었던 것은 인천상륙작전을 성공하였기 때문이다.
① 녹읍 폐지 : 신라 중대 왕권강화, ② 후삼국 통일 : 고려 태조, ③ 자유시 참변 : 1921년 독립군 피해

22. 3ㆍ15 부정선거로 일어난 사건은 4ㆍ19 혁명이다.
② 제주 4ㆍ3 사건 : 남한만의 단독 선거인 5ㆍ10 총선거 반대, ③ 12ㆍ12 사태 : 전두환 등의 쿠데타, ④

5·18 민주화 운동 : 전두환 등의 신군부에 저항한 민주화 운동

23. 경제개발 5개년 계획, 새마을 운동 등은 박정희 정부에서 시작되었다.
① 장면 정부 : 4·19 혁명 직후 정부, ③ 김영삼 정부 : 금융실명제, 지방자치제, 역사바로세우기, ④ 김대중 정부 : 최초로 선거로 여·야 정권 교체, 최초 남북정상회담

24. 6월 민주 항쟁의 요구는 대통령 직선제 개헌이다.
① 집강소 설치 : 동학농민군의 자치행정기구, ② 정전 협정 체결 : 6·25 전쟁에 대한 휴전 협정, ③ 노비안검법 : 고려 광종

25. 국제통화 기금(IMF)에 구제 금융 신청은 외환위기에서 비롯되었다.
② 베트남 파병 : 1964년 ~ 1973년 간 파병, ③ 원산 총파업 : 1929년 노동쟁의, ④ 서울 진공 작전 : 1908년 서울에 있는 일본군을 몰아내려 하였으나 실패

도덕				2022년 1회
01. ②	02. ④	03. ②	04. ①	05. ②
06. ②	07. ①	08. ③	09. ①	10. ①
11. ③	12. ①	13. ④	14. ①	15. ④
16. ③	17. ③	18. ③	19. ①	20. ④
21. ②	22. ③	23. ④	24. ③	25. ④

1. 윤리학의 종류
도덕적 관습이나 풍습에 대한 묘사, 객관적 서술을 통한 윤리적 해석을 시도하는 윤리학을 기술 윤리학이라고 한다.
규범 윤리학은 윤리적 원리와 이를 통한 윤리적 해결을 꾀하는 윤리학이고 메타 윤리학은 윤리적 용어에 대한 정의와 논리적 추론을 주된 내용으로 하는 윤리학이다. 실천 윤리학은 규범 윤리학에 속하는 윤리학으로 윤리적 문제의 해결을 목표로 하는 윤리학이다.

2. 칸트의 윤리학
칸트의 윤리학은 의무론으로서 행위의 동기(선의지)를 결과보다 중시하고 보편성과 인간성을 중심으로 하는 정언명령에 근거한 행위를 도덕적 행위로 규정한다.
②,③은 공리주의 철학의 주장이다.

3. 윤리적 소비
윤리적 소비는 인권과 환경을 고려하는 소비를 말한다. 대표적인 실천방법으로는 공정무역, 로컬푸드 등이 있다.

4. 맹자의 4단
맹자의 사단은 측은지심(仁), 수오지심(義), 사양지심(禮), 시비지심(智)로 구성되어 있다. 가지고 태어난 선한 마음을 구성하는 요소로 인, 의, 예, 지를 표현한 것이다.
② 삼학(三學)은 불교의 세 가지 공부방법으로 계학(戒學), 정학(定學), 혜학(慧學)을 말하는 것이다.
③ 정명(正名)은 임금이 임금답고 신하가 신하다운 것을 강조하는 것으로 직분에 충실한 태도를 말하는 것이다.
④ 삼독(三毒)은 불교에서 말하는 세 가지 번뇌를 말하는 것으로 탐욕(욕심과 욕망)과 진에(분노), 우치(어두운 마음)로 구성되어 있다. 이를 극복하기 위해 삼학과 팔정도의 수련방법을 사용해야 함을 강조한다.

5. 도덕 원리 검사
도덕 원리가 맞았는지 검사하는 방법으로 역할 교환, 보편화 결과 검사, 포섭 검사, 반증 사례 검사 등이 있다. 이 중에 입장을 바꿔봐서 원리가 옳은지를 판단하는 방법을 역할 교환 검사라고 한다. 보편화 결과 검사는 도덕 원리를 모두에게 적용했을 때 옳은지를 판단하는 방법이다. ① 포섭 검사는 선택한 도덕 원리를 더 일반적이고 포괄적인 도덕 원리에 따라 판단하는 방법이고 ③ 반증 사례 검사는 다른 사례를 들어 원리의 문제점을 지적하는 검사 방식이다.

6. 종교 갈등의 극복 방안
종교 간의 갈등을 해결하기 위해서는 다른 종교에 대한 관용의 태도는 물론이고 종교 간의 적극적인

대화와 협력도 필요하다. 특정종교의 교리를 강요하거나 무조건적인 타종교 비난, 비윤리적인 행위의 실행은 갈등을 해결하는 데 도움이 되지 않는다.

7. 에리히 프롬의 <사랑의 기술>
에리히 프롬은 <사랑의 기술>이라는 자신의 저서에서 사랑의 4요소로 '존경, 책임, 이해, 보호'를 주장했다.

8. 시민 불복종
시민 불복종은 인권을 침해하는 잘못된 법이나 정책을 의도적으로 어겨서 무력화하는 움직임이다. 시민 불복종의 조건으로는 공익성, 공개성, 비폭력성, 처벌감수, 최후의 수단이라는 특징을 가지고 있다.

9. 노자 사상
노자는 상선약수(上善若水)라는 말에서 가장 좋은 것은 물의 성질을 본받는 것이라고 주장한다. 자연스러움을 강조하는 뜻은 인위적인 것을 거부하는 무위에 해당한다.
① 충서, ④ 효제는 유교에서 강조하는 덕목이고 ③ 열반은 깨달음의 경지를 의미하는 불교의 용어이다.

10. 정보 공유
정보 공유를 주장하는 카피레프트(copyleft)의 주장으로는 누구나 정보에 쉽고 자유롭게 접근가능해야 하고 정보를 공익을 위해서 사용해야 하며 정보는 공유될 때 더 가치를 갖는다고 주장한다.

11. 자연법 윤리
보편타당한 도덕법칙이면서 법에 없어도 지켜져야 하는 자연의 원리에서 유래한 행위를 자연법이라고 한다. 자연법에 따르면 우리는 선을 행하고 악을 피하는 본성을 가지고 있으며 이를 따르는 것이 옳은 행위로 여겨진다.

12. 책임 윤리
요나스가 주장한 책임 윤리는 과학기술의 급속한 발달로 인해 윤리가 없는 윤리적 공백(간극)이 발생하게 되고 이를 극복하기 위해 자연과 미래세대에게 책임을 져야한다는 주장을 담고 있다. ③ 신경윤리는 윤리학에 뇌과학이라는 과학의 영역을 접목한 새로운 형태의 윤리학이다.

13. 생명 중심주의
생명 중심주의는 살아있는 모든 생명이 소중하고 나름의 내재적(도덕적) 가치를 가진다고 주장하는 것이다. ①, ③은 인간 중심주의, ②는 생태 중심주의에 해당한다.

14. 윤리 사상가 "공자"
유교를 체계화하고 인과 예를 강조했으며 논어(제자들이 공자의 말씀을 엮음)라는 책을 남긴 철학자는 공자이다. ② 장자는 도교를 체계화했고 ③ 순자는 공자사상을 계승하면서 예를 강조했고 성악설을 강조했다. ④ 묵자는 무차별적인 사랑을 뜻하는 겸애 사상을 주장했다.

15. 적극적 우대 정책
사회적 소수자(약자)들에게 공정한 경쟁을 보장하기 위한 적극적 우대 정책들이 제공되고 있다. 사회적 소수자들에게는 기계적인 기회만을 제시하는 것으로는 정당하고 공정한 경쟁이 되지 않기 때문에 적극적으로 그들을 배려하는 정책이 필요하다. 음식점 원산지 표시제도는 식품안전과 소비자들의 권리를 위한 제도로 적극적 우대 정책과는 거리가 있다.

16. 기업가의 사회적 역할
기업가는 소비자와 근로자 등에게 최선을 다해 그들의 권리를 존중해 주어야 하고 기업활동을 법과 도덕의 테두리 안에서 해야 한다.

17. 동물 중심주의자 "싱어"
싱어는 동물 중심주의자로서 인간과 동물은 쾌고감수능력을 공통점으로 갖는 존재이므로 동물을 차별하는 것은 명백한 종차별에 해당한다고 주장했다. 물론 인간이 도덕적 행위능력을 지닌다는 점에 대해서도 부정하지는 않는다.

18. 공리주의
공리주의는 벤담과 밀에 의해서 집대성되었는데 주로 행위의 동기보다는 결과에 초점을 맞추고 있고 많은 사람들에게 행복감(쾌락)을 주는 것을 가장 좋은 것으로 판단한다. 공리라는 말에서 알 수 있듯이 많은 사람들에게 이익(유용성)을 주는 것이 가장 바람직한 것이라고 주장한다. 무조건적인 의무에 따르는 행위를 중시하는 것은 의무론의 관점에 해당한다.

19. 불교와 도교의 죽음관
불교에서는 삶과 죽음이 연결되어 있고 죽은 다음에는 다시 태어나는 윤회의 과정을 반복한다고 보고 있다. 장자는 기가 모이면 생명이 탄생되고 그 기가 다시 흩어지면 죽음을 맞게 된다는 자연스러운 순환 과정으로 보았다.

20. 롤스의 해외 원조
롤스는 해외 원조를 자선이 아닌 의무의 관점에서 바라보고 있다. 롤스에 따르면 해외 원조는 단순히 해당국가가 경제적 곤궁에 처했는지가 원조의 기준이 되는 것이 아니라 질서정연한 사회(입헌민주, 자유, 인권 등이 보장되는 사회)의 여부가 원조의 기준이 된다고 주장한다.

21. 예술에 대한 관점
예술은 예술일 뿐이라고 주장하며 미적가치만을 강조하는 것을 예술지상주의라고 한다. 이를 주장한 사람으로는 와일드나 스펑건 등이 있다. 이에 비해 도덕주의는 예술을 통해 도덕적 교훈을 전달해야 한다고 주장하는 것으로 예술은 도덕의 전달수단으로 판단한다. 플라톤과 톨스토이 등이 이를 주장했다.

22. 사회 통합의 특징
사회적 갈등을 극복하고 하나의 통합을 이루기 위해서는 상호 신뢰와 존중이 기본이다. 그리고 각자의 역할을 충분히 해나가면서 공동의 이익을 생각하는 태도가 필요하다. 그리고 이런 태도를 뒷받침 할 수 있는 제도와 정책, 법률 등도 필요하다.

23. 다문화 이론
다문화 이론에는 동화주의와 다문화주의, 문화다원주의로 구분할 수 있다. 동화주의는 주류문화와 비주류문화를 구분하고 주류문화로의 통합을 강요하는 '용광로 이론'이 있다. 다문화주의는 '샐러드 볼 이론'과 '모자이크 이론'이 있는데 주류와 비주류의 구분 없이 문화 간의 공존과 조화를 말하고 있다. 문화다원주의는 주류와 비주류문화를 구분하되 다른 문화 간 공존과 조화를 강조하는 국수대접이론이 이에 해당한다.

24. 하버마스의 담론
하버마스는 수많은 도덕적 문제들을 사회구성원들이 모두 모여 자유롭게 대화하고 소통해서 합의된 결과를 내는 것이 중요하다고 주장하고 있다. 하버마스는 대화와 소통의 태도에 필요한 것으로 이해가능성, 진리성, 정당성, 진실성을 강조하고 있다.

25. 통일 비용과 통일 편익
분단 비용은 대부분이 분단으로 발생하는 소모적인 유무형의 비용으로 대부분이 군사비로 구성된다. 통일 비용은 통일 과정과 통일 이후 발생하는 비용으로 상당 부분이 북한 발전 비용이다. 현재로서는 통일된다면 천문학적인 통일 비용이 발생할 수 있다. 그러나 통일로 얻어지는 통일 편익이 장기적인 관점에서 더 크므로 통일은 반드시 이루어야 하는 과제라고 할 수 있다.

2022년 2회

국어				2022년 2회
01. ④	02. ③	03. ④	04. ①	05. ②
06. ①	07. ③	08. ④	09. ②	10. ①
11. ③	12. ②	13. ④	14. ②	15. ①
16. ③	17. ④	18. ③	19. ③	20. ①
21. ④	22. ①	23. ③	24. ②	25. ④

1. 영준은 정우의 기분을 고려하며 위로하고 있다.

2. 자신에 대한 칭찬을 최소화하는 표현으로는 자신의 부족한 점을 이야기하는 ③이 어울린다.

3. 밭이랑은 밭+이랑으로 합성어에 해당한다.

4. ② 왠지, ③ 어떡해, ④ 덥던지 가 맞는 표현이다.

5. ㉠ 현재시제, ㉡ 과거시제, ㉢ 현재시제, ㉣ 미래시제

6. (나)의 3문단 내용은 떡볶이의 1950년대, 1970년대, 2000년대에 따른 변모 과정을 밝힌다.

7. ③ '달렸지만'은 앞뒤의 내용이 반대가 되어야 하므로 어울리지 않는다.

8. ④는 어두자음군을 사용하고 있다. 따라서 단어 첫머리에 두 개 이상의 자음이 올 수 있다.

9. '사랑보다 소중한 슬픔'의 역설적 표현을 사용한다.

10. 이 글은 이기적인 삶에 대한 반성과 함께 더불어 사는 삶의 추구를 보여준다.

11. ㉠, ㉡, ㉣은 소외된 이웃을 나타내고, ㉢은 이웃에 무관심한 '너'를 나타낸다.

12. 이 글은 과거 회상을 통해 오빠의 죽음과 관련된 가족의 상황을 서술하고 있다.

13. 올케는 오빠의 화장에 대한 어머니의 의견을 따른다.

14. ㉠은 분단이란 괴물을 홀로 거역할 수 있는 유일한 수단이었다.

15. 이 시조는 동짓달 기나긴 밤의 허리를 베어 낸 후 말아서 넣어 보관할 수 있는 구체적 대상으로 표현한다.

16. 현재 부재하는 임과 함께하기를 소망하며 그리움을 드러낸다.

17. '설'은 예화+주제의 2단 구성을 통해 깨달음을 드러낸다.

18. ㉮는 문제를 바로 고치지 않는 태도로, 유사한 의미는 ㉡, ㉣이다.

19. ③은 우연히 동시에 일이 생겨서 둘 사이에 무슨 관계라도 있는 것처럼 의심을 받을 수 있는 경우를 비유적으로 이르는 말이다.

20. 이 글은 과거의 공간과 현재의 공간을 대조하고 있다.

21. 아파트는 '사이 공간'이 없으므로 그 안에서의 생활 모습은 공유할 것이 없다.

22. ㉠ 앞과 뒤의 내용이 자연스럽게 연결되므로 '그래서'가 어울린다.

23. 3문단에 인공지능이 마침내 인간의 의식 현상을 구현해 낸다고 하더라도 인간과 인공지능은 여전히 구분될 것이라고 밝힌다.

24. ㉡ 통제 : 일정한 방침이나 목적에 따라 행위를 제한하거나 제약함

25. 인공지능 시대에 인간은 인간 고유의 속성인 감정과 의지를 통해 대응할 수 있다.

수학				2022년 2회
01. ③	02. ③	03. ④	04. ①	05. ②
06. ④	07. ③	08. ②	09. ④	10. ①
11. ②	12. ②	13. ③	14. ①	15. ②
16. ④	17. ①	18. ③	19. ④	20. ②

1. $A - B = (2x^2 + x) - (x + 1)$
$= 2x^2 + x - x - 1$
$= 2x^2 - 1$

2. 항등식은 좌변과 우변이 항상 같으므로 좌변의 계수와 우변의 계수를 비교하여 a, b의 값을 구한다.

$x^2 + ax - 2 = x^2 + 5x + b$에서
$a = 5, b = -2$이다.

3. $x^3 + 3x + 4$를 $x - 1$로 나누었을 때, 나머지는 $x = 1$을 대입하면 된다.
$(1)^3 + 3 \times (1) + 4 = 8$이다.

4. 인수분해 공식
$a^3 + 3a^2b + 3ab^2 + b^3 = (a + b)^3$을 이용한다.
다항식 $x^3 + 6x^2 + 12x + 8$을 인수분해한 식이 $(x + 2)^3$이므로 a의 값은 2이다.

5. 복소수 $3 - 2i$의 켤레복소수는 $3 + 2i$이므로 $a = 2$이다.

6. $ax^2 + bx + c = 0$에서
두 근의 합 $\alpha + \beta = -\dfrac{b}{a}$,
두 근의 곱 $\alpha\beta = \dfrac{c}{a}$이다.
이차방정식 $x^2 + 5x + 4 = 0$에서
두 근의 곱 $\alpha\beta = \dfrac{4}{1} = 4$이다.

7. 주어진 그래프에서 $-1 \leq x \leq 2$일 때,
이차함수 $y = -(x - 1)^2 + 3$은
$x = 1$일 때, 최댓값 3을 갖는다.

8. 삼차방정식 $x^3 + ax^2 - 3x - 2 = 0$에 주어진
한 근 $x = 1$을 대입하면
$(1)^3 + a \times (1)^2 - 3 \times (1) - 2 = 1 + a - 3 - 2 = 0$이므로 상수 a의 값은 4이다.

9. 연립방정식 $\begin{cases} x + y = 4 \\ x^2 - y^2 = a \end{cases}$ 에 주어진 해
$x = 3, y = b$를 대입하면
$\begin{cases} 3 + b = 4 \\ (3)^2 - (b)^2 = a \end{cases}$ 이므로
$b = 1$이고 $a = 8$이다.
따라서 $a + b$의 값은 $1 + 8 = 9$이다.

10. 부등식 $|x - 3| \leq 3$에서 절댓값을 풀면
$-3 \leq x - 3 \leq 3$이고, 모든 항에 3을 더하면
$0 \leq x \leq 6$이다. 따라서 $a = 0$이다.

11. 좌표평면 위의 두 점 $A(-3, -2)$, $B(1, 4)$에
대하여 선분 AB의 중점의 좌표는
$\left(\dfrac{(-3) + 1}{2}, \dfrac{(-2) + 4}{2} \right) = (-1, 1)$이다.

12. $y = x - 1$에 수직인 직선은 기울기가 -1이
고, 점 $(0, 3)$을 지나는 직선은 y절편이 3이다.
따라서 직선의 방정식은 $y = -x + 3$이다.

13. 중심의 좌표가 $(3, -1)$인 원의 방정식은
$(x - 3)^2 + (y + 1)^2 = r^2$이고 여기에 지나는 점
인 $(0, 0)$을 대입하면 $(0 - 3)^2 + (0 + 1)^2 = r^2$
이므로 $r^2 = 10$이다.
따라서 구하는 원의 방정식은 $(x - 3)^2 + (y + 1)^2 = 10$이다.

14. 좌표평면 위의 점 $(3, 4)$를 x축의 방향으로 -1
만큼, y축의 방향으로 -3만큼 평행이동한 점의 좌
표는 $(3 - 1, 4 - 3) = (2, 1)$이다.

15. 두 집합
$A = \{1, 2, 3, 4\}, B = \{3, 4, 6\}$에 대하여
$A - B = \{1, 2\}$이다.
따라서 $n(A - B) = 2$이다.

16. 명제 '$x = 2$이면 $x^3 = 8$이다.'의 대우는 가정
과 결론의 자리를 바꾸고 각 조건에 부정을 한
'$x^3 \neq 8$이면 $x \neq 2$이다.' 이다.

17. 주어진 대응표에서 $f(1) = 5$이므로
$f^{-1}(5) = 1$이다.

18. 유리함수 $y = \dfrac{1}{x - 1}$의 그래프는 유리함수
$y = \dfrac{1}{x}$의 그래프를 x축의 방향으로 1만큼 평행이
동한 것이다. 따라서 $a = 1$이다.

19. 4점의 작품 중에서 서로 다른 3점의 작품을 택
하여 일렬로 나열하는 경우의 수는
$_4P_3 = 4 \times 3 \times 2 = 24$이다.

20. 5개의 방과 후 프로그램 중에서 서로 다른 3개

의 프로그램을 선택하는 경우의 수는

$_5C_3 = \dfrac{5 \times 4 \times 3}{3 \times 2 \times 1} = 10$ 이다.

(참고 $_5C_3 = _5C_2 = 10$)

영어				2022년 2회
01. ②	02. ③	03. ①	04. ③	05. ①
06. ②	07. ④	08. ②	09. ④	10. ②
11. ②	12. ①	13. ③	14. ③	15. ②
16. ①	17. ④	18. ③	19. ④	20. ①
21. ③	22. ③	23. ④	24. ①	25. ④

1. confidence 자신감
* 영어를 잘 하기 위해서는 자신감을 가져야한다.

2. deal with 해결하다, 처리하다
* 그 나라는 식량부족 문제를 처리해야했다.

3. as a result 그 결과, 결과적으로
* 햇빛이 창문을 통해 들어오고, 그 결과 집은 따뜻해진다.

4. 주어진 어휘는 반의어 관계이다. 따라서 의미 관계가 다른 것은 ③번이다.
* 인내는 쓰다. 그러나 열매는 달다.
① 새로운 – 오래된   ② 깨끗한 – 더러운
③ 좋은   ④ 쉬운 – 어려운

5. 날짜에 대한 언급은 없다.
* 김치 축제
장소 : 김치 박물관
행사 :
 – 김치 담그는 법 배우기
 – 다양한 김치 맛보기
입장료 : 5000원
오셔서 전통적인 한국 음식을 맛보세요.

6. meet 만나다, 충족시키다
* 2시에 식당 앞에서 만나자.

* 호텔 매니저는 손님의 요구를 충족시키기 위해 최선을 다했습니다.
① 잠수하다   ③ 입다
④ 발생하다

7. when 언제, ~할 때
* Jim, 언제 집에 올 거니?
* 기분이 안 좋을 때 음악을 듣는 것이 도움이 될 것이다.
① 어떻게   ② 누구
③ 무엇

8. for you 당신을 위해, wait for ~를 기다리다
* 어서 오세요. 오늘은 무엇을 도와 드릴까요?
* 나는 거의 한 시간 동안 버스를 기다렸다.

9. A : 도움이 필요한 아이들을 돕기 위해 뭔가를 하고 싶어.
B : 훌륭해. 좋은 생각 있어?
A : 헌 옷을 팔고 그 돈으로 아이들을 위해 쓸 거야. 하지만 쉽지 않을 것 같아.
B : 걱정하지 마. 천리 길도 한걸음부터야.

10. nervous(긴장한) 등으로 보아 불안한 상태이다.
A : 번지 점프는 처음이세요?
B : 네. 정말 긴장돼요.
A : 번지 점프는 완벽하게 안전해요. 괜찮을 겁니다.
B : 저도 그렇게 들었지만, 아직도 제가 그걸 하고 싶은지 잘 모르겠어요.

11. dinner table(식탁) 등으로 보아 가구점임을 알 수 있다.
A : 안녕하세요, 집에 들여놓을 식탁을 찾고 있어요.
B : 이쪽으로 오십시오. 어떤 종류를 원하시나요?
A : 둥근 걸 원합니다.
B : 좋습니다. 두 가지 다른 모델을 보여드리죠.

12. I(i)t은 donation(기부)을 가리킨다.
기부는 보통 친절하고 마음씨 고운 목적으로 행해진다. 그것은 많은 다른 형태를 띨 수 있다. 예를 들어, 그것은 자연 재해로 고통 받는 사람들에게 주어지는

돈, 음식 또는 의료일 수 있습니다.

13. A : 메리의 생일이 다가오고 있어. <u>메리에게 선물 사주는 거 어때?</u>
B : 좋은 생각이야. 휴대폰 케이스를 주는 건 어때?
A : 막 새 것을 얻었대. 커피 머그잔은 어때?
B : 완벽해! 그녀는 커피 마시는 것을 좋아해.
① 그것은 무엇을 위한 거야?
② 어디서 구했니?
④ 방과 후에 보통 뭐하니?

14. A : 무슨 일 하십니까?
B : <u>고등학생들을 가르칩니다.</u>
① 여름보다 겨울이 더 좋아.
② 제가 원했던 것이 아니었어요.
④ 해변에 가는 데 한 시간 걸릴 거야.

15. 진로와 관련된 글이다.
A : 앞으로 어떤 직업을 갖고 싶은지 모르겠어요.
B : 다양한 분야에서 경험을 쌓는 것은 어떨까요?
A : 음... 어떻게 하면 되죠?
B : 직업 체험 프로그램에 참여하는 건 어때요? 분명 도움이 될 거예요.

16. 공원과 관련된 요청 글이다.
공원 내 쓰레기통에 쓰레기를 넣어주시길 부탁드립니다. 일부 방문객들의 부주의한 행동 때문에 공원을 깨끗하게 유지하는 데 어려움을 겪고 있습니다. 여러분의 협조가 필요합니다. 감사합니다.

17. 여름 스포츠 캠프
- 7~12세 어린이를 위한 재미있고 안전한 스포츠 프로그램
- 8월 1일 ~ 8월 7일
활동 종목 : 배드민턴, 농구, 축구, 수영
* 모든 어린이는 매일 수영복과 <u>점심을 가져와야합니다.</u>

18. 우리는 학교 신문 기자들을 찾고 있습니다. 만약 관심이 있다면, 학교생활에 관한 기사 3개를 제출해 주십시오. 각 기사는 500단어 이상이어야 합니다.

<u>학생 기자들이 여러분의 기사를 평가할 것입니다.</u> 마감일은 9월 5일입니다.

19. 나라별 같은 제스처가 다른 의미를 가진다는 글이다.
제스처는 나라마다 다른 의미를 가질 수 있다. 예를 들어, OK 사인은 많은 국가에서 "okay" 또는 "all right"를 의미합니다. 그러나 프랑스에서는 같은 제스처가 '제로'를 의미한다. 프랑스 사람들은 아무것도 없다고 말하고 싶을 때 그것을 사용한다.

20. 많은 발전소는 석탄이나 가스와 같은 화석 연료를 연소시켜 에너지를 생산한다. 이것은 대기 오염을 일으키고 <u>환경</u>에 영향을 미칩니다. 따라서 에너지 효율이 높은 제품을 선택하여 에너지를 덜 사용하도록 노력하십시오. 그것은 지구를 구하는 것을 도울 수 있습니다.
② 재료   ③ 제품   ④ 무게

21. 인터넷은 우리의 삶을 더 편리하게 해준다. 우리는 청구서를 지불하고 인터넷에서 쇼핑을 할 수 있다. 하지만, 개인 정보는 온라인에서 쉽게 도용당할 수 있다. 여러분의 정보를 <u>보호하는</u> 방법들이 있다. 우선 강력한 비밀번호를 설정하십시오. 둘째, 알 수 없는 링크를 절대 클릭하지 마십시오.
① 취소하다   ② 파괴하다
④ 환불하다

22. 과거의 지도제작 방식과 현재의 지도 제작 방식 사이에 오는 것이 적절하다.
수천 년 전, 사람들은 새로운 장소에 갔을 때 지도를 만들었다. 그들은 땅이나 동굴 벽에 지도를 그렸는데, 그것은 종종 부정확한 정보였다. <u>하지만 요즘 지도는 (인공)사진으로 만들어졌기 때문에 더 정확하다.</u> 이 사진들은 비행기나 인공위성에서 찍은 것이다.

23. 사과할 때 고려해야 할 것들에 대한 얘기가 마지막 장에 나온다.
때때로 우리는 그럴 의도는 없을지라도 다른 사람의 감정을 상하게 한다. 그런 일이 일어나면, 사과를 해

야 한다. 그러면, 어떻게 제대로 사과를 하죠? <u>여기 당신이 미안하다고 말할 때 고려해야 할 세 가지가 있습니다.</u>

24. 많은 사람들이 잠드는 데 어려움을 겪고 있고 그로인해 충분한 수면을 취하지 못한다. 그것은 고혈압과 같이 건강에 <u>해로운</u> 영향을 미칠 수 있다. 다음과 같은 규칙을 준수하면 수면 문제를 예방할 수 있다. 첫째, 밤에 카페인이 들어있는 음료를 마시지 않도록 한다. 둘째, 잠들기 전에 스마트폰을 사용하지 않도록 하자. 이러한 것들은 쉽게 잠을 잘 수 있도록 도와줄 것이다.
② 도움이 되는　　　　③ 긍정적인
④ 진정시키는

25. 수면 문제와 그에 대한 예방책을 제시한 글이다.

사회				2022년 2회
01. ③	02. ②	03. ③	04. ③	05. ④
06. ②	07. ①	08. ②	09. ④	10. ②
11. ①	12. ④	13. ④	14. ④	15. ①
16. ③	17. ④	18. ②	19. ④	20. ②
21. ③	22. ①	23. ②	24. ①	25. ①

1. 행복의 조건으로 '질 높은 정주환경', '경제적 안정', '민주주의 발전', '도덕적 성찰과 실천'을 꼽을 수 있다. 이 중 '질 높은 정주환경'은 생활하는 주거환경이 안전하고 쾌적하며 깨끗한 것을 의미한다.

2. 인권의 인간이 누려야 하는 기본적인 권리를 말하는 것으로 누구나 누려야 한다는 보편성, 영원하다는 항구성(영구성), 가지고 태어난다는 천부성, 누구에게도 빼앗기거나 주어선 안된다는 불가침성(절대성) 등을 특징으로 한다.

3. 자신의 문화는 우월하고 다른 문화는 열등하다는 입장을 잘못된 문화이해 태도를 자문화중심주의라고 한다.

① 문화사대주의는 다른 문화를 숭상하고 자신의 문화를 열등하다고 보는 잘못된 문화이해 태도이다. ② 문화상대주의는 모든 문화의 가치를 인정해야 한다는 입장으로 문화에 우열이 없다고 보는 바람직한 문화이해 태도이다. ④ 극단적 문화상대주의는 인권을 유린하는 문화까지도 가치가 있다고 주장하는 것으로 매우 나쁜 문화 이해의 태도이다.

4. 사회적 소수자는 다양한 이유로 소외와 차별을 받는 사람들을 말한다.
① 소호는 'small office home office'의 약자로 소규모 자영업자(주로 인터넷 등을 이용해 사업하는)를 말하는 용어이다. ② 바우처는 영수증, 쿠폰 등을 말하는 것이다. ④ 사물인터넷은 Internet of Things를 줄여 IoT라고 하는데 모든 사물에 인터넷을 연결하는 것을 말한다.

5. 헌법재판소는 헌법소원, 위헌법률심판, 탄핵심판, 권한쟁의심판, 정당해산심판 등을 담당한다. 이 중 헌법소원은 법률이 인권을 침해한다고 생각하면 국민들이 심판을 청구하는 것이고 위헌법률심판은 법관들이 법률이 헌법에 맞는지 판단을 요청하는 것이다.

6. 기회비용은 포기한 가치 중 가장 큰 것을 의미하는 것으로 보통 명시적 비용과 암묵적 비용으로 구성된다. 명시적 비용은 선택 시 발생한 비용을 말하는 것이고 암묵적 비용은 선택으로 포기하게 된 가치를 말한다.
① 편익은 만족감을 말하고 ③ 매몰비용은 이미 지불한 비용으로 회수가 불가능한 비용을 말한다. ④ 물가지수는 평균물가를 수치로 나타낸 것이다.

7. 모든 사람들이 대가를 지불하지 않고(=무임승차) 공동으로 이용하는 재화나 서비스를 공공재(공공서비스)라고 한다. 대표적으로 국방과 치안, 도로, 수도, 항구, 전기 등을 말한다.
② 비교우위는 무역발생을 설명하는 이론으로 나라들이 기회비용이 적은 것을 생산해서 교역하면 모두 이익을 볼 수 있다는 이론이다. ③ 외부효과는 시장의 한계 중 하나로 의도하지 않은 이익이나 피해를

타인에게 주는 현상을 말한다. ④ 기업가 정신은 기업가가 끊임 없는 도전, 혁신, 창의적 사고를 가져야 한다는 것을 말한다.

8. 주식회사가 자금을 조달하는 방법이면서 시세차익과 배당금을 받을 수 있는 것은 주식이다. 대신 주식을 발행하려면 기본적인 조건을 충족해야하고 주주를 회사의 주인으로 인정해야 한다는 점이 특징이다.

9. 사회보험은 사회적 위험을 미리 대비하는 것으로 본인부담이 있으며 의무가입이라는 특징을 갖는다. 종류에는 국민연금, 건강보험, 고용보험, 산재보험, 노인장기요양보험 등이 있다. 공공부조에는 기초연금, 국민기초생활보장제도, 의료급여 등이 있다.

10. 문화변동의 내재적 요인으로는 새로운 가치를 만들어 내는 발명과 몰랐던 사실을 알게 되는 발견이 있다. 외재적 요인으로는 사람이 직접 전달하는 직접전파, 책과 인터넷 등을 통한 간접전파, 전파 후 발명으로 연결되는 자극전파가 있다.

11. 규모의 경제는 일정 양 이상의 생산량이 확보되어야 평균적인 생산비용(단가)이 감소하는 것을 말한다. 일정 양 이상의 생산량이 확보되지 못하면 생산단가가 올라가서 판매가 상승으로 이어지고 결국 판매량이 감소하게 된다.

12. 다문화 이론에는 주류문화와 비주류문화를 구분하고 비주류문화의 주류문화로의 동화를 요구하는 용광로이론과 주류와 비주류구분을 거부하고 모든 문화 간의 조화와 공존을 주장하는 샐러드 볼 이론이 있다.
① 뉴딜정책은 1929년 미국 경제대공황에 대한 해결책으로 등장한 정책으로 국가의 적극적인 경제 개입을 내용으로 한다. ② 셧다운 정책은 청소년들의 심야 온라인 게임 접속을 막기 위해 시행되었던 규제제도이다.

13. 자유주의적 정의관에서 중시하는 것은 개인의 자유와 소유에 대한 권한이다. 국가의 간섭이나 개입은 자유주의 정의관에서 선호하지 않는다.

14. <보기>의 설명은 아마존 정글(밀림)을 말한다. 지도에서 A는 사하라 지역(건조기후 중 사막기후), B지역은 이르쿠츠크 지역으로 냉대습윤기후지역에 해당한다. C지역은 알래스카 지역으로 한대기후에 해당한다.

15. 도시에 거주하는 사람들의 수가 증가하고 도시적 생활양식과 도시경관이 확대되는 현상을 도시화라고 한다. 따라서 도시화에서 농경지는 증가하지 않는다.

16. (㉠)에 알맞은 종교는 이슬람교이다. 이슬람교는 유일신 알라를 믿고 경전으로는 쿠란이 있으며 하루에 메카를 향해 5번 이상 절을 한다. 건축양식으로는 둥근 지붕과 첨탑을 특징으로 하는 모스크가 있고 돼지고기를 먹지 않는다.

17. 열대기후 지역은 바람이 통하고 쉽게 땀을 말릴 수 있는 얇고 간편하고 헐렁한 옷을 주로 입고 음식물의 보관을 위해 향신료와 염장식품을 만들어 먹는다. 가옥은 더위를 피하기 위해 개방적이고 스콜에 대비해 급경사 지붕의 형태를 갖고 있다. 그리고 습기와 지열, 해충을 피하기 위해 고상가옥의 모습을 보여준다.

18. 기후변화로 빙하가 녹으면서 새롭게 석유와 천연가스 채취를 위해 여러 나라가 갈등을 경험하고 있는 지역은 북극해지역이다. 이외에도 석유 때문에 카스피해지역과 동중국해지역, 기니 만 지역 등도 갈등이 발생하고 있다.
③ 남중국해지역은 중국의 인공 섬 건설로 인해 주변 동남아 국가와의 갈등이 치열해 지고 있다. ④ 카슈미르 지역은 인도와 파키스탄이 지역에 대한 주도권을 놓고 갈등을 벌이고 있다.

19. 1992년 미래세대와 현세대와의 조화를 내용으로 하는 '지속 가능한 발전'이 국제회의에서 주장되었다.
① 유비쿼터스는 언제나 온라인으로의 접속이 허용되는 환경을 말한다. ② 플랜테이션은 대농장이라는 뜻으로 열대지역에서 유럽인의 자본과 기술, 원주민

의 저렴한 노동력을 기반으로 상품작물을 대량생산하는 시스템을 말한다.

20. 자연과 도시가 잘 어울리는 것을 생태도시(에코시티)라고 한다. 대표적으로는 브라질의 쿠리치바, 스웨덴의 예테보리, 독일의 프라이부르크, 전남 순천시, 제주 서귀포시 등이 있다.

21. 자연은 생명 없고 영혼 없는 물질, 기계 등으로 보면서 인간 번영을 위한 수단으로 보는 자연관을 인간중심주의 자연관이라고 한다. 반면 인간도 자연의 일부이고 모든 생명은 물론이고 생명들이 살아가는 생태계까지도 소중히 여기는 생태중심주의가 있다.
자원민족주의는 자원을 이용해 타국을 압박하는 수단으로 사용하는 것을 의미한다.

22. 석유는 화석에너지 지하자원으로 지역적으로 편재되어 있고 언젠가는 고갈되는 유한자원이다. 그리고 연소 시 다량의 오염물질을 발생시킨다. 이에 비해 태양광으로 대표되는 신재생에너지는 무한하며 지역적으로 편중되지 않는 편이다. 그리고 오염물질 배출량도 적은 편이다.

23. 양육과 보육시설 확충이 필요하고 육아비용을 지원하는 이유는 저출산 문제를 해결하기 위해서이다.
① 열섬현상은 도심의 기온이 도시외곽지역보다 더 높은 현상을 말한다.

24. 강한 바람과 많은 비를 동반하는 열대(이동성) 저기압을 태풍이라고 한다.
지각판 경계에서 발생하는 땅 갈라짐과 흔들림을 지진이라고 한다. 주로 지진은 환태평양조산대와 알프스히말라야조산대 지역에서 많이 발생한다.

25. 정부 간 국제기구에는 국제연합(UN), 세계무역기구(WTO), 국제통화기금(IMF) 등이 있다.
시민들의 자발적인 모임으로 만들어진 비정부 국제기구(NGO)에는 그린피스, 국경없는 의사회 등이 있다.

과학				2022년 2회
01. ②	02. ③	03. ①	04. ③	05. ③
06. ④	07. ②	08. ②	09. ④	10. ①
11. ①	12. ②	13. ④	14. ③	15. ④
16. ②	17. ③	18. ④	19. ③	20. ③
21. ②	22. ①	23. ③	24. ①	25. ②

1. 수평 방향으로 공을 던질 경우(공기저항 무시)에 연직 방향으로는 지구의 중력에 의해 속력이 증가하는 자유 낙하 운동을 하지만, 수평 방향으로는 힘이 작용하지 않으므로 관성의 법칙에 의해 등속직선 운동을 한다.

2. 충격량 = 운동량의 변화량(나중 운동량 − 처음 운동량)이므로, 4 − 1 = 3이 충격량 값이다.

3. 열효율 $= \dfrac{\text{사용 에너지}}{\text{공급 에너지}} \times 100$,
이므로 $\dfrac{40}{200} \times 100 = 20\%$ 이다.

4. 발전소에서 생산한 전기를 송전할 때 송전선에 흐르는 전류와 송전선의 저항 때문에 손실에너지가 발생하므로, 송전선에서의 손실 에너지를 줄이기 위해 송전선에 흐르는 전류를 작게 하는 대신에 전압을 고전압으로 높여 송전한다.

5. 핵발전은 우라늄의 핵분열 때 발생하는 열로 물을 끓여 증기의 힘으로 발전하며, 화석 연료와 달리 이산화탄소가 발생하지 않는 대신에 방사성 폐기물이 발생하는 것이 단점이다.

7. 주기율표에서 같은 가로 줄(주기)에 있는 원소들은 전자 껍질수가 같은 것이 특징이고, 같은 세로줄(족)에 있는 원소들은 마지막 껍질의 전자수(원자가 전자)가 같은 것이 특징이며, 주기율표의 왼쪽에는 주로 금속 원소가 오른쪽에는 주로 비금속 원소가 분포하고 있다.

8. 소금의 주성분이 $NaCl$은 Na^+양이온과 Cl^-음이온이 결합한 이온 결합물로 고체 상태에서는 전류가 흐르지 않지만, 용융 상태나 수용액 상태에서는 이

온의 이동이 가능해 전류를 흐르게 할 수 있다.

9. 그래핀은 흑연의 한 층을 떼어낸 평면 구조의 나노 물질로 탄소로 이루어져 있으며, 강철보다 강도가 강하고 전기 전도성이 우수하다.

10. 화학 반응식에서 화살표의 왼쪽의 물질은 반응물이고, 오른쪽의 물질은 생성물이므로, Mg과 O_2는 반응물이고, MgO은 생성물이며, Mg은 반응 후에 MgO으로 산화되었다.

11. 산은 아세트산을 제외하고는 대부분 앞부분에 H, 염기는 대부분 뒷부분에 OH를 가지며, 산의 수용액은 신맛, 염기의 수용액은 쓴맛을 나타낸다.

12. 단백질의 단위체는 아미노산이고, 탄수화물의 단위체는 포도당이다.

13. 식물세포에서 광합성을 하는 장소는 엽록체로 D이며, A는 유전 정보를 저장하는 핵, B는 단백질을 합성하는 리보솜, C는 세포 안팎으로 물질 출입을 조절하는 세포막이다.

14. 물질대사는 생체 내에서 일어나는 화학 반응으로 동화작용과 이화작용이 있으며, 광합성은 에너지가 흡수되는 동화작용이고, 세포호흡은 에너지를 방출하는 이화작용이며, 모두 생체내의 반응이므로 반응을 빠르게 도와주는 효소가 관여한다.

15. DNA의 유전 정보가 RNA로 전사될 때, RNA 염기는 T가 없으므로 A는 U로 T는 A로, G는 C로 C는 G로 전사된다.

16. 생물 다양성은 유전적 다양성, 종 다양성, 생태계 다양성을 포괄하며, 모든 생물에 적용되고, 생태계 다양성이 클수록, 종 다양성과 유전적 다양성도 증가한다.

18. 안정된 생태계에서 광합성을 하는 모든 식물은 생산자에 속하고, 초식동물은 1차 소비자에 해당하며, 생태 피라미드에서 상위 영양 단계로 갈수록 개체수, 생물량, 에너지양 모두가 감소하는 경향을 나타낸다.

19. 태양정도의 질량을 갖는 별의 진화과정에서 주계열성 단계에서는 별의 중심부에서 수소 핵융합 반응으로 헬륨을 만들고, 적색거성 단계에서는 중심부에서 헬륨 핵융합 반응으로 탄소를 만든 후 최종 백색왜성으로 진화하지만, 태양보다 질량이 매우 큰 초거성의 중심에서는 연속된 핵융합 반응으로 최종 철까지 합성되고, 초신성 폭발 때 철보다 무거운 원소가 만들어진다.

20. 식물이 대기로부터 이산화탄소를 흡수하여 광합성을 한다 했으므로, 생물권과 기권의 상호작용이다.

21. 삼엽충은 고생대의 표준화석으로 지질시대 중에서 두 번째로 긴 기간이므로 B에 해당하며, A는 선캄브리아대, C는 중생대, D는 신생대에 해당한다.

22. A는 맨틀 대류에 의해 이동하는 암석권(판)이고, B는 대륙 지각, C는 대류가 일어나는 반유동성의 맨틀, D는 해양 지각이다.

23. A는 바람의 혼합 작용으로 수온이 일정한 혼합층, B는 수온이 감소하는 수온약층, C는 심해층으로 햇빛이 도달하지 못하므로 온도가 가장 낮다.

24. 빅뱅이 일어난 후 우주에는 물질이 만들어지는데, 가장 먼저 기본입자 → 양성자, 중성자 → 수소원자핵, 헬륨 원자핵 → 수소원자, 헬륨원자 순으로 물질들이 만들어졌으며, 우주가 팽창해도 우주의 질량은 일정하지만 우주의 크기가 증가하므로 온도와 밀도는 감소한다.

25. 최근 이산화탄소 증가에 따른 지구 온난화로 대륙 빙하가 녹아 해수면이 상승하고, 육지 면적이 감소하며, 사막이 증가하고, 식물의 분포변화 및 기상이변이 속출하고 있다.

01. ①	02. ④	03. ③	04. ①	05. ④
06. ④	07. ③	08. ①	09. ①	10. ④
11. ③	12. ②	13. ③	14. ②	15. ①
16. ②	17. ③	18. ②	19. ①	20. ④
21. ③	22. ③	23. ①	24. ②	25. ④

1. 주먹도끼는 구석기 시대를 대표하는 뗀석기이다.
② 발해, ③ 청동기 시대, ④ 신석기 시대

2. 고구려 광개토 대왕에 대한 설명이다.
① 세종 – 조선, ② 고이왕 – 백제, ③ 공민왕 – 고려 말

3. 고려의 최고 회의기구는 도병마사이다.
① 집사부 – 통일신라, ② 정당성 – 발해, ④ 군국기무처 – 갑오개혁 추진기구

4. 조선 성종은 경국대전을 반포하였다.
② 기인제도 – 고려 태조 때 호족 견제제도, ③ 삼청교육대 – 5공화국 시절 운영, ④ 전민변정도감 – 고려 공민왕 때 불법적 토지를 원주인에게 되돌려주는 기구

5. 불국사와 석굴암은 통일 신라를 대표하는 건축물이다.
① 경복궁 – 조선의 정궁, ② 무령왕릉 – 백제의 벽돌무덤, ③ 수원 화성 – 조선 정조

6. 흥선 대원군은 세도정치를 타파하여 왕권의 강화와 민생을 안정시키려고 하였다.
④ 훈민정음 창제 – 조선 세종

7. 조선 후기의 화폐는 상평통보이다.
① 호패 – 조선, 현재의 주민증과 같음, ② 명도전 – 철기시대 중국 명나라 화폐, ④ 독립 공채 – 대한민국 임시정부에서 발행

8. 강화도는 몽골항쟁, 병인양요와 신미양요 등이 일어났던 곳이다.

9. 독립신문은 독립협회에서 발행한 신문이다.
② 동아일보 – 1920년에 창간, ③ 조선일보 – 1920년에 창간, ④ 한성순보 – 최초의 근대 신문

10. 동학 농민군은 황룡촌, 황토현 전투에서 승리하고 전주성을 장악하였다.
① 거중기 제작 – 수원 화성 건축에 사용, ② 신민회 – 1907년에 조직하여 1911년에 강제 해산됨, ③ 천리장성 축조 – 고려 강감찬에 의해 축조

11. 국채보상운동은 대구에서 시작되었다.
① 새마을 운동 – 1970년 시작, ② 위정척사 – 우리 전통을 수호하고 외세를 배격하는 사상, ④ 서경 천도 운동 – 고려 묘청

12. 대한민국 정부를 수립하기 위해서 5 · 10 총선거가 실시되었다.
① 기묘사화 – 조광조 축출, ③ 오페르트 도굴 사건 – 남연군 묘 도굴 실패, ④ 6 · 15 남북 공동 선언 – 2000년 남북 정상회담 후 발표

13. 1910년대 일제의 경제 수탈은 토지조사사업을 통한 토지 수탈이다.
① 균역법 – 영조 때 군역 개혁, ② 노비안검법 – 고려 광종, ④ 경부 고속 국도 개통 – 1970년 박정희 정부

14. 신간회는 민족 유일당 운동의 일환으로 창립되었다.
① 삼별초 – 몽골 항쟁, ③ 통신사 – 임진왜란 이후 일본에 파견된 문화 외교 사절단, ④ 화랑도 – 신라의 청소년 수련 단체

15. 일제 강점기 최대의 민족 운동은 3 · 1 운동이다.
② 제주 4 · 3 사건 – 남한만의 단독 선거 5 · 10 총선거 반대 운동, ③ 임술 농민 봉기 – 세도정치 시기 농민 봉기, ④ 12 · 12 군사 반란 – 전두환과 노태우 등의 신군부가 일으킨 군사 쿠데타

16. 갑오개혁에서는 신분제와 과거제가 폐지되었다.
① 별무반 – 고려 여진 정벌, ③ 척화비 건립 – 신미양요 후 외세배격의 뜻을 전국에 알림, ④ 세도정치

– 19세기 왕을 대신하여 특정 가문이 정치하는 형태

17. 황국신민화 정책은 1930년대 민족 말살 정책 중 하나이다.
① 골품제 – 신라의 신분제도, ② 사사오입 개헌 – 1954년 이승만의 장기집권을 위한 개헌, ④ 사심관 제도 – 고려 태조의 호족 견제책

18. 다음 대본은 노동 운동에 대한 것이다.
① 신탁 통치 반대 – 1945년 모스크바 3국 외상회의 결과에 대한 반대 운동, ③ 청 정벌 – 병자호란 이후 북벌 운동, ④ 최제우에 대한 교조 신원 운동 – 동학 교세의 확산

19. 금융실명제는 김영삼 정부의 대표적인 정책이다.

20. 카이로 회담은 한국의 독립을 최초로 약속한 국제회의이다.
① 팔관회 – 고려 시대 불교와 결합한 국가 행사, ② 화백회의 – 신라의 귀족회의, ③ 만민공동회 – 독립협회 주관

21. 1980년 광주에서 일어난 민주화 운동은 5 · 18 민주화 운동이다.
① 자유시 참변 – 1921년 소련의 적군에 한국독립군 연합 부대가 희생을 당한 사건, ② 6 · 10 만세 운동 – 순종의 장례일에 일어난 학생 중심의 항일 운동, ④ 제너럴 셔먼호 사건 – 미국이 평양에서 난동을 부려서 평양 군민들이 제너럴 셔먼호를 불태운 사건

22. 단군을 숭배하는 민족 종교는 대종교이다.

23. 6 · 25 전쟁 중 중국군의 개입으로 서울을 다시 빼앗기게 되는 사건이 1 · 4 후퇴이다.
② 명량대첩 – 이순신, ③ 무신정변 – 고려, ④ 아관파천 – 고종이 러시아 공사관으로 거처를 옮김

24. 김원봉은 의열단을 결성하여 일제에 대항하였다.
① 별기군 – 신식 군대, ③ 교정도감 – 고려 최씨 무신정권의 핵심, ④ 조선어 학회 – 일제 강점기 한글을 지켜낸 단체

25. 박정희 정부에서 7 · 4 남북 공동성명을 통해서 남북 최초 합의서를 발표하였다.
① 시무 28조 – 고려 성종 때 최승로, ② 전주화약 – 동학 농민 운동, ③ 4 · 13 호헌 조치 – 1987년 6월 민주항쟁의 원인

도덕				2022년 2회
01. ③	02. ②	03. ③	04. ②	05. ①
06. ①	07. ④	08. ①	09. ③	10. ③
11. ④	12. ②	13. ③	14. ②	15. ①
16. ④	17. ④	18. ②	19. ④	20. ③
21. ④	22. ③	23. ①	24. ②	25. ②

1. ① 도덕 현상 혹은 관습을 서술(설명)하는 윤리학, ② 도덕적 언어의 의미를 분석하는 윤리학

2. 칸트는 의무론에서 도덕법칙을 정언명령의 형식으로 제시하였다. 보편적 도덕 원리와 인간 존엄성 차원에서 무조건 따라야 하는 명령을 정언 명령이라고 한다.

3. ① 인(仁)과 예(禮)를 강조하며 이상적 인간상으로 군자를 제시하였다. ② 연기설, 자비 등을 강조하며 이상적 인간상으로 보살을 제시하였다.

4. 동물 실험이 신약 개발을 위해 반드시 필요하고, 동물이 인간의 이익을 위한 수단이라고 하면 동물 실험에 찬성하는 관점으로 볼 수 있다.

5. ② 의무론에 대한 설명이다. 공리주의는 행위의 동기보다 결과를 중시한다. ③ 덕윤리에 대한 설명이다. 공리주의는 행위자 내면의 품성보다 행위의 효용(유용)을 강조한다. ④ 공리주의는 사회 전체의 행복이 개인의 행복의 총합이라고 본다.

6. ② 결혼한 부부에게만 성이 허용되는 입장 ④ 사랑을 성의 조건으로 보는 입장이다. 성의 인격적 가치를 강조한다.

7. 국가는 시민의 정당한 요구에 관심을 갖고 살펴야 한다.

8. 레오폴드는 생태중심주의 학자로 생태계 자체의 내재적 가치를 강조하는 인물이다.

9. ①, ②, ④는 사형제 폐지를 주장하는 근거이다.

10. 윤리적 성찰의 자세에는 비판적 자세도 포함된다.

11. 청렴은 맑고 염치를 아는 공직자의 기본 자세이다.

12. ②는 과학기술을 부정적으로 바라보는 입장에 대한 설명이다.

13. 통일 편익은 통일로 얻게 되는 이익과 만족감이다.

14. ①, ③, ④는 예술을 바라보는 도덕주의 입장에 해당된다.

15. 본문에서 인위적으로 생명을 단축하는 행위의 허용 문제라고 했기 때문에 안락사에 대한 설명이다.

16. 공정한 과정을 통해 발생한 결과는 공정하다고 보는 입장은 절차적 정의에 대한 설명이다.

17. 시민 불복종은 부정의한 법과 정책에 저항하는 공개적이고 비폭력적인 도덕적 행위이다.

18. ① 의무론, 동물중심주의 ③ 자연법, 인간중심주의 ④ 덕윤리학자이다.

19. 개인이 원하지 않는 정보에 대해 삭제할 수 있는 권리이기 때문에 잊힐 권리에 해당된다.

20. ① 마르크스가 제시한 이상 사회 ② '작은 나라에 적은 백성'이라는 뜻으로 도가의 이상 사회 ④ 플라톤이 제시한 이상 사회의 모습이다.

21. 노동자의 인권을 고려하는 착한 소비와 환경 문제 등을 적극적으로 고려하는 녹색 소비는 윤리적 소비에 해당된다.

22. ① 불교는 죽음으로 끝나지 않고 윤회한다고 보는 입장이다.
② 플라톤의 입장이다.
④ 에피쿠로스의 입장이다. 에피쿠로스는 죽음은 경험할 수 없기 때문에 두려움의 대상이 될 수 없다고 보았다.

23. 자신의 일에 긍지를 가지고 한 가지 기술에 정통하려고 노력하는 자세를 장인 정신이라고 한다.

24. 현실주의는 소통과 대화보다 국가 간의 힘의 논리를 통한 세력 균형, 동맹을 더 강조하는 입장이다.

25. ① 사익보다 공익을 우선시해야 한다.

2023년 1회

국어				2023년 1회
01. ③	02. ①	03. ④	04. ③	05. ②
06. ④	07. ④	08. ③	09. ④	10. ②
11. ④	12. ②	13. ①	14. ④	15. ①
16. ③	17. ①	18. ②	19. ①	20. ②
21. ②	22. ③	23. ①	24. ③	25. ④

1. '부추'라는 대상을 강원, 충북, 경상 등 지역에 따라 다르게 표현하는 것을 보여준다.

2. * 발 없는 말이 천 리 간다 : 말은 금방 쉽게 퍼지니 말조심하라는 뜻
* 화살은 쏘고 주워도, 말은 하고 못 줍는다 : 화살은 쏘고 다시 주워올 수 있지만 말은 한번 하면 다시 주워담을 수 없으니 말을 조심해서 하라는 뜻
* 가루는 칠수록 고와지고 말은 할수록 거칠어진다

: 가루는 체에 칠수록 고와지지만 말은 길어질수록 거칠어지고 마침내는 말다툼까지 가게 된다는 말로, 말이 많음을 경계하라는 뜻이다. 그러므로 말의 신중함을 강조한다.

3. 피동은 주어가 영향을 당하는 표현으로, ④는 능동 표현에 해당한다.

4. 닭을 : 겹받침 중 뒤엣것만을 뒤 음절 첫소리로 옮겨 [달글]이라 발음한다.

5. ②는 주어인 선생님을 높이는 주체 높임법이다.

6. 윗글에서 주장을 뒷받침하는 설문조사는 제시되지 않는다.

7. ④는 앞뒤 내용을 반대로 만들어주는 '하지만'을 그대로 사용한다.

8. ③ 일홈을 : 끊어 적기를 사용하였다.

9. 나머지는 모두 한계를 뜻하는 부정적 시어이지만 ④는 희망과 극복 의지를 드러내는 긍정적인 시어이다.

10. 윗글은 매운 계절 : 일제강점기의 혹독함 / 북방, 고원, 칼날 : 한계 / 무지개 : 희망을 상징적으로 드러내는 표현을 사용한다.

11. 항일 운동가의 정신을 고려하면 ④가 알맞다.

12. 윗글은 1인칭 주인공시점이다.

13. (가)에서 구장은 나의 마음을 인정하며 이해하는 말하기로 대화를 시작한다.

14. ④ 나는 뭉태의 말을 곧이 믿지 않고 있다.

15. 가사 문학 : 4음보 3.4조(4.4조)의 장형 시가
② 고려가요, ③ 향가, ④ 시조

16. ① 자연에 묻혀 살면서 물아일체의 감정을 느낀다.
② '옛사람 풍류에 미칠까 못 미칠까'에서 알 수 있다.
④ 복숭아꽃, 살구꽃, 푸른 버들, 향긋한 풀에서 봄의 풍경을 감상하고 흥취를 느끼는 것을 알 수 있다.

17. 윗글은 판소리계 소설에 해당한다. (발전 과정 : 근원 설화 → 판소리 사설 → 판소리계 소설 → 신소설)

18. 음성 상징어인 의성어나 의태어를 사용하는 것은 보이지 않는다.

19. 춘향은 수청을 들라는 어사또의 제안에 그런 분부 말고 어서 바삐 죽여달라며 거절하고 있다.

20. (나) 는 사회적 약자가 이용하기 어려운 도시공원의 문제점이 드러난다.

21. 'ⓐ 찾다 : 방문하다'의 의미이기 때문에 '산을 찾다'와 어울린다.

22. 올바른 도시공원의 모습은 사회적 약자들도 편안하게 접근해 여러 사람과 소통하는 곳이기 때문에 일반인과 분리를 말하는 ③은 적절하지 않다.

23. 타인과 소통하며 이해를 확장하는 것과 ①(혼자서 하는 요약하기)은 어울리지 않는다.

24. 법적인 권력이나 자본을 소유한 사람들에게 악용될 소지와 연결되는 것은 정보 비공개로 인한 공익 저하이다.

25. '확실하게'는 '분명하게'의 의미이다.

01. ④	02. ①	03. ③	04. ②	05. ①
06. ④	07. ①	08. ①	09. ②	10. ④
11. ③	12. ④	13. ②	14. ②	15. ②
16. ③	17. ①	18. ②	19. ③	20. ④

1. $A + B = (x^2 + 2x) + (2x^2 - x)$
$\quad = x^2 + 2x + 2x^2 - x$
$\quad = 3x^2 + x$

2. 항등식은 좌변과 우변이 항상 같으므로 좌변과 우변의 계수를 비교하여 a, b의 값을 구한다.
$x^2 + ax + 3 = x^2 + 5x + b$에서
$a = 5, b = 3$이다. 따라서 $a - b = 2$

3. $2x^3 + 3x^2 - 1$에 $x = 1$을 대입하면
$2 \times (1)^3 + 3 \times (1)^2 - 1 = 2 + 3 - 1 = 4$

4. 인수분해 공식
$a^3 - 3a^2b + 3ab^2 - b^3 = (a - b)^3$을 이용한다.
다항식 $x^3 - 6x^2 + 12x - 8$을 인수분해한 식이
$(x - 2)^3$이므로 a의 값은 2이다.

5. 복소수 $5 + 4i$의 켤레복소수는 $5 - 4i$이다.
따라서 $a = 5, b = -4$이므로 $a + b = 1$

6. 두 수 $3, 4$를 근으로 하고 x^2의 계수가 1인 이차방정식은 $(x - 3)(x - 4) = 0$이므로 이를 전개하면
$x^2 - 7x + 12 = 0$이다. 따라서 $a = 12$

7. 주어진 그래프에서 $-3 \leq x \leq 0$일 때,
이차함수 $y = x^2 + 2x - 1$은
$x = -1$일 때, 최솟값 -2를 갖는다.

8. 사차방정식 $x^4 + 2x^2 + a = 0$에 주어진 한 근
$x = 1$을 대입하면
$(1)^4 + 2 \times (1)^2 + a = 0$이므로 상수 a의 값은
-3이다.

9. 연립방정식 $\begin{cases} x + y = 6 \\ xy = a \end{cases}$에 주어진 해

$x = 4, y = b$를 대입하면
$\begin{cases} 4 + b = 6 \\ 4 \times b = a \end{cases}$이므로
$b = 2$이고 $a = 8$이다.
따라서 $a + b$의 값은 10이다.

10. 이차부등식 $(x + 3)(x - 2) \geq 0$의 해는
$x \leq -3$ 또는 $x \geq 2$이다.

11. 수직선 위의 두 점 $A(1)$, $B(5)$에 대하여 선분 AB를 $3 : 1$로 내분하는 점 P의 좌표는
$\dfrac{3 \times 5 + 1 \times 1}{3 + 1} = \dfrac{16}{4} = 4$이다.

12. 기울기가 3인 직선의 방정식
$y = 3x + k$에 점 $(-2, 1)$을 대입한다.
$1 = 3 \times (-2) + k$이므로 $k = 7$이다.
따라서 직선의 방정식은 $y = 3x + 7$이다.

13. y축에 접하는 원의 반지름은 중심의 x값이므로 주어진 원의 반지름은 2이다. 따라서 중심의 좌표가 $(2, 1)$이고 y축에 접하는 원의 방정식은
$(x - 2)^2 + (y - 1)^2 = 4$이다.

14. 좌표평면 위의 점 $(2, 4)$를 y축에 대하여 대칭 이동한 점의 좌표는 x좌표만 부호를 바꾼 $(-2, 4)$ 이다.

15. 두 집합
$A = \{1, \ a - 1, \ 5\}, B = \{1, \ 3, \ a + 1\}$에 대하여 $A = B$이므로 두 집합의 모든 원소가 같아야 한다. 따라서 $a - 1 = 3$이므로 $a = 4$이다.

16. 명제 '평행사변형이면 사다리꼴이다.'의 대우는 가정과 결론의 자리를 바꾸고 각각 부정을 한 '사다리꼴이 아니면 평행사변형이 아니다.'이다.

17. 주어진 대응표에서 $f(3) = c$이고
$g(c) = 5$이다. 따라서 $(g \circ f)(3) = 5$이다.

18. 유리함수 $y = \dfrac{1}{x - 2} - 1$의 그래프는 유리함수 $y = \dfrac{1}{x}$의 그래프를 x축의 방향으로 2만큼, y축

의 방향으로 -1만큼 평행이동한 것이다. 따라서 $a = 2, b = -1$이다. $a + b = 1$

19. 서로 다른 3개 중에서 서로 다른 2개를 택하여 나열하는 경우의 수이므로
$_3P_2 = 3 \times 2 = 6$이다.

20. 서로 다른 4개 중에서 서로 다른 2개를 선택하는 경우의 수이므로
$_4C_2 = \dfrac{4 \times 3}{2 \times 1} = 6$이다.

영어				2023년 1회
01. ③	02. ③	03. ①	04. ①	05. ④
06. ③	07. ②	08. ③	09. ②	10. ③
11. ①	12. ②	13. ①	14. ④	15. ①
16. ②	17. ②	18. ④	19. ④	20. ④
21. ①	22. ②	23. ④	24. ④	25. ③

1. 일요일마다 집에서 쓰레기를 버리는 것이 나의 의무이다.

2. 사람들은 한 팀으로 일할 때 서로 의존할 필요가 있다.

3. 나는 당신 덕분에 많은 좋은 사람을 만나왔다.

4. 한 나라에서 공손한 제스처는 다른 나라에서 무례한 제스처일 수 있다.
① 똑똑한, ② 옳은 - 잘못된, ③ 안전한 - 위험한, ④ 같은 - 다른

5. "케이팝 콘서트 2023"
세계적으로 유명한 8개의 K-Pop 그룹이 공연을 하고 있습니다!
날짜 : 6월 8일 (목요일), 2023
위치 : 월드컵 경기장
시간 : 오후 7:30 - 오후 9:30.

6. 우리는 더 나은 전망을 보기 위해 일어서야했다.
공공장소에서 규칙을 따르지 않는 사람들은 참을 수가 없어.
① 실패하다, ② 시작하다, ④ 상기시키다
· stand 일어서다, 참다

7. 진수야, 너는 내일 어느 박물관에 갈 거니?
사전은 단어에 대한 설명이 있는 책이다.
풀이 which는 "어느, 어떤" 의미가 있는 의문형용사로도 쓰이고, 선행사를 사물로 갖는 관계대명사로도 쓰인다.

8. 내 취향은 당신과 달라요.
영어 단어들은 다양한 출처에서 나온다.
· be different from ~와 다르다.
· come from ~에서 나오다, 유래하다.

9. A : 봐, 준호. 드디어 수학 시험에서 A를 받았어!
B : 시험을 정말 잘 봤구나. 비결이 뭐야?
A : 나는 주말에도 늦게까지 자지 않고 매일 수학을 공부하고 있어.
B : 너는 '고통 없이는 이득도 없다'의 좋은 사례구나.

10. A : 비가 억수같이 내리네.
B : 비가 오는 고양이와 개? 그게 무슨 뜻인지 말해 줄 수 있니?
A : 비가 많이 온다는 뜻이야.
B : 정말? 그 표현의 유래에 흥미가 생기는데.
풀이 마지막 문장에 흥미가 있다고 했다.

11. A : 좋은 아침입니다, 무엇을 도와드릴까요?
B : 와, 여기 냄새가 정말 좋네요.
A : 네, 방금 오븐에서 빵이 나왔어요.
B : 이 갓 구운 걸로 주세요.
풀이 bread(빵) 등으로 보아 제과점임을 알 수 있다.

12. 웃음은 스트레스를 줄이고 혈압을 낮춰 우리의 신체적 행복에 기여한다. 그것(웃음)은 또한 좋은 운동과 같은 방식으로 기분 좋은 호르몬의 양을 증가시킨다. 그리고 무엇보다도, 미소는 다른 사람들이 우리와 어떻게 관계를 맺는지에 영향을 미친다.

13. A : 매트, <u>어디부터 먼저 갈까</u>?

B : N서울타워는 어때? 타워에서 도시 전체를 볼 수 있어.

A : 그 후에, 서울 도성(한양도성)을 따라 걷자.

B : 완벽해! 자, 이제 서울을 탐험하러 가자.

② 당신은 생계를 위해 무엇을 하시나요?

③ 얼마나 자주 이곳에 오십니까?

④ 왜 배우가 되고 싶나요?

풀이 N Seoul Tower 등으로 보아 장소를 묻는 말이 자연스럽다.

14. A : 친구를 더 많이 사귀려면 어떻게 해야 하나요?

B : <u>주변 사람들에게 친절하게 대하는 것</u>이 중요합니다.

① 쉽게 화내기, ② 지금 주문 취소하기,

③ 예약 확인하기

15. A : 쇼핑 팁을 공유할 수 있니?

B : 물론이지. 우선, 항상 예산을 염두에 두어야 해.

A : 좋은 지적이야. 또 뭐가 있지?

B : 그리고 세일한다고 해서 물건을 사지 마.

A : 고마워! 정말 좋은 팁이야.

풀이 쇼핑에 대한 조언을 묻고 답하는 글이다.

16. 많은 사람들이 조언을 구할 사람을 찾는 어려움이 있습니다. 개인적인 문제가 있을 수도 있고 부모님이나 친구들과 이야기하고 싶지 않을 수도 있습니다. <u>우리 온라인 지원 그룹에 가입하는 게 어떻습니까?</u> 우리는 당신을 돕기 위해 여기에 있습니다.

풀이 온라인 지원 그룹에 가입하라 권유하고 있다.

17. 판매

특징 : 그것은 6개의 줄을 가진 기타이다.

조건 : 그것은 <u>중고</u>지만 좋은 상태입니다.

가격 : $ 150 (원래 가격 : $ 350)

연락처 : 질문이 있으시면, 014-4365-8704로 전화주세요.

18. 어스 아워 캠페인에 참여해보는 건 어떨까요? 그것은 2007년 호주 시드니에서 시작되었다. 요즈음 전 세계 7천개 이상의 도시가 참여하고 있다. 어스 아워는 3월 마지막 주 토요일에 열린다. <u>그날 사람들은 저녁 8시 30분부터 ~ 9시 30분까지 전등을 끈다.</u>

19. 최근의 연구는 성공한 사람들이 아침에 어떻게 시간을 보내는지 보여준다. 그들은 일찍 일어나 조용한 시간을 즐긴다. 그들은 규칙적으로 운동을 한다. 게다가, 그들은 그날 해야 할 일들의 목록을 만든다. 작은 습관이 성공에 큰 차이를 만들 수 있다.

풀이 성공한 사람들의 아침시간 활용에 대한 글이다.

20. 자신을 향상시키는 사람들은 자신이 무엇을 잘 못했는지 이해하려고 노력한다. 그래서 다음에는 더 잘 할 수 있다. 실수로부터 배우는 과정은 그들을 더 똑똑하게 만든다. 그들에게 모든 <u>실수</u>는 나아지기 위한 한 걸음이다.

21. 나는 앵무새를 <u>애완동물</u>로 키우고 싶다. 이유를 말하겠다. 첫째, 앵무새는 내 말을 반복할 수 있다. 내가 "안녕하세요"라고 말하면, "안녕하세요"라고 말할 것이다. 다음으로, 그것은 멋지고 화려한 깃털을 가지고 있어서, 그것을 보는 것만으로도 나는 행복해질 것이다. 마지막으로, 앵무새는 집에서 키우는 대부분의 다른 동물들보다 더 오래 산다.

22. 플라스틱은 매우 유용한 재료입니다. ① 그 유용성은 플라스틱이 싸고 가볍고 강하다는 사실에서 비롯된다. ② <u>그러나 플라스틱은 그 유용성에도 불구하고 환경을 심각하게 오염시킨다.</u> 예를 들어, 플라스틱은 수백 년 또는 수천 년 동안 매립지에 남아 토양 오염을 야기한다. ③ 이 문제에 대한 최선의 해결책은 플라스틱에 대한 친환경 대안을 만드는 것이다. ④

23. 콩은 수천 년 동안 우리와 함께 해왔다. 그것들(콩)은 어디에서나 재배하기 쉽다. 더 중요한 것은 콩은 단백질 함량이 높고 지방 함량은 적다는 것이다. 이런 요인들이 콩을 세계 최고의 슈퍼푸드 중 하나로 만든다. <u>자, 이제 콩이 어떻게 다양한 방법으로 전 세계에서 요리되는지 배워보자.</u>

풀이 마지막 문장에 콩 요리법에 대해 배우자고 언

급했다.

24. 자원봉사는 건강한 정신을 갖게 해준다. 한 조사에 따르면, 자원봉사자의 96%가 자원봉사를 한 후 행복감을 느낀다고 한다. 지역 사회의 다른 사람들을 도우면 자신에 대해 더 기분이 좋아질 것이다. 또한 평범한 일상에서 도움을 줄 수 있는 에너지를 더 많이 가지고 살아갈 수 있도록 동기를 부여할 수 있다. 그리하여 더욱 긍정적인 인생관을 갖게 될 것이다.
① 부끄러운, ② 쓸모없는, ③ 불행한

25. 24번 참고
풀이 자원봉사 활동의 이점에 대한 글이다.

사회				2023년 1회
01. ④	02. ③	03. ③	04. ①	05. ②
06. ②	07. ①	08. ①	09. ②	10. ④
11. ③	12. ③	13. ③	14. ②	15. ③
16. ④	17. ③	18. ①	19. ②	20. ④
21. ②	22. ①	23. ③	24. ③	25. ①

1. 국가의 통치조직과 운영원리, 기본적 인권을 규정한 최고 법을 헌법이라고 한다.
① 명령은 대통령과 총리, 장관들이 법률 테두리 안에서 제정한다.
② 법률은 국회에서 일상생활 속 규정들을 제정하는 것이다.
③ 조례는 지방의회에서 제정하는 규정이다.

2. 다른 기본권이 침해되었을 때 이의 구제를 요청하는 권리를 청구권이라고 한다. 청구권은 기본권 보장을 위한 기본권이라는 별명을 가진 수단적 성격의 기본권이다. 청원권, 재판청구권, 형사보상청구권 등이 있다.
① 자유권은 국가로부터의 자유로 소극적 성격의 천부적 권리이다.
② 참정권은 정치에 참여할 수 있는 권리로 능동적 성격이며 선거권이나 피선거권 같은 개념이 있다.

④ 평등권은 법 앞에서 모두 평등하다는 소극적 성격의 기본권 개념이다.

3. 인권의 특성으로는 보편성(누구나 가짐), 천부성(가지고 태어남), 항구성(영원히), 불가침성(뺏길 수 없는)이 있다.

4. 합리적 선택에는 비용과 편익이 발생한다. 비용은 최소, 편익(만족감, 이익)은 최대인 것이 합리적이다.
② 희소성은 선택의 원인으로 우리는 자원의 희소성으로 인해 선택을 하게 된다.
③ 금융자산은 예금이나 채권, 주식 등으로 구성된 재산을 말한다.
④ 암묵적 비용은 기회비용 계산에서 등장하는 개념으로 선택 시 포기한 이익을 말한다.

5. 정부를 구성단위로 하는 국제 사회의 행위주체이면서 국가들 사이 이해관계를 조정하거나 국가 간 분쟁을 중재하는 것은 정부 간 국제기구이다. 유럽연합이나 세계무역기구, 경제협력기구는 정부 간 국제기구로 볼 수 있다. 다문화사회는 국제기구와는 전혀 다른 개념이다.

6. 시장의 실패(한계)에는 '불공정 경쟁(독과점)', '외부효과의 발생(예상치 못한 이익이나 피해의 발생)', '공공재의 공급부족(국방, 치안, 도로, 전기 등)' 등이 있다.
① 남초 현상은 여성 수에 비해 남성 수가 더 많은 현상을 말한다.
③ 규모의 경제는 대량생산을 통해서 제품가격의 하락과 더 많은 판매를 가져올 수 있는 원칙이다.
④ 소비자 주권은 소비자가 주인의 권리를 가지고 있다는 개념으로 소비자의 권리를 보장하고 존중해야 한다는 개념이다.

7. 입법권(국회), 행정권(정부), 사법권(법원)으로 권력을 나누는 것을 권력 분립이라고 한다.
② 사회 보장 제도는 빈부격차를 해결하기 위한 제도로 '공공 부조'와 '사회 보험', '사회 서비스' 등이 있다.

③ '위헌 법률 심판'의 경우 법관의 요청으로 헌법 재판소가 법률의 위헌 여부를 결정하는 것이다.
④ 헌법 소원 심판은 국민의 요청으로 법률이나 정책 등의 기본권 침해 요소나 위헌 여부를 결정하는 것이다.

8. 사회 복지 제도 중 '공공 부조'는 어려운 국민들에게 제공하는 선별적 성격의 복지제도로 최소한의 생활을 보장하고 자립을 지원하는 제도이다. 본인 부담은 없고 가입하는 개념도 없다. 대표적인 예로는 '국민 기초 생활 제도(일명 기초 수급제)', '의료 보호', '기초(노령)연금 제도'가 있다.
② '재무 설계'는 연령대별 투자계획을 말한다.
③ '정주 환경'은 내가 살아가는 주변 환경을 말한다.
④ '지리적 표시제'는 지역과 특산물을 연결하는 것으로 '횡성 한우', '보성 녹차' 등의 방식으로 지역을 알린다.

9. 자산의 관리 방법에는 안전성, 수익성, 유동성 등이 있다. 안전성은 원금을 보장할 수 있는 정도를 말하는 것이고 수익성은 이익을 얻을 수 있는 정도를 말한다. 유동성은 현금화 가능성을 말한다. 안전성은 예금>채권>주식의 순서로 안전하고, 수익성은 대체로 예금<채권<주식 순서로 평가하는데 꼭 그렇게 되지는 않기 때문에 시험에 잘 출제되지는 않는다. 유동성은 예금>채권=주식>부동산 순서로 예금이 가장 현금화 가능성이 높다.

10. 문화를 이해하는 태도에는 문화 상대주의, 자문화 중심주의, 문화 사대주의가 있다. 이 중 자문화 중심주의와 문화 사대주의는 문화를 우열관계로 파악하는 잘못된 문화 이해 태도이다. 문화 상대주의는 문화에는 우열도 없고 나름의 가치가 있다고 보는 바람직한 문화 이해 태도이다.

11. 윤리적 소비는 인권을 생각하는 '착한 소비'와 환경을 생각하는 '녹색 소비'로 나눠진다. '착한 소비'에는 공정 무역을 예로 들 수 있고 '녹색 소비'는 로컬 푸드나 슬로우 푸드 등을 예로 들 수 있다.
① '뉴딜 정책'은 1929년 발생한 미국의 경제 대공황에 대한 대책으로 정부가 일자리를 제공하는 등의 적극적인 개입을 하는 것을 말한다.
② '유리 천장'은 여성들이 직장 등에서 승진이 제한되는 성차별 현상을 말한다.
④ '샐러드 볼 이론'은 다문화이론으로 모든 문화의 우열은 없으며 공존과 조화가 가능하다고 보는 이론이다.

12. 유엔은 1948년에 세계 인권 선언을 발표했다. 그 주요 내용에는 '형제애'라는 표현이 담고 있는 '연대권'이 있다.
① '권리 장전'은 1688년 영국 명예혁명의 결과로 맺어진 문서로 최초의 입헌군주제를 내용으로 하고 있다.
② 독일의 '바이마르 헌법'은 1919년 세계최초로 사회권개념을 탑재한 헌법이다.
④ '미국 독립 선언'은 1776년 미국 독립 혁명 과정에서 나온 문서로 독립의 의지와 원칙, 최초의 대통령제 개념을 담고 있다.

13. 문화 변동 양상에는 문화 동화, 문화 병존, 문화 융합이 있다. 문화 동화는 기존 문화를 새문화가 흡수해서 기존 문화가 사라지는 현상을 말한다.
문화 병존은 기존 문화와 새로운 문화가 모두 존재하는 것을 말한다.
문화 융합은 기존 문화와 새로운 문화가 합쳐져 완전히 새로운 문화가 만들어지는 것을 말한다.

14. 한대 기후는 지구상에서 가장 추운 기후로 툰드라 기후와 빙설 기후가 있다. 툰드라 기후는 짧은 여름이 있긴 하나 대체로 영하10도 이하의 추운 날씨를 보여준다. 농사는 불가능하고 순록 유목과 사냥, 어로 등으로 삶을 유지한다.
ㄴ. 이동식 화전은 열대우림기후에서 나타나는 농사 방법이다.
ㄹ. 통풍을 위한 큰 창문은 온대기후나 일부 아열대 기후 등에서 나타난다.

15. 해저에서 발생한 지진이나 화산폭발로 지진해일(쓰나미)이 발생한다.

16. 18세기 산업 혁명기에 증기 기관의 연료로 사용된 화석 연료는 석탄이다. 석탄은 고생대지층에서

주로 발견되고 전 세계적으로 널리 분포하는 편이어서 석유에 비해 이동량이 많은 편은 아니다. 현재는 주로 제철과 화력 발전용으로 사용되고 있다.
석유는 신생대 지층에서 주로 발견되는 화석 연료로 가장 소비량이 많은 에너지 자원이고 이동량도 많은 편이다.

17. 이슬람교는 유일신 알라를 믿고 경전은 쿠란이라고 한다. 돼지고기와 술은 금기시 하고 있다. 여성들은 신체를 가리는 경향이 있는데 부르카는 가장 많이 신체부위를 가리는 의복의 형태이다. 이외에 차도르, 니캅, 히잡 등의 다양한 형태의 의복들이 있다. 이외에도 하루에 메카를 향해 5번 이상 절을 하고 라마단이라는 풍습도 있다. 일부다처제와 모스크라는 건축 양식도 특징이다.
① 게르는 유목하는 부족들이 사는 이동식 천막집을 말한다.
② 판초는 넓은 천의 가운데 머리구멍을 뚫어서 입는 망토 스타일의 옷으로 주로 비옷으로 이용하고 있다.
④ 마타도르는 스페인 투우사가 입는 화려한 셔츠를 말한다.

18. 대도시의 영향권을 대도시권이라고 한다.
② '누리 소통망'은 'SNS'라고 불리우는 가상세계 기반 통신방법을 말한다.
③ '커뮤니티 매핑'은 '참여형 지도 제작 활동'을 말하는 것으로 재난상황 등에서 적극적으로 이용한다.
④ '지리 정보 시스템'은 각종 지리정보를 디지털화해서 서버에 입력, 저장 후 이를 이용해 필요한 정보를 분석하는 시스템을 말한다. GPS와 결합해 네비게이션 등으로 사용하고 있다.

19. 열섬 현상은 도심지역의 포장면적의 증가와 인공 열로 인해 발생하는 이상 고온 현상이다. 대책으로는 도심하천의 정비와 옥상정원 조성 등이 있다.
① '슬럼'은 도시 내 빈민지역을 지칭하는 말이다.
③ '빨대 효과'는 대도시의 영향으로 주변지역의 인구와 기업들을 대도시가 다 빨아들이는 현상을 말한다.
④ '제노포비아'는 외국인에 대한 공포증을 말하는

것으로 인종차별의 원인이 된다.

20. 인구 분포에 영향을 미치는 사회적 요인으로는 일자리, 범죄, 소득 등을 꼽을 수 있다. 자연적 요인으로는 기온, 지형, 강수량 등이 있다.
사막과 온화한 기후, 험준한 산지는 인구분포의 자연적 요인에 해당한다.

21. 카슈미르 지역은 인도와 파키스탄의 접경지역에 위치하고 있다. 지도상 B 지역이다.
① A지역은 '카스피해' 지역으로 석유관련 분쟁이 많은 곳이다.
③ C지역은 '난사 군도' 지역으로 중국과 주변 동남아 국가들 간에 영해관련 분쟁이 있다.
④ D지역은 '쿠릴 열도' 지역으로 러시아와 일본이 영토분쟁을 벌이는 곳이다.

22. 정보화로 시공간의 제약은 많이 없어졌으나 사라졌다고 할 수는 없다.

23. 산업화란 1차 산업(농업, 어업 등)에서 2차 산업(제조업), 3차 산업(서비스업) 등으로 바뀌는 현상을 말한다. 산업화는 도시화와 함께 나타나고 직업은 다양해지며 환경오염 등이 나타난다.
ㄱ. 녹지 면적은 산업화가 되면 대체로 감소한다.
ㄴ. 농업 중심 사회에서 산업(공업) 중심 사회로 변화하는 것이 산업화이다.

24. 환경을 보호하는 개발을 위해 개발 전에 환경에 미치는 영향을 미리 시뮬레이션 해보는 것을 환경영향평가라고 한다.
① '용광로 정책'은 다문화이론으로 주류문화를 비주류문화에게 강요하는 잘못된 이론이다.
② '공적 개발 원조(ODA)'는 유엔에서 개발도상국을 지원하는 제도를 말한다.
④ '핵확산 금지 조약(NPT)'은 핵무기의 확산을 방지하고 무기화를 방지하기 위해 맺은 조약을 말한다.

25. 국제적으로 환경보호를 위해 만들어진 국제 비정부기구(NGO)는 그린피스이다.

② '브렉시트'는 영국이 유럽연합에서 탈퇴한 것을 말하는 신조어이다.
③ '국제통화기금(IMF)'은 세계 무역안정을 위해 설립된 국제기구로 금융적으로 어려운 국가들을 돕는 기구이다.
④ '세계보건기구(WHO)'는 질병 예방과 건강을 위해 만들어진 국제기구이다.

과학				2023년 1회
01. ④	02. ②	03. ④	04. ①	05. ④
06. ②	07. ③	08. ②	09. ④	10. ②
11. ①	12. ④	13. ③	14. ④	15. ②
16. ③	17. ④	18. ①	19. ②	20. ③
21. ①	22. ①	23. ③	24. ③	25. ①

1. 핵분열을 할 때 발생하는 열에너지로 물을 끓여 발전하는 핵 발전의 원료는 우라늄이며, 우라늄 1g은 석유 2000L의 에너지에 해당한다.

2. 공급된 열에너지가 100J이고, 열기관의 효율이 20%이므로 열기관이 한 일은 20J이다.

3. 자유 낙하하는 물체는 공기 저항을 무시할 때, 어느 지점에서나 지구 중심 방향으로 중력을 받기 때문에 질량에 관계없이 모두 $9.8m/s^2$의 중력가속도로 속력이 빨라지는 가속도 운동을 하며 낙하한다.

4. 운동량 = 질량 × 속도로, 첫 번째 물체의 경우 운동량은 3 × 1 = 3, 문제에서 두 물체의 운동량이 같다고 했으므로, 두 번째 물체는 질량이 1kg이므로 속도는 3m/s여야 한다.

5. 그래핀은 흑연의 한 층을 떼어낸 평면 구조인 나노 물질로, 탄소로 이루어져 있으며, 이것을 튜브 형태로 만든 것은 탄소 나노 튜브이며, 현미경의 탐침이나 나노 핀셋 제작에 사용된다.

6. 설탕($C_{11}H_{22}O_{11}$)은 물에 녹여도 이온화 되지 않는 공유 결합물로 전류를 흐르게 할 수 없으나, 염화나트륨은 이온 결합물로 수용액 상태에서 이온화 되어 전류를 흐르게 한다.

7. 발전소에서 생산된 전기 에너지는 송전과정에서 송전선에 흐르는 전류와 송전선의 저항 때문에 손실 에너지가 발생한다. 따라서 손실 에너지를 줄이기 위해서는 송전선의 저항도 작아야 하지만 한계가 있으므로 대신에 송전 전류를 작게 흐르게 하는 대신에 전압을 매우 높여 고전압 송전을 한다.

8. 네온은 마지막 전자 껍질에 8개의 전자가 배치되어 매우 안정하다. 산소 원자도 네온의 전자배치를 하려면 2개의 전자를 얻어 O^{2-}이온이 되어야 한다.

9. 구리와 은 이온의 반응을 식으로 표현하면,

$$\underset{\text{환원}}{\overset{\text{산화}}{Cu\ +\ Ag^+\ \longrightarrow\ Cu^{2+}\ +\ Ag}}$$

10. NaOH(수산화나트륨)는 염기 물질로 OH^-(수산화 이온) 때문에 쓴맛과 단백질을 녹이는 성질이 있다. 같은 염기 물질로 KOH(수산화칼륨)가 있으며, ①, ③, ④의 물질은 모두 H^+이온을 공통으로 갖는 산들이다.

11. 산과 염기의 중화 반응은 H^+과 OH^-이 1 : 1로 반응하여 물을 생성한다.

12. 단백질은 20여종의 아미노산의 펩타이드 결합으로 생성되므로 단위체는 아미노산이고, 참고로 탄수화물은 단위체가 포도당이다.

13. 생물 다양성에는 유전적 다양성, 종 다양성, 생태계 다양성이 있으며, 문제는 유전적 다양성에 대한 설명이다.

15. 식물세포에만 있으며 광합성을 담당하는 세포소기관은 엽록체이고, 단백질을 합성하는 곳은 리보솜이며, 세포 호흡을 담당하는 곳은 미토콘드리아, 세포 안팎으로 물질 출입을 조절하는 곳은 세포막,

핵에는 유전 물질이 있다.

16. 단백질 합성에 대한 핵 속의 DNA의 유전 정보는 RNA로 전사되고, 리보솜에서 번역을 거쳐 해당하는 아미노산을 연결하여 단백질을 합성한다.

17. 유전 정보를 저장하고, 이중 나선 구조이며, A, G, C, T 염기를 갖는 것은 DNA이며, 단일 가닥이고, A, G, C, U 염기를 갖는 것은 RNA이다.

18. 생태계의 생물적 요인 중 A는 생산자이며, 광합성을 하는 모든 녹색 식물과 식물성 플랑크톤이 이에 해당한다.

19. 삼엽충, 갑주어, 필석은 고생대, 공룡, 암모나이트, 시조새는 중생대, 화폐석, 매머드는 신생대의 대표적인 표준화석들이다.

20. 지구 내부 구조 중에서 가장 겉부분은 지각이고, 가장 넓은 면적을 차지하고 대류가 일어나 지각 변동의 원인을 제공하는 곳은 맨틀이며, 철이 액체 상태인 곳은 외핵, 철이 고체 상태인 곳은 내핵이다.

21. 판의 경계 중 맨틀 대류의 상승부이고, 발산형 경계이며 판이 생성되는 곳은 해령, 수렴형 경계로 한 판이 다른 판 아래로 소멸하는 곳은 해구, 두 대륙판이 충돌하는 곳은 습곡산맥, 해령이 서로 끊어져 어긋나 있는 곳은 천발지진만 일어나는 변환단층이다.

22. 화산 활동에 의한 화산 가스의 대기 중으로의 방출은 지권과 기권의 상호 작용(A)에 해당한다.

23. 적도부근의 무역풍이 보통 세기로 적당히 불 때는 평상시이고, 무역풍이 약하게 불 때는 서태평양에 가뭄을 유발하는 엘니뇨 시기이며, 무역풍이 너무 강하게 불 때는 동쪽의 기온이 매우 낮아지는 라니냐 시기에 해당한다.

24. 그림은 수소 기체의 방출 선스펙트럼으로 사람은 가시광선 영역의 빛만 인식 가능하므로 가시광선 영역의 빛이고, 헬륨은 수소와 다른 원소이므로 선

의 위치가 다르게 나타난다.

25. 질량이 태양 정도인 별은 주계열성 상태일 때 중심부에서 수소 핵융합 반응으로 헬륨을 생성하고, 적색 거성 상태일 때는 중심 외곽에서 수소 핵융합 반응으로 헬륨을, 중심부에서는 헬륨 핵융합으로 탄소를 생성한 후 최종 백색 왜성이 되어 일생을 마감한다.

한국사				2023년 1회
01. ③	02. ①	03. ④	04. ②	05. ②
06. ③	07. ②	08. ②	09. ④	10. ①
11. ①	12. ④	13. ①	14. ③	15. ④
16. ③	17. ④	18. ③	19. ②	20. ④
21. ①	22. ②	23. ①	24. ④	25. ④

1. 신석기 시대 대표 유물은 빗살무늬 토기이다.
① 상평통보 - 조선 후기 화폐, ② 비파형 동검 - 청동기 시대, ④ 불국사 3층 석탑 - 통일 신라

2. 신라 법흥왕은 율령을 반포하여 통치 질서를 확립하였다.
② 훈민정음 창제 - 조선 세종, ③ 사심관 제도 실시 고려 태조(왕건), ④ 전민변정도감 설치 - 고려 공민왕

3. 신라 촌락 문서(민정문서)는 조세와 공납, 역의 자료로 사용되었다.
① 공명첩 - 조선 후기 명예직 임명장, ② 시무 28조 - 고려 성종 때 최승로의 개혁안, ③ 영남 만인소 - 1880년대 '조선책략'에 쓰여진 미국과 수교를 반대하는 영남 유생들의 상소문

4. ㉠은 나·당 전쟁으로 매소성 전투, 기벌포 전투가 있다.
① 귀주대첩 - 고려 강감찬(거란 3차 침입 격퇴), ③ 봉오동 전투 - 1920년 홍범도의 대한독립군이 일본군 1개 대대를 격파한 독립군 전투, ④ 한산도 대첩 - 조선의 임진왜란 때 이순신의 활약

5. 고려의 해동 천태종을 창시한 분은 의천이다.
① 김구 - 대한민국 임시정부, 남북협상, ③ 안중근 - 이토 히로부미 저격, ④ 전태일 - 1971년 노동자의 근로 환경 개선을 요구하며 분신 사망

6. 을미의병의 원인은 명성황후 시해 사건과 단발령이다.
① 갑신정변 - 급진개화파에서 일으킨 정변, ② 병자호란 - 청의 조선 침범 ④ 무신정변 - 고려 무인들의 난

7. 고려 광종의 정책은 노비안검법과 과거제이다.
① 신문지법 - 일제 강점기 언론 통제, ③ 치안 유지법 - 일제 강점기(1925년) ④ 국가 총동원법 - 1938년 일제 강점기 전쟁에 모든 자원을 동원하기 위해 제정

8. 19세기 세도정치 시기에 삼정의 문란으로 홍경래의 난과 임술 농민 봉기가 일어났다.
① 권문세족의 농장 확대 - 원 간섭기, ③ 진골 귀족들의 왕위 쟁탈전 - 신라 하대, ④ 일제 황국신민화 - 1930년대 이후 통치방식

9. 고려 양인은 백정과 향·부곡·소 주민이다.

10. 서원은 선현 제사 기능으로 만들어져 지방 교육과 붕당의 근거지가 된다.
② 광혜원 - 최초의 서양식 병원, ③ 우정총국 - 근대 우편사무, ④ 경성 제국 대학 - 1924년 설립된 고등교육 기관

11. 3사는 권력의 독점과 부정을 방지하는 언론기관이다.
② 비변사 - 조선 초기 국방문제를 논의하기 위한 기구였으나 조선 후기 국정 전반을 논의하는 최고 회의기구, ③ 식목도감 - 고려 법률 개폐 시 논의하는 회의기구, ④ 군국기무처 - 갑오개혁 추진 기구

12. 병인양요는 프랑스가 강화도를 침범하여 외규장각 도서를 방화와 약탈하였다.
① 쌍성총관부 탈환 - 고려 공민왕, ② 나·제 동맹

- 고구려 장수왕의 평양 천도 이후 ③ 백두산 정계비 - 1712년 조선과 청의 국경선 획정

13. 집강소는 동학농민군의 자치 행정 기구이다.
② 성균관 - 조선 최고 중앙 교육기관, ③ 국문 연구소 - 1907년 대한제국 학부에 설치, ④ 조선 총독부 - 일제 통치 기구

14. 6·10 만세 운동은 순종의 장례일에 학생 중심으로 일어났다.
① 새마을 운동 - 1970년 시작, ② 서경 천도 운동 - 고려 묘청, ④ 5·18 민주화 운동 - 1980년 전두환 등 신군부에 저항

15. 1910년대 일제는 헌병 경찰 제도와 조선 태형령을 실시하였다.
① 골품제 - 신라의 엄격한 신분제도, ② 삼청교육대 - 1980년 실시, ③ 사사오입 개헌 - 1954년 이승만의 장기집권을 위한 개헌

16. 상하이 홍커우 공원 폭탄 의거는 윤봉길이 실행하였다.
① 일연 - 고려 삼국유사, ② 김유신 - 삼국통일, ④ 정약용 - 조선 후기 실학자

17. 일제가 한국을 식량 공급지화하는 정책은 산미증식 계획이다.
① 대동법 - 조선 후기 공납의 개혁, ② 탕평책 - 붕당의 변질을 해결하고 왕권을 강화하기 위해 고른 인재를 등용, ③ 의정부 서사제 - 조선 세종

18. 어린이 날을 제정한 이는 방정환이다.
① 현량과 실시 - 조선 조광조, ② 삼국사기 - 고려 김부식, ④ 이토 히로부미 처단 - 안중근

19. 호헌 철폐 독재 타도를 외친 민주화 운동은 6월 민주 항쟁이다.
① 3·1 운동 - 일제 강점기 최대의 민족 운동, ③ 국채 보상 운동 - 1907년 나라 빚 갚기 운동, ④ 금 모으기 운동 - IMF 체제 극복을 위한 모금 운동

20. 신탁통치가 결정된 회담은 모스크바 3국 외상 회의이다.
① 신민회 - 민족 교육과 산업 육성, 서간도에 신흥 강습소 설립, ② 화백회의 - 신라의 귀족회의, ③ 조선 물산 장려회 - 1920년대 물산 장려 운동

21. 강화도 조약은 최초의 근대 조약이다.

22. 박정희 정부는 1972년 유신헌법을 통해 독재 정권을 강화하였다.
① 별기군 - 서양식 군대, ③ 독서삼품과 - 통일 신라의 관리 임용제, ④ 한 · 일 월드컵 대회 - 2002년

23. 삼백 산업 발달과 3 · 15 부정 선거는 이승만 정부 때 있었던 것이다.

24. 대한민국 임시정부의 산하 부대는 한국 광복군이다.
① 별무반 - 고려 윤관, ② 삼별초 - 고려 몽골 항쟁, ③ 장용영 - 조선 정조

25. 금융 실명제는 김영삼 정부의 대표 법안이다.
① 당백전 - 경복궁 중건 때 발행한 화폐, ② 방곡령 선포 - 일본으로 곡물 유출 금지령, ③ 진대법 - 고구려 빈민구제법

도덕				2023년 1회
01. ①	02. ②	03. ④	04. ②	05. ④
06. ①	07. ②	08. ③	09. ④	10. ②
11. ④	12. ①	13. ④	14. ①	15. ③
16. ②	17. ③	18. ③	19. ①	20. ③
21. ②	22. ③	23. ②	24. ④	25. ①

1. ② 이론 윤리를 현대 사회의 여러 문제에 적용함. 삶에서 발생하는 윤리 문제에 대하여 도덕 원리를 근거로 하여 실제적이고 구체적인 해결책을 모색하는 데 주된 관심을 지님 ③ 도덕 판단 과정에서 이성과 정서의 역할, 자유 의지나 공감 능력의 여부 등을 과학적 측정 방법을 통해 입증함 ④ 도덕 현상과 문제를 명확히 기술하고, 기술된 현상들 간의 인과 관계를 설명함

2. ① 묵가의 시조, 차별 없는 사랑인 겸애를 강조하였다. ③ 성악설 ④ 성선설을 강조한 유학자이다.

3. 도덕적 탐구에 필요한 요소로 도덕적 추론 능력, 비판적 사고력, 배려적 사고력을 이야기할 수 있다.

4. ① 도가에서 마음을 비워서 깨끗이 하는 것을 의미한다. ③ 유교에서 다섯 가지의 질서로 부자유친, 군신유의, 부부유별, 장유유서, 붕우유신이 있다. ④ 유교에서 사회 구성원 각자가 자신의 직분을 성실히 수행할 것을 강조하는 표현이다.

5. 규칙 공리주의는 어떤 규칙이 최대의 유용성을 산출하는지 판단한 후, 그 규칙에 부합하는 행위를 옳은 행위로 본다.

6. ② 도덕적 고려의 범위를 동물까지 확대해야 한다고 봄 ③ 모든 생명체는 그 자체로서 가치를 지니므로 도덕적 고려의 범위를 모든 생명체로 확대해야 한다고 봄 ④ 무생물을 포함한 생태계 전체를 도덕적 고려의 대상으로 간주함

7. 시민 불복종은 부정의한 법을 개정하거나 정책을 변혁하려는 목적으로 행하는 의도적인 위법 행위이다.

8. 과학 기술자는 연구 과정에서 위조, 변조, 표절, 부당한 저자 표기 등의 비윤리적 행위를 해서는 안 된다.

9. 대중문화의 건전한 발전을 위해 소비자는 대중문화를 비판적으로 수용하고, 생산자는 건전한 대중문화를 보급하기 위해 노력해야 한다.

10. 평화적인 남북통일을 위해 안보 기반의 구축과 신뢰 형성을 위한 교류와 협력의 노력을 병행해야 함

11. 가정에서 부부의 역할을 고정적으로 구별하는 것을 지양함

12. ③ 다른 맛을 가진 채소와 과일들이 서로 조화를 이루어 샐러드를 만들 듯이, 다양한 문화가 서로 대등하게 조화를 이루어야 한다고 보는 입장 ④ 국수가 주된 역할을 하고 고명이 부수적인 역할을 하여 맛을 내듯이, 주류 문화와 비주류 문화가 공존해야 한다고 보는 입장

13. 롤스는 사회적·경제적 불평등은 최소 수혜자에게 최대의 이익이 되도록 편성될 때 정당화된다고 보았다.

14. ㄷ. 칸트는 이성적 존재인 인간은 고유한 도덕법칙을 가지고 있는 존엄한 존재라는 점을 강조하였다. ㄹ. 칸트는 도덕성을 판단할 때 행위의 결과보다 동기를 중시하였다.

15. 태아의 생명권을 우선으로 보호하는 입장에서는 인공 임신 중절을 반대하고, 여성의 선택권을 우선으로 보호하는 입장에서는 인공 임신 중절을 찬성한다.

16. 윤리적 소비는 재화나 서비스를 만들고 유통하는 전체 과정을 윤리적 가치에 따라 판단하여 소비하는 것으로 평화, 인권, 사회 정의, 환경 등 인류의 보편 가치를 중시하며, '녹색 소비'와 '착한 소비'가 이에 해당된다.

17. 도덕주의는 예술의 목적이 도덕적 교훈이나 본보기를 제공하는 데 있다고 강조한다.

18. ① 대화 상대방을 존중하는 태도를 지녀야 함 ④ 자신의 오류 가능성을 인정하는 겸허한 태도를 갖춰야 함

19. 전문직은 직업적 전문성으로 인해 사회적 영향력이 크기 때문에 높은 수준의 도덕성이 요구된다.

20. 사이버 폭력, 개인 정보 유출, 해킹과 바이러스 유포 등과 같은 행동으로 다른 사람과 사회에 해악을 끼쳐서는 안 된다.

21. 공리주의에서 처벌은 사회적 이익을 증진하기 위한 수단이며, 처벌의 사회적 효과를 강조한다.

22. 어떻게 살아야 할 것인지를 고민하고 자신을 도덕적인 관점에서 반성적으로 검토하는 것을 윤리적 성찰이라고 한다.

23. 중도주의는 사랑 중심의 성 윤리를 제시하며 사랑을 동반한 성적 자유를 인정하고 사랑을 통해 성적 자유와 성에 대한 책임을 절충하는 입장이다.

24. 기후 변화로 농작물의 생산량이 줄어들어 식량난이 발생하고, 해수면 상승으로 저지대에 사는 많은 사람들이 삶의 터전을 잃고 있다.

25. ③ 현실주의는 힘의 논리를 토대로 세력 균형을 통해 국가 간 분쟁을 억제할 수 있다고 본다.

2023년 2회

국어				2023년 2회
01. ②	02. ②	03. ③	04. ④	05. ①
06. ①	07. ④	08. ④	09. ①	10. ③
11. ①	12. ③	13. ②	14. ④	15. ②
16. ①	17. ①	18. ②	19. ②	20. ①
21. ②	22. ③	23. ④	24. ③	25. ④

1. '이데마, 엔시드' 등 전문성이 필요한 분야에서 그 일을 효과적으로 하기 위하여 사용하는 전문어가 사용되고 있다.

2. '제가 잘 이해하지 못해서 그러는데': 자신의 탓으로 돌려 말하기

3. 선지의 음운변동은 모두 자음동화에 해당한다. ③ 신라[실라]는 앞의 자음 'ㄴ'이 뒤 자음 'ㄹ'과 조음 방법이 같아진 유음화이다.

4. '떨다'라는 원형을 밝혀 '떨어지다'로 적는다.

5. 간접인용이란 인용하는 말이나 생각을 화자 자신의 입장에서 변형시켜 현실의 청자에게 전달하는 문장이다. '너 → 나, 뭐야?라고 → 뭐냐고'로 바뀐다.

6. 동물 실험을 반대하는 근거로 적절한 것은 ①이다. 나머지는 동물 실험 찬성의 근거이다.

7. ④ 잘못된 접속어를 사용했으므로, 상반되는 내용에 어울리는 '그러나'로 바꾼다.

8. ④ ㅎ종성체언은 체언이 조사와 결합할 때 'ㅎ'이 덧붙는 것이다. 따라서, 내ㅎ+ㅣ의 형태로 주격조사 'ㅣ'가 사용되었다.

9. ② '-우리다'를 반복해 리듬감을 형성한다.
③ 4연에서 '죽어도 아니 눈물 흘리우리다.'에서 반어법이 사용된다.
④ 첫 연과 끝 연이 유사한 수미상관 구조를 사용한다.

10. 역설법을 사용해 임을 향한 헌신적인 사랑을 표현하고 있다.

11. '진달래꽃'은 민요시로, '아리랑'과 공통적인 3음보 율격을 지닌다.

12. 화자는 자연과 함께 살아가는 안빈낙도의 소박한 삶을 노래한다.

13. 강산은 '자연'을 의미하므로 뫼(산)와 의미가 유사하다.

14. 병국의 발화를 살펴봤을 때 새들의 떼죽음에 의혹을 품고 있다.

15. [A]에서 병국의 지저분하고 초췌한 외양 묘사를 통해 부대에 붙잡혀있던 병국의 처지를 보여준다.

16. ㉠은 윤소령을, ㉡ ~ ㉣은 김병국을 가리킨다.

17. 천자와 여공의 말을 통해 홍계월에 대한 긍정적인 평가를 확인할 수 있다.

18. 천자는 평국을 문무를 다 갖추어 갈충보국하고 충성과 효도를 다하며 조정 밖으로 나가서는 장수가 되고 들어와서는 재상이 될 만한 재주를 가진 이라고 능력을 인정한다.

19. 상소는 자신이 임금을 속인 죄를 물어 속히 처참해달라고 벌을 간청하는 내용이다.

20. ㄱ. 구체적인 예 : 매 순간 몸과 마음을 다해 손님을 접대하는 것으로 돗자리와 달걀에 대한 내용을 1문단에서 확인 가능하다.
ㄴ. 비슷한 상황 열거 : 2문단에서 늘 몸을 움직여서 생활에 필요한 것을 얻는 상황이 열거되어 있다.

21. ②는 현대의 도시인에게 어울리는 삶의 모습이다.

22. 그들은 노는 듯 일하고 일하듯 논다. 따라서 일과 놀이는 밀접하게 유기적으로 연결되어 있다.

23. ① 3문단에 '알파화'를 사용하여 설명하고 있다.
② 1문단에 컵라면을 먹는 경험을 제시한다.
③ 1문단에서 라면을 국수나 우동과 대조하여 설명한다.

24. ③ 2문단에서 면발의 표면적을 넓혀 뜨거운 물에 더 많이 닿게 하기 위해서라고 설명한다.

25. 2문단에 밀도가 다른 면발 형태는 뜨거운 물의 대류 현상을 원활히 하여 물을 계속 끓이지 않아도 면이 고르게 익도록 하는 과학의 산물이라고 설명하고 있다.

01. ③	02. ②	03. ①	04. ③	05. ②
06. ④	07. ④	08. ①	09. ④	10. ③
11. ③	12. ②	13. ①	14. ④	15. ③
16. ②	17. ①	18. ②	19. ④	20. ①

1. 두 다항식 $A = 2x^2 + x, B = x^2 - 1$에 대하여
$A + 2B = (2x^2 + x) + 2(x^2 - 1) = 2x^2 + x + 2x^2 - 2 = 4x^2 + x - 2$

2. $(x - 2)^2 = x^2 - 4x + a$가 x에 대한 항등식이 므로 적당한 수 $x = 2$를 대입하면 $0 = 4 - 8 + a$ 이므로 $a = 4$이다.

3. 다항식 $x^3 - 3x^2 + 7$을 $x - 1$로 나누었을 때, 나머지는 $x = 1$을 대입하면
$(1)^3 - 3 \times (1)^2 + 7 = 1 - 3 + 7 = 5$

4. $x^3 + 9x^2 + 27x + 27$을 인수분해하면
$(x + 3)^3$이므로 상수 a의 값은 3이다.

5. $i(2 + i) = 2i + i^2 = 2i + (-1) = -1 + 2i$ 이므로 상수 a의 값은 -1이다.

6. 두 수 $2, 4$를 근으로 하고 x^2의 계수가 1인 이차방 정식은 $(x - 2)(x - 4) = 0$이므로 이를 전개하면 $x^2 - 6x + 8 = 0$이다. 따라서 상수 a의 값은 8이다.

7. 주어진 그래프에서 $x = 2$일 때, 최댓값 5를 갖는 다.

8. 사차방정식 $x^4 - 3x^2 + a = 0$의 한 근이 2이므 로 주어진 근 $x = 2$를 대입하면 $(2)^4 - 3 \times (2)^2 + a = 0$이다. 따라서 $16 - 12 + a = 0$이므로 $a = -4$이다.

9. 연립방정식 $\begin{cases} x + 2y = 10 \\ x^2 + y^2 = a \end{cases}$의 해가
$x = 2, y = b$이므로 주어진 해를 대입하면
$\begin{cases} (2) + 2(b) = 10 \\ (2)^2 + (b)^2 = a \end{cases}$이다. 따라서 $b = 4$이고

$a = 20$이다. $a + b = 24$

10. 이차부등식 $(x + 1)(x - 4) \le 0$의 해는 $-1 \le x \le 4$이다.

11. 좌표평면 위의 두 점 $A(-1, 1), B(2, 4)$에 대 하여 선분 AB를 $1 : 2$로 내분하는 점의 좌표는
$\left(\dfrac{1 \times 2 + 2 \times (-1)}{1 + 2}, \dfrac{1 \times 4 + 2 \times 1}{1 + 2} \right)$
$= \left(\dfrac{0}{3}, \dfrac{6}{3} \right) = (0, 2)$
이다.

12. 직선 $y = x + 2$에 수직인 직선의 기울기는 -1이다. 기울기가 -1이고 점 $(4, 0)$을 지나는 직 선의 방정식은 $y = -x + 4$이다.

13. 중심의 좌표가 $(3, 1)$인 원의 방정식은 $(x - 3)^2 + (y - 1)^2 = r^2$이다. 이 원이 축에 접하 므로 반지름은 중심의 y값인 1이다. 따라서 구하는 원의 방정식은 $(x - 3)^2 + (y - 1)^2 = 1$이다.

14. 좌표평면 위의 점 $(2, 3)$을 $y = x$에 대하여 대 칭이동한 점의 좌표는 x와 y값의 자리를 바꾼 $(3, 2)$ 이다.

15. 두 집합
$A = \{1, 3, 6\}, B = \{3, 5, 6\}$에 대하여
$A \cap B$는 두 집합의 공통원소인 $3, 6$을 원소로 갖는 $\{3, 6\}$이다.

16. 전체집합이 $U = \{1, 2, 3, 4, 5, 6\}$일 때, 'x는 짝수이다.' 조건의 진리집합은 $\{2, 4, 6\}$이다.

17. $f(1) = c$이므로 $f^{-1}(c)$의 값은 1이다.

18. 무리함수 $y = \sqrt{x}$ 의 그래프를 x축의 방향으로 1만큼, y축의 방향으로 4만큼 평행이동하면 $y = \sqrt{x - 1} + 4$ 이다. 따라서 $a = 1, b = 4$이다. $a + b = 5$

19. 곱의 법칙을 이용하여 $4 \times 2 = 8$이다.

20. 6종류의 과일 중에서 서로 다른 2종류의 과일을 선택하는 경우의 수는 조합이므로

$$_6C_2 = \frac{6 \times 5}{2 \times 1} = 15 \text{이다.}$$

영어				2023년 2회
01. ④	02. ③	03. ③	04. ④	05. ②
06. ④	07. ①	08. ③	09. ③	10. ②
11. ①	12. ①	13. ④	14. ④	15. ③
16. ④	17. ④	18. ③	19. ③	20. ②
21. ①	22. ②	23. ②	24. ②	25. ④

1. 책을 읽는 것은 <u>지식</u>을 얻는 훌륭한 방법이다.

2. 어려움에 직면하더라도 그녀는 결코 꿈을 <u>포기하지</u> 않을 것이다.

풀이 give up 포기하다

3. 많은 동물들은 장난감을 가지고 노는 것을 좋아한다. 예를 들어, 개들은 공을 가지고 노는 것을 즐긴다.

4. 아름다운 꽃과 따뜻한 날씨로 인해 봄은 내가 가장 좋아하는 <u>계절</u>이다.
① 사과 – 과일, ② 간호사 – 직업,
③ 삼각형 – 모양, ④ 어깨 – 나라
풀이 포괄하는 말과 그 일부의 관계이다.

5. 치즈 박람회
• 날짜 : 9월 10일 (일요일), 2023
• 활동 :
  - 다양한 종류의 치즈를 맛보기
  - 베이킹 치즈 케이크
• 입장료 : 10,000원

6.
• 귀하의 프로젝트를 수업에 <u>발표할</u> 준비가 되셨습니까?
• 과거에 대한 걱정을 멈추고 <u>현재</u>에 살아라.
① 자라다, ② 잃다, ③ 잊다

풀이 present 발표하다, 현재

7.
• 존, 아시아에는 <u>얼마나</u> 많은 나라가 있나요?
• 그는 여기서 <u>얼마나</u> 먼 곳인지 모른다.
풀이 how many 얼마나 많은, how far 얼마나 먼

8.
• 그는 게임을 하는 대신 공부에 <u>집중해야</u> 한다.
• <u>입고</u> 벗기 쉬운 재킷을 가져 오십시오.
풀이 focus on ~에 집중하다, put on 입다

9.
A : 당신의 성격을 어떻게 묘사하겠나요, 수미?
B : 저는 조심하는 경향이 있어요. 나는 "<u>뛰기 전에 보라</u>"는 말을 따르려고 노력해요.
A : 당신은 뭔가를 하기 전에 신중하게 생각하는군요.

10.
A : 이 헤드폰을 환불하고 싶습니다.
B : 왜? 무슨 문제라도 있나요?
A : <u>소리가 만족스럽지 않아요.</u> 충분히 크지 않아요.

11.
A : 이 <u>레스토랑</u>에는 많은 사람들이 있구나!
B : 맞아. 이곳은 피자로 잘 알려져 있어.
A : 그래, 주문하자.

12. 요즘 나는 그리스 로마 신화라는 책을 읽고 있어. 이 책은 너무 재미있고 상상력을 자극해. 또한 <u>그것(그리스 로마 신화 책)</u>은 서양 문화의 원천이기 때문에 서양 예술에 대한 더 많은 이해를 주고 있어.
① 책, ② 연필, ③ 언어, ④ 비밀번호

13.
A : 자전거 타기와 걷기 중 <u>어떤 운동을 더 좋아해?</u>
B : 나는 걷는 것보다 자전거 타는 것이 더 좋아.
A : 왜 더 좋은 거야?
B : 자전거 타기가 더 많은 칼로리를 소모한다고 생각해서야.
① 어디에서 차를 빌릴 수 있습니까?

② 언제 쇼가 시작됩니까?

③ 왜 영어를 배우고 싶습니까?

14.

A : 어떻게 다른 사람들에게 존경심을 나타낼 수 있을까?

B : 나는 다른 사람들이 말할 때 주의 깊게 들어야 한다고 생각해.

A : 그래서 너는 남의 말을 잘 들어주는 구나.

① 영화 한 편 보기

② 이 가방 교환하기

③ 다음 거리에서 좌회전하기

15.

A : 나무에 있는 코알라를 볼 때마다 왜 그렇게 나무를 껴안는지 궁금해.

B : 코알라는 더위를 식히기 위해 나무를 껴안는 거야.

A : 아, 말이 되네. 호주는 매우 더운 기후니까.

풀이 코알라가 나무를 껴안는 이유를 묻고 답하는 글이다.

16. 예약을 확인하기 위해 이메일을 씁니다. 이틀 밤 동안 귀하의 호텔에 있는 가족실을 예약했습니다. 성인 2명, 어린이 1명입니다. 12월 22일 오후에 도착할 예정입니다. 답변 기다리겠습니다.

풀이 호텔 예약을 확인하는 글이다.

17. 테니스 대회

* 초보자만 참여할 수 있습니다.

* 오전 10시에 시작해 오후 5시에 끝납니다.

* 점심은 제공되지 않습니다.

* 비가 오면 대회는 취소됩니다.

18.

산타 펀 런은 매년 12월에 열리며 참가자들은 산타 복장을 하고 5km를 달린다. 그들은 아픈 아이들을 위해 모금하기 위해 달린다. 여러분은 모든 연령대의 산타들이 걷고 뛰어다니는 것을 볼 수 있다.

19. 여러분은 외로움의 감정으로 고통 받고 있습니까? 그러한 경우, 부모, 교사 또는 상담자와 감정을 나누는 것이 도움이 될 수 있습니다. 부정적인 감정을 극복하기 위해 긍정적인 행동을 취하는 것도 중요합니다.

풀이 외로움을 해결하는 방안에 대한 글이다.

20. 대부분의 사람들에게, 등을 대고 자는 자세가 가장 좋다. 등을 대고 잠을 자면 목과 허리 통증이 적어진다. 왜냐하면 잠을 잘 때는 목과 척추가 곧게 펴지기 때문이다.

① 편지, ③ 감정, ④ 인구

21. 여기 문제를 해결할 수 있는 몇 가지 단계가 있다. 첫째, 필요한 모든 정보를 취합하여 다양한 해결책을 찾아야 한다. 둘째, 가능한 최선의 해결책을 선택하고 실행에 옮긴다. 마지막에는 결과를 평가하라. 이 단계들이 도움이 될 것이라 확신한다.

① 해결하다, ② 춤추다, ③ 기부하다, ④ 약속하다

22. 누군가를 처음 만났을 때 어떻게 대화를 시작하는가? 우리는 보통 처음에는 서로에게 인생 이야기를 하지 않는다. 대신, 우리는 날씨나 교통과 같은 덜 심각한 것들에 대한 편한 대화로 시작한다. 이 편한 대화를 작은 대화라고 한다. 그것은 우리가 편안함을 느끼고 서로를 더 잘 알 수 있도록 도와준다. 그것은 어색한 분위기를 깨는 좋은 방법이다.

23. 영어 속담은 모국어가 아닌 사람들에게는 이상하게 보일 수 있으며 배우고 기억하기가 매우 어려울 수 있다. 영어 속담을 더 쉽게 기억하기 위한 한 가지 전략은 그들의 기원에 대해 배우는 것이다. 몇 가지 예를 살펴보자.

24. 서평(독서 감상문)은 책에 대한 독자의 의견을 말하는 것으로, 서평을 쓸 때는 책에 대한 간략한 요약이나 설명으로 시작해라. 그런 다음 여러분이 그 것을 좋아하든 싫어하든, 이유에 대한 당신의 의견을 말하라.

① 비행, ③ 몸짓, ④ 건축

25.

풀이 책에 대한 독자의 의견을 말하는 글이다.

01. ③	02. ③	03. ①	04. ②	05. ①
06. ④	07. ①	08. ②	09. ③	10. ④
11. ③	12. ④	13. ①	14. ④	15. ③
16. ①	17. ②	18. ④	19. ④	20. ②
21. ②	22. ①	23. ③	24. ③	25. ④

1. 행복의 조건은 ① 질 높은 정주환경 ② 경제적 안정 ③ 민주주의 ④ 도덕적 성찰과 실천이다.
지문에서는 남과 더불어 살아가기 위해 성찰과 실천을 강조하고 있으므로 정답은 도덕적 실천이 적절하다.

2. ㉠은 사회보험, 공공부조, 사회 서비스를 예시로 들고 있으므로 사회 복지 제도가 정답.

3. 문제는 기본권 제한을 설명하면서 기본권 제한의 조건으로 법률에 근거해야함을 밝히고 있다. 법치주의는 법에 의한 권리보장 및 통치를 의미한다.

4. 자산 관리 원칙에는 안전성, 수익성, 유동성이 있다. 안전성은 원금보호, 수익성은 이익발생, 유동성은 현금화(환금성)를 의미한다.

5. 문화 변동의 요인(원인)으로는 내재적 요인(외부문화영향x)과 외재적 요인(외부문화영향o)이 있다. 이 중 내재적 요인에 해당하는 것으로 발명과 발견이 있고 외재적 요인에 해당하는 것으로는 직접전파, 간접전파, 자극전파가 있다. 문화 동화는 문화변동의 양상(결과)에 해당한다.

6. 사회적 소수자는 남들과 구별되는 신체적 문화적 특징에 따라 실제로 차별받는 집단에 속한다는 소속감이나 정체성을 가진 사람들을 의미한다. 소수자는 시대나 사회, 지역에 따라 상대적으로 결정되며, 숫자의 많고 적음에 따라 결정되지 않는다.

7. 노동 3권은 단결권(노조결성), 단체 교섭권(협상권), 단체 행동권(쟁의행위)이 있다.

8. 시장 실패는 시장 경제의 원리에 따른 부작용(단점)을 의미한다. 예를 들어 불완전 경쟁(독과점), 외부효과(외부경제, 외부불경제), 공공재의 공급부족 등이 해당한다.

9. 문화이해태도는 크게 문화상대주의, 자문화중심주의, 문화사대주의가 있다. 문화상대주의는 문화를 상대방의 역사적, 환경적 맥락에서 이해하는 태도를 의미한다. 이에 반해 자문화 중심주의와 문화사대주의는 문화를 이해하지 않고 특정 문화를 기준으로 다른 문화를 평가(우열판단)하는 태도를 의미한다. ①, ②, ④는 모두 문화 상대주의에 대한 설명이다.

10. 기본권 제한에 대한 내용을 지문에서 제시했다. 특정 조건하에서 공리를 위해 국민의 기본권을 제한할 수 있으나, 반대로 그러한 특수한 상황이 아니라면, 국민의 기본권은 언제나 보장되어야함을 알 수 있다.

11. 세계화의 문제점에 대해 다루고 있다. 대표적인 문제점으로 선진국과 개도국 사이의 빈부격차를 들 수 있다. ①, ②는 정보화의 문제점이다.

12. 국제사회의 행위주체는 국가(정부), 정부 간 국제기구, 비정부기구, 기타(다국적 기업, 영향력 높은 개인) 등이 있다. 이 중, 주권을 가지는 각국 정부를 구성원으로 하는 것은 국제기구이며, 예시로는 국제연합(UN) 등이 있다.

13. "새로운 정보 기술에 접근할 수 있는 능력을 보유한 자와 그렇지 못한 자 사이에 발생하는 경제적 사회적 격차"를 정보 격차라고 한다. 지식의 소유여부가 아니라, 활용 및 이해 능력의 차이가 빈부격차를 심화시킬 수 있는 것이 정보사회이다. 이를 극복하기 위해서는 정보활용교육이 필요하다.

14. 건조기후는 사막과 스텝지역으로 구분된다. 이 지역은 강수량이 매우 낮고, 증발량이 높다. 따라서 물이 매우 귀한 지역이므로, 빗물을 모으기 위한 평평한 지붕, 목재의 부족으로 인한 흙벽돌집, 오아시스라는 수원에 의존하는 오아시스 농업이 이뤄진다.

ㄱ의 순록유목은 한대기후, ㄴ의 고상가옥은 열대 및 한대 기후의 특징이다.

15. 자연재해는 자연현상에 따라 인간에 피해가 발생하는 것들을 말한다. 크게 기상재해(날씨)와 지형재해(지각활동)가 있다. 문제에서는 장마, 태풍, 집중호우 등의 비와 관련된 재해를 언급하므로, 홍수가 정답이다. 지진과 화산은 지형재해에 해당한다.

16. 도시거주인구의 증가, 도시 수의 증가, 도시적 생활양식의 확산 등은 모두 도시화에 대한 설명이다.

17. 야생동물의 이동통로를 확보하여 로드킬이나 도심지 출몰을 방지하는 목적으로 만든 인공적인 길을 생태통로(에코브릿지)라고 한다.

18. 힌두교는 인도의 주요 종교로, 소를 신성시 하여 소고기 식용을 금지한다. 신분제도로는 카스트제도가 있으며, 갠지스 강을 신성시하여 강물로 목욕하는 사람들이 대표적인 모습이다. ㄱ의 메카는 이슬람의 성지, ㄷ의 무함마드는 이슬람의 창시자이다.

19. 지문은 석유를 수출하는 나라들의 경제적 이익을 목적으로 결성된 "석유수출국기구(OPEC)"에 대한 설명이다. 브렉시트는 영국의 EU탈퇴, 공적개발원조는 개도국에 대한 해외원조, 국제통화기금은 흔히 IMF로 불리는, 국제금융체계를 감독하는 국제기구이다.

20. 동아시아 지역의 영토분쟁과 관련된 문제이다. 센카쿠 열도(중국VS일본), 쿠릴 열도(러시아VS일본), 시사 군도(중국VS동남아국가), 난사 군도(중국VS동남아국가) 등의 분쟁이 있다. 이 중, 센카구 열도, 시사 군도, 난사 군도 분쟁은 모두 중국의 남쪽 바다에 위치한 지역들에서 일어나는 분쟁이기 때문에 크게 "남중국해 분쟁"이라고도 한다.

21. A는 유럽문화권, B는 아프리카 문화권, C는 오세아니아 문화권, D는 앵글로아메리카 문화권이다.

지문에서는 "사하라 사막 이남의 중, 남부 아프리카 일대"를 제시하고 있다. 사하라 사막을 기준으로 위쪽을 북아프리카, 아래쪽을 중, 남부아프리카로 구분하는데 북부아프리카는 이슬람으로 대표되는 건조문화권에 해당하는 지역이며, 사하라 사막 남쪽의 중남부아프리카만 아프리카 문화권으로 구분한다.

22. 플랜테이션은 상품작물의 대량재배, 환경 파시즘은 생태계보존을 위한 개별 생명체의 개체 수 조절 정당화이론, 차티스트 운동은 참정권확대요구를 목적으로 이루어진 시민운동이다.

23. 고령화는 전체인구에서 65세 이상 노인인구의 비율이 증가하는 것으로, 이에 대한 대책으로는 노인복지확대, 노인의 경제적 자립을 돕기 위한 노인일자리 증대, 정년연장, 출산장려정책(고령화의 원인 중 하나가 저출산) 등이 있다.

24. 과점은 공급자(판매자)가 소수만 존재하는 경우, 독점은 공급자(판매자)가 혼자만 존재하는 경우이다. 거점 개발은 주로 개발도상국에서 이뤄지는 것으로, 특정 지역에 집중 투자를 통해 경제중심지를 형성하여 빠르게 경제를 성장시키는 개발방식이다.

25. 온실가스는 지구온난화의 원인으로, 교토의정서에서 탄소배출권거래제를 도입하였다. 이는 온실가스 배출 허용량을 할당하고, 초과 배출량에 대해서는 벌금을 물리는 것을 핵심으로 한다. 또한 배출 허용량 중 여분 또는 부족분에 대한 거래를 허용하는데 이는 경제원리에 따른 온실가스 배출규제 방법이라고 할 수 있다.

과학				2023년 2회
01. ②	02. ③	03. ④	04. ②	05. ②
06. ④	07. ②	08. ④	09. ④	10. ③
11. ①	12. ①	13. ③	14. ③	15. ①
16. ②	17. ②	18. ④	19. ④	20. ①
21. ①	22. ③	23. ③	24. ①	25. ④

1. 달과 태양의 인력에 의한 조차를 이용하는 발전 방식은 조력발전, 우라늄의 핵분열 에너지를 이용하는 발전은 핵발전이며, 화력발전은 화석연료의 연소로 발생하는 열을 이용한 발전이다.

2. 충격량은 $I = F \cdot \triangle t$, 즉 힘과 시간의 곱이므로 $10 \times 5 = 50 \text{N} \cdot \text{s}$ 이다.

3. 전자기 유도는 자기장의 변화를 이용한, 교류 발전의 원리이다.

4. 지구의 중력에 의한 자유낙하 운동은 9.8m/s^2의 가속도로 매초마다 속력이 9.8m/s씩 증가하는 운동으로 정답은 ②이다.

5. 고열원에서 공급된 1000J중 400J을 사용했으므로, 열효율은 40%이다.

6. 신재생 에너지는 연료의 고갈이 없고 오염물질의 배출이 없는 것이 특징으로 모두 옳은 설명이다.

7. 원자가 전자는 마지막 전자껍질에 배치되어있는 전자로 원자가 전자가 4개인 원자는 ②가 정답이다.

8. 이온 결합물은 금속 양이온과 비금속 음이온의 결합이므로 NaCl이 정답이며, 용융 또는 수용액에서 전기 전도성이 있다.

9. 주기율표에서 원자 번호는 주기수가 클수록, 그리고 오른쪽으로 갈수록 커진다.

10. 메테인의 화학식은 CH_4로 탄소(C)와 수소(H)의 개수비는 1 : 4이다.

11. 철의 제련식에서 산소를 잃고 환원되는 반응물은 Fe_2O_3이다.

12. 산과 염기의 중화반응은 공통으로 $H^+ + OH^- \rightarrow H_2O$을 생성한다.

13. 세포에서 유전정보의 저장은 DNA, 전달은 RNA이며, 모두 핵산이다.

14. 세포호흡이 일어나며, 생명 활동에 필요한 에너지를 생성하는 곳은 미토콘드리아, 유전정보에 따라 단백질을 합성하는 곳은 리보솜이다.

15. 세포막에서 농도가 높은 쪽에서 낮은 쪽으로의 물질의 이동은 확산이다.

16. 효소는 생체내의 반응을 주로 빠르게 도와주며, 효소가 있을 때 활성화 에너지는 B이다.

17. DNA에서 A는 T와 C와 G와 상보적으로 결합하며, 유전정보는 RNA로 전사된 후 리보솜에서 번역을 거쳐 단백질을 합성한다.

18. 생태계가 평형을 유지하려면 먹이그물에서 하위 영양단계의 개체수가 가장 많아야 하므로, 생산자인 옥수수이다.

19. 생물 다양성은 유전적 다양성, 종 다양성, 생태계 다양성을 포함한다.

20. 우주가 팽창할수록 우주의 크기는 커지지만 질량은 일정하며, 밀도와 온도는 감소한다.

21. 헬륨은 온실기체가 아니며 반응성이 매우 작은 비활성 기체이다.

22. 태양보다 질량이 매우 큰 별은 별의 중심에서 핵융합 반응으로 최종 철까지 생성되며, 철보다 무거운 원소는 초신성 폭발 때 만들어진다.

23. 해령은 발산형 경계, 해구와 습곡산맥은 수렴형 경계, 변환단층은 보존형 경계에 해당한다.

25. 매머드는 신생대에 번성했던 포유류이다.

01. ③	02. ①	03. ②	04. ③	05. ④
06. ④	07. ②	08. ③	09. ①	10. ①
11. ④	12. ④	13. ③	14. ①	15. ②
16. ①	17. ④	18. ④	19. ③	20. ②
21. ④	22. ④	23. ③	24. ②	25. ①

1. 청동기 시대에 대한 설명이다.

2. <보기>에 대한 설명은 신라 중대 왕권의 전제화가 이뤄진 시기로 신문왕 때의 모습이다.
② 장수왕 – 고구려, 평양 천도, 남한강 유역까지 진출 ③ 근초고왕 – 백제, 평양성 공격, 마한 통합 ④ 광개토 대왕 – 고구려, 만주지역 차지

3. 현존 최고의 역사서는 삼국사기이다.
① 경국대전 – 조선의 기본 법전 ③ 조선책략 – 미국과 수교 주장 ④ 팔만대장경 – 고려 몽골 항쟁 때 제작

4. 공민왕은 쌍성총관부를 공격하여 영토를 넓혔다.
① 장용영 설치 – 조선 정조 ② 금관가야 정복 – 신라 법흥왕 ④ 치안 유지법 – 1925년 일제강점기

5. 세종은 의정부 서사제를 통한 의정부 중심의 통치를 하였다.
① 골품제 – 신라의 엄격하고 폐쇄적인 신분제 ② 6조 직계제 – 조선 태종, 의정부 기능을 약화시키고 왕권 강화 ③ 헌병경찰제 – 1910년대 일제 강점기 경찰 업무를 헌병이 맡음

6. 최초의 근대 교육기관은 원산학사이다.
① 태학 – 고구려 ② 국자감 – 고려 ③ 성균관 – 조선

7. 조선 후기 특정 가문이 권력을 독점하는 정치형태를 세도 정치라 한다.
① 도병마사 – 고려 최고 회의 기구 ③ 무신 정권 – 고려 무신정변 이후 100년간 ④ 동북 공정 – 중국이 만주지역에 대한 지배권 강화를 위한 정책

8. 1907년 국채 보상 운동은 나라 빚을 갚아 일본으로부터 경제적인 예속에서 벗어나고자 하였다.
① 형평 운동 – 1920년대 백정에 대한 차별 철폐를 주장 ② 북벌 운동 – 병자호란 이후 청에 대한 복심으로 주장 ④ 서경 천도 운동 – 고려 묘청이 풍수지리 사상을 바탕으로 천도 주장

9. 일제가 외교권을 빼앗은 조약은 을사늑약이다.
② 헌의 6조 – 관민공동회에서 고종에게 6가지 사항을 요구 ③ 남북 협상 – 1948년 김구와 김규식이 북한에 통일정부 수립을 위한 협상 제의 ④ 간도 협약 – 1909년 청과 일본 간 체결, 일이 청에게 간도를 양도하고 만주에 철도 부설권을 획득

10. 을미개혁 중 주된 내용은 단발령과 태양력 사용이다.
ㄷ. 노비안검법 – 고려 광종 ㄹ. 독서삼품과 – 통일신라 원성왕

11. 흥선 대원군 시기에 통상 거부 정책에 대한 내용들이다.
① 서희 – 고려, 거란 1차 침입, 강동 6주 ② 안향 – 고려, 성리학 소개 ③ 정약용 – 조선 후기 실학자

12. 3 · 15 부정선거는 4 · 19 혁명의 직접적인 원인이다.
① 아관 파천 – 고종이 러시아 공사관으로 거처를 옮김 ② 위화도 회군 – 이성계의 권력 장악 ③ 국내 진공 작전 – 한국 광복군이 미국 OSS와 함께 준비

13. 통리기무아문은 개화 정책 추진 기구이다.
① 집현전 – 세종, 학술연구 ② 교정도감 – 고려, 최씨 무신 정권의 핵심 ④ 동양 척식 주식회사 – 일제 강점기 지주회사

14. 일제는 회사령을 공포하여 민족 기업의 성장을 억제하였다.
② 균역법 – 조선 영조 ③ 공명첩 – 조선 후기 신분제 동요 ④ 대동법 – 공납의 개혁, 1결당 쌀 12두

15. 청산리 대첩은 김좌진 장군이 이끈 독립군 연합부대가 일본군을 크게 격파한 항일 전투이다.

① 병자호란 - 조선에 청의 침입 ③ 한산도 대첩 - 이순신 ④ 황토현 전투 - 동학 농민 운동

16. 일제 강점기 최대 민족 운동은 3 · 1 운동이다.
② 제주 4 · 3 사건 - 5 · 10 총선거 반대 ③ 금 모으기 - IMF 위기 극복 ④ 부 · 마 민주 항쟁 - 유신 독재 반대 시위

17. 민립 대학 설립 운동은 일제 강점기 고등교육기관 설립을 주장한 민족 운동이다.
① 만민 공동회 - 독립협회 ② 서울 진공 작전 - 1908년 13도 창의군의 서울 공격으로 일본군을 물리치려 함 ③ 토지조사사업 - 1910년대 일제의 토지 약탈 정책

18. 모스크바 3국 외상회의 결과 신탁통치를 실시하기 위해 미 · 소 공동 위원회가 열렸다.
① 신간회 - 민족 유일당 운동으로 비타협적 민족주의와 사회주의 계열이 결합한 사회 단체 ② 조선 형평사 - 백정 차별 철폐 주장 ③ 국민 대표 회의 - 대한민국 임시 정부에서 개최

19. 일본식 성명을 강요하던 1930년대 일제 통치 방식은 민족 말살 통치이다.
① 호포제 - 흥선 대원군이 군포를 양반과 농민에 부과 ② 금융실명제 - 김영삼 정부 ④ 4 · 13 호헌 조치 - 1987년 전두환 정부에서 헌법을 수호한다고 선언

20. 대한민국 임시정부의 주석은 김구이다.
① 궁예 - 후고구려 ③ 박제가 - 조선 후기 실학자 ④ 연개소문 - 고구려 장수

21. 제헌 국회에서 친일파 처벌을 위한 반민족 행위 처벌법을 제정했으나 친일파 처벌은 이승만 정부의 방해로 실패하였다.
① 시무 28조 - 고려 성종, 최승로 ② 미쓰야 협정 - 1925년 만주 독립군 체포에 대한 협약 ③ 남북 기본 합의서 - 1991년 노태우 정부

22. 1980년 신군부에 대한 광주시민의 저항은 5 · 18 민주화 운동이다.
① 갑신정변 - 1884년 급진적 근대국가 수립을 위한 개혁 시도 ② 교조 신원 운동 - 동학 교도들이 교주에 대한 억울함 호소 ③ 물산 장려 운동 - 1920년대 국산품 애용 운동, 평양에서 시작

23. 북한군의 남침으로 6 · 25 전쟁은 시작되었다.

24. ㄴ. 전주 화약 체결 - 동학 농민 운동 ㄹ. 서울 올림픽 개최 - 1988년

25. 역사적으로 일본과 분쟁이 있는 지역은 독도이다.

도덕				2023년 2회
01. ③	02. ①	03. ③	04. ④	05. ①
06. ④	07. ④	08. ③	09. ③	10. ②
11. ②	12. ①	13. ④	14. ①	15. ③
16. ④	17. ③	18. ④	19. ①	20. ②
21. ④	22. ①	23. ④	24. ②	25. ④

1. ② 도덕 현상과 문제를 명확히 기술(記述)하고, 기술된 현상 간의 인과 관계를 설명함 ④ 도덕적 언어의 의미를 분석하고, 도덕적 추론의 정당성을 검증하기 위한 논리를 분석함

2. ② 불교의 이상적 인간상 ③ 도가의 이상적 인간상 ④ 플라톤이 제시한 지혜, 용기, 절제의 덕을 갖춘 철학자

3. 사이버 폭력은 사이버 공간에서 상대방이 원하지 않는 글이나 영상 등을 이용하여 정신적 · 심리적 피해를 주는 행위를 의미한다.

4. 윤리적 성찰이란 어떻게 살아야 할 것인지를 고민하고 자신을 도덕적인 관점에서 반성적으로 검토하는 것을 의미한다.

5. ② 하버마스는 담론 윤리를 통해 서로 이해하여

합의를 이루어 나가는 과정이 중요하다고 강조하였다.

6. 정보 사회에 필요한 정보 윤리로 존중, 책임, 정의, 해악 금지의 원칙 등이 있다.

7. 전통사회의 가족 윤리인 부자유친, 부자자효 등의 윤리는 수용하는 자세가 필요하다.

8. 싱어는 공리주의 입장에서 쾌락과 고통을 느끼는 존재의 이익을 동등하게 고려해야 한다는 이익 평등 고려의 원칙을 제시하였다.

9. 플라톤은 고대 그리스의 대표적인 철학자로, 이데아의 세계는 완전한 세계인데 반해, 현실의 세계는 이데아의 세계를 모방한 불완전한 세계라고 보았다.

10. 성별에 따라 차별하지 않고 동등하게 대우하는 것을 양성평등이라고 한다.

11. 정언명령은 '너는 무조건 ~을 해야 한다.'는 형식의 명령, 가언 명령은 '만약 네가 A를 원한다면, 너는 B를 해야 한다.'는 형식의 명령을 의미한다.

12. 안락사를 찬성하는 입장에서는 인간은 인간답게 죽을 권리를 가지기 때문에 안락사를 허용해야 한다고 본다.

13. 청렴은 맑고 염치를 알며 탐욕을 부리지 않는 자세를 의미한다.

14. 윤리 상대주의는 행위의 도덕적 옳음과 그름은 사회마다 다양하기 때문에 보편적 도덕 기준은 존재하지 않는다는 입장으로, 보편 윤리를 위반하는 문화까지 인정하게 되어 비판적·윤리적 성찰을 방해할 수 있다.

15. 바람직한 문화 정체성 확립을 위해 문화의 다양성을 인정하면서 문화 정체성을 유지하기 위해 화이부동(和而不同)의 태도가 필요하다.

16. ① 차별없는 사랑 ② 덕에 의한 통치 ③ 인위적인 질서를 없애 자연의 순리대로 살아가자는 입장이다.

17. 부정부패는 개인의 권리를 침해하거나 올바른 시민 의식 형성을 어렵게 하고, 공정한 경쟁의 틀을 깨뜨려 국민 간 위화감을 조성하고 사회 통합을 어렵게 한다.

18. 노직은 정당한 소유물에 대한 배타적·절대적 권리를 강조하며 개인의 소유권을 침해하지 않고 개인의 권리를 보호하는 역할만을 수행하는 최소 국가를 주장하였다.

19. 유전차 치료를 찬성하는 입장에서는 유전자 치료를 통하여 병의 유전을 막아 다음 세대의 병을 예방할 수 있고, 유전병을 퇴치하는 등 의학적으로 유용하다고 강조한다.

20. 분단 비용은 분단으로 인해 남북한이 부담하는 유무형의 모든 비용을 의미한다. ④는 통일로 얻게 되는 경제적·비경제적 보상과 혜택이다.

21. 우대 정책은 특정 집단에 대해 역사적·사회 구조적으로 가해진 부당한 차별과 불평등을 바로잡기 위해 혜택을 제공하는 정책을 의미한다.

22. 현실주의는 평화가 힘의 논리에 의한 세력 균형을 통해 전쟁을 예방 또는 억지하는 것이라고 본다. ③ 이상주의는 평화는 국가 간 이성적 대화, 협력을 바탕으로 도덕·여론·법률·제도를 통해 만들어 갈 수 있다고 주장한다.

23. 시민 불복종은 부정의한 법을 개정하거나 정책을 변혁하려는 목적으로 행하는 의도적인 위법 행위이다. 또한 법체계 전체를 부정하는 것이 아니므로 자신의 위법 행위에 대한 처벌을 감수해야 한다.

24. 갈퉁은 평화를 위해서는 직접적 폭력은 물론이고 간접적 폭력까지 사라져야 한다고 보았다. 그는 폭력을 언어나 신체적 폭력과 같은 직접적 폭력과

구조적 폭력, 문화적 폭력으로 나누어 설명하였다. 구조적 폭력의 주요 형태는 정치와 경제에서 나타나는 억압과 착취이며, 문화적 폭력은 직접적 폭력과 구조적 폭력을 정당화하는 것이다.

25. 생태 중심주의는 인간 중심주의, 동물 중심주의, 생명 중심주의 윤리가 개체에 대한 존중에 초점을 두는 개체론의 성격을 지닌다고 비판하면서 도덕적 고려의 범위를 개별 생명체가 아닌 생태계 전체로 보아야 한다는 전체론의 입장을 취하였다.

2024년 1회

국어				2024년 1회
01. ①	02. ①	03. ④	04. ③	05. ④
06. ②	07. ③	08. ②	09. ②	10. ①
11. ①	12. ③	13. ②	14. ④	15. ④
16. ②	17. ①	18. ③	19. ①	20. ①
21. ④	22. ④	23. ②	24. ③	25. ③

1. 동의 표현에 어울리는 비언어적 표현으로는 고개를 끄덕이는 것이 적절하다.

2. 직원은 우리말로 표현할 수 있는 언어들을 지나치게 많은 외국어로 사용하는 문제점을 보인다.

3. 된소리 되기에 의해 ① [굳따], ② [낙찌], ③ [답싸]로 발음된다. ④ [보끔]으로 앞말의 받침을 뒤로 옮겨 발음한다.

4. ① 해요체, ② 해체, ④ 하십시오체

5. 불거지다 : 어떤 사물이나 현상이 두드러지게 커지거나 갑자기 생겨나다.

6. ㉠ 1문단 : 완벽한 봄이 되었음을 알립니다.
㉢ 2문단 : 다채로운 행사가 가득한 축제를 정성껏

준비하였습니다.
㉣ 3문단 : 참석하시는 분들께는 작은 기념품도 증정할 예정입니다.

7. ③ 활짝 핀 봄꽃처럼 (비유법) 환한 미소가 가득한 축제를 함께 즐겨 봅시다.(청유형)

8. ② 두음 법칙이란, 한자음 중 'ㄴ'이나 'ㄹ'이 단어 첫머리에 올 때 'ㄴ'은 'ㅇ'으로, 'ㄹ'은 'ㅇ'이나 'ㄴ'으로 바꾸어 적는 법칙을 말한다. 따라서 '니'는 두음 법칙을 지키지 않는다.

9. ①, ④ 시조는 3장 6구 4음보 3.4.(4.4)조의 율격을 가진다. ③ 월백, 은하수 등의 백색 이미지를 보인다.

10. 이 글의 화자는 이화가 피는 봄밤에 다정이 병이 되어서 잠을 못 자는 애상적 정서를 느낀다.

11. 이장과 민씨의 대화로 갈등을 드러낸다.

12. ㄴ : 이장의 "도시에서 쫄딱 망해서 귀농을 했으면~"에서 알 수 있다. ㄹ : 이장의 '이장이 동민한테 농가 부채 탕감 촉구 농민 총궐기 대회가 있다. 꼭 참석해서~'에서 알 수 있다.

13. ㉡ : 이장 자기 자신, ㉠, ㉢, ㉣ : 황만근을 의미한다.

14. ① 울음이 슬픔에 의해서만 비롯된다는 통념에 반박하는 내용이다.
② 칠정을 하나하나 나열하며 모두 울음을 만들어낸다고 설명한다.
③ (요동 벌판) 백탑이 보이는 곳에 도착하여 깨달은 바를 드러낸다.

15. 지극한 정이 발현되어 나오는 울음은 우레처럼 터져나오는 울부짖음과 같다.

16. 글쓴이는 칠정이 모두 울음을 자아낸다고 말한다.

17. '-이 되고 싶다.'를 반복하여 운율을 형성한다.

18. 꽃은 의미 있는 존재를 상징한다. 주체인 나도 대상인 너에게로 가서 의미 있는 존재가 되고 싶다는 것이다.

19. ㉠은 '구슬'과 대응된다.

20. 우리나라와 하와이의 옷차림을 사례로 제시한다.

21. 현대 사회는 점점 더 많은 변수들에 의해 다변화되는 양상을 보이기 때문에, 평균이 다양한 특성을 반영하지 못하는 경우가 있다는 뜻이다

22. ㉣ : 일의 방법이나 모양이 다양하고 복잡해짐. 또는 그렇게 만듦.

23. 책을 찾으려면 컴퓨터로 책을 검색해야 하지만 컴퓨터는 청구 기호를 알려 줄 뿐 직접 찾아 주지는 않는다는 뜻이기 때문에 접속어는 역접의 의미를 가지는 '그런데'가 어울린다.

24. 2문단 : '맨 위층에 있는 책일수록 분류 기호가 낮고 아래로 갈수록 커진다.'에서 알 수 있다.

25. 도서 기호를 비교하면 'ㅁ'과 'ㅅ'의 사이에 'ㅂ'이 위치한다.

수학				2024년 1회
01. ④	02. ②	03. ③	04. ③	05. ①
06. ④	07. ①	08. ③	09. ③	10. ③
11. ①	12. ④	13. ②	14. ①	15. ②
16. ②	17. ①	18. ③	19. ①	20. ④

1. 두 다항식 A, B를 더하면 다음과 같다.
$$A + B = (3x^2 + x) + (x^2 + 3x)$$
$$= 4x^2 + 4x$$

2.
<Sol 1>
계수비교법을 떠올린다면 다음과 같다.

$a = 1, b = 3$
$$\therefore a + b = 4$$

<Sol 2>
수치대입법을 떠올린다면 다음과 같다.
양변에 $x = 1$을 대입하면
$1 + 1 + 3 = 1 + a + b$
$$\therefore a + b = 4$$

3. 나머지 정리를 떠올린다면 다음과 같다.
양변에 $x = 1$을 대입하면 $1 + 2 + 2 = 5$
따라서 나머지는 5이다.

4. 3차 곱셈공식 $(x + a)^3 = x^3 + 3ax^2 + 3a^2x + a^3$을 떠올린다면 다음과 같이 해결할 수 있다.
$x^3 + 3x^2 + 3x + 1$
$= (x)^3 + 3 \cdot 1 \cdot (x)^2 + 3 \cdot (1)^2 \cdot x + (1)^3$
$= (x + 1)^3$
$$\therefore a = 1$$

5. 켤레복소수는 허수부분의 부호만 반대로 바꾸어 준다는 것을 생각한다면 다음과 같다.
$4 + 3i$의 켤레복소수는 $4 - 3i$이다.
$\therefore a = 4, b = -3$
$$\therefore a + b = 1$$

6.
<Sol 1>
방정식이 주어지고 근이 명시되어 있다면 근과 계수의 관계를 떠올릴 수 있다.
(두 근의 합) $= 1 + 3 = -\dfrac{-a}{1}$
$$\therefore a = 4$$

<Sol 2>
근이라는 것은 방정식을 만족하는 x값을 의미함을 떠올릴 수 있다.
$x = 1$을 대입하면
$1 - a + 3 = 0$
$$\therefore a = 4$$

7. 이차함수의 최댓값, 최솟값은 주어진 구간에서의

그래프만을 관찰하는 것이 중요하다.
$-1 \le x \le 1$에서의 그래프만을 관찰하면
$x = -1$일 때, 최솟값 -2를 가지며,
$x = 1$일 때, 최댓값 6을 가진다.
$\therefore$ (최솟값) $= -2$

8. 근이라는 것은 방정식을 만족하는 값을 의미함을 떠올릴 수 있다.
$x = 1$을 대입하면
$1 + 2 - a = 0$
$\therefore a = 3$

9. 근이라는 것은 방정식을 만족하는 x값을 의미함을 떠올릴 수 있다.
$2x + y = 8$에 $x = 3$을 대입하면 $6 + y = 8$
$\therefore y = 2$
$\therefore b = 2$
$x^2 - y^2 = a$에 $x = 3$, $y = 2$를 대입하면
$3^2 - 2^2 = 5$
$\therefore a = 5$
$\therefore a + b = 7$

10. 이차부등식은 언제나 2차 항의 계수가 양수가 될 수 있도록 식을 조정하는 것이 최우선이다.
$(x - a)(x - b) \le 0$ (단, $a < b$)의 해는
$a \le x \le b$임을 떠올린다면 주어진 부등식의 해는
$2 \le x \le 4$이다.

11. 내분점 공식을 떠올린다면 다음과 같다.
(점 P의 좌표) $= \dfrac{(3 \times 1) + (2 \times 6)}{2 + 3} = 3$

12. 아래 두 가지 사실을 떠올리는 것이 중요하다.
① 두 직선이 평행하면 두 직선의 기울기가 같다.
② 점 P는 직선(곡선) 위의 점이다. $\Leftrightarrow$ 점 P를 대입한다.
점 P는 직선(곡선)을 지난다. $\Leftrightarrow$ 점 P를 대입한다.

직선 $y = x - 3$과 평행하므로 구하는 직선의 기울기는 1이다.
따라서 구하는 직선의 방정식은 $y = x + n$이라 할 수 있다.

점 $(0, 4)$를 지나므로 점 $(0, 4)$를 직선에 대입하면
$4 = 0 + n$
$\therefore n = 4$
$\therefore y = x + 4$

13. x축과 y축에 동시에 접하는 원의 방정식은 다음과 같음을 떠올리는 것이 중요하다.

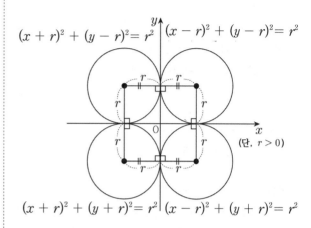

주어진 원의 방정식은 중심이 $(-2, 2)$이고 반지름이 2인 원의 방정식을 의미한다.
$\therefore (x + 2)^2 + (y - 2)^2 = 2^2$

14. 점의 대칭이동은 아래와 같음을 떠올리는 것이 중요하다.

(a, b) 대칭
- x축 $\rightarrow (a, -b)$
- y축 $\rightarrow (-a, b)$
- $y = x$ $\rightarrow (b, a)$
- 원점대칭 $\rightarrow (-a, -b)$

점 $(3, -2)$를 원점대칭이동하면 $(-3, 2)$이다.

15.
<Sol 1>
$A - B \Leftrightarrow A \cap B^c$
$\qquad \Leftrightarrow A - (A \cap B)$
임을 떠올린다면 다음과 같다.
$A - B = \{1, 2\}$

<Sol 2>
벤 다이어그램을 떠올린다면 다음과 같다.

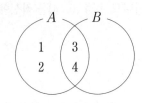

$$\therefore A - B = \{1, \ 2\}$$

16. 진리집합은 조건을 만족하는 원소들의 모임이
라는 것을 떠올린다면 다음과 같다.
{9 이하의 자연수 중 3의 배수} = {3, 6, 9}

17. 합성함수는 결국 대응관계의 관찰이라는 것을
떠올린다면 다음과 같다.
$$g(f(2)) = g(c) = 5$$

18. $y = f(x)$에 대하여 x축 방향으로 m만큼, y축
방향으로 n만큼 평행이동한다는 것은 x자리에 x대
신 $x - m$을, y자리에 y대신 $y - n$을 대입하는 것을
의미한다.
$y = \dfrac{1}{x}$ 을 x축 방향으로 a만큼, y축 방향으로 b만큼
평행이동하면 $y - b = \dfrac{1}{x - a}$ 이다.
$$\therefore a = 2, \ b = 3$$
$$\therefore a + b = 5$$

19. 뽑는다(선택한다) → 나열한다(순서부여)일 경
우 순열을 떠올리는 것이 중요하다.
서로 다른 4개에서 서로 다른 2개를 뽑아 일렬로 나
열한다. $\Leftrightarrow \ _4P_2 = 4 \times 3 = 12$

20. 뽑는다(선택한다)인 경우 조합을 떠올리는 것
이 중요하다.
서로 다른 4개에서 서로 다른 3개를 선택한다.
$\Leftrightarrow \ _4C_3 = \dfrac{4 \times 3 \times 2}{3 \times 2 \times 1} = 4$

01. ②	02. ①	03. ②	04. ④	05. ③
06. ①	07. ①	08. ③	09. ③	10. ①
11. ④	12. ①	13. ②	14. ③	15. ④
16. ③	17. ②	18. ④	19. ④	20. ②
21. ④	22. ③	23. ②	24. ④	25. ③

1. 나는 식당에 전화해서 예약할 것이다.

2. 너는 명심해야한다, "느려도 착실하면 이긴다."

3. 운전하는 동안에 핸드폰을 사용하지 마라.

4. 네가 어떤 것을 할 것이라 말하는 것은 쉽다, 하
지만 그것을 실제로 하는 것은 어렵다.
① 무거운 - 가벼운
② 시끄러운 - 조용한
③ 고통스러운 - 고통없는
④ 빠른 - 빠른
④는 동의어 관계이므로 의미 관계가 다름

5. 기금 모금 콘서트
시간 : 4월 17일 오후 6-9시
장소 : 아동병원 로비
가벼운 간식이 제공될 예정입니다.
모든 기금은 아동병원에 기부될 것입니다.

6.
· 나를 위해 내 가방 좀 들어줄 수 있나요?
· 우리 학교는 다음 달에 음악 축제를 개최할 것입
니다.
hold 들다, 개최하다

7.
· 나는 그가 정직한지 아닌지 모르겠다.
· 지금 떠나지 않는다면 너는 그 버스를 놓칠 것이다.
if 명사절 접속사 : ~인지 아닌지,
부사절 접속사 : 만약 ~ 라면

8.
- 너의 신체의 약 60 ~ 70 퍼센트는 수분으로 구성되어있다.
- 그 정원은 아름다운 꽃들로 가득찰 것이다.

consist of : ~로 구성되어있다

be full of : ~로 가득차다

9.
A : 난 지금 힘든 시간을 겪고 있어.
B : 걱정마, 무엇이든 내가 너를 위해 여기 있어.
A : 고마워. 너의 응원은 나에게 전부야.
B : 언제든지. 어려울 때 친구가 진짜 친구야.

10.
A : 나 30분동안 기다렸어. 무슨 일 있었어?
B : 미안해, 그런데 나는 우리가 2시에 만난다고 생각했어.
A : 아냐, 그건 야구 경기가 시작하는 시간이야, 그래서 우리 30분 일찍 만나기로 했었잖아.
B : 오, 나 완전히 까먹었어. 기다리게 해서 미안해.

11.
A : 티켓 꺼냈어? 우리 좌석 어디야?
B : 어디 보자. J11하고 J12야.
A : 좋아. 들어가기 전에 간식 좀 사자.
B : 그거 좋은 생각이야.

12. 연구는 꽃이 우리의 기분에 긍정적 영향을 끼친다는 것을 보여주었다. 참가자들은 꽃을 받은 후에 우울함과 걱정이 덜 느껴졌다고 보고했다. 게다가, 그들은 높은 즐거움과 전반적 만족감을 보여주었다.

13.
A : 말하기 대회가 내일이야. 난 겁이나.
B : 미안한데, 다시 말해주겠니?
A : 겁이 난다구. 내일이 긴장돼.
B : 오, 알겠어. 걱정하지마. 네가 잘할 거라고 확신해.

14.
A : 한국에 대해 가장 좋아하는 점이 무엇이니?
B : 나는 음식 배달 서비스를 가장 좋아해.

15.
A : 내 등 아래 부분이 요즘 많이 아파.
B : 내 생각엔 그게 더 나빠지기 전에 무언가를 해야 할 것 같아.
A : 통증을 줄이는 어떤 방법들 있어?
B : 음, 바닥이 아니라 의자에 앉아봐. 그리고 종종 산책하면서 부드럽게 스트레칭을 시도해봐.

16. 나는 나 자신에 대해 자신감이 없는 것이 걱정스럽다. 내 친구들은 항상 그들이 무엇을 하고 있는지 아는 것 같지만 나는 내가 올바른 것을 하고 있는지 결코 확신이 들지 않는다. 나는 자신감 키우는 것을 원한다. 당신이 내 문제에 대해 해결책을 좀 줄 수 있는지 궁금하다. 당신이 도와줄 수 있기를 바란다.

17. Central 배드민턴 센터
운영 시간 : 월 – 금, 오전 10시 – 오후 9시까지.
제공사항 :
- 초보자 수업만
- 하루에 4시간까지 무료 주차

알맞은 신발과 옷이 필요합니다.

18. 쌀은 세계 주요 작물 중 하나이다. 그것의 전래와 경작 때문에, 쌀은 대부분의 아시아 사람들의 주식이 되었다. 사실, 아시아 국가들이 세계에서 가장 많은 쌀을 생산하고 소비한다. 요즘에, 아프리카 국가들 또한 쌀 소비를 증가시켜왔다.

19. 당신이 해외에 갈 때, 사람들, 언어, 그리고 관습이 당신의 것과 다른 장소에 있는 스스로를 발견할지도 모른다. 문화적 차이를 배우는 것은 유용한 경험이 될 수 있다. 그것은 당신이 그 지역 사람들을 더 잘 이해하도록 도움이 될 수 있다. 그것은 또한 당신 스스로와 당신만의 문화를 더 잘 이해하도록 도움이 될 수 있다.

20. 프랑스에서 저녁 식사는 오랜 시간 지속된다, 왜냐하면 그것은 가족과 친구들과 함께 즐기는 것을 의미하기 때문이다. 프랑스 사람들은 이 과정을 서두르지 않는다. 빨리 저녁 식사를 끝내려하는 것은 무례한 표시로 해석될 수 있다.

21. 인생에서, 당신이 하는 어떤 선택을 <u>책임</u>지는 것이 중요하다. 당신 선택의 결과가 당신이 원했던 것이 아니더라도, 그것에 대해 다른 사람들을 비난하지 마라. 당신 선택을 책임지는 것은 당신이 그 결과에서 배울 수 있도록 도움이 될 것이다.

22. 온라인 강의를 듣는 것은 좋을 수도 나쁠 수도 있다. 만약 네가 온라인 강의를 듣는다면, 너는 대면 의사소통의 부족에 대해 걱정할지도 모른다. 온라인으로 강의를 듣는 것은 선생님과 학급친구들과의 강한 관계를 만들어내는 것을 어렵게 만든다. <u>반면에, 그것에는 큰 이점이 있다.</u> 너는 어디에서, 언제든지 온라인 강의를 들을 수 있다. 단순히 컴퓨터를 켬으로써, 너는 공부하는 것을 시작할 수 있다.

23. 반려견을 산책하는 것은 공원에서 흔한 활동이다. 하지만, 많은 사람들이 이것을 하면서 공원에서 문제들이 발생한다. 이러한 문제를 피하기 위해서, 반려견 산책 시 이러한 지침을 따라주길 바란다.

24~25. 신발과 양말이 함께 진열된다는 것을 알고 있는가? 그것들은 서로 전략적으로 진열된 품목들이다. 일단 당신이 이미 신발 한 켤레 살 것을 결정했다면, 양말도 사는 건 어떤가? 상점에서 물건의 배치가 무작위가 아니라는 것을 기억해라. 품목을 배열하는 것은 그들이 쇼핑하는 동안에 분명하지 않은 방식으로 고객들에게 제안하는 것처럼 보인다.

사회				2024년 1회
01. ①	02. ④	03. ④	04. ②	05. ②
06. ①	07. ②	08. ②	09. ④	10. ②
11. ①	12. ①	13. ③	14. ④	15. ③
16. ③	17. ④	18. ①	19. ①	20. ②
21. ②	22. ④	23. ③	24. ①	25. ③

1. 행복의 조건은
1) 질 높은 정주환경
2) 경제적 안정
3) 민주주의
4) 도덕적 성찰과 실천이다.
그 중 질 높은 정주환경은 인간의 거주환경과 관련되는 내용이다. 치안유지, 편의시설, 자연환경 등이 해당된다.

2. 인권은 특정한 능력이나 업적 때문이 아니라, 오로지 인간이라는 이유만으로, 인간이라면 누구나 누리는 보편적인 권리이다. 보편성(누구나)·천부성(선천적 권리)·항구성(영구한 권리)·불가침성(침해·양도불가능)을 그 특징으로 갖는다. 범죄를 저지른다고 하여도 인권은 소멸되거나 박탈되지 않는다.

3. 기본권은 헌법에 의해 보장되는 권리로, 자유권(선택)·평등권(차별받지 않을 권리)·참정권(정치참여 권리)·청구권(수단적 권리)·사회권(인간다운 삶의 보장) 등이 있다. 참정권은 정치적 의사결정과정에 참여할 수 있는 권리이며 예시로는 선거권, 피선거권, 공무담임권, 국민투표권 등이 있다.

4. 경제 체제를 구별하는 기준 중 생산수단의 사적 소유가 가능한지에 따라 자본주의(생산수단의 사적 소유 인정)와 사회주의(생산수단의 공동소유)로 나뉜다. 자본주의는 사유재산에 대한 권리를 인정하여 이를 바탕으로 한 개인의 자유로운 이익추구 및 경제활동을 보장한다. 법치주의는 법에 의한 권리보장과 법에 의한 통치를 강조한다. 공동체주의는 개인과 공동체 중 공동체를 더 강조하는 입장이다. 자문화 중심주의는 자국문화를 기준으로 타문화를 평가절하 하는 태도이다.

5. 기본권은 국가의 최고법인 헌법에 의해 보장되는 권리이다. 기본권 제한은 국가 구성원들의 공공복리(공익)를 위해서만 가능하다. 이를 위해서는 국회의 동의를 얻어 법률을 제정해야 한다. 기후변화는 지구온난화를 비롯한 기후문제들을 의미한다. 문화동화는 서로 다른 두 문화가 만나 한 문화가 흡수·소멸되는 현상이다.

6. 사회복지제도에는 사회보험, 공공부조, 사회서비스가 있다. 사회보험은 개인과 사회가 비용을 함께

부담하여 개인의 사회적 위험에 미리 대비하는 제도이다. 그 예시로 4대보험(국민건강보험, 국민연금, 고용보험, 산업재해보상보험, 노인장기요양보험)등이 있다. 공공부조는 경제적 약자가 최소한의 삶을 누릴 수 있도록 국가가 전액 비용을 부담하여 지원하는 것이다. 예시로는 국민기초생활보장제도, 기초노령연금 등이 있다. 사회보험과 공공부조는 금전적 지원을 주지만 사회서비스는 비금전적 지원을 원칙으로 한다.

7. 시장 실패는 애덤 스미스의 자유방임주의에 기초하여 정부의 간섭을 줄이고 수요-공급에 따른 시장경제의 원리에 입각하여 경제가 운영되면서 발생하는 부작용(단점)을 의미한다. 예를 들어 불완전 경쟁(독과점), 외부효과(외부경제, 외부불경제), 공공재의 공급부족 등이 해당한다. ③은 규모의 경제, ④는 윤리적 소비로 시장 실패의 사례가 아니다.

8. 편익은 선택을 통해 얻게 되는 금적적인 이익뿐만 아니라 비금전적인 만족감도 포함된다. ㄴ. 스태그플레이션(경기침체+물가상승)에 대한 설명이다. ㄷ. 매몰비용(이미 지불하여 회수할 수 없는 비용)이다.

9. 노동3권(근로3권)은 노동자의 세가지 권리를 의미한다. 단결권(노동조합을 결성하고 참여할 권리), 단체교섭권(노동조건을 놓고 회사와 협상할 수 있는 권리), 단체행동권(파업, 태업과 같은 쟁의행위에 대한 권리)이 있다. 문화권은 문화를 향유할 권리이다.

10. 생애주기는 크게 아동기·청년기·중장년기·노년기로 나뉜다. 각 시기에는 수행해야할 발달과업이 있으며, 금융설계는 이러한 시기별 발달과업을 바탕으로 재무목표를 설정하여 이뤄진다. 이러한 금융설계는 현재의 소득뿐만 아니라 미래의 소득 또한 고려해야 하며, 특정시기만을 고려하지 않고 모든 시기를 종합적으로 고려하여 세워져야 한다. 중·장년기에는 자녀양육, 주택마련, 노후준비를 모두 수행해야 하기 때문에 소득이 높으나, 지출 또한 높은 시기이기 때문에 지출과 저축의 균형을 잘 조절해야 한다.

11. 문화변동의 요인(원인)으로는 내재적 요인(외부문화영향×)과 외재적 요인(외부문화영향○)이 있다. 이 중 내재적 요인에 해당하는 것으로 발명과 발견이 있고 외재적 요인에 해당하는 것으로는 직접전파, 간접전파, 자극전파가 있다. 비교우위는 상품 생산에 투입되는 기회비용이 타국에 비해 낮은 것이다. 절대우위는 상품 생산에 투입되는 생산비용이 타국에 비해 낮은 것이다.

12. 문제에서 설명하는 내용은 사회 불평등에 대한 것이다. 소비자 주권은 상품의 생산량과 가격의 권리가 소비자에게 있다는 것이다. 문화 상대주의는 타문화를 평가하지 않고 상대의 입장에서 고유한 의미를 이해하고 존중하는 태도이다. 스태그플레이션은 경기침체와 물가상승이 동시에 진행되는 현상이다.

13. 분배적 정의는 사회적 희소가치를 분배하는 기준을 다룬다. 필요에 따른 분배, 능력에 따른 분배, 업적에 따른 분배, 절대적 평등에 따른 분배가 있다. 이 중 필요에 따른 분배는 인간다운 삶을 보장하기 위해 기본적 욕구를 충족할 수 있도록 분배하는 것이다. 특히 복지제도는 사회적 약자가 그 필요성이 더 크므로 약자에게 더 많은 혜택을 제공하는 필요에 따른 분배의 대표적 예시이다.

14. 문제에서 제시한 특징들은 한대기후(툰드라 기후)에 대한 것이다. 한대기후는 기온이 매우 낮고 강수량이 적기 때문에 농사가 불가능하다. 따라서 생존을 위해 육식위주의 식생활이 나타난다. 이를 위한 수렵이나 순록유목의 생활모습이 특징이다.

15. 사막화는 지나친 경작, 방목, 벌목, 가뭄 등으로 토지가 황폐화 되는 현상이다. 이로 인한 식량부족 등의 문제가 발생한다. 사막화가 급속히 진행되는 대표적인 지역으로 아프리카 사하라 사막 이남의 사헬 지대가 있다.

16. 지문은 인간 중심주의에 대한 설명이다. 인간만을 특별한 존재로 보고 자연은 인간의 이익을 위해 활용할 수 있는 도구로만 바라보는 관점이다. 문화 사대주의는 타문화를 높게 평가하고 자문화는 평가

절하 하는 태도이다. 생태중심주의는 인간과 자연의 조화·공존·균형에 대해 강조하며, 자연을 내재적 가치를 가진 존재로 여겨 존중할 것을 강조한다. 직접민주주의는 대표를 선출하지 않고, 주권을 가진 시민이 정치적 의사결정과정에 직접 참여하여 의사결정을 하는 것을 말한다.

17. ㉠ 인도, 다신교, 소를 신성시 한다는 점으로 보아 힌두교이다. ㉡ 메카, 돼지고기와 술을 금기시 한다는 점으로 보아 이슬람이다. 힌두교에는 고유한 신분제인 카스트 제도가 있으며, 갠지스 강을 신성하게 여긴다. 이슬람은 쿠란, 모스크, 라마단 등도 중요한 키워드이다.

18. 저출산은 주로 선진국에서, 여성의 사회진출 증가·결혼과 출산에 대한 가치관 변화로 인해 출생률이 낮아지는 것이다. 이를 해결하기 위해서는 출산장려정책(보육시설확충, 출산장려금, 출산휴가, 육아휴가 등)과 가치관 변화를 위한 노력이 필요하다. 산아제한정책(출산억제정책)은 인구과잉문제가 심각한 개발도상국에서 실시한다. 개발제한구역은 그린벨트라고도 하는데, 환경보호와 도시의 무분별한 확장을 방지하기 위해 경제적 목적의 개발과 발전이 금지된 구역이다.

19. 산업화·도시화가 진행되며 교통과 통신의 발달이 가속화된다. 그에 따라 시간적·공간적 제약이 감소하여 타지역에 대한 접근성이 높아져 지역 간 교류가 활성화 된다. 그에 따라 생활범위 및 경제활동의 범위 또한 확장되어 대도시권이 형성된다.

20. 지문에서 설명하는 것은 기업의 공간적 분업이다. 기업의 시설이 특정지역에 집중되지 않고 기능이나 역할에 따라 그 특성을 살릴 수 있도록 분산되는 것을 의미한다. 탄소 발자국은 개인이나 기업 등이 직·간접적으로 배출하는 온실가스의 총량이다. 이를 줄이기 위한 노력으로 탄소배출을 줄이기 위해 장거리 운송된 음식의 소비를 지양하는 로컬푸드가 있다. 지리적 표시제의 예시에는 보성 녹차, 이천 쌀 등이 있다.

21. 개인 정보 유출, 사이버 범죄는 정보화의 문제점들이다. 교외화는 도시의 중심지에서 도시 주변부로 인구, 생산, 소비활동의 대부분이 이전하는 현상이다. 님비현상은 지역이기주의의 한 형태로, 자신의 지역 내에 혐오시설이 입주하는 것을 반대하는 것이다. 열섬현상은 건물의 고층화·밀집화, 녹지면적 감소와 포장면적의 증가로 도시중심부의 기온이 상승하는 것이다.

22. A. 북극 문화권, B. 아프리카 문화권, C. 동아시아 문화권, D. 라틴아메리카 문화권이다. 지문에서는 "리오그란데강 이남 지역/에스파냐어(스페인어)·포르투갈어/가톨릭/원주민과 유럽인의 문화혼재(혼혈)"를 제시하고 있다. 이는 라틴아메리카(남부 아메리카)의 특징으로, 이 지역은 오랜 기간 진행된 스페인과 포르투갈의 식민지배 영향으로 라틴족 중심의 남부유럽문화가 이식되었다.

23. 설명은 인구 구조에 대한 것이다. 인구 과잉은 인구가 지나치게 많아지는 것, 인구 절벽은 인구가 급격히 감소하는 것이다. 인구 이동에는 경제적 이동(현재 인구이동의 대부분에 해당함), 정치적 이동(난민), 환경적 이동(기후변화로 인한 환경난민) 등이 있다.

24. 국제사회 행위주체는 국가, 국제기구, 비정부기구, 기타(다국적 기업, 개인 등)가 있다.
가장 기본적 행위주체는 주권을 가진 국가이며, 국가는 자국의 이익 실현을 최우선으로 하여 외교활동을 벌이고 국제기구에 가입하여 활동한다. 국제기구는 각국 정부를 구성원으로 조직되며 UN(국제연합), EU(유럽연합), IMF(국제통화기금), OECD(경제협력개발기구) 등이 해당한다. 비정부 기구는 개인이나 시민단체를 구성원으로 조직되며 그린피스, 국경 없는 의사회, 국제사면위원회, 월드비전 등이 해당한다. 개인 중에서도 영향력이 강한 일부(전직 국가원수 등)는 국제사회의 행위주체라고 할 수 있다.

25. 자원의 특성으로 유한성(양이 한정되어 언젠가는 고갈됨), 편재성(특정지역에 집중분포함), 가변성(자원의 가치가 변함)이 있다.

01. ①	02. ③	03. ④	04. ③	05. ③
06. ④	07. ①	08. ④	09. ①	10. ④
11. ③	12. ②	13. ②	14. ③	15. ②
16. ②	17. ①	18. ①	19. ④	20. ④
21. ①	22. ②	23. ④	24. ③	25. ①

1. 파도의 운동 에너지를 이용해 전기를 생산하는 방식을 파력 발전이라고 한다. 화력 발전은 화석연료를 태워 전기를 생산하는 방식이다. 원자력 발전은 우라늄의 핵분열을 통해 전기를 생산하는 방식이고, 태양광 발전은 태양 전지를 이용해 햇빛을 받아 전기를 생산하는 방식이다.

2. 전기를 생산하는 곳을 발전소라고 한다. 발전소에서 만들어진 전기는 송전선을 흐르는 동안 송전선의 저항 때문에 전기 에너지가 손실된다. 손실을 줄이기 위해 고압으로 송전하게 되는데 집 근처의 주상변압기를 통해 전압을 낮춰 가정에 적당한 전압의 상태로 공급하게 된다.

3. 충격량은 운동량의 변화량과 같다. 즉, (충격량 = 나중 운동량 – 처음 운동량)이다. 그러므로 A의 충격량은 3, B는 4, C는 5, D는 6이다.

4. 열기관에서 고열원과 일, 저열원의 관계는 (고열원 = 일 + 저열원)이다. 그러므로 (일 = 고열원 – 저열원)이다. (100 – 50 = 일)이므로 일은 50J이다.

5. 태양 내부에서는 수소 핵융합 반응이 일어난다. 수소 원자핵이 융합하여 헬륨 원자핵으로 바뀌며, 이때 에너지가 방출된다.

6. 물체가 자유 낙하하면 중력에 의해 중력 가속도가 생긴다. 1초에 10m/s씩 빨라지게 되므로 떨어지면 떨어질수록 속도가 빨라져 D가 가장 빠른 속력을 갖게 된다.

7. 코일과 자석의 상대적인 운동으로 유도 전류가 만들어진다. 유도 전류의 방향을 바꾸기 위해서는 코일과 자석의 운동 방향을 바꾸거나 자석의 극을 바꾸면 된다. 자석을 빠르게 넣거나 더 강한 자석을 사용하는 경우는 유도 전류의 세기를 증가시키는 방법이다.

8. 원자가 전자 수는 주기율표의 세로 줄인 족을 통해 알 수 있다. A와 C는 원자가 전자 수가 1개, B는 6개, D는 7개이다.

9. 나트륨 이온은 Na^+로 표시한다. 이는 한 개의 전자를 잃었다는 뜻이다. 그림을 통해서도 확인할 수 있다. 나트륨 원자는 세 번째 전자 궤도에 1개의 전자가 있었는데, 나트륨 이온에는 세 번째 전자 궤도가 사라지면서 전자 1개가 없어진 것을 확인할 수 있다.

10. 금속 원소와 비금속 원소 사이의 결합을 이온 결합이라고 한다. 은과 구리는 한 종류의 원소로 되어 있다. 산소는 산소라는 비금속 원소끼리 결합한 공유 결합이다. 염화 나트륨은 금속인 나트륨과 비금속인 염소가 이온 결합한 물질이다.

11. 산화 환원 반응은 산소를 얻거나 잃는 반응이다. 연소는 산소와 결합하는 반응이다. 철이 산소와 반응하면 산화철이 되면서 붉게 녹슨다. 사과의 갈변도 산소와 반응한 것이다. 산성화된 토양에 석회 가루를 뿌리는 것은 중화 반응의 예이다.

12. 염산은 HCl, 황산은 H_2SO_4이다. 두 수용액은 H^+를 내놓는 산이다. 그러므로 공통적으로 존재하는 이온은 H^+이다.

13. 단백질의 단위체가 아미노산이다. 핵산의 단위체는 뉴클레오타이드, 포도당은 녹말 또는 글리코젠의 단위체이다.

14. 더운 곳에 사는 사막여우는 몸집을 줄이고 귀를 크게 하여 열이 잘 발산되는 구조를 갖게 되었다. 반대로 추운 곳에 사는 북극여우는 몸집을 키우고 귀는 작게 하여 열을 뺏기지 않는 몸을 갖게 되었다. 그러므로 온도가 여우의 형태 차이에 영향을 준 것이다.

351

15. 1차 소비자가 증가하면 생산자인 A를 많이 먹기 때문에 A가 감소한다. 1차 소비자가 증가하면 2차 소비자인 B는 먹이가 많아지므로 증가한다.

16. 물질대사는 효소가 있기 때문에 가능하다. 음식을 소화시키는 아밀레이스, 펩신 등이 효소이다. 녹말은 밥, 인지질은 세포막의 성분, 셀룰로스는 세포벽의 성분이다.

17. DNA는 상보적 결합을 통해 A는 T와 결합하고, C는 G와 결합한다.

18. 세포막을 경계로 저농도에서 고농도로 물이 이동하는 현상을 삼투라고 한다. 호흡은 에너지를 얻는 과정, 광합성은 양분을 만드는 과정, 이화 작용은 고분자를 저분자로 분해하는 물질대사를 말한다.

19. 생물종의 다양한 정도를 종 다양성이라고 한다. 개체는 독립된 하나의 생물체를 말한다. 개체군은 동일한 종의 개체들의 모임이고, 군집은 개체군의 모임이다.

20. 화산 활동은 지구 내부 에너지로 인해 일어난다. 대규모의 화산 폭발로 산이 생기기도 하고 넓은 대지나 동굴을 만들기도 한다. 화산은 뜨거운 마그마가 분출한 것이기 때문에 온천이나 지열 발전에 적합한 장소이기도 하다.

21. 규산염 사면체는 규소 원자 1개와 산소 원자 4개가 결합한 것이다.

22. 지진은 지권, 해일은 수권에 해당한다.

23. 지구의 평균 기온이 상승하는 것을 지구 온난화라고 한다. 황사는 중국 및 몽골의 사막 지역에서 날아온 모래 먼지이다. 사막화는 과잉 농작이나 벌목 등으로 인해 사막으로 변해가는 현상이다. 엘니뇨는 무역풍의 약화로 나타나는 기상 이변이다.

24. 발산형 경계는 맨틀 대류 상승부에서 판과 판이 멀어지는 경계를 말한다. A, D는 수렴형 경계인 해구, B는 보존형 경계인 변환단층이다.

25. A는 중생대와 신생대의 경계이다. 그러므로 A에서 멸종한 생물은 중생대를 살았던 생물인 공룡이다. 매머드와 화폐석은 신생대의 표준 화석이고, 삼엽충은 고생대의 표준 화석이다.

한국사				2024년 1회
01. ②	02. ①	03. ①	04. ③	05. ②
06. ①	07. ③	08. ④	09. ①	10. ④
11. ④	12. ③	13. ②	14. ③	15. ①
16. ③	17. ①	18. ④	19. ③	20. ④
21. ④	22. ②	23. ③	24. ②	25. ③

1. <보기>의 유물은 구석기 시대를 대표하는 주먹도끼이다.
① 해국도지 - 19세기 세계지리서 ③ 수월관음도 - 고려 불화 ④ 임신서기석 - 신라 청년 두 명이 약속을 기록한 비석

2. 서희가 물리친 북방민족은 거란이다.

3. 고려 지눌은 조계종을 창시하여 선교일치를 완성시켰다.
② 원효 - 통일신라 불교 대중화 ③ 이순신 - 조선 임진왜란 ④ 장수왕 - 고구려 평양 천도, 남한강 유역 진출

4. 동학 농민 운동은 공주 우금치에서 일본군에 패하면서 실패로 끝났다.
① 국학 설치 - 통일 신라 교육기관 ② 사비 천도 - 백제 성왕

5. 세도정치 시기 삼정의 문란은 농민들의 삶을 어렵게 하여 농민봉기가 끊이질 않았다.
① 회사령 - 1910년 일제 강점기 ③ 발췌 개헌 - 1952년 이승만 장기 집권을 위한 개헌 ④ 정읍 발언 - 1946년 이승만 남한만의 단독 정부 수립 주장

6. 붕당의 근거지는 서원으로 선현의 제사를 모시는 곳이다.
② 녹읍 폐지 - 통일신라 신문왕 ③ 교정도감 폐지 - 고려 원 간섭기 ④ 동·서 대비원 설치 - 고려와 조선의 의료 기관

7. <보기>의 인물들은 갑신정변을 일으킨 개화파 세력이다.
① 호족 - 지방 세력 ② 무신 - 고려 무신 정권기 지배세력 ④ 오경박사 - 백제 학문 발달을 보여 주는 제도

8. <보기>의 유물은 금동 대향로이다.
① 택리지 - 조선 후기 이중환이 저술한 인문지리서 ② 상평통보 - 조선 후기 대표적인 화폐 ③ 곤여만국전도 - 세계지도

9. 광해군은 중립외교를 통해서 명과 후금 사이에 실리를 추구하려고 하였다.
② 혜공왕 - 통일신라 ③ 법흥왕 - 신라 불교 공인, 율령 반포 ④ 고국천왕 - 고구려

10. 을사늑약의 부당성을 알리기 위해 고종은 네덜란드 헤이그에 특사를 파견하였으나 일제의 방해로 실패하였다.
① 중추원 - 고려 왕명수납과 전달, 군사기밀 ② 도병마사 - 고려 최고 회의 기구 ③ 중서문하성 - 고려 최고 관청

11. 농민들은 높은 소작료에 대한 인하와 경작권 이동을 금지하라는 소작쟁의를 하였다.
① 6·3 시위 - 굴욕적인 한일협정 반대 시위 ② 이자겸의 난 - 고려 문벌 귀족 사회의 모순이 드러난 계기 ③ 강조의 정변 - 고려 목종을 폐하고 현종을 옹립한 사건

12. 베델이 발행인으로 참여한 신문은 대한매일신보이다.
① 독사신론 - 신채호 ② 동경대전 - 동학의 경전 ④ 조선왕조실록 - 조선 역대 왕의 언행 기록

13. 3·1 운동 이후 일제는 통치 방식을 기만적인 문화 통치로 바꾸었다.
① 기인 제도 - 고려 태조 호족 견제 ③ 대통령 중심제 - 현행 우리나라 정부 형태 ④ 친명 배금 정책 - 인조 즉위 후 서인 정권의 외교 정책

14. 사진의 인물은 유관순 열사이다.

15. 지나친 곡물 유출로 곡물 가격 폭등은 농민들의 삶을 어렵게 하였다. 이에 지방관은 방곡령을 통해서 일본으로 곡물 유출을 막으려 하였다.
② 봉사 10조 - 최충헌이 왕에게 올린 시무책 ③ 교육 입국 조서 - 갑오개혁 2차 때 발표 ④ 좌우 합작 7원칙 - 1946년 미소 공동위원회가 결렬되자 좌·우익 세력들이 결성하여 임시 정부 구성을 촉구

16. 한국 광복군은 미국과 국내 진공 작전을 계획하였으나 광복으로 무산되었다.
① 위화도 회군 - 이성계의 정권 장악 ② YH 무역 사건 - YH 무역에서 여공들을 대량 해고하자 야당 당사를 점거하면서 해고의 부당성을 알리고 야당에게 문제 해결에 도움을 요청한 것으로 박정희 정권이 붕괴된 원인이 되었다. ④ 서경 천도 운동 - 고려 묘청

17. 모스크바 3국 외상회의의 결론은 최고 5년간의 신탁 통치이다.
② 제가 회의 - 고구려 귀족회의 ③ 나·제 동맹 - 고구려 평양 천도에 대하여 신라와 백제가 동맹을 맺음 ④ 독서삼품과 - 통일 신라 관리 선발 제도(실행하지 못함)

18. 반민족 행위 특별 조사 위원회는 친일파를 처벌하기 위한 조사 기구였으나 이승만 정권의 방해로 제대로 활동하지 못하였다.
① 정당성 - 발해 ② 식목도감 - 고려 ③ 건국 준비 위원회 - 해방 직후 여운형이 조직

19. 사진은 물산 장려 운동의 모습이다.
① 선 건설 후 통일 - 1960년대 박정희 정부 ② 유신 헌법 철폐하라 - 1970년대 박정희 유신 체제 반대 ④

근로 기준법 준수하라 – 1970년 전태일 사건

20. 4·19 혁명은 이승만의 장기집권에 대한 저항으로 이승만 대통령이 하야하였다.
① 집강소 설치 – 동학 농민군 자치 행정 기구 ② 기묘사화 발생 – 조광조 축출 ③ 노비안검법 실시 – 고려 광종

21. 6·25 전쟁은 북한군의 기습 남침으로 시작되었다.
① 자유시 참변 – 독립군이 소련 적색군과 사회주의 세력에 피해를 당함 ② 미쓰야 협정 – 1926년 만주 독립군 탄압 ③ 별기군 창설 – 개화기 서양식 군대

22. 김대중 정부에서 남북 최초 정상 회담을 하고 그 결과로 6·15 남북 공동 선언을 채택하였다.

23. 전두환 등의 신군부 세력은 12·12 쿠데타를 통해 정권을 장악하였다.
① 3포 왜란 – 일본이 3개 항구에서 난을 일으킴 ② 거문도 사건 – 영국이 러시아 남하를 막는다는 이유로 3년간 불법 점령 ④ 임술 농민 봉기 – 세도정치 시기 농민 봉기

24. 전 국민이 금 모으기 운동으로 IMF 체제를 극복하였다.
① 형평 운동 – 1920년대 백정에 대한 차별 철폐 주장 ③ 교조 신원 운동 – 동학 교도들이 조선 정부에 대하여 동학을 인정해 달라는 종교 운동 ④ 문자 보급 운동 – 일제 강점기 한글 보급을 통한 문맹퇴치 운동

25. 박정희 정부는 경부 고속 국도 건설을 통하여 급격한 경제 성장을 이루었다.
① 원산 총파업 – 1929년 노동자 파업 ② 상평창 설치 – 고려 물가 조절 기관 ③ 당백전 발행 – 흥선 대원군이 경복궁 중건을 위한 화폐 발행

도덕				2024년 1회
01. ①	02. ④	03. ②	04. ④	05. ④
06. ③	07. ①	08. ③	09. ③	10. ①
11. ④	12. ①	13. ②	14. ④	15. ③
16. ①	17. ②	18. ②	19. ③	20. ②
21. ③	22. ③	23. ①	24. ④	25. ①

1. 딜레마는 특정 윤리적 문제 상황에서 두 가지 이상의 도덕 원칙 사이에서 이러지도 저러지도 못하는 (갈등과 충돌이 전개되어 명확한 결론이 나지 않는) 상황이다. 이데아는 플라톤이 추구하는 진리·원형이다. 정언명령은 칸트가 주장하는 보편적 도덕법칙이다.

2. 사단(맹자가 주장한 타고난 네가지 착한 마음), 오륜(부부유별, 부자유친, 군신유의, 장유유서, 붕우유신), 효제(부모에 대한 효도, 형제자매 사이의 우애), 충서(공감, 배려, 이해)는 모두 유학에서 강조하는 내용이다. 유학은 하늘이 부여한 도덕성인 인(仁)의 실현과 이를 통한 사회참여와 도덕적 실천을 강조하는 사상이다.

3. 통일, 국제사회 분쟁해결, 국제관계, 평화, 해외원조 등을 주제로 다루는 분야를 평화윤리라고 한다. 성 윤리에서는 성적 자기 결정권, 성 상품화, 성 차별 등을 다룬다. 생명 윤리는 죽음관, 낙태, 자살, 안락사 등을 다룬다.

4. 도덕 원리 검사는 도덕적 추론에 사용되는 도덕 원리가 정당한지를 검토하는 방법을 말한다. 문제에서는 도덕 원리를 "모든 사람에게 적용"했을 때의 결과를 검사하는 방법을 찾으라고 하였으므로 보편화 결과 검사가 정답이다. 참고로 도덕 원리 검사에는 "역할교환검사"도 있는데, 이는 도덕 원리가 다른 사람에게 적용되면 그것에 동의할 수 있는지를 검토하는 방식이다.

5. 사회 갈등에는 여러 종류가 있다. 그 중 사회변화에 따른 연령 및 시대별 경험의 차이로 인한 갈등을 세대 갈등이라고 한다. 특히 청장년층과 노년층 사

이에서 심각하게 나타난다.

6. 토론은 특정 주제에 대하여 의견이 다른 상대방과 번갈아가며 주장과 반박, 비판 등의 과정을 통해 결론을 도출하는 대화방식이다. 최초에는 자신의 주관적 의견에서 특정 주장을 하게 되므로 자신의 오류가능성(자신의 생각이 틀릴 수도 있음)을 숙지해야한다. 또한 토론은 특정한 형식이 정해져 있으므로 규칙과 절차를 준수하고 발언을 할 때는 논리적으로 타당한 근거를 제시해야 하며, 비록 자신과 의견이 다르더라도 상대방의 의견과 인격을 존중하여야 한다.

7. 이익 평등 고려의 원칙, 동물 해방론, 공리주의, 해외원조에 대한 의무적 관점 등을 주장한 사람은 싱어이다. 칸트는 의무론, 슈바이처는 생명중심주의이다.

8. 공리주의는 인간 행위의 판단 기준으로 쾌락(선)과 고통(악)이라는 두 가지 기준을 제시한다. 쾌락과 고통을 비교했을 때 쾌락이 많다면 그것은 유용성이 높은 좋은 결과이다. 반대로 고통이 더 크다면 유용성이 낮은 나쁜 결과이다. 공리주의는 행위의 동기(이유, 원인)보다는 행위의 결과에 주목하여 도덕성을 판단한다. 따라서 소수의 희생(고통)이 전체의 이익(쾌락)을 위해 정당화될 수 있다는 비판을 받는다.

9. 인간의 욕망은 무한하지만, 그 욕망을 채울 수 있는 재화는 한정적이므로 사람들 사이에서는 끊임없이 갈등과 다툼, 분쟁이 발생한다. 이는 한정적인 사회적 재화들을 어떻게 나눌 것인지에 대한 명확한 기준이 없기 때문이다. 따라서 분배적 정의는 이러한 문제를 해결하기 위해 분배적 문제들을 해결할 수 있는 명확한 기준을 제시하는 것을 목표로 한다. 교정적 정의는 범죄 및 범죄자에 대한 처벌과 예방, 교화에 대한 내용을 다룬다.

10. 에리히 프롬은 사랑에 대해 얘기하면서 책임·이해·보호·존경을 강조하였다. 또한 사랑은 선천적으로 누구나 가능한 것이 아니라, 후천적 학습을 통해서만 습득할 수 있는 하나의 기술이라고 보았다.

흔히 사랑을 소유, 희생, 봉사 등으로 생각하지만 프롬은 이에 반대하며 사랑은 상호관심, 동반성장, "주는 것"이라고 말한다.

11. 간디, 소로, 마틴 루서 킹 등은 시민 불복종을 실행한 사람들이다. 불복종은 공익을 위해 의도적으로 행하는 위법행위로서, 부정의한 법이나 제도를 개선하려는 목적으로 시행된다. 이를 위한 정당화조건으로 목적의 정당성, 공개성, 공익성, 비폭력성, 최후의 수단, 처벌 감수 등이 있다.

12. 생명 복제를 반대하는 근거로는 생명 존엄성 훼손, 자연의 질서에 어긋남 등이 있다. 따라서 A와 B의 적절한 대답으로는 모두 "예"가 되어야 한다.

13. 공직자는 공공의 이익을 위해 공적 업무를 담당하는 자로서, 시민사회 전체에 영향을 줄 정도의 권력을 가지고 있기 때문에 누구보다도 높은 도덕성과 책임의식이 요구된다. 따라서 개인의 사익을 위해 부정한 이익을 탐하는 부정부패를 멀리해야 한다.

14. 과학 기술자의 책임으로는 크게 내적 책임과 외적 책임이 있다. 내적 책임은 연구과정 상에서 지켜야하는 윤리(표절·위조·변조·왜곡·조작금지 등)이며, 외적 책임은 연구의 결과나 영향에 대한 책임(과학 기술의 위험성과 부작용에 대한 충분한 검토 및 기술의 실제 사용과 관련된 관심 등)과 관련된 윤리이다.

15. 개인의 도덕성에 비해 사회의 도덕성이 현저히 낮기 때문에 개인 윤리만으로는 현재의 사회문제를 충분히 해결할 수 없으며, 따라서 사회문제 해결을 위해서는 사회윤리적 차원의 해결방법(사회구조, 제도, 정책의 개선을 통한 강제력 행사)이 필요하다고 주장하는 사람은 니부어이다.

16. 미래 통일 한국은 남과 북의 군사적·외교적 갈등이 해소될 것이므로 대립하는 무력 국가는 적절하지 않다.

17. (가)는 동물 중심주의(인간과 동물을 도덕적으

로 고려·존중해야 함), (나)는 생명 중심주의(모든 생명체-인간, 동물, 식물을 도덕적으로 고려·존중해야함), A는 동물 중심주의만의 입장, B는 동물 중심주의와 생명 중심주의의 공통점, C는 생명 중심주의만의 입장이다. ①, ③은 인간 중심주의, ④는 생태 중심주의에 해당하는 내용이다.

18. 문제에서는 저작권(지식재산권)에 대한 침해 예시를 보여주고 있다. 정보격차는 정보이해·활용 능력의 차이로 인한 정보화 시대의 빈부격차를 의미한다.

19. 대중문화 규제 찬성 입장으로는 성 상품화 예방, 청소년 보호, 사회적 가치 보호 등이 있으며, 반대 입장으로는 창작자의 권리에 대한 침해, 표현의 자유 침해 등이 있다. ③의 내용은 대중문화 규제에 반대하는 입장으로는 적절하지 않다.

20. 다문화 정책에는 차별적 배제 / 동화주의(용광로 모형) / 다문화주의(샐러드 볼 모형) / 문화 다원주의(국수대접 모형)가 있다. 문제에서는 "이주민의 고유한 문화와 자율성을 존중하여 문화다양성을 실현"하며 "대표적으로 샐러드 볼 이론"이 있다고 했으므로 정답은 다문화주의이다.

21. 의식주 윤리 중 의복문화와 관련된 윤리적 문제는 무비판적인 유행추구(밴드웨건 효과), 무분별한 명품소비(베블런 효과), 동물에게 고통을 주는 의복 소비, 환경오염을 발생시키는 자원낭비적 패스트 패션 등이 있다. 이를 위해 환경·인권·동물권리·필요성 등의 기준을 고려하여 능동적인 윤리적 소비를 실천해야 한다.

22. 롤스에 따르면 "원초적 입장"에서 사람들은 자신의 구체적이며 특수한 상황과 조건을 모른다고 가정(무지의 베일)되며, 이러한 조건 하에서 사람들은 합의를 통해 자신과 모두의 이익을 위한 원칙을 도출해낸다. 이를 통해 도출된 정의의 원칙에는 1원칙(평등한 자유의 원칙)과 2원칙(차등의 원칙&공정한 기회균등의 원칙)이 있다. 판옵티콘은 벤담이 주장한 원형감옥으로, 현대 정보사회에서는 전자감시사회를 의미한다. 윤리적 공백은 과학기술의 발전으로 과거에는 존재하지 않았던 새로운 문제가 등장했으나 이를 해결할 윤리적 기준은 없는 상태를 의미한다. 공유지의 비극은 개인의 지나친 사익 추구가 전체 공익의 훼손으로 이어질 수 있다는 것이다.

23. 예술과 윤리의 관계에 대한 입장으로는 윤리를 강조하는 "도덕주의"와 예술을 강조하는 "예술지상주의(심미주의)"가 있다. 문제에서 학생은 예술이 도덕적 교훈과 모범을 제공해야 한다는 도덕적인 면을 강조하므로 도덕주의가 적절하다.

24. 요나스는 책임윤리를 주장하며 전통적인 "행위한 것에 대한 책임(사후책임)"뿐만 아니라, 사전적 책임, 예견적 책임, 미래지향적 책임을 강조한다. 또한 이런 측면에서 과학기술의 위험성에 주목하여 현세대+미래세대+자연에 대한 책임을 강조한다.

25. 해외원조는 의무의 관점(롤스/싱어)과 자선의 관점(노직)이 있다. 노직은 개인의 소유권을 강조하며 원조에 있어서의 자선(자유선택)을 강조한다. 원조의 목적을 "고통받는 사회가 질서정연한 사회가 되도록 돕는 것"으로 보는 사람은 롤스이다. 또한 "빈곤으로 인한 고통을 감소시키는 것"을 목적으로 여기는 사람은 싱어이다.

기출문제집(고졸)

인쇄일		2024년 5월 20일
발행일		2024년 5월 27일
펴낸곳		도서출판 **국 자 감**
지은이		편집부
주소		서울시 영등포구 경인로77가길 16 부곡빌딩 401호(문래동2가)
등록번호		2022.12.22 제 2022-000150호
ISBN		979-11-982268-9-1 13370

검정고시 전문서적

기초다지기 / 기초굳히기

"기초다지기, 기초굳히기 한권으로 시작하는 검정고시 첫걸음"

· 기초부터 차근차근 시작할 수 있는 교재
· 기초가 없어 시작을 망설이는 수험생을 위한 교재

기본서

"단기간에 합격! 효율적인 학습!
 적중률 100%에 도전!"

· 철저하고 꼼꼼한 교육과정 분석에서 나온 탄탄한 구성
· 한눈에 쏙쏙 들어오는 내용정리
· 최고의 강사진으로 구성된 동영상 강의

만점 전략서

"검정고시 합격은 기본! 고득점과 대학진학은 필수!"

· 검정고시 고득점을 위한 유형별 요약부터
  문제풀이까지 한번에
· 기본 다지기부터 단원 확인까지 실력점검

핵심 총정리

"시험 전 총정리가 필요한 이 시점! 모든 내용이 한눈에"

· 단 한권에 담아낸 완벽학습 솔루션
· 출제경향을 반영한 핵심요약정리

합격길라잡이

"개념 4주 다이어트, 교재도 다이어트한다!"

· 요점만 정리되어 있는 교재로 단기간 시험범위 완전정복!
· 합격길라잡이 한권이면 합격은 기본!

기출문제집

"시험장에 있는 이 기분! 기출문제로 시험문제 유형 파악하기"

· 기출을 보면 답이 보인다
· 차원이 다른 상세한 기출문제풀이 해설

예상문제

"오랜기간 노하우로 만들어낸 신들린 입시고수들의 예상문제"

· 출제 경향과 빈도를 분석한 예상문제와 정확한 해설
· 시험에 나올 문제만 예상해서 풀이한다

한양 시그니처 관리형 시스템

#정서케어 #학습케어 #생활케어

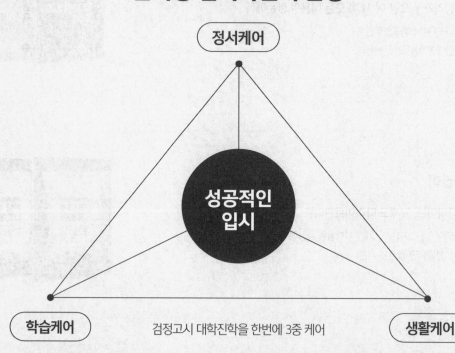

관리형 입시학원의 탄생

정서케어

성공적인
입시

학습케어   검정고시 대학진학을 한번에 3중 케어   생활케어

⚠ 정서케어

· 3대1 멘토링
  (입시담임, 학습담임, 상담교사)
· MBTI (성격유형검사)
· 심리안정 프로그램
  (아이스브레이크, 마인드 코칭)
· 대학탐방을 통한 동기부여

🖥 학습케어

· 1:1 입시상담
· 수준별 수업제공
· 전략과목 및 취약과목 분석
· 성적 분석 리포트 제공
· 학습플래너 관리
· 정기 모의고사 진행
· 기출문제 & 해설강의

🏠 생활케어

· 출결점검 및 조퇴, 결석 체크
· 자습공간 제공
· 쉬는 시간 및 자습실
  분위기 관리
· 학원 생활 관련 불편사항
  해소 및 학습 관련 고민 상담

HANYANG
A C A D E M Y

| 한양 프로그램 한눈에 보기 |

· 검정고시반 중·고졸 검정고시 수업으로 한번에 합격!

기초개념	기본이론	핵심정리	핵심요약	파이널
개념 익히기	과목별 기본서로 기본 다지기	핵심 총정리로 출제 유형 분석 경향 파악	요약정리 중요내용 체크	실전 모의고사 예상문제 기출문제 완성

· 고득점관리반 검정고시 합격은 기본 고득점은 필수!

기초개념	기본이론	심화이론	핵심정리	핵심요약	파이널
전범위 개념익히기	과목별 기본서로 기본 다지기	만점 전략서로 만점대비	핵심 총정리로 출제 유형 분석 경향 파악	요약정리 중요내용 체크 오류범위 보완	실전 모의고사 예상문제 기출문제 완성

· 대학진학반 고졸과 대학입시를 한번에!

기초학습	기본학습	심화학습/검정고시 대비	핵심요약	문제풀이, 총정리
기초학습과정 습득 학생별 인강 부교재 설정	진단평가 및 개별학습 피드백 수업방향 및 난이도 조절 상담	모의평가 결과 진단 및 상담 4월 검정고시 대비 집중수업	자기주도 과정 및 부교재 재설정 4월 검정고시 성적에 따른 재시험 및 수시컨설팅 준비	전형별 입시진행 연계교재 완성도 평가

· 수능집중반 정시준비도 전략적으로 준비한다!

기초학습	기본학습	심화학습	핵심요약	문제풀이, 총정리
기초학습과정 습득 학생별 인강 부교재 설정	진단평가 및 개별학습 피드백 수업방향 및 난이도 조절 상담	모의고사 결과진단 및 상담 / EBS 연계 교재 설정 / 학생별 학습성취 사항 평가	자기주도 과정 및 부교재 재설정 학생별 개별지도 방향 점검	전형별 입시진행 연계교재 완성도 평가

D-DAY를 위한 신의 한수

검정고시생 대학진학 입시 전문

검정고시 합격은 기본!
대학진학은 필수!

입시 전문가의 컨설팅으로 성적을 뛰어넘는 결과를 만나보세요!

HANYANG ACADEMY

(YouTube)

모든 수험생이 꿈꾸는
더 완벽한 입시 준비!

- 입시전략 컨설팅
- 수시전략 컨설팅
- 자기소개서 컨설팅
- 면접 컨설팅
- 논술 컨설팅
- 정시전략 컨설팅

입시전략 컨설팅

학생 현재 상태를 파악하고 희망 대학
합격 가능성을 진단해 목표를 달성
할 수 있도록 3중 케어

수시전략 컨설팅

학생 성적에 꼭 맞는 대학 선정으로
합격률 상승! 검정고시 (혹은 모의고사)
성적에 따른 전략적인 지원으로 현실성
있는 최상의 결과 보장

자기소개서 컨설팅

지원동기부터 학과 적합성까지 한번에!
학생만의 스토리를 녹여 강점은
극대화 하고 단점은 보완하는
밀착 첨삭 자기소개서

면접 컨설팅

기초인성면접부터 대학별 기출예상질문
대비와 모의촬영으로 실전면접
완벽하게 대비

대학별 고사 (논술)

최근 5개년 기출문제 분석 및 빈출 주제를
정리하여 인문 논술의 트렌드를 강의!
지문의 정확한 이해와 글의 요약부터
밀착형 첨삭까지 한번에!

정시전략 컨설팅

빅데이터와 전문 컨설턴트의 노하우 /
실제 합격 사례 기반 전문 컨설팅

MK 감자유학

Valuable education content provider

We're Experts

우리는 최상의 유학 컨텐츠를 지속적으로 제공하기 위해 정기 상담자 워크샵, 해외 워크샵, 해외 학교 탐방, 웨비나 미팅, 유학 세미나를 진행합니다.

이를 통해 국가별 가장 빠른 유학트렌드 업데이트, 서로의 전문성을 발전시키며 다양한 고객의 니즈에 가장 적합한 유학솔루션을 제공하기 위해 최선을 다합니다.

KEY STATISTICS

30년+
전통교육그룹

17개
국내최다센터

15년
평균상담경력

24개국
해외네트워크

2,600+
해외교육기관

Educational
감자유학은 교육전문그룹인 매경아이씨에서 만든 유학부문 브랜드입니다. 국내 교육 컨텐츠 개발 노하우를 통해 최상의 해외 교육 기회를 제공합니다.

The Largest
감자유학은 전국 어디에서도 최상의 해외유학 상담을 제공할 수 있도록 국내 유학 업계 최다 상담 센터를 운영하고 있습니다.

Specialist
전 상담자는 평균 15년이상의 풍부한 유학 컨설팅 노하우를 가진 전문가 입니다. 이를 기반으로 감자유학만의 차별화된 유학 컨설팅 서비스를 제공합니다.

Global Network
미국, 캐나다, 영국, 아일랜드, 호주, 뉴질랜드, 필리핀, 말레이시아 등 감자유학 해외 네트워크를 통해 발빠른 현지 정보 업데이트와 안정적인 현지 정착 서비스를 제공합니다.

Oversea Instituitions
고객에게 최상의 유학 솔루션을 제공하기 위해서는 다양하고 세분화된 해외 교육기관의 프로그램이 필수 입니다. 2천개가 넘는 교육기관을 통해 맞춤 유학 서비스를 제공합니다.

 2020
대한민국 교육 산업
유학 부문 대상

 2012 / 2015
대한민국 대표
우수기업 1위

 2014 / 2015
대한민국 서비스
만족대상 1위

OUR SERVICES

현지 관리
안심시스템

엄선된
어학연수교

전세계 1%대학
입학 프로그램

전문가
1:1 컨설팅

All In One
수속 관리

해외
어학연수

English Language Study

해외
인턴십

Internship

해외
대학유학

University Level Study

해외
초중고유학

Early Study abroad

해외
영어캠프

English Camp

24개국 네트워크 　미국 | 캐나다 | 영국 | 아일랜드 | 호주 | 뉴질랜드 | 몰타 | 싱가포르 | 필리핀

국내 유학업계 중 최다 센터 운영!

감자유학 전국센터

강남센터	강남역센터	분당서현센터	일산센터	인천송도센터
수원센터	청주센터	대전센터	전주센터	광주센터
대구센터	울산센터	부산서면센터	부산대연센터	
예약상담센터	서울충무로	서울신도림	대구동성로	

문의전화 **1588-7923**

왕초보 영어탈출 구구단 잉글리쉬

ABC 알파벳부터 회화까지~~ 구구단보다 쉬운영어~ ♪ ♬

01 | **구구단잉글리쉬는 왕기초 영어 전문 동영상 사이트 입니다.**
알파벳 부터 소리값 발음의 규칙 부터 시작하는 왕초보 탈출 프로그램입니다.

02 | **지금까지 영어 정복에 실패하신 모든 분들께 드리는 새로운 영어학습법!**
오랜기간 영어공부를 했었지만 영어로 대화 한마디 못하는 현실에 답답함을 느끼는 분들을
위한 획기적인 영어 학습법입니다.

03 | **언제, 어디서나 마음껏 공부할 수 있는 환경을 제공해 드립니다.**
인터넷이 연결된 장소라면 시간 상관없이 24시간 무한반복 수강!
태블릿 PC와 스마트폰으로 필기구 없이도 자유로운 수강이 가능합니다.

체계적인 단계별 학습

파닉스	어순	뉘앙스	회화
· 알파벳과 발음 · 품사별 기초단어	· 어순감각 익히기 · 문법개념 총정리	· 표현별 뉘앙스 · 핵심동사와 전치사로 　표현력 향상	· 일상회화&여행회화 · 생생 영어 표현

파닉스		어순		어법
1단 발음트기	**2단 단어트기**	**3단 어순트기**	**4단 문장트기**	**5단 문법트기**
알파벳 철자와 소릿값을 익히는 발음트기	666개 기초 단어를 품사별로 익히는 단어트기	영어의 기본어순을 이해하는 어순트기	문장확장 원리를 이해하여 긴 문장을 활용하여 문장트기	회화에 필요한 핵심문법 개념정리! 문법트기

뉘앙스		회화	
6단 느낌트기	**7단 표현트기**	**8단 대화트기**	**9단 수다트기**
표현별 어감차이와 사용법을 익히는 느낌트기	핵심동사와 전치사 활용으로 쉽고 풍부하게 표현트기	일상회화 및 여행회화로 대화트기	감 잡을 수 없었던 네이티브들의 생생표현으로 수다트기

왕초보 영어탈출
구구단 잉글리쉬